ESPAÑOL
2000
NIVEL SUPERIOR

NIEVES GARCÍA FERNÁNDEZ

JESÚS SÁNCHEZ LOBATO

ESPAÑOL 2000

NIVEL SUPERIOR

COLOQUIO
EDITORIAL
Juan A. Mendizábal, 65
Teléf. 248 57 36
28008 Madrid

SOCIEDAD GENERAL
ESPAÑOLA DE LIBRERÍA, s. a.
Avda. de Valdelaparra, 11
ALCOBENDAS (Madrid)

Primera edición, 1987.
Segunda edición, 1988.
Tercera edición, 1989.
Cuarta edición, 1990.
Quinta edición, 1991.

CONTENIDO DEL MÉTODO

Español 2000: Nivel Elemental Alumno.
Español 2000: Nivel Elemental Cassettes.
Español 2000: Nivel Elemental Cuaderno.
Español 2000: Nivel Elemental Cuaderno Cassettes

Español 2000: Nivel Medio Alumno.
Español 2000: Nivel Medio Cassettes.
Español 2000: Nivel Medio Cuaderno.
Español 2000: Nivel Medio Cuaderno Cassettes.

Español 2000: Nivel Superior Alumno.

Produce:
SGEL-Educación.
Marqués de Valdeiglesias, 5. 28004 Madrid.

Ilustraciones: M. Rueda
Maqueta: C. Campos
Cubierta: ESTUDIO 3 (Madrid)

ISBN: 84-7143-450-4
Depósito legal: M. 7.646-1991
Impreso en España - Printed in Spain

Compone: Fotocomposición Didot, S. A.
Imprime: Gráficas Rogar, S. A.
Encuaderna: Aranchamago

Presentación

Este nivel Superior culmina la serie didáctica, dedicada a la enseñanza del español a extranjeros, ESPAÑOL 2000. *Constituye en sí un método ágil, en donde la lectura de diferentes registros de habla y ejercicios gramaticales que segmentan la gramática se ensamblan en perfecta armonía.*

El ESPAÑOL 2000 *está estructurado en los tres niveles ya convencionales: Elemental, Medio y Superior. Creemos, pese a su convencionalismo, que tal distribución cumple una extraordinaria función didáctica y pedagógica: cada uno de los niveles está programado de tal modo que, por sí mismos, cubren las exigencias de programación del año escolar de cualquier institución dedicada al quehacer de la enseñanza del español como segunda lengua.*

El ESPAÑOL 2000 *pretende ser un método ágil, en el que lo situacional y los mecanismos de la lengua corran paralelos, pero perfectamente graduados según los niveles que lo componen. En cada uno de ellos subyace como punto de partida lo normativo, pero tendiendo siempre a incrustarse en lo más vivo y expresivo de la lengua.*

El ESPAÑOL 2000 *es consciente de la abnegada labor del profesor dedicado a la enseñanza de lenguas y del papel primordial que este método le confiere.*

A él, en particular, y a sus alumnos, en general, va dedicado este método.

El ESPAÑOL 2000 *quisiera, por último, servir de vehículo, por mínimo que fuera, a un mejor conocimiento de la lengua y cultura españolas.*

Los Autores

CONTENIDO

1-A EL LENGUAJE

Pedro Laín Entralgo:

PALABRAS DE LA ACADEMIA AL REY

Alonso Zamora Vicente:

DISCURSO AL RECIBIR EL PREMIO NACIONAL DE LITERATURA

Ludolfo Paramio:

LEYENDA Y LENGUAJE DE «EL VÍBORA»

El Brocense:

«BOOM»

Carlos Humanes:

NUEVAS PÉRDIDAS EN CASI TODOS LOS VALORES NEGOCIADOS

PALABRAS DE LA ACADEMIA AL REY

La visita de Vuestra Majestad a esta casa, además de recordar a todos que fue un antepasado vuestro su fundador y de afirmar con un gesto nuevo vuestro permanente interés por la cultura de España, tiene para nosotros y debe tener para todos los hispanohablantes un especial significado: el que a un tiempo le confiere la tarea institucional de la Real Academia y el trabajo común de los que pertenecemos a ella.

Elegidos por cofrades en el mismo quehacer, os recibimos hoy unos cuantos españoles de distinto oficio y no igual condición, entre sí vinculados por un sentir y un ideal: el amor a la lengua castellana y el deseo de servir, tanto con su obra personal como con su cooperación en las labores propias de la Academia, a que esa lengua crezca vigorosa y armoniosamente, sea usada con la corrección que su alta dignidad merece y —sin mengua de la diversidad que a uno y otro lado del Atlántico tanto la enriquece y agracia— conserve la unidad y la nobleza que hasta hoy ha mantenido indemnes.

CREAR IDIOMA

Como académicos, señor, nuestro oficio no consiste en crear idioma; esa es incumbencia de la sociedad entera y, dentro de ella, de los hablantes mínima o egregiamente dotados de la gracia de inventar palabras o locuciones válidas para todos. No pocos hay, por supuesto, en esta casa, y más aún fuera de ella. Así ha sido siempre, desde que don Juan Manuel Fernández Pacheco, marqués de Villena, tuvo la feliz iniciativa de fundarla. Nuestro oficio no pasa de ser el que antes apunté, y su cotidiano ejercicio, supuesta la necesaria competencia, antes requiere la entrega que el esplendor.

LA PALABRA Y EL SILENCIO

Pero con nuestra respectiva valía personal, tan eminente en aquellos que como estrellas de primera magnitud han brillado o brillan en el cielo de nuestras letras, tan de pan llevar en otros, como el que ahora tiene el honor de hablaros, todos nos esforzamos por dar al castellano perfección y todos procuramos ser representantes y valedores de los que, con excelencia sobrada o suficiente, por una razón o por otra, no están o no han estado entre nosotros. Porque el idioma y el servicio al idioma es lo que para nosotros de veras cuenta.

La vida es acción, se nos dice; y la vida recta, acción rectamente pensada y rectamente ejecutada. Cierto. Pero la acción humana tiene su fundamento en la realidad a través de dos raíces; la palabra y el silencio, la palabra dicente y el silencio pensativo. El silencio, ineludible ante aquello que no puede decirse con palabras —y tal es la condición de todo lo perfectamente serio, para decirlo a la manera de don Antonio Machado—, cada cual lo administra según lo que él es y conforme a lo que el destino le traiga. La palabra, en cambio, aunque siempre, no sólo entre poetas y pensadores, deba ser más o menos *paraula viva,* en el sentido que el poeta Joan Maragall dio a esta expresión, requiere audiencia, participación intelectiva, afectiva o estética, en definitiva presencia real o intencional de «otro» o de «otros». De ahí la necesidad de que sus significaciones básicas —el

suelo sobre el que luego podrá elevarse la originalidad personal del locuente o del escritor— sean racional y socialmente codificadas en diccionarios y gramáticas. Con nuestra mejor voluntad, a tal fin ordenamos nuestro habitual trabajo académico. Somos, en suma, como Su Majestad la Reina diría, recordando sus luminosos orígenes familiares e históricos, *hypërétai tou logou,* servidores de la palabra. De una palabra que nació hace mil años y poco a poco, hecho idioma literario, coloquial, religioso y político, ha llegado a ser una de las primerísimas en la historia y en la actualidad.

CUIDAR EL TESORO COMÚN

Con ello, respetando sin reservas, más aún, con íntima complacencia, el derecho a ser y a vivir de las restantes lenguas de España, en algo esencial ayudamos a la pacífica convivencia de los españoles, porque contribuimos a la perfección de aquello sin lo cual no sería posible el diálogo entre ellos, el idioma común.

Y vinculándonos funcionalmente con todas las Academias que, como la nuestra, cuidan de ese común tesoro, tendemos puentes hacia la creciente cooperación entre España y las naciones que fueron sus hijas y hoy son sus hermanas. Y promoviendo, a una con ellas, la adecuación de nuestra lengua a las exigencias de nuestro tiempo —pese a todo, bregando como podemos con la penuria de nuestros recursos materiales—, vamos abriendo caminos hacia la recta expresión de las formas de vida que mañana nos esperan.

He aquí, señor, la materia de la sesión de trabajo a que nos hemos atrevido a invitaros y que os habéis dignado presidir. Como ésta, tantas y tantas más a lo largo del año. En ellas no hacemos, es verdad, tanto como quisiéramos y como el menester del idioma pide.

Pero con ellas, en la medida de nuestros talentos y nuestras fuerzas, seguiremos trabajando para que, desde el punto de vista del idioma, Cervantes y Quevedo, Juan de la Cruz y Cajal, Garcilaso y Ortega, no hayan existido en vano.

En ello empeñamos sin solemnidad especial, pero con sinceridad profunda, nuestra palabra de miembros de la Real Academia Española; de hombres que, por servir con toda el alma a la alta causa de la palabra, saben lo que la palabra es.

Pedro Laín Entralgo
Director de la Real Academia Española de la Lengua

(*El País,* jueves 27 de octubre de 1983)

DISCURSO DE ALONSO ZAMORA VICENTE AL RECIBIR EL PREMIO NACI

Señor Presidente, señor Ministro de Cultura, amigos todos:

Esos imponderables que andan sueltos por el aire de cada hora son los culpables de que hoy sea yo quien tenga que pronunciar unas palabras, que no querría rituales, para agradecer el ancho círculo de circunstancias que rodean la concesión de los Premios Nacionales. La retórica al uso me obliga a decir que soy el menos indicado, el que menos representatividad se disfruta para el caso, etc., etc. Toda esa larga teoría de cumplidos y frases convenidas que, infatigablemente, una y otra vez, suele desparramarse en estos actos. Una levemente guasona apostilla diría en voz bajita al vecino: «Pues lleva mucha razón, claro, ya querría yo saber quién es este señor» (Y lo de señor, quizá, quizá fuese un adecuado eufemismo). Pues sí, ya ven, esta vez es verdad. Hay aquí premiados cuya resonancia es enorme en el ámbito de la vida cultural española. Pienso en el patriarca de tantas cosas nuestras, como es Andrés Segovia, o en Antonio Buero, o en el gesto cautivador de Carmen Carbonell. Son ya no obras ocasionales las premiadas, sino todo el eco de nuestro mejor vivir, que hoy se sienta aquí a nuestro lado y nos pone en carne viva la presencia de años difíciles y esperanzados, de ratos pasados en íntima cercanía a pesar de distancias y desconocimientos. Otros de los premiados son envidiablemente jóvenes. Son los que se ven galardonados por su vocación, por su tesón admirable, que se ha plasmado en verso, en traducción, en obra plástica. Yo soy de veras el único que no sabe muy bien qué es. Para muchos de los que se han ocupado de mí, he sido siempre un profesor. Para otros, un empeñoso escritor de cuentos dominicales, que me aprovecho, al escribir, de mi ladera de profesor. Como si no se aprovechase nadie de las laderas todas en que, de una u otra manera, pueda tropezar. Dante vio cómo se le hacía celeste la patria en el destierro, y Cervantes sacó de sus inmensos ratos de soledad, y de sus lecturas, tan contradictorias con su vivir, y de las torpes chinchorrerías de los vecinos, sacó, digo, la más generosa sonrisa humana. Y Galdós sacaba frutos a sus viajes en tercera clase, y Genet los sacó de su experiencia carcelaria, y... y... y... Un escritor tiene siempre a la mano algo de donde sacar tajada. Agarra de su circunstancia cuanto logra captar y nos lo devuelve centuplicado, transustanciado en una criatura nueva, realidad falaz que llega, con el tiempo, a ser la realidad misma. Quizá esas criaturas en ademán, temblorosas, humanidad nueva que aspira a concretarse en poema, prosa, teatro, música, cine, son las que nos han reunido hoy aquí, han comenzado a tomar decisiones autónomas, y nos agrupan en torno a la institución nacional que se preocupa de ayudar a su gestación, y a la cual agradecemos hoy, parcamente, sinceramente, su bien demostrada preocupación.

Y no sé muy bien en qué han de consistir unas cuartillas gratulatorias, al final de una cena, los periódicos y la «tele» acechando. He preguntado por ahí, para ver cómo salir del paso. He preguntado porque, aunque pueda parecer un exceso simulado, no he asistido casi nunca a sucesos así. Me producen un cierto desasosiego. De mis preguntas exploratorias he sacado muy variados nortes. Unos me han dicho campanudamente, levantando los hombros a la altura de los ciclones: «¡Hombre, tienes que lucirte! Hay que dejar bien el cartel: Media docena de folios, pero, eso sí, procura que estén bien escritos, que, tú, chico, la verdad, tú...». Ya se pueden figurar ustedes mi alarma. Sobre todo eso de que estén bien escritos, ahí es nada. Otras personas, más bondadosas, digo yo, que nunca se sabe bien qué se esconden en los recovecos del corazón ajeno, me dijeron: «Mira, no te preocupes, pues sí que... Un rollito de tres cuartos de hora. Es lo ortodoxo. Claro que, tratándose de Premios Nacionales, lo justo será que hables por lo menos hora y media, dos horas... O no, a tres no hará falta que llegues. Hazlo con apartados, subapartados bien hechos. Ten en cuenta que, cuando seas carrozón, podrás meter el discursito, indudablemente histórico, en tus Obras Completas, y que, seguramente, ya estará por ahí, por alguna Universidad del mundo adelante, el futuro investigador de tu producción, que analizará, con un esmero ejemplar, tu adjetivación y tus términos marcados, la semiótica de las imágenes que utilices, tu visión trascendente del dinero y del postre, la proyección de los niveles socieconómicos de tu léxico, y blablablabla...». La verdad es que no me gustaba nada, lo que se dice nada, el panorama. Es de suponer que en esta casa donde estamos haya, disimuladito, un cuarto con pasables comodidades y mejor cerradura, donde purgue su elocuencia el que se atreva a hablar tanto y tanto. Quién sabe si no están todavía encerrados nuestros antecesores de hace unos cuantos años, frotándose las manos ante la idea de que les llegue algo de este suculento festín nuestro... No está nada mal la ideíca para una

película o relato de ciencia ficción. Hasta podríamos organizar un ameno juego de salón para encontrarle el título.

Como siempre ocurre entre nosotros, tuve que desistir de los consejos ajenos. Me encaré a solas con la máquina de escribir y repetí la fórmula de los médicos del siglo XVII: «Dios se lo depare bueno». Y adelante. Se me ocurrió que yo debía decir algo de los Premios. Al fin y al cabo, sería lo más justo y lo más, por qué no, lo más fácil y espontáneo. Miré el contorno y me vi, de pronto, muy bien acompañado. Comparé, sin proponérmelo, con otra ocasión semejante, hace ya años, a la vuelta de mi América juvenil. Asistí a un reparto de premios y vi, con indecible asombro, empequeñeciéndome por instantes ante la magnitud de los conceptos manejados, que allí andaban al retortero la inmarcesible ciencia oficial, la capacidad única del dicursante, la inquina universal y políglota ante su genialísima obra, apaciguada esta vez, menos mal, por la intervención divina, que,

DISCURSO DE ALONSO ZAMORA VICENTE AL RECIBIR EL PREMIO NACIONAL DE LITERATURA

justiciera a no poder más, había inclinado el fallo del jurado hacia su indigna persona. ¡Dios mío, qué barullo! Yo no entendía de aquello ni las comas, pero, sonaba tan bonito... ¡No, no lo podía entender! Yo, lo sabéis todos, escribo y hablo la lengua de la calle, la de la esquina con viento y gesto familiares, el habla con rictus y blasfemias inocentes, con escasa sintaxis del viejo que recuerda —«¡hasta aquí llegó la nieve aquel año!»— o la del taconeo rítmico de una muchachuela joven acera arriba, pasos que resuenan firmes sobre la común esperanza. Era natural que yo no pudiera entender ni jota de aquel galimatías. Lo malo es que, quién sabe, a lo mejor, a lo mejor, todo aquello podía ser verdad, a ver, lo decía tan alto, tan convencido, y yo sin enterarme, y como yo casi todo el país. En fin, que estábamos aviados los pobrecillos de a pie...

Hoy, en cambio, parece que hubiéramos descendido de tan estruendoso Olimpo. Estoy seguro de que todos los premiados nos sentimos, ante todo, trabajadores de nuestro más querido oficio. Veo aquí a maestros que hace años me han dado confianza en el devenir nuestro, tan asediado de dificultades y pequeñeces. Veo a Andrés Segovia y ya no puedo recordar dónde ni cuándo le oí por primera vez, pero le sé constante en su impagable tarea, y veo el arte de Fernando Remacha, y oigo aquel «Cartel de fiesta» o aquellas «Vísperas de San Fermín», de los años cuarenta, y que escuché por vez primera lejos de España. Veo a Luis Berlanga (y me atrevo a enorgullecerme de nuestra vieja amistad) y me viene a la memoria, quebradamente, a borbotones, aquellas horas de una Salamanca lejana y casi espectral, cuando hablar de renovación del cine rayaba en la quimera, y recuerdo mis esfuerzos para hacer entender a unos alumnos míos alemanes las exclamaciones andaluzas de la bailaora de «Bienvenido Mr. Marshall» (Digo... ¡vaya!), y ahora se me pone de pie en el recuerdo aquella proyección privada o medio privada de «Los jueves, milagro» en el saloncillo de Areneros, Luis con su disgusto a cuestas, disgusto por muchas razones, y sí, allí estaba el milagro, se palpaba en aquel rapaz cojo que encontraba su animal perdido y que, renqueando y gozoso y solitario, andaba a la zaga de un inmenso clamor vacío, el griterío de todos los demás, del país entero. Sí, mucho, mucho se gritaba por entonces y algunos íbamos detrás cojeando. Y algo muy parecido me ocurre al ver aquí a Antonio Buero, tan luchador y denunciador siempre; quién iba a decirnos que compartiríamos, codo con codo, el agonioso luchar con los números de la Academia, empeñados en que aquello marche Y veo la madurez de Carlos Sahagún, al que siempre he leído con respeto, eso es, respeto, ya desde los tiempos de «Las profecías del agua» o de aquel sobrecogedor «Como si hubiera muerto un niño». Y compruebo una vez más la juventud empeñosa de Andrés Amorós, al que conocí casi de estudiante, o sin casi, ya anunciaba tras su palabra escueta la agudeza de sus juicios y el empuje de su labor, y vuelvo a escuchar a Carmen Carbonell, que me conduce a mis esfuerzos por incorporarme al teatro, por intentar descifrar la vida entre telones... Era en aquellos tiempos de los cuatro ases, creo. Y me reencuentro con viejos nombres conocidos en el campo de los traductores, como Fernández Murga y Armiñó, y Gimferrer y López Muñoz, ejemplares en su trabajo y su dedicación, los cuatro haciendo pensar y hablar en español a escritores ajenos... Sí, es una clara verdad, hoy me siento muy bien acompañado. Quizá por esto se ha pensado que fuese yo quien diera las gracias en nombre de todos. Ya que no tengo grandes cosas propias a que referirme, pues, por lo menos, se habrán dicho: hagámosle que pase el apurillo de leer unos renglones. Yo doy las gracias en nombre de todos los premiados al Ministerio de Cultura, por los premios y por este rato de convivencia en ejercicio. Y, como es natural, se las expreso a las personas que aquí, en este instante representan al Ministerio. Es muy necesario que todos nos demos cuenta de que pertenecemos a una colectividad que ha exportado siempre con brillo los productos de su fantasía o de su alegría, qué más da. Al Ministerio le corresponde activar y encauzar este aliento, contando con todos, y hacer que no veamos en estos premios otra cosa que un reconocimiento a nuestro esfuerzo, al laboreo que un día escogimos y en el que desearíamos permanecer andando a gusto y al frente, sin fisuras, dando a la colectividad lo mejor que tenemos y que, sin duda, en gran parte hemos aprendido de ella. Si estos Premios de hoy sirven para ello, bien venidos sean. Vaya nuestra gratitud a quienes lo han hecho posible, neguemos vigencia a toda ortopedia que coarte y manifestemos nuestra infinita esperanza en el trabajo y en la palabra nueva, recién estrenada y creadora de cada día, las pocas palabras verdaderas de que habló hace algunos años un gran creador de español y oscuro profesor de francés. Si hemos de aprender, y ojalá aprendamos, su emocionada lección, obedezcamos, de una vez por todas, a nuestro viejo clásico:

Igual con la vida el pensamiento.

Que estos premios lleven, en una nueva andadura española, este anhelo. Gracias, por ayudar a ello, señor Ministro. A todos, muchas gracias por haberme escuchado.

(*Ministerio de Cultura.* Madrid, 1981)

LEYENDA Y LENGUAJE DE «EL VÍBORA»

Se lamenta recientemente el llamado Onliyú, redactor jefe de «El Víbora», de la decepción que invadía a quienes visitaban los locales de tan seria revista y se encontraban papeleras llenas de jeringuillas desechables, pistolas en los cajones o navajas automáticas descuidadamente abandonadas sobre las mesas. Y es que «El Víbora» tiene su propia leyenda bien creada: *pinchos, pipas, polvos,* el *canuto* y la *priva;* locas y mozas *progres;* lumpen y golpistas borrachones; sexo, droga, violencia y corrupción.

Angelitos míos, como también dice Onliyú refiriéndose a los dibujantes y guionistas de la casa; ellos se limitan a hablar de las cosas que pasan, y no las protagonizan necesariamente, al menos a diario. Es toda una realidad social la que ha dado origen al lenguaje, gráfico y literario, de «El Víbora». Hemos vivido —y en parte seguimos viviendo— en una sociedad muy rara, que recorta una parte de la realidad y le niega vías de expresión. Cuando esa realidad aparece, finalmente, por la ventana de atrás, el efecto, lógicamente, es terrible, como esos sueños en que uno descubre que en el fondo del inconsciente del más serio de los sociólogos puede estar agazapado un nazi cruel deseoso de hacerle perrerías a Charlotte Rampling.

El efecto explosivo de «El Víbora» surge, así, de la acumulación en muy pocas páginas de casi todas las subculturas imaginables, la droga, el sexo en sus innumerables variantes condenadas por el Papa, la marginalidad, los *ultras,* los *anarcos* dinamiteros. El mérito de la revista es haber conseguido juntar todo eso en una publicación comercialmente viable, a diferencia de intentos anteriores, y ya míticos, que fracasaron quizás a falta del necesario carácter empresarial. Que el editor Berenguer no sea calvinista en su vida privada no parece haber sido obstáculo para que fungiera como capitán de industria en el sostenimiento de este raro tebeo.

El lenguaje literario de «El Víbora» es una historia complicada, pues bajo la leyenda canalla y feroz de la revista se esconden gustos más que dispares. Así, las delicadas construcciones conceptuales de los guiones de Onliyú, en los que Shakespeare, Darwin o Thomas de Quincey son el pretexto de una elaborada narración, están muy lejos de la destrucción implacable de la lengua castellana a la que han llegado Gallardo y Mediavilla al reconstruir el habla de la marginalidad barcelonesa o el vocabulario cuartelero del golpismo en su fracción alcohólica. En las aventuras del Niñato, por poner un ejemplo, el problema no es que los personajes hablen en castellano muy deteriorado, sino que los mismos textos de apoyo recurren al habla popular («El vecindario asoma la jeta *alar-*

mao... La *basca* está montando una bronca increíble...»).

Las cosas son aún más complejas. Nazario usa un vocabulario realista, sin recortes en su Anarcoma, pero tampoco carga la suerte. El problema es que en el *ambiente* se habla de cosas que no se pueden decir en el lenguaje del derecho romano sin excesiva complicación, y para las que, en cambio, existen términos directos y expresivos en el castellano popular. Mala suerte. Y también es posible encontrar parodias del viejo lenguaje del tebeo español más clásico, como en el Roberto el Carça, de Pamies. Ahora la cosa es más fuerte, porque el susodicho Roberto miente a los muertos del faraón y dice palabras feas, pero el juego está claro, y a veces es un guiño al lector por la utilización de las mismas viejas palabras en desuso con las que jugaba el «Pulgarcito» (*chafardear*, por poner un caso).

La exposición de «El Víbora» en Madrid no ha hecho probablemente justicia a la riqueza verbal y visual de la revista, pero los textos que acompañaban los dibujos y las fotos de la cuadra de autores ofrecían un contrapunto entre irónico y realista para comprender cómo este tebeo, canalla por excelencia, es fruto de la coincidencia de una necesidad expresiva y de un raro colectivo de señoras capaces de hablar de forma más o menos impresentable de una realidad social decididamente fea. El resultado, lógicamente, no está aconsejado para menores, pero tampoco para treintañeros añorantes de una juventud salvaje y marginal que nunca tuvieron. «El Víbora» es ya un clásico, y, aunque su lenguaje siga pareciendo muy bestia, cometería un error quien pretendiera imitarlo. El hecho de que el Círculo haya presentado una exposición sobre «El Víbora» demuestra que este país ha mejorado mucho en algunas cosas, pero también que las posibles posmoderneces ya no van por ahí.

Ludolfo Paramio

(*El País,* martes 27 de diciembre de 1983)

«BOOM»

No hace mucho que Fernando Sánchez Dragó, en su parcela televisiva «Biblioteca Nacional», aludía, de repelón, al insistente uso que hacen los periódicos del sustantivo anglosajón «boom», y yo, que lo escuchaba, lamenté que no insistiera en este barbarismo insólito, convertido hoy en muy sólito y al alcance de todo el mundo español e hispanoamericano. Se ha hecho universal entre nosotros, signo de cultura, seña de «estar al día y al corriente» (*á la page*). La palabreja sirve para todo «boom» industrial, «boom» económico, «boom» literario. Un libro de Cela, o de Antonio Gala, o de Torrente Ballester, o de Francisco Umbral, o de cualquier otro escritor popular puede ser un «boom». Tengo leído que las últimas elecciones «constituyeron» un «boom» para el Partido Socialista, cuya mayoría parlamentaria es un verdadero «boom». Idiotismo se llama esa figura. No encuentro quien me explique por qué vía se ha introducido en nuestra lengua periodística y popular. No son tantos los españoles familiarizados con el lenguaje de Chaucer. ¿Vendrá de Francia? Los franceses reducen el empleo de esa palabra inglesa al alza súbita de productos industriales o de valores bursátiles, pero nunca he leído que gocen de un nuevo «boom» las poesías de Jacques Prévert, pongo por caso. La acepción más extendida de «boom» en el idioma inglés ha sido siempre la de emitir un ruido desmesurado, profundo y prolongado, y luego se aplicó el «boom» a los productos comerciales que tenían gran demanda o a las personas que lograban una vasta popularidad. De ahí hemos sacado nosotros (han sacado ellos) la españolización de la palabra, que suena como el «Emit gun» (sinónimo inglés de «boom»), el cañón grande y estruendoso. Los norteamericanos llaman «boom-and-bust» a un período de extrema prosperidad seguido de otro período de depresión severa. Yo me atrevo a decir que el «boom» inglés tiene su origen en el «bummen» germánico. Y propongo, en su lugar, las voces de auge, apogeo, cimero, boga (que es galicismo admitido, *vogue*), superioridad, pujanza..., y un etcétera.

Francisco
UMBRAL
El hijo de
GRETA
GARBO
Ediciones Destino

El Brocense

(*ABC,* 25 de junio de 1983)

NUEVAS PÉRDIDAS EN CASI TODOS LOS VALORES NEGOCIADOS

Las pérdidas en los cambios de los valores que se negociaron ayer en los mercados nacionales continuaron constituyendo la nota característica de unas reuniones claramente marcadas por el absentismo de los inversores, y donde no quedaba demasiado claro si lo que se pretende es la materialización de las minusvalías acumuladas o la búsqueda de liquidez para reinvertir en activos de renta fija que ofrecen niveles de rentabilidad, garantizados, bastante más elevados que los conseguidos con negocio de las acciones.

La hipótesis de las minusvalías resulta bastante fácilmente aplicable al grupo eléctrico, cuyo indicador particular se encuentra casi un 17 % por debajo de los valores iniciales de principios del presente año. Desde este punto de vista no resulta demasiado descabellado pensar que los gestores de algunas carteras institucionales, en busca de una optimización de los resultados de los activos entregados a su tutela, puedan haber llegado a la conclusión de que lo mejor que se puede hacer es materializar las diferencias negativas generadas en los precios de los títulos eléctricos, en busca del incentivo fiscal que representa.

Todo esto sin entrar a considerar los efectos de ese proyecto de ley sobre régimen fiscal de activos financieros, cuyas fotocopias circulan por los círculos próximos a las sociedades de inversión y al mundo de las compañías de seguros, con una prodigalidad realmente sorprendente.

Pero la realidad es que este fenómeno que sería asimilable a los valores eléctricos carece, al menos aparentemente, de aplicación a la práctica totalidad del resto de los valores del mercado, que, sin embargo, continúan manifestando una trayectoria claramente negativa. Los especialistas aquí insisten en señalar que la ausencia de órdenes de compra constituye un elemento definitorio, por cuanto la oferta continúa haciendo acto de presencia en cada uno de los corros, posiblemente con más moderación de la que sería incluso de esperar.

Mención aparte merecen posiblemente los bancos. Por mucho que en este sector se pretenden reducciones, que incluso llegan a conseguirse, en los volúmenes de oferta, lo cierto es que ninguna de las entidades punteras se atreve a iniciar un episodio alcista, posiblemente en prevención de lo que pueda ocurrir después. La existencia de una oferta latente, ampliamente superior a la que se manifiesta a diario en los corros es un hecho casi universalmente

NUEVAS PÉRDIDAS EN CASI TODOS LOS VALORES NEGOCIADOS

aceptado entre los sectores afectados. Esta circunstancia representa un peligro evidente para quien pretenda romper con la monotonía de las repeticiones, que ayer se produjeron casi al unísono, a pesar de que los volúmenes genéricos de oferta puedan resultar más moderados día a día. En concreto, las 18.713 acciones de diferencia vendedora que presentaban los grandes del sector en el mercado madrileño, con ser realmente poco significativas, constituían, aparentemente, un elemento de disuasión suficiente para no embarcarse en aventuras arriesgadas.

En cuanto a las actuales estrellas del mercado, Eléctricas Reunidas de Zaragoza y El Águila, han manifestado unas trayectorias claramente negativas, que en el caso del último valor le llevaban a perder la par, y ofrecer un triste cierre. En Reunidas, las acciones perdían cinco puntos, mientras que los derechos de suscripción registraban otra importante corrección a la baja, concretamente de 20 pesetas.

Carlos Humanes
(*El País,* sábado 24 de diciembre de 1983)

1-B GRAMÁTICA - EJERCICIOS

ABREVIATURAS

PREFIJOS

REFRANES

LOCUCIONES

DETERMINANTES

COMPOSICIÓN DE PALABRAS

ESQUEMA GRAMATICAL 1

ABREVIATURAS

Adm.	Administración.	*Tur.*	Turismo.
Agr.	Agricultura.	*a/c.*	a cuenta.
Art.	Arte.	*a/f.*	a favor.
Autom.	Automovilismo.	*Atta.*	atenta.
Bibl.	Bibliografía.	*c/a.*	cuenta abierta.
Biol.	Biología.	*c/c.*	cuenta corriente.
Bioq.	Bioquímica.	*desc.*	descuento.
Corp.	Corporación.	*Fact.*	factura.
Dep.	Deportes.	*Imp.*	importe.
Docum.	Documentación.	*inv.*	inventario.
Ecol.	Ecología.	*liq.*	líquido.
Econ.	Economía.	*Ltda.*	Limitada.
Educ.	Educación.	*m/cc.*	Mi cuenta corriente.
Geogr.	Geografía.	*p.b.*	peso bruto.
Ind.	Industria.	*p.n.*	peso neto.
Pol.	Política.	*P.V.P.*	Precio de venta al público.
Quím.	Química.	*pl.*	plazo.
Sind.	Sindicalismo.	*S.A.*	Sociedad Anónima.
Tecn.	Tecnología.	*Vta.*	venta.
Transp.	Transporte.		

ESQUEMA GRAMATICAL 2

PREFIJOS

A-, AN-,	«negación»: ateo, anovulatorio.
ANTE-,	«anterioridad»: anteponer.
ANTI-,	«oposición»: anticonceptivo.
CIRCUN-,	«movimiento»: circunferencia.
CON-, CO-,	«asociación»: confraternizar, coeditor.
CONTRA-,	«oposición»: contraguerrillero.
DES-, DE-,	«negación»: desamortizar, depreciar.
DIS-,	«negación»: disociar.
EN-, EM-,	«acción en»: enterrar, empaquetar.
ENTRE-,	«situación o estado intermedios»: entrecruzar.
EX-,	«fuera»: excéntrico.
EX-,	«lo que ha sido y ya no es»: exjesuita, exalumno.
HIPER-,	«superioridad, exceso»: hipercrítico.
HIPO-,	«inferioridad»: hipocentro.
IN-, IM-,	«negación»: incompleto.
INFRA-,	«debajo de»: infradotado. understaffed

EJERCICIO I. *Diga el significado y forme frases con los siguientes términos*

infrarrojo, inflamar, hipertensión, entrecejo, envejecer,
infrascrito, hipocentro, exceder, entremés, disociar,
infrasonido, hipodérmico, exhumar, entrecortar, dislocar,
invisible, hipotaxis, exhalar, embarrar, disforme,
involuntario, hipotrofia, expectorar, encaminar, disparate,
instalar, hiperestesia, exterminar, encartar, disnea.
incinerar, hipermetropía,

EJERCICIO II. *Diga el significado y forme frases con los siguientes términos*

disfemismo, descalzar, contrarrestar, antiaéreo, antesala,
dispar, desterrar, contrasentido, anticlímax, acatólico,
desabotonar, despilfarrar, condolencia, antediluviano, ataraxia,
desabrochar, desvelar, circundar, antecámara, asemántico.
desagradar, contrarreforma, circunspección, anteojo,

EJERCICIO III. *Sustituya las palabras* ***cosa, algo, esto*** *y* ***eso*** *por otra expresión más precisa*

La obediencia es cosa poco frecuente → *La obediencia es una virtud poco frecuente.*

1. La envidia es un cosa muy extendida.
2. El mérito es una cosa notable.
3. La cosa se aprobará en Consejo de ministros.
4. En su rostro había algo de maligno.
5. Este niño tiene algo distinguido.
6. He visto en sus ojos algo de odio.
7. Tú te confías a cualquiera. Esto puede acarrearte disgustos.
8. Se expresa con afectación. Eso hace complicado su mensaje.
9. Es una mujer inteligente y capaz. Esto le hará triunfar.
10. He visto en su mirada algo de rabia.

EJERCICIO IV. *Señale la incorrección, y, donde sea necesario, utilice la expresión correcta*

1. Juan llegó con hambre, se sentó *en/a* la mesa y devoró la comida.
2. Todas las compras nos salieron *gratis/de gratis.*
3. El encuentro ocurrió *de/por* casualidad.
4. Juan y Pedro quedaron *en/por/de* el martes.
5. La estación de autobuses está *frente de/frente a* mi casa.
6. Me comentaron *de* que los carnavales del año pasado fueron muy animados.
7. Llegamos *a/con* tiempo de coger el avión.
8. Estoy estudiando *a base/en base a* los apuntes que me prestaste.
9. Estoy completamente seguro *que/de que* llevará a cabo lo prometido.
10. Ellos dijeron *de* que no podía llegar *a/por* causa de la nieve.

EJERCICIO V. *Señale la incorrección, y, donde sea necesario, utilice la expresión correcta*

1. Los jefes militares no acostumbran a salir de noche.
2. La niña se hizo un vestido *en/de/con* terciopelo.
3. Los certificados están *abajo de/bajo* la carpeta de la mesa.
4. A Juan le dijeron *de que/que* se acercase al estreno de la obra de teatro.
5. Aquí fue *en donde/donde/que* lo mataron.
6. El niño estaba escondido *atrás/detrás* de la puerta de la sala.
7. El ladrón se encontraba *cerca tuyo/cerca de ti.*
8. Consuelo tiene afición *por/a* las ciencias matemáticas.
9. El médico me recomendó más pastillas *para/contra* el catarro.
10. José salió *en/con* dirección a Toledo.

REFRANES ESPAÑOLES	
A buen entendedor, pocas palabras. A buen hambre no hay pan duro. A caballo regalado no le mires el diente. A Dios rogando y con el mazo dando. A enemigo que huye, puente de plata. A falta de pan, buenas son tortas. Afortunado en el juego, desgraciado en amores.	A grandes males, grandes remedios. Agua pasada no mueve molino. Agua que no has de beber, déjala correr. A la cama no te irás sin saber una cosa más. A la mujer casada, el marido le basta. A la puta y al barbero nadie los quiere viejos. Al perro flaco, todo son pulgas.

ESQUEMA GRAMATICAL 3

LOCUCIONES ESPAÑOLAS
A boca de cañón, a quemarropa. *A buen seguro,* ciertamente. *A cada instante,* frecuentemente, a menudo. *A campo traviesa,* cruzando el campo. *A cántaros,* en abundancia, con mucha fuerza. *A cara descubierta,* públicamente, sin rebozo. *A carta cabal,* completo, intachable. *A ciegas,* ciegamente. *A ciencia cierta,* con toda seguridad, sin la mínima duda. *A contrapelo,* contra el curso normal. *A cosa hecha,* con éxito asegurado. *A chorros,* con abundancia. *A destajo,* por un tanto ajustado. *A diestro y siniestro,* sin orden, sin discreción y miramiento.

EJERCICIO VI. *Utilice la locución que más convenga a la frase*

(«a buen seguro», «a cada instante», «a campo traviesa», «a cántaros», «a cara descubierta», «a carta cabal», «a ciegas», «a ciencia cierta», «a contrapelo», «a cosa hecha», «a chorros», «a destajo», «a diestro y siniestro»).

1. El manifestante se abrió paso ...... ante la llegada de la policía.
2. El sábado pasado estuvo lloviendo ...... en la Meseta Norte, se recogieron 140 litros por metro cuadrado.
3. Para llegar cuanto antes a la cima es conveniente ir ......
4. El ladrón entró en el establecimiento ......
5. Los albañiles estuvieron trabajando ...... durante todo el mes.
6. El juicio fue llevado por el abogado de oficio ......
7. Cuando vayamos a Salamanca, iremos ...... porque no podemos perder más tiempo con el asunto en cuestión.
8. Pedro se portó, como en él es habitual, ... ante el nuevo caso de cólera.
9. El alumno fue dando tumbos por la secretaría del centro, fue ......
10. ...... me iré de viaje el mes que viene.

ATENCIÓN

Las palabras siguientes presentan doble posibilidad de acentuación; la Real Academia Española prefiere la transcrita en primer lugar:

alveolo	alvéolo	gladíolo	gladiolo
amoniaco	amoníaco	fríjoles	frijoles
austriaco	austríaco	omóplato	omoplato
cantiga	cántiga	osmosis	ósmosis
cardiaco	cardíaco	pentagrama	pentágrama
cónclave	conclave	período	periodo
etíope	etiope	policiaco	policíaco
fútbol	futbol	polígloto	poligloto
ibero	íbero	reuma	reúma
medula	médula	tortícolis	torticolis
olimpiada	olimpíada	chófer	chofer

ESQUEMA GRAMATICAL 4

ALGUNOS USOS DEL ARTÍCULO

1. Delante de los nombres propios o apellidos que vayan en plural: voy a casa de los Pepes, la dinastía de los Omeyas.
2. No es corriente usarlo ante nombres de mujer; sin embargo, se puede encontrar ante nombres célebres de la cultura, en general: la Pardo Bazán (escritora), la Callas (cantante lírica).

3. Delante de los nombres de persona que vayan precedidos de un adjetivo o de un nombre genérico: el general Pinochet, la reina Beatriz, el zorro Kissinger.
4. Delante de algunos nombres de países: el Uruguay, el Paraguay; por regla general, los nombres de países compuestos lo llevan: los Estados Unidos, los Países Bajos. La mayoría de países, no: Francia, Suiza.
5. Los nombres de regiones y comarcas, por lo general, sí lo llevan: La Rioja, Los Monegros, La Mancha.
6. Delante de algunos nombres de ciudades, aunque lo general es que no aparezca el artículo: La Coruña, El Cairo, La Habana.
7. Los nombres de los clubes de fútbol, si éstos llevan el nombre de la ciudad, sí llevan el artículo: el Madrid, el Barcelona, el Milán.

EJERCICIO VII. *Ponga el artículo delante de los nombres que convenga*

Estuve, ... domingo pasado, viendo el partido de ...... Madrid contra ...... Coruña y me encontré en el estadio con ...... Pedro, el hijo de ...... señor Sánchez, que estaba, a su vez, con ...... sargento Martínez, antiguo vecino nuestro. En ...... Chile hay en estos momentos una enorme complejidad política por la actitud de ...... general Pratt. En ...... ciudad de ...... Palmas hay durante todo el año una abundante oferta turística; ...... Palmas es la ciudad más poblada de ...... islas Canarias. La región de ...... Mancha se caracteriza, entre otras cosas, por sus vinos al igual que ...... Rioja. Anoche asistí al estreno del teatro de ...... Comedia. ...... China, ... India, ... Afganistán son países de ...... Asia. ...... Senegal, ... Camerún y ...... Congo son países de ...... África.

EJERCICIO VIII. *Del par* **el/la** *utilice la forma que convenga*

...... acné, ... álgebra, ... ancla, ... ánfora, ... arca, ... arpa, ... haba, ... hada, ... Asia, ... asma, ... aspa, ... águila, ... área, ... hambre, ... hampa.

ESQUEMA GRAMATICAL 5

ESQUEMA DE LOS DETERMINANTES

el	este	mi	nuestro	libro
del	ese	tu	vuestro	
al	aquel	su	su	
este	el ... mío		el ... nuestro	
ese	el ... tuyo		el ... vuestro	
aquel	el ... suyo		el ... suyo	
la	esta	mi	nuestra	ciudad
de la	esa	tu	vuestra	
a la	aquella	su	su	
esta	la ... mía		la ... nuestra	
esa	la ... tuya		la ... vuestra	
aquella	la ... suya		la ... suya	

los	estos	mis	nuestros	libros
de los	esos	tus	vuestros	
a los	aquellos	sus	sus	
estos	los ... míos	los ... nuestros		
esos	los ... tuyos	los ... vuestros		
aquellos	los ... suyos	los ... suyos		
las	estas	mis	nuestras	ciudades
de las	esas	tus	vuestras	
a las	aquellas	sus	sus	
estas	las ... mías	las ... nuestras		
esas	las ... tuyas	las ... vuestras		
aquellas	las ... suyas	las ... suyas		

EJERCICIO IX. *Coloque la forma adecuada del determinante*

1. Mis zapatos son mejores que ......, aunque también son más caros.
2. No me refiero a esto, sino a ...... que tú y yo sabemos.
3. De verdad, ... que dices me parece una solemne tontería.
4. ...... chica es mucho más atractiva que ésta.
5. En ...... circunstancias era imposible actuar.
6. ¡Atención, te has pasado ...... disco en rojo!
7. No conozco ...... poema, ni tampoco ...... cuentos.
8. En ...... situación lo mejor es guiarse por lo que nos digan.
9. De un tiempo a ...... parte estamos teniendo mucha desgracia.
10. Si tuviéramos más cuidado, evitaríamos ...... accidentes que nos asuelan.

EJERCICIO X. *Coloque la forma adecuada del determinante*

1. No te consiento que utilices ...... máquina de afeitar.
2. ...... aspiraciones son idénticas a las tuyas.
3. ...... hijos son muy salados.
4. Lo que es mío es también ......
5. Tu trabajo es interesante, pero ...... es fascinante.
6. ...... pretensiones de trabajo eran demasiado para mis posibilidades financieras.
7. Déme ...... dirección y ...... teléfono, intentaré ponerme en contacto con usted.
8. No me quiero meter en ...... negocios. Tú eres el responsable.
9. No ha sido una idea mía, sino de ...... hermano.
10. ...... proyecto ha sido aprobado por el director; el de ellos, no.

EJERCICIO XI. *En las oraciones siguientes, escoja la forma correcta*

1. Los acuerdos de la reunión figuran recogidos en (el/la) (segundo/segunda) acta.
2. Mañana tendremos la clase en (ese/esa) aula.
3. Inmediatamente hablaremos de ese asunto; es el tercer punto de (el/la) orden del día.
4. (El/la) orden que se impartió desde capitanía era muy concreta: no disparar.

5. El avión se encontró inesperadamente con (un/una) cometa.
6. Nos tuvimos que meter en (la/el) agua fría del mar.
7. (El/la) mar de las playas de Santander es muy (impetuoso/impetuosa).
8. El juez en el juicio no apreció (ningún/ninguna) atenuante.
9. El paracaidista casi rozó (un/una) rama de un árbol.
10. El niño dijo: no beberé más de (este/esta) agua.

EJERCICIO XII. *Sustituya lo escrito en cursiva por un adverbio acabado en* **-mente**

1. Nos saludó *con afecto.*
2. Nos escribe *con regularidad.*
3. Nos ve cada *cierto tiempo.*
4. Nos informó del asunto *con brevedad.*
5. Nos invitó a su casa *con sequedad.*
6. Trabaja todos los días *con intensidad.*
7. Vive en Alemania *con modestia.*
8. Mi amigo falló en el examen *por descuido.*
9. Nos llamó con cierta *altanería.*
10. Comimos con *parquedad.*

EJERCICIO XIII. *Diga los gentilicios correspondientes a*

Cuenca	Teruel ....
Ciudad Real	Málaga ....
Soria	Badajoz ....
Alicante	Cádiz ....
Tenerife	Albacete ....
Toledo	Coruña ....
Elche	Murcia ....
Huelva	Almería ....
Valladolid	Ceuta ....
Zaragoza	Mérida ....

EJERCICIO XIV: *Diga en una palabra el significado de las siguientes frases*

Médico especialista en corazón → *cardiólogo.*

1. Médico especialista en tumores.
2. Médico especialista en enfermedades femeninas.
3. Médico especialista en partos.
4. Médico especialista en nervios.
5. Médico especialista en ojos.
6. Médico especialista en oído, nariz y garganta.
7. Médico especialista en enfermedades mentales.
8. Médico especialista en niños.

9. Médico especialista en operaciones.
10. Médico especialista en cáncer.

ESQUEMA GRAMATICAL 6

COMPOSICIÓN

La composición de la palabra ofrece tres fases principales:

a) *la propiamente denominada composición,*
b) *la prefijal, y*
c) *la composición parasintética.*

a) Composición en sentido propio. Principio fundamental: *dos o más palabras se juntan para formar una nueva.*

1. Composición de tipo latino: *todopoderoso,* traducción docta de *omnipotente;* de tipo griego: vocal *o* en lugar de la *i* latina: *litografía.*
2. Compuesto por unidades semánticas, de determinante a determinado y por su función: *a sabiendas, barbilampiño.*
3. Componentes de independencia en la frase: *ojo de buey.*
4. Composición coordinativa: *coliflor.*
5. Composición subordinativa: *apagavelas, matasuegras.*
6. Componentes adjetivos: *agridulce.*
7. Dos sustantivos: *carricoche.*
8. Adjetivo y sustantivo: *minifalda, minitrén, alicorto.*
9. Verbo y sustantivo: *quitasol, tornaboda.*
10. Adverbio y verbo: *bendecir, malcasar.*
11. Adverbio y sustantivo: *malandanza.*
12. Adverbio y conjunción: *aunque.*
13. Conjunción y verbo: *siquiera, vaivén.*
14. Frase hecha: *bienmesabe, correveidile.*
15. Dos nombres propios: *Mari Blanca, Mari Carmen.*

b) Fase prefijal:

1. Por preposiciones o prefijos separables: *anteponer, posponer, entretela, entreacto.*
2. Por prefijos propiamente dichos o elementos *inseparables* que no tienen uso fuera de la composición *a, an, ab, abs, ad, ana, anfi, archi, bis, circum, cis, citra, deci, de, di, en, epi, equi, ex, extra, hiper, hipo, in, inter, meta, miria, mono, ob, per, peri, pos, pre, pro; proto, re, res, super, trans, ultra: aparecer, abjurar, admirar, abstraer, circunvecino, cisalpino, obtener, permitir, superfluo.*

c) Fase de composición parasintética: Se trata de la palabra formada por composición y derivación: *paniaguado, pordiosero* (por + Dios + sufijo *-ero), aprisionar* (prefijo *a* + *prision* + sufijo *-ar), endulzar* (en + dulce + ar).

Los parasintéticos no deben confundirse con los derivados de palabras compuestas: «subdiaconado» compuesto de *subdiácono,* «subdesarrollado» de *sub* y *desarrollo.*

El mayor número de parasintéticos se da en los verbos de prefijos: *descuartizar, ensoberbecer, descabezar, ensimismar* y *sonrojar.*

Se llama también parasintética la composición de dos palabras con un sufijo sin que exista el grupo previo de las dos palabras, como *ropavejero* y *misacantano.*

Es muy corriente y curiosa la composición por reduplicación, en la que el segundo miembro suele ser como un eco o imitación del primero: *tiquis miquis, a troche y moche.*

EJERCICIO XV. *Las siguientes palabras son polisémicas. Construya con cada una dos frases en que su significado sea distinto*

(araña, portero, pico, frente, satélite, pastor, columna, eminencia, chuleta, rosco).

EJERCICIO XVI. *Diga en una palabra el significado de las siguientes frases*

1. Ciencia que se ocupa de la luna.
2. Ciencia que se ocupa de los volcanes.
3. Ciencia que se ocupa de las razas humanas.
4. Ciencia que se ocupa de la escritura e interpretación de los textos antiguos.
5. Ciencia que se ocupa de la información automática.
6. Parte de la filosofía que estudia la moral y las costumbres.
7. Ciencia que se ocupa de los aspectos biológicos del hombre y su relación con el medio geográfico, histórico y cultural.
8. Parte de la lingüística que se ocupa de los aspectos sociales de la lengua.
9. Parte de la lingüística que se ocupa del origen de las palabras.
10. Parte de la filosofía que se ocupa de la actividad psíquica.

2-A EL ENTORNO SOCIAL

Ramón María del Valle-Inclán:

MI BISABUELO

Miguel Mihura:

MARIBEL Y LA EXTRAÑA FAMILIA

Ernesto Sábato:

EL TÚNEL

Lauro Olmo:

LA CAMISA

Miguel Delibes:

CINCO HORAS CON MARIO

MI BISABUELO

Don Manuel Bermúdez y Bolaño, mi bisabuelo, fue un caballero alto, seco, con los ojos verdes y el perfil purísimo. Hablaba poco, paseaba solo, era orgulloso, violento y muy justiciero. Recuerdo que algunos días en la mejilla derecha tenía una roseola, casi una llaga. De aquella roseola la gente del pueblo murmuraba que era un beso de las brujas, y a medias palabras venían a decir lo mismo mis tías las Pedrayes. La imagen que conservo de mi bisabuelo es la de un viejo caduco y temblón que paseaba al abrigo de la iglesia en las tardes largas y doradas. ¡Qué amorosa evocación tiene para mí aquel tiempo! ¡Dorado es tu nombre, Santa María de Louro! ¡Dorada tu iglesia con nidos de golondrinas! ¡Doradas tus piedras! ¡Toda tú dorada, villa de Señorío!

De la casa que tuvo allí mi bisabuelo sólo queda una parra vieja que no da uvas, y de aquella familia tan antigua un eco en los libros parroquiales; pero en torno de la sombra de mi bisabuelo flota todavía una leyenda. Recuerdo que toda la parentela le tenía por un loco atrabiliario. Yo era un niño y se recataban de hablar en mi presencia; sin embargo, por palabras vagas llegué a descubrir que mi bisabuelo había estado preso en la cárcel de Santiago. En medio de una gran angustia presentía que era culpado de algún crimen lejano, y que había salido libre por dinero. Muchas noches no podía dormir, cavilando en aquel misterio, y se me oprimía el corazón si en las altas horas oía la voz embarullada del viejo caballero que soñaba a gritos. Dormía mi bisabuelo en una gran sala de la torre, con un criado a la puerta, y yo le suponía lleno de remordimientos, turbado su sueño por fantasmas y aparecidos. Aquel viejo tan adusto me quería mucho, y correspondíale mi candor de niño rezando para que le fuese perdonado su crimen. Ya estaban frías las manos de mi bisabuelo cuando supe cómo se habían cubierto de sangre.

Un anochecido, escuché el relato a la vieja aldeana que ha sido siempre la crónica de la familia. Micaela hilaba su copo en la antesala redonda, y contaba a los otros criados las grandezas de la casa y las historias de los mayores. De mi bisabuelo recordaba que era un gran cazador, y que una tarde, cuando volvía de tirar a las perdices, salió a esperarle en el camino del monte el cabezalero de un foral que tenía en Juno. Era un hombre ciego a quien una hija suya guiaba de la mano. Iba con la cabeza descubierta al encuentro del caballero:

— ¡Un ángel lo trae por estos caminos, mi amo!

Hablaba con la voz velada de lágrimas. Don Manuel Bermúdez le interrogó breve y adusto:

— ¿Ha muerto tu madre?

— ¡No lo permita Dios!

— ¿Pues qué te ocurre?

— Por un falso testimonio están en la cárcel dos de mis hijos. ¡Quiere acabar con todos nosotros el escribano Malvido! Anda por las puertas con una obliga escrita, y va tomando las firmas para que ninguno vuelva a meter los ganados en las Brañas del Rey.

Suspiró la mociña que guiaba a su padre:

— Yo lo vide a la puerta de tío Pedro de Vermo.

Se acercaron otras mujeres y unos niños que volvían del monte agobiados bajo grandes haces de carrascas. Todos rodearon a don Manuel Bermúdez.

—Ya los pobres no podemos vivir. El monte donde rezábamos nos lo quita un ladrón de la villa.

Clamó el ciego:

— Más os vale no hablar y arrancaros la lengua. Por palabras como esas están en la cárcel dos de mis hijos.

Al callar el ciego gimió la mociña:

— Por estar encamada no se llevaron los alcaldes a mi madre Águeda.

Cuentan que mi bisabuelo al oír esto dio una voz muy enojado, imponiendo silencio:

— ¡Habla tú, Serenín! ¡Que yo me entere!

Todos se apartaron, y el ciego labrador quedó en medio del camino con la cabeza descubierta, la calva dorada bajo el sol poniente. Llamábase Serenín de Bretal, y su madre, una labradora de cien años, Águeda la del Monte.

Ramón María del Valle-Inclán
(*Jardín umbrío*, Historias de santos, de almas en pena, de duendes y ladrones)

Maribel y la extraña familia

(...)

Doña Paula: Siéntate aquí, Matilde, siéntate... *(Y le señala un sitio a su lado, en el sofá de la izquierda, y las dos se sientan sonrientes, mientras se dirige a Doña Vicenta y a Don Fernando.)* Y ustedes también pueden sentarse...

Doña Vicenta: Gracias.

Don Fernando: Gracias.

(Y también se sientan sonrientes.)

Doña Paula: Les he hecho oír el precioso disco de Elvis Presley, y no sabes los elogios tan entusiastas que me han hecho de él. Todo lo que te diga es poco...

Doña Matilde: Me alegro mucho que les haya agradado.

Doña Paula: ¡Y por cierto! ¿Dónde has ido a comprarlo, mi querida Matilde?

Doña Matilde: Pues he ido a comprarlo a una tienda de la calle de Fuencarral.

Doña Paula: *(Asombrada.)* ¡No me digas! ¿Pero has ido hasta la calle de Fuencarral?

Doña Matilde: Pero si vivimos en la calle de Hortaleza, mujer...

Doña Paula: De todos modos has tenido que cruzar de acera a acera... ¡Pero qué horror, Matilde! ¡No debes hacer esas locuras! *(Al matrimonio.)* Yo vivo hace sesenta años en esta misma casa de la calle Hortaleza, y nunca me he atrevido a llegar hasta la calle de Fuencarral... ¡Y eso que me han hablado tanto de ella! *(A Doña Matilde.)* ¿Cuál de las dos es más bonita? Cuéntame, cuéntame...

Doña Matilde: Son dos estilos diferentes. No pueden compararse...

Doña Paula: ¿Pero tiene árboles? ¿Estatuas? ¿Monumentos?

Doña Matilde: Si he de decirte la verdad, no me he fijado bien. Sólo crucé la calle, entré en la tienda, compré a Elvis Presley y me volví a casa... Pero, a mi juicio, es más estrechita...

Doña Paula: ¿Cuál de las dos? ¿Ésta o aquélla?

Doña Matilde: De eso precisamente es de lo que no me acuerdo yo muy bien...

Doña Paula: ¡Ah! Siendo así no he perdido nada con no verla... *(Al matrimonio, que sigue picando de las chocolatinas.)* ¿Y les gustan a ustedes las chocolatinas? Son de la fábrica de mi hermana...

Doña Matilde: Mi marido al morir me dejó la fábrica, y mi hijo ahora está al frente de ella. ¡Ah! Las famosas chocolatinas «Terrón e Hijo». Producimos poco, pero en calidad nadie nos aventaja... Ustedes mismos habrán comprobado que son verdaderamente exquisitas...

Doña Paula: La fábrica está emplazada en un pequeño pueblo de la provincia de Cuenca, a ciento y pico de kilómetros de Madrid, y junto a la fábrica, en un chalet, vive mi hermana con su hijo, que a la vez es mi sobrino, y a quien también quiero bastante... Un chico verdaderamente encantador: fino, agradable, educado y amante del trabajo. Para él sólo existe su fábrica y su mamá. Su mamá y sus chocolatinas... Y ésta es toda su vida.

Doña Matilde: Y ahora hemos venido a pasar una temporada aquí, a casa de mi hermana Paula, para ver si el chico encuentra novia en Madrid y por fin se casa. Porque allí, en aquella provincia, es decir, en el pueblo donde tenemos la fábrica y donde vivimos, figúrense qué clase de palurdas se pueden encontrar... Chicas anticuadas en todos los aspectos, tanto física como moralmente...

Doña Paula: Y ya conocen ustedes nuestras ideas avanzadas. Nada de muchachas anticuadas y llenas de prejuicios, como éramos nosotras... ¡Qué horror de juventud la nuestra! Porque si yo no he salido a la calle hace sesenta años, desde que me quedé viuda, no ha sido por capricho, sino porque me daba vergüenza que me vieran todos los vecinos que estaban asomados a los balcones para criticar a las que salían...

Doña Matilde: ¡Qué época aquella en que todo lo criticaban! ¡El sombrero, el corsé, los guantes, los zapatos!

Doña Paula: Había un sastre en un mirador, siempre observando con un gesto soez, que me llenaba de rubor... Y después empezaron los tranvías y los automóviles, y ya me dio miedo que me atropellaran, y no salí. Y aquí lo paso tan ricamente, escuchando música de baile y escribiendo a los actores de cine de Norteamérica para que no me manden autógrafos...

Doña Matilde: Por eso, para mi hijo, yo quiero una muchacha moderna, desenvuelta, alegre y simpática que llene de alegría la fábrica de chocolatinas.

Doña Paula: Una muchacha de las de ahora. Empleada, mecanógrafa, enfermera, hija de familia, no importa lo que sea... Rica o pobre, es igual...

Doña Matilde: El caso es que pertenezca a esta generación maravillosa... Que tenga libertad e iniciativas...

Doña Paula: Porque mi sobrino es tan triste, tan apocado, tan poquita cosa... Un provinciano, esa es la palabra...

Doña Matilde: Es como un niño, figúrense. Siempre sin separarse de mis faldas...

Doña Paula: Pero por lo visto ya ha encontrado la pareja ideal.

Doña Matilde: Y él solito, no crean...

Doña Paula: Como yo no tengo relaciones sociales, porque las viejas me chinchan y las jóvenes se aburren conmigo, no he podido presentarle a nadie. Pero el niño se ha ambientado en seguida, y parece ser que ha conocido a una señorita monísima, muy moderna y muy fina, y a lo mejor la trae esta tarde para presentárnosla.

Doña Matilde: ¡Y tenemos tanta ilusión por conocerla!...

Doña Paula: Siempre hemos odiado nuestra época, y hemos admirado esta generación nueva, fuerte, sana, valiente y llena de bondad...

Doña Matilde: ¡Qué hombres los de antes, que se morían en seguida!

Doña Paula: A mí el mío me duró solamente un día y medio. Nos casamos por la mañana, pasamos juntos la noche de bodas y a la mañana siguiente se murió.

Doña Matilde: Y es que se ponían viejos en seguida. Yo tuve la suerte de que el mío me durase un mes y cinco días, a base de fomentos. Pero ya te acordarás, Paula. Tenía veintidós años y llevaba un barba larga, ya un poco canosa... Y tosía como un condenado.

Doña Paula: Según dice mi médico, ahora también se mueren antes que las mujeres, pero no en semejante proporción.

Doña Matilde: Yo creo que lo que les sucede es que el amor les sienta mal.

Doña Paula: Y los pobres se obstinan en hacerlo, creyendo que con ello nos complacen... ¡Pobrecillos!

Doña Matilde: ¡Por presumir de hombres y contarlo luego en el Casino, son capaces hasta de morir!

Doña Paula: En efecto, en efecto... *(Y de repente Doña Paula se dirige al matrimonio, que sigue en el mismo sitio imperturbable, y les dice:)* ¡Ah! ¿Pero se van ustedes ya? ¡Huy! ¡Pero qué lástima!

Doña Matilde: ¡Qué pronto! ¿Verdad?

Doña Paula: *(Se levanta.)* Nada, nada, si tienen ustedes prisa, no queremos detenerles más.

Doña Matilde: *(Se levanta.)* Claro que sí... A lo mejor se les hace tarde.

(Y el matrimonio entonces no tiene más remedio y también se levanta.)

Doña Paula: Pues les agradecemos mucho su visita.

Doña Matilde: Hemos tenido un verdadero placer.

Doña Paula: *(Ha sacado de un bolsillo un billete de cincuenta pesetas, que le entrega a Doña Vicenta.)* ¡Ah! Y aquí tienen las cincuenta pesetas.

Doña Vicenta: Muchísimas gracias, doña Paula.

Doña Paula: No faltaba más.

Don Fernando: Buenas tardes, señoras...

Doña Matilde: Buenas tardes.

Miguel Mihura

(*Maribel y la extraña familia*, Ed. Escelicer, 1965, págs. 8-12)

EL TÚNEL

I

Bastará decir que soy Juan Pablo Castel, el pintor que mató a María Iribarne; supongo que el proceso está en el recuerdo de todos y que no se necesitan mayores explicaciones sobre mi persona.

Aunque ni el diablo sabe qué es lo que ha de recordar la gente, ni por qué. En realidad, siempre he pensado que no hay memoria colectiva, lo que quizá sea una forma de defensa de la especie humana. La frase «todo tiempo pasado fue mejor» no indica que antes sucedieran menos cosas malas, sino que —felizmente— la gente las echa en el olvido. Desde luego, semejante frase no tiene validez universal; yo, por ejemplo, me caracterizo por recordar preferentemente los hechos malos y, así, casi podría decir que «todo tiempo pasado fue peor», si no fuera porque el presente me parece tan horrible como el pasado; recuerdo tantas calamidades, tantos rostros cínicos y crueles, tantas malas acciones, que la memoria es para mí como la temerosa luz que alumbra un sórdido museo de la vergüenza. ¡Cuántas veces he quedado aplastado durante horas, en un rincón oscuro del taller, después de leer una noticia en la sección policial! Pero la verdad es que no siempre lo más vergonzoso de la raza humana aparece allí; hasta cierto punto, los criminales son gente más limpia, más inofensiva; esta afirmación no la hago porque yo mismo haya matado a un ser humano: es una honesta y profunda convicción. ¿Un individuo es pernicioso? Pues se lo liquida y se acabó. Eso es lo que yo llamo una buena acción. Piensen cuánto peor es para la sociedad que ese individuo siga destilando su veneno y que en vez de eliminarlo se quiera contrarrestar su acción recurriendo a anónimos, maledicencia y otras bajezas semejantes. En lo que a mí se refiere, debo confesar que ahora lamento no haber aprovechado mejor el tiempo de mi libertad, liquidando a seis o siete tipos que conozco.

Que el mundo es horrible, es una verdad que no necesita demostración. Bastaría un hecho para probarlo, en todo caso: en un campo de concentración un ex pianista se quejó de hambre y entonces lo obligaron a comerse una rata, pero viva.

No es de eso, sin embargo, de lo que quiero hablar ahora; ya diré más adelante, si hay ocasión, algo más sobre este asunto de la rata.

II

Como decía, me llamo Juan Pablo Castel. Podrán preguntarse qué me mueve a escribir la historia de mi crimen (no sé si ya dije que voy a relatar mi crimen) y, sobre todo, a buscar un editor. Conozco bastante bien el alma humana para prever que pensarán en la vanidad. Piensen lo que quieran: me importa un bledo; hace rato que me importan un bledo la opinión y la justicia de los hombres. Supongan, pues, que publico esta historia por vanidad. Al fin de cuentas estoy hecho de carne, huesos, pelo y uñas como cualquier otro hombre y me parecería muy injusto que exigiesen de mí, precisamente de mí, cualidades especiales; uno se cree a veces un superhombre, hasta que advierte que también es mezquino, sucio y pérfido. De la vanidad no digo nada: creo que nadie está desprovisto de este notable motor del Progreso Humano. Me hacen reír esos señores que salen con la modestia. ¡Cuántas veces tropezamos con esa clase de individuos! Hasta un hombre, real o simbólico, como Cristo, pronunció palabras sugeridas por la vanidad o al menos por la soberbia. ¿Qué decir de León

Bloy, que se defendía de la acusación de soberbia argumentando que se había pasado la vida sirviendo a individuos que no le llegaban a las rodillas? La vanidad se encuentra en los lugares más inesperados: al lado de la bondad, de la abnegación, de la generosidad. Cuando yo era chico y me desesperaba ante la idea de que mi madre debía morirse un día (con los años se llega a saber que la muerte no sólo es soportable, sino hasta reconfortante), no imaginaba que mi madre pudiese tener defectos. Ahora no existe, debo decir que fue tan buena como puede llegar a serlo un ser humano. Pero recuerdo, en sus últimos años, cuando yo era un hombre, cómo al comienzo me dolía descubrir debajo de sus mejores acciones un sutilísimo ingrediente de vanidad o de orgullo. Algo mucho más demostrativo me sucedió a mí mismo cuando la operaron de cáncer. Para llegar a tiempo tuve que viajar dos días enteros sin dormir. Cuando llegué al lado de su cama, su rostro de cadáver logró sonreírme levemente, con ternura, y murmuró unas palabras para compadecerme (¡ella se compadecía de mi cansancio!). Y yo sentí dentro de mí, oscuramente, el vanidoso orgullo de haber acudido tan pronto. Confieso este secreto para que vean hasta qué punto no me creo mejor que los demás.

Sin embargo, no relato esta historia por vanidad. Quizá estaría dispuesto a aceptar que hay algo de orgullo o de soberbia. Pero ¿por qué esa manía de querer encontrar explicación a todos los actos de la vida? Cuando comencé este relato estaba firmemente decidido a no dar explicaciones de ninguna especie. Tenía ganas de contar la historia de mi crimen, y se acabó: al que no le gustara, que no la leyese. Aunque no lo creo, porque precisamente esa gente que siempre anda detrás de las explicaciones es la más curiosa y pienso que ninguno de ellos se perderá la oportunidad de leer la historia de un crimen hasta el final.

Podría reservarme los motivos que me movieron a escribir estas páginas de confesión; pero como no tengo interés en pasar por excéntrico, diré la verdad, que de todos modos es bastante simple: pensé que podrían ser leí-

das por mucha gente, ya que ahora soy célebre; y aunque no me hago muchas ilusiones acerca de la humanidad en general y de los lectores de estas páginas en particular, me anima la débil esperanza de que alguna persona llegue a entenderme. AUNQUE SEA UNA SOLA PERSONA.

«¿Por qué —se podrá preguntar alguien— apenas una débil esperanza si el manuscrito ha de ser leído por tantas personas? Este es el género de preguntas que considero inútiles. Y no obstante hay que preverlas, porque la gente hace constantemente preguntas inútiles, preguntas que el análisis más superficial revela innecesarias. Puedo hablar hasta el cansancio y a gritos delante de una asamblea de cien mil rusos: nadie me entendería. ¿Se dan cuenta de lo que quiero decir?

Existió una persona que podría entenderme. Pero fue, precisamente, la persona que maté.

Ernesto Sábato
(*El túnel*, Ed. Sudamericana, 1972, págs. 9-13)

ACTO TERCERO

El mismo decorado. Al levantarse el telón se ve, tendida en la cuerda del solar, la camisa. Tiene el faldón roto; está gastada.

(Por el fondo de la calle aparece un golfillo con una cesta de reparto de comestibles al hombro. La lleva cogida con la mano izquierda. En la derecha trae una armónica. Desde antes de aparecer en escena viene tocando el pasodoble que subraya esta obra. Al llegar al centro del escenario se para y deja la cesta en el suelo. Sacude la armónica contra la palma de su mano izquierda, quitándole así la saliva. Carga otra vez con la cesta y desaparece por el lateral izquierdo, siempre tocando el citado pasodoble. Con la musiquilla perdiéndose a lo lejos aparece JUAN por el fondo de la calle. Viene con la indumentaria de todos los días y firme. Sospechosamente firme. De vez en cuando da un traspié. Al llegar ante la camisa la mira. Luego, en un rapto de furor, la desgarra en dos mitades. Hecho esto, abre la puerta de la chabola violentamente con el pie. Entra y se tumba en la cama. Al corredor de MARÍA sale BALBINA con un barreño de ropa lavada y la va tendiendo en la cuerda. Acabando de tender un camisón de dormir sale RICARDO al corredor.)

Ricardo: ¡No sé cómo agradecérselo, señora Balbina!

Balbina: Esto lo hago por ella, no por ti. ¡A ti ya te había yo estrangulao! ¡Maldita sea tu sangre!

Ricardo: ¡Me cegué, señora Balbina! ¡No supe lo que hacía!

Balbina: Pero sí sabes meterte en la tasca: ¡a olvidar! A olvidar ¿qué? ¿Qué tenéis unas mujeres que son las que de verdá aguantan lo que cae sobre vosotros? ¡Vaya unos tíos! ¿Sabes lo que te digo? ¡Que sois bazofia! To lo arregláis con media frasca de tinto.

Ricardo: *(Sin darse por aludido.)* Se encuentra mejor la María, ¿verdad?

Balbina: Ella tie más reaños que tú.

Ricardo: Si a usté le parece, aviso al médico.

Balbina: ¡A la guardia civil es a quien habría que avisar! Pero ¿es que no te has dao cuenta que casi la matas?

Ricardo: ¡Le juro que me cegué, señora Balbina! ¡Es que esa manía que le ha dao de agarrar la sartén...!

Balbina: ¿Y qué quieres que haga la pobre en estao?... Dejémoslo, Ricardo. *(Acaba de tender la ropa y se enfrenta con él.)* Pero escúchame: como mientras ella esté en la cama te bebas un tanto así de vino *(Junta el índice y el pulgar.)*, ¡te juro por mis muertos que te arranco las entrañas!

(Se agacha y coge el barreño.)

Ricardo: *(Dolido.)* ¡Soy un miserable, señora Balbina! ¡Un canalla!

Balbina: *(Sin acritud.)* Le he puesto dos sábanas mías. Mañana lavaré las vuestras. Anda, vete a su lao. Yo me voy a preparar la cena. Procura que esté quieta, que no se mueva.

Ricardo: ¿Y la hemorragia?

Balbina: Parece que se le ha cortao. De toas formas hay que avisar al médico. Seguramente tendrán que hacerla un raspao. Oye: la María se ha caído por la escalera, ¿entendido? Pues hala, pa dentro. *(Lo empuja.)* ¡Y no te me derrumbes, hombre!

(Se mete detrás de él. En la chabola, JUAN se levanta y con cuidado, por lo que ha bebido, va y enciende la luz. Luego, con algún traspié, arrima una silla a la mesa y se sienta. Saca una carta sin sobre del bolsillo y se pone a leerla. Pronto la estruja entre sus manos y la arroja con furia contra el suelo. Toda esta escena de JUAN comienza con las últimas frases que acaba de pronunciar la SEÑORA BALBINA. Por el lateral derecho entran en escena LOLITA y NACHO.)

Nacho: Me lo ha contao el Agustinillo.

Lolita: ¡Pero si sólo se lo he dicho a la abuela!

Nacho: *(Parándose.)* Y la abuela a tu madre. Y cuando se lo decía, el Agustinillo pegó la oreja.

Lolita: Bueno ¿y qué? ¿Acaso ha pasao algo? ¡Ni que hubiera entrao a servir en su casa!

Nacho: Ese tío es un mal bicho, Lolita. Lo que quiere es abusar de ti. ¡Y me lo cargo, eh! ¡Cerdo!... ¿Te acuerdas de la Mari Loli, la del pocero? Pues a ésa la tenía echao el ojo y en cuanto se la redondearon las carnes... ¡Pa qué contarte! Ese canalla se ceba donde ve hambre. No petardos: ¡un día le coloco una bomba en la tasca!

(Pausa.)

Lolita: ¿Sabes que ha escrito el Sebas?

Nacho: Sí, me lo ha contao tu hermano. Ya era hora que el tío se acordara. ¿Cuántos días hace que se fue?

Lolita: Pues verás... Al día siguiente de morirse la mujer del tío Maravillas. O sea: dieciséis, diecisiete, veintidós días. ¡No te puedes imaginar la bronca que ha habido en casa!

Nacho: Es que, por lo que me ha contao el Agustinillo, la cartita se las trae, tú.

Lolita: Pues a pesar de to mi madre se va.

Nacho: Mi tío dice que hay que irse por sindicatos, que a los que se van por las buenas se las hacen pasar morás. ¿Sabes que en muchos sitios ponen cartelitos prohibiéndoles la entrá? ¡Ha venío en el «Ya», no creas! Chica, ni que fuéramos unos mal nacíos. ¡La madre que...! Na; que he cambiao de parecer y en cuanto me especialice me largo a Suiza. ¡Te enseñaré a esquiar, chatilla!

(Por el fondo de la calle —lateral derecho— aparece AGUSTINILLO. Detrás, rezongando, viene la ABUELA.)

Abuela: Espera, condenao, espera.

Agustinillo: *(Al lado ya de LOLITA y NACHO, les pregunta vivamente.)* ¿Os habéis enterao?

Lolita: ¿De qué?

Abuela: ¡Este crío me trae a matacaballo!

Agustinillo: *(A la Abuela, que pasa de largo.)* Abuela, ¡no lo saben!

Abuela: *(Metiéndose en la chabola.)* Yo no entiendo de futboles.

Agustinillo: *(A Lolita y Nacho.)* Que el Lolo ha acertao. ¿A que no sabéis cuántos resultaos?

Nacho: ¿Trece?

Agustinillo: ¡Catorce!

Nacho: *(Vivísimo.)* ¿Catorce? ¿Ahivá qué tío? ¿Y cuántos boletos máximos...?

Agustinillo: No sé, eso no lo sé, ¡Pero como sean tres o cuatro...!

Lauro Olmo

(*La camisa*, Escelicer, 1970, págs. 67-69)

Cinco horas con Mario

I

Casa y hacienda, herencia son de los padres, pero una mujer prudente es don de Yavé y en lo que a ti concierne, cariño, supongo que estarás satisfecho, que motivos no te faltan, que aquí, para inter nos, la vida no te ha tratado tan mal, tú dirás, una mujer solo para ti, de no mal ver, que con cuatro pesetas ha hecho milagros, no se encuentra a la vuelta de la esquina, desengáñate. Y ahora que empiezan las complicaciones, zas, adiós muy buenas, como la primera noche, ¿recuerdas?, te vas y me dejas sola tirando del carro. Y no es que me queje, entiéndelo bien, que peor están otras, mira Transi, imagínate con tres criaturas, pero me da rabia, la verdad, que te vayas sin reparar en mis desvelos, sin una palabra de agradecimiento, como si todo esto fuese normal y corriente. Los hombres una vez que os echan las bendiciones a descansar, un seguro de fidelidad, como yo digo, claro que eso para vosotros no rige, os largáis de parranda cuando os apetece y sanseacabó, que las mujeres, de sobras lo sabes, somos unas románticas y unas tontas. Y no es que yo vaya a decir ahora que tú hayas sido una cabeza loca, cariño, sólo faltaría, que no quiero ser injusta, pero tampoco pondría una mano en el fuego, ya ves. ¿Desconfianza? Llámalo como quieras, pero lo cierto es que los que presumís de justos sois de cuidado, que el año de la playa bien se te iban las vistillas, querido, que yo recuerdo la pobre mamá que en paz descanse, con aquel ojo clínico que se gastaba, que yo no he visto cosa igual, el mejor hombre debería estar atado, a ver. Mira Encarna, tu cuñada es, ya lo sé, pero desde que murió Elviro ella andaba tras de ti, eso no hay quien me lo saque de la cabeza. Encarna tiene unas ideas muy particulares sobre los deberes de los demás, cariño, y ella se piensa que el hermano menor está obligado a ocupar el puesto del hermano mayor y cosas por el estilo, que aquí, sin que salga de entre nosotros, te diré que, de novios, cada vez que íbamos al cine y la oía cuchichear contigo en la penumbra me llevaban los demonios. Y tú, dale, que era tu cuñada, valiente novedad, a ver quién lo niega, que tú siempre sales por peteneras, con tal de justificar lo injustificable, que para todos encontrabas disculpas menos para mí, ésta es la derecha. Y no es que yo diga o deje de decir, cariño, pero unas veces por fas y otras por nefas, todavía estás por contarme lo que ocurrió entre Encarna y tú el día que ganaste las oposiciones, que a saber qué pito tocaba ella en este pleito, que en tu carta, bien sobrio, hijo, «Encarna asistió a la votación y luego celebramos juntos el éxito». Pero hay muchas maneras de celebrar, me parece a mí, y tú, que en Fuima, tomando unas cervezas y unas gambas, ya, como si una fuese tonta, como si no conociera a Encarna, menudo torbellino, hijo. ¿Pero es que crees que se me ha olvidado, adoquín, cómo se te arrimaba en el cine estando yo delante? Sí, ya lo sé, éramos solteros entonces, estaría bueno, pero, si mal no recuerdo, llevábamos hablando más de dos años y unas relaciones así son respetables para cualquier mujer, Mario, menos para ella, que, te digo mi verdad, me sacaba de quicio con sus zalemas y sus pamplinas. ¿Crees tú, que, conociéndola, estando tú y ella mano a mano, me voy a tragar que Encarna se conformase con una cerveza y unas gambas? Y no es eso lo que peor llevo, fíjate, que, al fin y al cabo de barro somos, lo que más me duele es tu reserva, «no desconfíes», «Encarna es una buena chica que está aturdida por su desgracia», ya ves, como si una se chupase el dedo, que a lo mejor a otra menos avisada se la das, pero lo que es a mí... Tú viste la escenita de ayer, cariño, ¡qué bochorno!, no irás a decirme que es la reacción normal de una cuñada, que llamó la atención, y yo achicada, a ver, que hasta parecía una mujer sin sentimientos, yo que sé, y Vicente Rojo «sacadla de aquí, está muy afectada», que me puso frita, lo confieso. Con la mano en el corazón, Mario, ¿es que venía eso a cuento? ¡Si parecía ella la viuda! Me apuesto lo que quieras a que cuando lo de Elviro no llegó a esos extremos, que a saber qué hubiera tenido que hacer yo.

Miguel Delibes

(*Cinco horas con Mario*, Ed. Destino, 1971, págs. 39-41)

2-B GRAMÁTICA - EJERCICIOS

SIGLAS

PREFIJOS

REFRANES

LOCUCIONES

RELATIVOS

INTERROGATIVOS

INDEFINIDOS

ESQUEMA GRAMATICAL 1

SIGLAS UTILIZADAS EN ESPAÑOL	
AA	Asociación Automovilista.
ACAIP	Asociación de Corresponsales de las Agencias Internacionales de Prensa.
ACPAL	Asociación de Caza y Pesca al Aire Libre.
ADENA	Asociación para la Defensa de la Naturaleza.
ADIC	Asociación para la Defensa de los Intereses de Cantabria.
AEB	Asociación Empresarial Bancaria.
AEBI	Asociación Española de Baloncestistas Internacionales.
AFA	Asociación de Fútbol Amateur.
AFE	Asociacion de Futbolistas Españoles.
AI	Amnistía Internacional.
AMPE	Asociación de Medios Publicitarios Españoles.
APETI	Asociación Profesional Española de Traductores e Intérpretes.
ASEAN	Asociación de las Naciones del Sureste Asiático.
BAE	Biblioteca de Autores Españoles.
BUP	Bachillerato Unificado y Polivalente.
CAMPSA	Compañía Arrendataria del Monopolio de Petróleos, Sociedad Anónima.
CASA	Construcciones Aeronáuticas, S.A.
CDS	Centro Democrático Social. Partido político.

EJERCICIO I. *Diga el significado y forme frases con los siguientes términos*

cronología, cronógrafo, cólera, cacografía, homónimo, homófono,
heliógrafo, heliocéntrico, hemoglobina, hemoptisis, hemofilia, antropología,
autopsia, autógena, automóvil, autógrafo, biopsia, demografía,
dinámico, dinamita, iconografía, gastritis, geología, ginecología.

ESQUEMA GRAMATICAL 2

PREFIJOS

ACRO-,	«lo alto»: acróbata.	*DEMO-,*	«pueblo»: democracia.
ANTROPO-,	«hombre»: antropocéntrico.	*DINAMO-,*	«fuerza»: dinamómetro.
AUTO-,	«mismo»: autarquía.	*GASTR-,*	«estómago»: gastroenteritis.
BIBLIO-,	«libro»: biblioteca.	*GIN-,*	«mujer»: gineceo.
BIO-,	«vida»: bioquímica.	*HELIO-,*	«sol»: heliotropo.
BRAQUI-,	«corto»: braquicéfalo.	*HEMO-,*	«sangre»: hemofilia.
CACO-,	«malo»: cacofonía.	*HETERO-,*	«distinto»: heterogéneo.
CROMO-,	«color»: cromático.	*HOMO-,*	«igual»: homogéneo.
CRONO-,	«tiempo»: cronómetro.	*ICONO-,*	«imagen»: iconografía.

EJERCICIO II. *Diga el significado y forme frases con los siguientes términos*

acrópolis,
acrofobia,
antropofagia,
antropoide,
antropometría,
antropomorfismo,
biografía,
bioquímica,
biotopo,
biodinámica,
braquilogía,
cronómetro,
cronista,
helioscopio,
helióstato,
hemoptisis,
hemoglobina,
hemorroide,
heterodoxia,
heteromorfo,
heterosilábico,
homónimo,
homosexual,
homófono,
iconoclasta,
iconolatría,
gastronomía,
gástrico.

EJERCICIO III. *Forme frases con los siguientes términos*

metamorfosis,
hiperestesia,
hipoglucemia,
metabolismo,
metáfora,
pancromático,
parónimo,
polígamo,
antroponimia,
demografía,
braquicefalia,
heterogéneo,
criptograma,
cosmografía,
dermatólogo,
citología,
didáctica,
enteritis,
gerontología,
entomología,
diglosia,
helioterapia,
isomorfo,
mesocracia.

REFRANES ESPAÑOLES

Al saber le llaman suerte.
A mal tiempo, buena cara.
A mucho hablar, poco acertar.
Ándeme yo caliente, y ríase la gente.
Año de nieves, año de bienes.
A otro perro con ese hueso.
A palabras necias, oídos sordos.
Aprendiz de mucho, maestro de nada.
A quien Dios se la dio, San Pedro se la bendiga.
A quien le dan el pie, se toma la mano.
A quien se casa viejo, o muerte, o cuernos.
A rey muerto, rey puesto.
A río revuelto, ganancia de pescadores.
Beber con medida, alarga la vida.
Cada maestrillo tiene su librillo.

EJERCICIO IV. *Sustituya las expresiones formadas por los verbos **tener, hacer, poner, decir** y **ver** por otras más precisas*

Pedro *tiene* el primer puesto en clase → Pedro *ocupa* el primer puesto.

1. Esta aula *tiene* veinte metros de ancho.
2. El negocio de Consuelo *tiene* enormes ventajas.
3. Tras el accidente, Carmen *tiene* esperanzas en su recuperación.
4. El empleado *hizo* una fosa para los desperdicios.
5. El profesor *hizo* un artículo en señal de protesta.
6. El político de turno *hizo* un discurso muy poco convincente.
7. La secretaria *puso* la misma carta en inglés.
8. Pedro antes de dirigirse al tribunal *puso* en orden sus ideas.
9. Pedro *ha dicho* un buen discurso.
10. Pedro es capaz de *ver* la belleza de un cuadro surrealista.

EJERCICIO V.

1. El médico tiene que *ver* a cinco enfermos diarios.
2. *Digo* que usted no dice la verdad.
3. Aquel alumno *dice* el poema con soltura.
4. Juan tuvo la habilidad de *poner* en desacuerdo a toda la familia.
5. El juez *dijo* la sentencia con poca convicción.
6. Pedro *hizo* mucho dinero con el estraperlo.
7. Este cuarto oscuro *tiene* olores malsanos.
8. El faro de Santander *tiene* una luz potente.
9. Carmen no *dice* sus penas a nadie.
10. El guardia *puso* al ladrón en manos del juez.

EJERCICIO VI. *Sustituya las palabras **cosa, algo, esto** y **eso** por otra expresión más precisa*

Esto es *algo* infame → Esto es una *infamia*.

1. La mentira es una *cosa* despreciable.
2. La prepotencia del Partido que sustenta al Gobierno es *cosa* conocida.
3. Esta fotografía tiene *algo* triste.
4. Mi profesor tiene *algo* distanciador.
5. En su rostro había *algo* de neurótico.
6. Moracho acaba de ganar el campeonato de España; *esto* ya no asombra a nadie.
7. Pedro practica mucho el deporte. *Esto* le servirá para fortalecerse.
8. El abuelo contaba *cosas* inverosímiles.
9. El teléfono es una *cosa* imprescindible para los negocios.
10. Todos los genios tienen *algo* de locos.

ESQUEMA GRAMATICAL 3

LOCUCIONES ESPAÑOLAS
A duras penas, con dificultad, con trabajo.
A escape, a todo correr.
A escote, pagando cada uno su parte en un gasto común.
A humo de pajas, de modo ligero, sin reflexión.
A la corta o a la larga, más tarde o más temprano.
A las primeras de cambio, de buenas a primeras.
A mandíbula batiente, a carcajada tendida.
A paso de tortuga, a paso de buey.
A rienda suelta, con toda libertad.
A tocateja, pagar al momento.
A tontas y a locas, sin orden ni concierto.
A trasmano, fuera del alcance de la mano.

EJERCICIO VII. *Utilice la locución que más convenga a la frase*

(«a duras penas», «a escape», «a escote», «a humo de pajas», «a la corta o a la larga», «a las primeras de cambio», «a mandíbula batiente», «a paso de tortuga», «a rienda suelta», «a tocateja», «a tontas y a locas», «a trasmano»).

1. El niño iba a clase ......; siempre llegaba tarde.
2. Tuvimos que pagar ...... la ronda ya que ascendía a mucho dinero.
3. El perro ...... se marchó con su antiguo dueño.
4. Tuve que pagar el televisor ...... porque el comerciante no disponía de crédito.
5. Juan ...... consiguió lo que se había propuesto: un viaje alrededor del mundo.
6. Pienso que el convenio .... será denunciado; no recoge aspectos muy importantes para la comunidad.
7. Hoy no pasaré por tu casa, me pilla ...... de donde estoy en estos momentos.
8. Manuel estuvo toda la comida riendo ...... ante la perplejidad de los comensales.
9. El acuerdo se tomó ......, dada la premura de tiempo.
10. El sacerdote ...... pudo reunir la cantidad de dinero que necesitaba.

EJERCICIO VIII. *Tache la forma incorrecta, si la hay, y ponga el verbo en el tiempo adecuado donde sea necesario*

1. (El desconocido/lo desconocido) me pidió fuego.
2. Los alumnos (que/quienes/los cuales) hayan estudiado mucho obtendrán el certificado.
3. Trajo en (el bolso/la bolsa) 20 kilos de fruta.
4. Este (pito/pitito/pitillo) sabe muy mal.
5. Ayer me harté a (comer/comiendo/comido) paella en casa de mis padres.
6. El próximo martes (salgo/saldré/voy a salir) para Barcelona.
7. Se ha celebrado el (decimoprimero/undécimo/11) Congreso de los Derechos de la Mujer.
8. He venido (a/en) Madrid para estudiar español.
9. Vinieron Juan y Pedro a la fiesta, (éste/ése) con la novia, (aquél/ése) con la suegra.
10. *(Los coche-cama/los coches-cama/los coche-camas) son solo cómodos cuando el tren está parado.*

ATENCIÓN

DÉCIMO. Adjetivo numeral ordinal de *diez.* Refiriéndose a reyes o a siglos, alterna con *diez: Alfono X* = Alfonso *décimo* o Alfonso *diez; siglo X* = siglo *décimo* o siglo *diez.*

DECIMO-. Los ordinales que corresponden a los números del *trece* al *diecinueve* son palabras compuestas con *decimo-* + el ordinal correspondiente a las unidades (*tercero, cuarto, quinto,* etc.). Así tenemos: *decimotercero* (* DECIMOTERCERO), *decimocuarto, decimoquinto, decimosexto, decimoséptimo, decimoctavo* (* DECIMOCTAVO), *decimonono* o *decimonoveno* (* DECIMONONO). Las formas femeninas se constituyen simplemente cambiando la -o final en *-a: decimotercera, decimocuarta,* etc. Hay que advertir que en todos estos compuestos el elemento *decimo-* es átono, razón por la cual la Academia le suprimió la tilde en la reforma ortográfica de 1959. Estos numerales, pues, se pronuncian con un solo acento: [dezimokuárto], [dezimoséptimo], etcétera. Existen también las formas *décimo tecero, décimo cuarto, décimo quinto, décimo sexto, décimo séptimo, décimo octavo, décimo nono,* cuyos femeninos son *décima tercera, décima cuarta,* etc. (que también pueden escribirse *decimatercera, decimacuarta,* etc.). Pero son formas hoy poco usadas.

DECIMOCTAVO. El numeral ordinal correspondiente a *dieciocho* es *decimoctavo,* sin acento y con una sola *o* en la tercera sílaba (no *decimooctavo*). Su femenino es *decimoctava.* Puede también usarse la forma *décimo octavo,* femenino *décima octava:* * DECIMO-.

DECIMONÓNICO. 'Del siglo XIX'. Aunque es palabra correcta y de uso corriente, aún no figura en el *Diccionario* de la Academia.

DECIMONONO. Numeral ordinal correspondiente a *diecinueve.* Su femenino es *decimonona.* También puede decirse *decimonoveno, -na.* Sobre la forma *décimo nono,* femenino *décima nona,* * DECIMO-.

DECIMOPRIMERO, DECIMOSEGUNDO. Los numerales ordinales correspondientes a *once* y *doce* son *undécimo* y *duodécimo.* No deben usarse las formas *decimoprimero* y *decimosegundo,* empleadas por muchos periodistas: «*decimoprimer Curso de Periodismo*» (Radio Nacional de España, 17-VIII-1957); «*grupo decimosegundo*» (*Ya,* 23-IX-1958, 10).

(Manuel Seco: *Diccionario de dudas de la lengua española,* ed. Aguilar).

ESQUEMA GRAMATICAL 4

ESQUEMAS DE RELATIVOS E INTERROGATIVOS

a) **Relativos**

	Masculino	*Femenino*
Singular	(El) que (El) cual Quien Cuyo	(La) que (La) cual Quien Cuya
Plural	(Los) que (Los) cuales Quienes Cuyos	(Las) que (Las) cuales Quienes Cuyas

b) **Interrogativos**

Para las personas	*Para las cosas*	*De cantidad*	*De posesión (ant.)*
Quién	Qué	Cuánto	(Cúyo)
Quiénes	Cuál	Cuántos	(Cúya)
	Cuáles	Cuántas	(Cúyos)
			(Cúyas)

EJERCICIO IX. *Tache la forma incorrecta, si la hay, y ponga el verbo en el tiempo adecuado donde sea necesario*

1. Mi cartera es (mayor/mayora/más grande) que la tuya.
2. (Por/para) el próximo verano me compraré una lancha.
3. Antonio llevaba (correr/corridos/corridas/corriendo) ya dos kilómetros, cuando empezó a llover a cántaros.
4. Encarna pronto será madre; espera (un/una) bebé (antes de/delante de) un mes.
5. Haz lo que a ti te (dar) la gana.
6. Con el frío que hizo ayer, el agua (convertirse en/volverse/ponerse) en hielo.
7. (Le/la/lo) dije que intentara hablar más despacio.
8. (¿Qué gato/cuál gato/quién gato) es el tuyo: el negro o el bizco?
9. Cuando (vas/vayas/irás) a Madrid, visítame.
10. Hoy (estar/ser) a 20 de enero.

EJERCICIO X. *Tache la forma incorrecta, si la hay, y ponga el verbo en el tiempo adecuado donde sea necesario*

1. Dejadme en paz y (marchaos/marchados) de una vez.
2. Si tú tienes un poco de vergüenza, no (decir) esas burradas.
3. Por mucho que tú me lo (jurar), no te creeré.
4. (Qué idea más tonta/qué más tonta idea) acabas de tener.

ESQUEMA GRAMATICAL 5

ESQUEMA PRÁCTICO DE INDEFINIDOS

	Pronombre indefinido	*Adjetivo determinativo*	*Adverbio*	*Sustantivo*
Mucho.............	Enseñaba *mucho.*	Gastó *mucho* dinero.	Se lo encarecí *mucho.*	Lo *mucho* ofende.
Tanto.............	No esperaba *tanto* de ti.	No lo juzgué digno de *tanto* honor.	Los niños no hablan *tanto.*	—
Cuanto	Habló *cuanto* quiso.	¡*Cuánto* tiempo pierdes!	¡*Cuánto* te afanas!	—
Bastante...........	Aprendió *bastante.*	Tengo *bastante* tiempo.	Llegó *bastante* alegre.	Creo que hay lo *bastante.*
Algo	Debo decirte *algo.*	—	Es *algo* difícil de entender.	—
Nada...............	*Nada* le aprovecha.	—	No me gusta *nada* su lección.	—

5. Nos veremos esta tarde (por/a/hacia) las seis en punto.
6. Anoche (ver) a Pedro, pero esta noche todavía (yo) no lo (ver).
7. Trabaja mucho con vistas a que le (aumentar) el sueldo.
8. Mi amigo (se quedará a cenar/quedará a cenarse) esta noche.
9. El asunto (de que/de quien) te hablé, se ha solucionado satisfactoriamente.
10. (Eran/fueron) las dos de la madrugada y (seguía/siguió) bebiendo.

EJERCICIO XI. *Complete la frase utilizando la forma del relativo que convenga:* ***que, quien, el que, el cual, cuyo***

1. ...... fueron de viaje llegaron demasiado cansados como para salir de juerga.
2. A ...... se jubilaron se les impuso la medalla del trabajo.
3. Ya les he echado un vistazo a tus libros pero no encuentro ...... deseaba.
4. Las preguntas ...... lanzas molestan muchísimo.
5. La película ...... proyectaron ayer ya la había visto.
6. Estamos hablando de la Iglesia ...... poderes no han decaído en la actualidad.
7. El libro de ...... saqué la cita, está agotado en la editorial.
8. Sois vosotros ...... lo hicisteis fatal, por lo tanto resolvedlo.
9. Siempre he hecho todo ...... tú has querido.
10. A ...... encuentro a menudo por la Facultad es a tu amigo.

EJERCICIO XII. *Complete la frase utilizando la forma de relativo que convenga:* ***que, quien, el que, el cual, cuyo***

1. El sitio en ...... vivo es muy tranquilo.
2. El chico ...... me gusta está ahora de espaldas.
3. ...... han llegado tarde no pueden entrar al recital para no molestar.
4. He recorrido unos lugares maravillosos ...... recuerdo sobre todo sus muchas obras de arte.
5. He conocido a sus padres ...... simpatía me conquistó inmediatamente.
6. Te ayudaré a repasar la lección, después de ...... me marcharé al cine.
7. ¡ ...... tuviera una tercera oportunidad en la vida!
8. Es un tipo reservado, todavía desconocemos ...... son sus gustos.
9. ...... sea el Director no le autoriza a abusar del poder.
10. Todavía no sé ...... de los dos quiero encargar.

EJERCICIO XIII. *Complete la frase con el indefinido adecuado*

1. Le conocí ...... tiempo atrás.
2. No encuentro la ropa en ...... parte.
3. ¿Tiene ...... ventaja comprar a plazos?
4. No tolero de ...... modo que me lleve la contraria.

5. No quiero pedir ...... a mis amigas.
6. En el juego del tenis, no me gana ......
7. Sin duda ......, a estas horas el tren habrá llegado.
8. Antes tenía ...... interés por la pintura.
9. ...... texto que trate sobre arqueología me interesa.
10. Me aseguró que un día ...... vendría a verme.

EJERCICIO XIV. *Complete la frase con el indefinido adecuado*

1. ...... chiste que cuente, siempre resulta divertido.
2. En nuestra sociedad la mujer puede hacer ...... trabajo.
3. En ...... ciudad hay monumentos diversos.
4. Hay que resolver ...... cuestión según lo requiera ...... caso.
5. ...... intento de acabar con el terrorismo ha sido inútil.
6. La Inquisición hacía quemar ...... libro considerado heterodoxo.
7. ...... alumno tiene que llevar su composición.
8. ...... las semanas va al médico.
9. ...... quince días necesita dinero.
10. ¿Vive ...... extranjero aquí?

ESQUEMA GRAMATICAL 6

ESTRUCTURAS DE RELATIVO Y SUS POSIBLES SUSTITUCIONES

1. Por un sustantivo en aposición acompañado de un complemento prepositivo:

   «El alcalde que favoreció la vida ciudadana».
   «El alcalde, favorecedor de la vida ciudadana».

2. Por un adjetivo concertado con o sin complemento prepositivo:

   «Las personas que trabajan».
   «Las personas trabajadoras».

3. Por una nueva expresión:

   «Una prueba que confirma mis sospechas».
   «Una prueba en apoyo de mis sospechas».

EJERCICIO XV. *Sustituya la oración de relativo por la expresión más conveniente*

1. Cervantes, que escribió el Quijote, era judío.
2. Allí encontramos un líquido que no se podía beber.
3. El padre pronunció una frase que no se entendió.
4. El catedrático, que no admite opiniones ajenas, es un dictador.
5. El Arcipreste de Talavera, que vivió antes que Cervantes, escribió «El Corbacho».
6. Lázaro es un hombre que no escucha las súplicas ajenas.
7. El Rector pronunció un discurso que combate el proyecto de ley.
8. Los niños, que juegan al fútbol, son buenos atletas.
9. En la historia del mundo ha habido especuladores que tenían una fortuna de dinero.
10. Antonio es un enfermo que no corre peligro.

3-A EL PAISAJE

Miguel de Unamuno:

GUADALUPE

Antonio Machado:

A ORILLAS DEL DUERO

Juan Ramón Jiménez:

LA CASA DE ENFRENTE y LA VERJA CERRADA

Azorín:

ARCOS Y SU FILÓSOFO

Pío Baroja:

CUENCA

Gerardo Diego:

ESTA SORIA ARBITRARIA. Romance del Duero

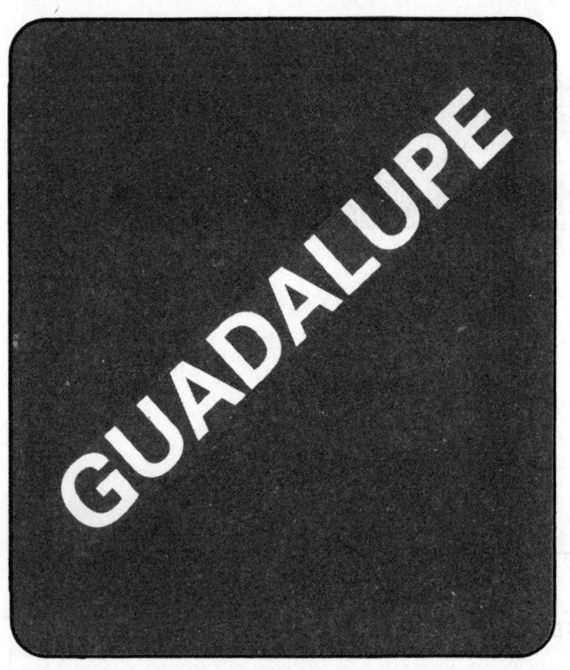

La España pintoresca y legendaria sería mucho mejor conocida que lo es —por los españoles, se entiende— si tuviéramos mejores caminos y vías de comunicación o si fuésemos más entusiastas y menos comodones. Entre nosotros, el amor a la hermosura y a la tradición no ha llegado aún a formas de piedad. Y así, cuando hace aún pocos días marchaba yo con dos amigos a visitar el célebre monasterio de Guadalupe, las gentes sencillas de aquellas tierras no se explicaban las molestias que soportábamos sino atribuyéndolo a que lo hiciésemos por promesa o votos religiosos.

Y es realmente penoso el viaje a no ir en automóvil —se puede llegar por carretera hasta el mismo monasterio—. Desde Oropesa, pasando por Puente del Arzobispo, unas diez horas de coche hasta el puerto de San Vicente, lindero entre las provincias de Toledo y Cáceres, y de allí bajamos en carro a Guadalupe, a través de unas montañas bravías y fragosas.

Entonaban el corazón aquellas vastas verdes soledades tendidas al pie de la sierra. En la garganta de la Peña Amarilla, cerníanse, trazando lentas espirales, dos águilas. Luego las mil vueltas y revueltas de la carretera, entre frondosidades de árboles, y al fin se nos abrió a la vista la mole ingente del monasterio, rodeado por el pueblo.

(...) Allí se alzaba, carcomidos por los siglos sus muros de mampostería, severo y señorial, sobre fondo de verdura. Su exterior tiene, ciertamente, poco que admirar como obra arquitectónica; son la posición y el lugar los que le dan realce.

El pueblo de Guadalupe, que rodea y abraza al monasterio, es uno de esos típicos pueblos serranos llenos de encanto y de frescura. Sus soportales, su fuente, sus calles con entrantes y salientes y voladizos balcones de madera, sus casas señoriales, su sello, en fin, de reposadero.

El monasterio, hoy muy deteriorado, ofrece aún al visitante su magnífica iglesia, con una de las más hermosas verjas de hierro forjado que puedan verse, sus dos claustros, su relicario, su sacristía. En uno de los dos claustros, mudéjar, con muy pintoresco templete en el centro, sentí una vez más la tentación que en parecidos sitios me asalta: la de abandonar estas luchas y trabajos en que estoy metido y darme a ver pasar la vida en meditación y en sosiego. Pero...

Al otro claustro, medio arruinado, le llaman allí el Convento de las Garrapatas —es decir, de las arañas, y no de las garrapatas propiamente tales—, y lo ocupan hasta cuarenta familias po-

bres y no nada limpias, que crían sus chiquillos donde los reverendos frailes jerónimos durmieron sus siestas.

El monasterio era riquísimo, y de esta riqueza quedan aún vestigios y restos. Tan ricos eran los jerónimos, que después de enseñar al visitante una opulenta capa, cuajada de oro y pedrería, que regaló a la Virgen el rey Felipe II, se le enseña otra más opulenta aún y preciosa, que le regaló la orden para achicar al rey. Y nos mostraron capas, casullas, frontales, unos de subido valor artístico, pero los más de mayor precio material que estético. Mejor aún, para mi gusto, es la magnífica colección de libros de coro —tal vez la mejor de España— con iniciales iluminadas y graciosísimas viñetas.

Pero la joya del monasterio, lo que ello sólo merece todas las penalidades del viaje, lo que ha de hacer de Guadalupe lugar de peregrinación de los amantes del arte, es la soberbia colección de cuadros de Zurbarán que en su sacristía se guardan. Hay que ir allá para conocer a nuestro gran pintor extremeño. Diez grandes cuadros, de más de cuatro varas de alto por tres de ancho algunos, unos algo menores, y varias tablitas pequeñitas.

Los ocho que cubren las paredes del cuerpo de la sacristía representan a personajes de la Orden. ¡Qué figura la de aquel venerable padre Andrés de Salmerón, de rodillas, con las manos juntas, mientras Cristo le pone una mano sobre la cabeza! Allí llega al colmo la genuina sobriedad de la pintura clásica española. Y el Enrique III que pone el capelo arzobispal al venerable padre Fernando Yáñez de Figueroa, aquella figura trazada con el mínimo de líneas y colores, nada tiene que envidiar a las figuras de Velázquez. Encima del altar de la sacristía se ve la llamada Perla de Zurbarán, un San Jerónimo que, llevando nuestra mirada tras de la suya, nos abre perspectivas celestiales.

Hermosísimo es, sin duda, cuanto el arte humano puede aún ofrecernos en Guadalupe; mas es más hermoso aún lo que allí la Naturaleza nos ofrece. Subimos a Mirabel, dependencia del monasterio, y bajamos de allí por medio de uno de los más espesos y más frondosos bosques de que en mi vida he gozado. Jamás vi castaños más gigantescos y más tupidos. Y nogales, álamos, alcornoques, robles, quejigos, encinas, fresnos, almendros, alisos junto al regato, y todo ello embalsamado por el olor de perfumadas matas.

Miguel de Unamuno

(Por tierras de Portugal y España: Guadalupe)

A orillas del Duero

Mediaba el mes de julio. Era un hermoso día.
Yo, solo, por las quiebras del pedregal subía,
buscando los recodos de sombra, lentamente.
A trechos me paraba para enjugar mi frente
y dar algún respiro al pecho jadeante;
o bien, ahincando el paso, el cuerpo hacia adelante
y hacia la mano diestra vencido y apoyado
en un bastón, a guisa de pastoril cayado,
trepaba por los cerros que habitan las rapaces
aves de altura, hollando las hierbas montaraces
de fuerte olor —romero, tomillo, salvia, espliego—.
Sobre los agrios campos caía un sol de fuego.

Un buitre de anchas alas con majestuoso vuelo
cruzaba solitario el puro azul del cielo.
Yo divisaba, lejos, un monte alto y agudo,
y una redonda loma cual recamado escudo,
y cárdenos alcores sobre la parda tierra
—harapos esparcidos de un viejo arnés de guerra—,
las serrezuelas calvas por donde tuerce el Duero
para formar la corva ballesta de un arquero
en torno a Soria. —Soria es una barbacana,
hacia Aragón, que tiene la torre castellana—.
Veía el horizonte cerrado por colinas
oscuras, coronadas de robles y de encinas;
desnudos peñascales, algún humilde prado
donde el merino pace y el toro, arrodillado
sobre la hierba, rumia; las márgenes del río
lucir sus verdes álamos al claro sol de estío,
y, silenciosamente, lejanos pasajeros,
—¡tan diminutos!—, carros, jinetes y arrieros,
cruzar el largo puente, y bajo las arcadas
de piedra ensombrecerse las aguas plateadas
del Duero.

El Duero cruza el corazón de roble
de Iberia y de Castilla.

¡Oh, tierra triste y noble,
la de los altos llanos y yermos y roquedas,
de campos sin arados, regatos ni arboledas;
decrépitas ciudades, caminos sin mesones

y atónitos palurdos sin danzas ni canciones
que aún van, abandonando el mortecino hogar,
como tus largos ríos, Castilla, hacia la mar!

Castilla miserable, ayer dominadora,
envuelta en sus andrajos desprecia cuanto ignora.
¿Espera, duerme o sueña? ¿La sangre derramada
recuerda cuando tuvo la fiebre de la espada?
Todo se mueve, fluye, discurre, corre o gira;
cambian la mar y el monte y el ojo que los mira.
¿Pasó? Sobre sus campos aún el fantasma yerra
de un pueblo que ponía a Dios sobre la guerra.

La madre en otro tiempo fecunda en capitanes,
madrastra es hoy apenas de humildes ganapanes.
Castilla no es aquella tan generosa un día,
cuando Myo Cid Rodrigo el de Vivar volvía,
ufano de su nueva fortuna y su opulencia,
a regalar a Alfonso los huertos de Valencia;
o que, tras la aventura que acreditó sus bríos,
pedía la conquista de los inmensos ríos
indianos a la corte, la madre de soldados,
guerreros y adalides que han de tornar, cargados
de plata y oro, a España, en regios galeones,
para la presa cuervos, para la lid leones.
Filósofos nutridos de sopa de convento
contemplan impasibles el amplio firmamento;
y se les llega en sueños, como un rumor distantes,
clamor de mercaderes de muelles de Levante,
no acudirán siquiera a preguntar: ¿qué pasa?
Y ya la guerra ha abierto las puertas de su casa.

Castilla miserable, ayer dominadora,
envuelta en sus harapos desprecia cuanto ignora.

El sol va declinando. De la ciudad lejana
me llega un armonioso tañido de campana
—ya irán a su rosario las enlutadas viejas—.
De entre las peñas salen dos lindas comadrejas;
me miran y se alejan, huyendo, y aparecen
de nuevo, ¡tan curiosas!... Los campos se obscurecen.
Hacia el camino blanco está el mesón abierto
el campo ensombrecido y el pedregal desierto.

Antonio Machado

(Campos de Castilla)

LA CASA DE ENFRENTE

¡Qué encanto siempre, Platero, en mi niñez, el de la casa de enfrente a la mía. Primero, en la calle de la Ribera, la casilla de Arreburra, el aguador, con su corral al Sur, dorado siempre de sol, desde donde yo miraba a Huelva, encaramándome en la tapia. Alguna vez me dejaban ir, un momento, y la hija de Arreburra, que entonces me parecía una mujer, y que ahora, ya casada, me parece como entonces, me daba azamboas y besos... Después, en la calle Nueva —luego Cánovas, luego Fray Juan Pérez—, la casa de don José, el dulcero de Sevilla, que me deslumbraba con sus botas de cabritilla de oro, que ponía en la pita de su patio cascarones de huevos, que pintaba de amarillo canario con fajas de azul marino las puertas de su zaguán; que venía, a veces, a mi casa, y mi padre le daba dinero, y él le hablaba siempre del olivar... ¡Cuántos sueños le ha mecido a mi infancia esa pobre pimienta que, desde mi balcón, veía yo, llena de gorriones, sobre el tejado de don José! (Eran dos pimientas que no uní nunca: una, la que veía, copa con viento o sol, desde mi balcón; otra, la que veía en el corral de don José, desde su tronco...)

Las tardes claras, las siestas de lluvia, a cada cambio leve de cada día o de cada hora, ¡qué interés, qué atractivo tan extraordinario, desde mi cancela, desde mi ventana, desde mi balcón, en el silencio de la calle, el de la casa de enfrente!

LA VERJA CERRADA

Siempre que íbamos a la bodega del Diezmo, yo daba la vuelta por la pared de la calle de San Antonio y me venía a la verja cerrada que da al campo. Ponía mi cara contra los hierros y miraba a derecha e izquierda, sacando los ojos ansiosamente, cuanto mi vista podía alcanzar. De su mismo umbral, gastado y perdido entre ortigas y malvas, una vereda sale y se borra, bajando, en las Angustias. Y, vallado suyo abajo, va un camino ancho y hondo por el que nunca pasé...

¡Qué mágico embeleso ver, tras el cuadro de hierros de la verja, el paisaje y el cielo mismos que fuera de ella se veían! Era como si una techumbre y una pared de ilusión quitaran de lo demás el espectáculo, para dejarlo solo a través de la verja cerrada... Y se veía la carretera, con su puente y sus álamos de humo, y el horno de ladrillos, y las lomas de Palos, y los vapores de Huelva, y, al anochecer, las luces del muelle de Ríotinto y el eucalipto grande y solo de los Arroyos sobre el morado ocaso último...

Los bodegueros me decían, riendo, que la verja no tenía llave... En mis sueños, con las equivocaciones del pensamiento sin cauce, la verja daba a los más prodigiosos jardines, a los campos más maravillosos... Y así como una vez intenté, fiado en mi pesadilla, bajar volando la escalera de mármol, fui, mil veces, con la mañana, a la verja, seguro de hallar tras ella lo que mi fantasía mezclaba, no sé si queriendo o sin querer, a la realidad...

Juan Ramón Jiménez

(Platero y yo)

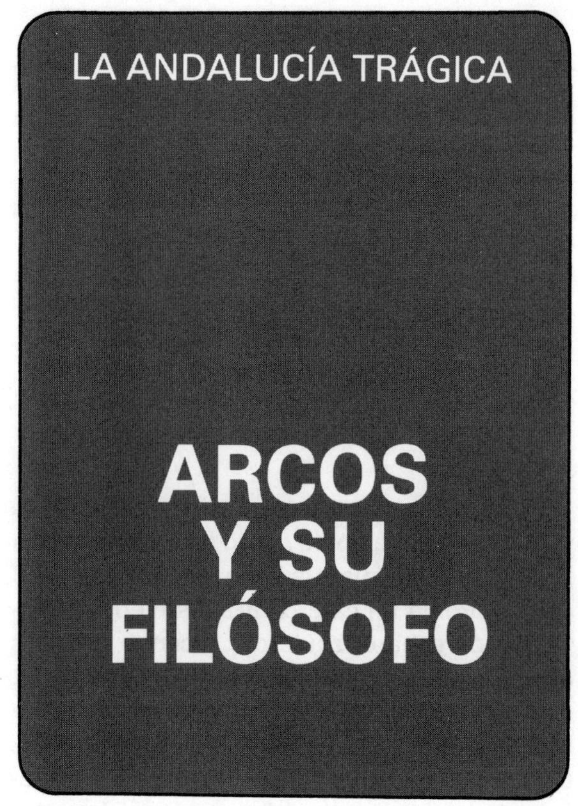

LA ANDALUCÍA TRÁGICA

ARCOS Y SU FILÓSOFO

¿Qué es lo que más cautiva vuestra sensibilidad de artistas: los llanos uniformes o los montes abruptos? ¿Cuáles son los pueblos que más os placen: los extendidos en la llanada clara o los alzados en los picachos de las montañas? Arcos de la Frontera es uno de estos postreros pueblos: imaginad la meseta plana, angosta, larga, que sube, que baja, que ondula, de una montaña; poned sobre ella casitas blancas y vetustos caserones negruzcos; haced que uno y otro flanco del monte se hallen rectamente cortados a pico, como un murallón eminente; colocad al pie de esta muralla un río callado, lento, de aguas terrosas, que lame la piedra amarillenta, que la va socavando poco a poco, insidiosamente, y que se aleja, hecha su obra destructora, por la campiña adelante en pronunciados serpenteos, entre terrenos y lomas verdes, ornado de gavanzos en flor y de mantos de matricarias gualdas... Y cuando hayáis imaginado todo esto, entonces tendréis una pálida imagen de lo que es Arcos.

No hay en esta serranía pueblo más pintoresco. Sobre la cumbre de la montaña, la muchedumbre de casitas moriscas se apretuja y hacina en una larga línea de cuatro o más kilómetros. El poblado comienza ya en la ladera suave de una colina; después baja a lo hondo; luego comienza a subir en pendiente escarpada por la alta montaña; más tarde baja otra vez, se extiende en breve trecho por el llano y llega hasta morir en la falta de otro altozano. Y hay en lo alto, en el centro, en lo más viejo y castizo de la ciudad, unas callejuelas angostas, que se retuercen, que se quiebran súbitamente en ángulos rectos, pavimentados de guijos relucientes, resbaladizos; al pasar, allá en lo hondo, bajo vuestros pies, veis un rodal de prado verde o un pedazo de río que espejea al sol... El ruido de los pasos de un transeúnte resuena de tarde en tarde suavemente. Pasáis ante el oscuro zaguán de una casa solariega; por la puerta entreabierta, dentro, en el estrecho patio sombrío, penumbroso, un naranjo destaca su follaje esmaltado de doradas esferas.

Flota en el aire un vago olor a azahar; el cielo azul se muestra, como una estrecha cinta, en lo alto, entre las dos filas de casas de la vía. Y vosotros proseguís en vuestro paseo: las callejuelas se enredan en una maraña inextricable; ya suben a lo alto, ya bajan a lo hondo en cuestas por las que podéis rodar rápidamente a cada paso. Ahora, a vuestra mano izquierda, ha aparecido un largo muro; en él, a largos intervalos, vense abiertos anchos portillos. Asomaos a uno de ellos; dejar reposar sobre el pretil vuestro cuerpo cansado: un panorama como no lo habréis visto jamás se descubre ante vuestros ojos. Nos hallamos sobre un elevado tajo de doscientos, de trescientos metros de altura; la campiña verde se pierde en lontananza en suaves ondulaciones; millares y millares de olivos cenicientos marcan en el gayo tapiz sus copas rotundas, hoscas; limita el horizonte una línea azul de montañas, dominada por un picacho soberbio, casi esfumado en el cielo, de un violeta suave. Y abajo, al pie de la muralla, en primer término, el Guadalete trágico, infausto, se acerca hasta lamer la roca, forma una ancha herradura, vuelve a alejarse tranquilo y caute-

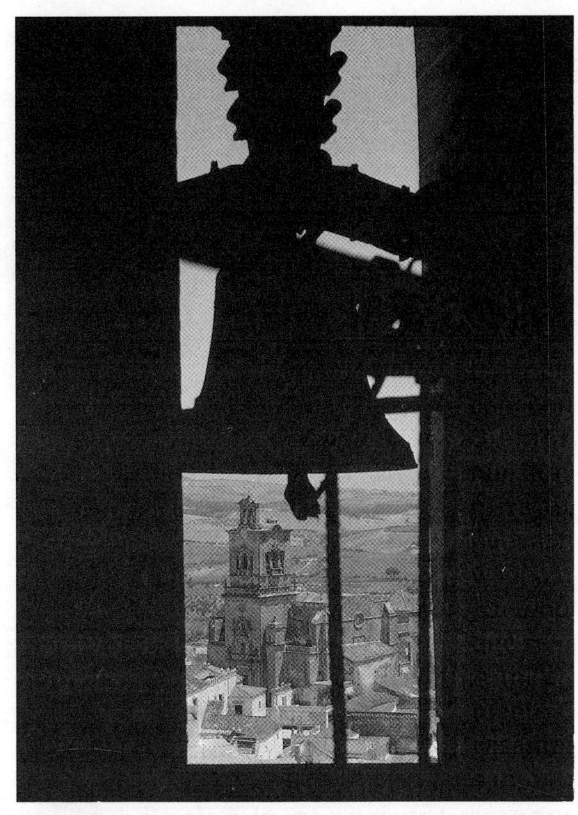

loso. En las quiebras y salientes de las rocas, las ortigas y las higueras silvestres extienden su follaje; van dando vueltas y más vueltas en el aire, bajo vuestras miradas, los gavilanes y los buitres con sus plumajes pardos; desde un remanso de la corriente un molino nos envía el rumor incesante de su presa, por la que el agua se desparrama en borbotones de blanca espuma.

Y pasan los minutos rápidos, insensibles; pasan tal vez las horas. Un sosiego, una nobleza, una majestad extraordinarias se exhalan del vasto panorama. A nuestra espalda, en las altas callejas, tal vez tintinea una herrería con sus sones joviales, o acaso un gallo vigilante lanza al aire su canto. Y es preciso continuar en nuestra marcha para escudriñar la ciudad toda. ¿No os encantan a vosotros —como al cronista— los viejos y venerables oficios de los pueblos? ¿No he hablado mil veces, y he de hablar otras tantas, de estos herreros, de estos carpinteros, de estos peltreros, de estos alfayates morunos, de estos talabarteros? En Arcos, vosotros, al par que camináis por calles y por plazas, vais registrando con vuestra vista los interiores de tiendas y talleres. Tal vez vuestros pasos os conduzcan allá al final de una callejuela serpenteante, solitaria; a la izquierda está el pretil que corre sobre el tajo; a la derecha recomienza otra vez la peña, manchada por las plantas bravías, coronada por blancas casas. Al cabo de la calle, en un recodo, os detenéis ante una puertecilla. Estáis ante la casa del hombre más eminente de Arcos; no os estremezcáis; no busquéis entre vuestros recuerdos ninguna remembranza; vosotros no conocéis a este hombre. Y, sin embargo, él, que os ha visto contemplar un momento las enjalmas, los ataharres, los petrales que penden en su chiquita tienda, os invita a pasar. Y él —¿cómo podéis dudarlo de un andaluz?— os va contando toda su vida, año por año, día por día, hora por hora.

A. Martínez Ruiz «Azorín»

(Los pueblos: La Andalucía trágica)

CUENCA

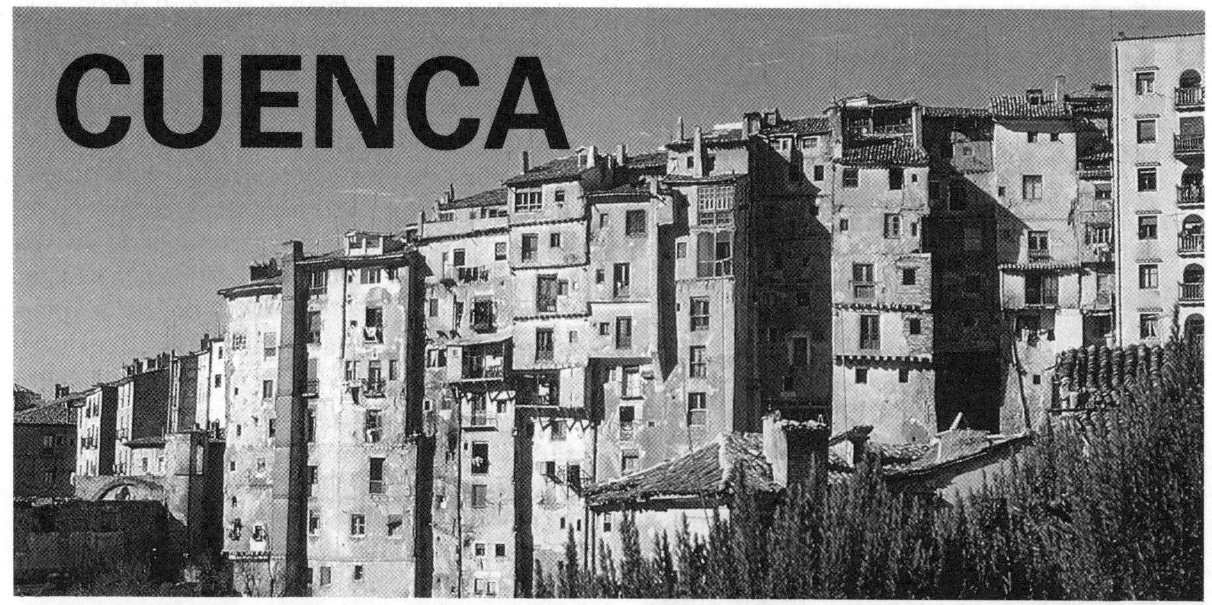

Cuenca, como casi todas las ciudades interiores de España, tiene algo de castillo, de convento y de santuario. La mayoría de los pueblos del centro de la Península dan una misma impresión de fortaleza y de oasis; fortaleza, porque se les ve preparados para la defensa; oasis, porque el campo español, quitando algunas pequeñas comarcas, no ofrece grandes atractivos para vivir en él, y en cambio la ciudad los ofrece comparativamente mayores y más intensos.

Así, Madrid, Segovia, Cuenca, Burgos, Ávila presentan idéntico aspecto de fortalezas y de oasis en medio de las llanuras que les rodean, en la monotonía de los yermos que les circundan, en esos parajes pedregosos, abruptos, de aire trágico y violento.

En la misma Andalucía, de tierras fértiles, el campo apenas se mezcla con la ciudad; el campo es para la gente labradora el lugar donde se trabaja y se gana con fatigas y sudores; la ciudad, el albergue donde se descansa y se goza. En toda España se nota la atracción por la ciudad y la indiferencia por el campo. Si un hombre desde lo alto de un globo eligiera sitio para vivir, en Castilla elegiría la ciudad; en aquella plaza, en aquel paseo, en aquella alameda, en aquel huerto; en cambio en la zona cantábrica, en el país vasco, por ejemplo, elegiría el campo, este recodo del camino, aquella orilla del río, el rincón de la playa... Así se da el caso, que a primera vista parece extraño, de que la llanura monótona sirva de base a ciudades fuertes y populosas; en cambio, el campo quebrado y pintoresco esconde únicamente aldeas.

La ciudad española clásica, colocada en un cerro, es una creación completa, un producto estético, perfecto y acabado. En su formación, en su silueta, hasta en aquellas que son relativamente modernas, se ve que ha presidido el espíritu de los romanos, de los visigodos y de los árabes.

Son estas ciudades roqueras, místicas y alertas: tienen el porte de grandes atalayas para otear desde la altura.

Cuenca, como pueblo religioso, estratégico y guerrero, ofrece este aire de centinela y observador.

Se levanta sobre un alto cerro que domina la llanura, y se defiende por dos precipicios, en cuyo fondo corren dos ríos: el Júcar y el Huécar.

Estos barrancos, llamados Las Hoces, se limitan por el cerro de San Cristóbal, en donde se asienta la ciudad, y por el del Socorro y el del Rey, que forman entre ellos y el primero fosos muy hondos y escarpados.

El foso, por el que corre el río Huécar, en otro tiempo y como medio de defensa, podía inundarse.

El caserío antiguo de Cuenca, desde la cuesta de Vélez, es una pirámide de casas viejas, apiñadas, manchadas por la lepra amarilla de los líquenes.

Dominándolo todo, se alza la torre municipal de la Mangana. Este caserío antiguo, de romántica silueta, erguido sobre una colina, parece el Belén de un nacimiento. Es un nido de águilas hecho sobre una roca.

El viajero, al divisarlo, recuerda las estampas que reproducen arbitraria y fantásticamente los castillos de Grecia y de Siria, los monasterios de las islas del Mediterráneo y los del monte Athos.

Desde la orilla del Huécar, por entre moreras y carrascas, de abajo arriba, se ve el perfil de la ciudad conquense en su parte más larga.

Aparecen en fila una serie de casas amarillentas, altas, algunas de diez pisos, con paredones derruidos, asentadas sobre las rocas vivas de la hoz, manchadas por las matas, las hiedras y las mil clases de hierbajos que crecen entre las peñas.

Estas casas, levantadas al borde del precipicio, con miradores altos, colgados, y estrechas ventanas, producen el vértigo. Alguna que otra torre descuella en la línea de tejados que va subiendo hasta terminar en el barrio del Castillo, barrio rodeado de viejos cubos de murallas ruinosas.

Salvando la hoz del Huécar existía antes un gran puente de piedra —un elefante de cinco patas sostenido en el borde del río—, que se apoyaba por los extremos, estribándose, en los dos lados del barranco.

Pío Baroja

(*Los recursos de la astucia*, Memorias de un hombre de acción)

Gerardo Diego

Esta Soria arbitraria...

Esta Soria arbitraria, mía, ¿quién la conoce?
Acercaos a mirarla en los grises espejos
de mis ojos, cansados de mirar a lo lejos.
Vedla aquí, joven, niña, virgen de todo roce.

Sombreros florecidos tras la misa de doce.
Y bajo la morada sombra de los castaños,
unos ojos que miran, cariñosos o huraños,
o que no miran, ¡ay!, por no darme ese goce.

Abajo el río, orla y música del paisaje,
para que el alma juegue, para que el alma viaje
y sueñe tras los montes con las vegas y el mar.

Y arriba las estrellas, las eternas y fieles
estrellas, agitando sus mudos cascabeles,
lágrimas para el hombre que no sabe llorar.

(Soria, 1922-1941)

Romance del Duero

Río Duero, río Duero
nadie a acompañarte baja,
nadie se detiene a oír
tu eterna estrofa de agua.

Indiferente o cobarde,
la ciudad vuelve la espalda.
No quiere ver en tu espejo
su muralla desdentada.

Tú, viejo Duero, sonríes
entre tus barbas de plata,
moliendo con tus romances
las cosechas mal logradas.

Y entre los santos de piedra
y los álamos de magia
pasas llevando en tus ondas
palabras de amor, palabras.

Quién pudiera como tú,
a la vez quieto y en marcha,
cantar siempre el mismo verso,
pero con distinta agua.

Río Duero, río Duero,
nadie a estar contigo baja,
ya nadie quiere atender
tu eterna estrofa olvidada,

sino los enamorados
que preguntan por sus almas
y siembran en tus espumas
palabras de amor, palabras.

(Soria, 1922-1941)

3-B GRAMÁTICA - EJERCICIOS

SIGLAS

PREFIJOS

REFRANES

LOCUCIONES

NUMERACIÓN ROMANA

NUMERACIÓN PARTITIVA

CLASIFICACIÓN ADJETIVA

ESQUEMA GRAMATICAL 1

SIGLAS UTILIZADAS EN ESPAÑOL

CEE	Comunidad Económica Europea.
CEOE	Confederación Empresarial Española.
CEPSA	Compañía Española de Petróleos, S.A.
CSD	Consejo Superior de Deportes.
FAO	Organización de las Naciones Unidas para la Agricultura y la Alimentación.
GRAE	Gramática de la Real Academia Española.
IVA	Impuesto sobre el Valor Añadido.
NATO-OTAN	Organización del Tratado del Atlántico Norte.
OCDE	Organización para la Cooperación y el Desarrollo Económicos.
OEA	Organización de los Estados Americanos.
ONCE	Organización Nacional de Ciegos Españoles.
ONU	Organización de las Naciones Unidas.
RACE	Real Automóvil Club de España.
RAE	Real Academia Española.
SEAT	Sociedad Española de Automóviles de Turismo.
SER	Sociedad Española de Radiodifusión.
TALGO	Tren Articulado Ligero Goicoechea-Oriol.

EJERCICIO I. *Diga el significado y forme frases con los siguientes términos*

vicetiple,
transbordar,
suprarrenal,
subcomisión,
vicecanciller,
transmisor,
suprasensible,

subarrendar,
ultramicroscopio,
transportar,
supranacional,
subestimar,
ultracorrección,
trastienda,

subacuático,
subsanar,
ultratumba,
superciliar,
superpoblado,
subcostal,
retroactivo,

ultramoderno,
superproducción,
sublingual,
retrotraer,
subtropical,
retrovisor,
rearmar.

ESQUEMA GRAMATICAL 2

PREFIJOS	
INTER-,	«en medio de»: intercambio.
INTRA-,	«dentro»: intramuros.
POS-, POST-,	«posterioridad»: posbélico, poscomunión.
PRE-,	«delante, anterior a algo»: prenatal.
PRO-,	«en lugar de, adelante»: procónsul.
RE-,	«de nuevo, otra vez»: reeditar, revolver.
RETRO-,	«hacia atrás»: retroceder.
SU-, SUB-,	«que está debajo, por debajo»: suburbio, subnormal.
SUPER-, SUPRA-,	«que está encima o por encima»: suprasensible, superhombre.
TRANS-, TRAS-,	«más allá de, a través de»: transatlántico, trastienda.
ULTRA-,	«más allá de, extremadamente»: ultraconservador.
VICE-,	«en lugar de»: vicedecano.

EJERCICIO II. *Diga el significado y forme frases con los siguientes términos*

recalentar, intramuscular, posdata, preguerra,
proclive, reafirmar, intercontinental, postónico,
prenupcial, preclásico, relevar, proscenio,
posverbal, posbélico, preconcebir, prematrimonial,
reconquistar, intravenoso, pospalatal, posoperatorio,
propagar, reavivar, intercostal, interlineal,
prepotencia, precolombino, prohijar, provecto.

EJERCICIO III. *Diga el adjetivo que corresponde a las definiciones siguientes*

Que no es oportuno → *inoportuno.*

1. Que no es perfecto.
2. Que no está concluido.
3. Que no se puede recuperar.
4. Que no puede ser vencido.
5. Que no reflexiona.
6. Que no es exacto.
7. Que no admite duda.
8. Que carece de armonía.
9. Que no se puede percibir.
10. Que no puede perecer.

EJERCICIO IV. *Diga qué adjetivo se aplica*

A la materia que no tiene olor → *inodora.*

1. Al agua *que se puede beber.*
2. A una acción *digna de alabanza.*
3. De algo que no *se puede explicar con palabras.*
4. De algo *que puede alcanzarse.*
5. De algo que *no tiene mancha.*
6. De algo a lo *que no se puede poner tacha alguna* .
7. De algo *que no puede alcanzarse.*
8. A alguien *que no tiene pavor.*
9. A alguien *que no experimenta pavor.*
10. Al día *que no es festivo.*

EJERCICIO V.

Antónimos: limpio → sucio
gigante → enano
narigudo → chato

Construya antónimos de las siguientes palabras

alto → ....
ancho → ....
crudo → ....
lleno → ....
odio → ....
encendido → ....
empezar → ....
lícito → ....
abúlico → ....
ofrecer → ....
abierto → ....
culto → ....
rico → ....
ganador → ....

REFRANES ESPAÑOLES

Cada mochuelo a su olivo.

Cada palo aguante su vela.

Cada uno en su negocio sabe más que el otro.

Casa con dos puertas, mala es de guardar.

Contra el vicio de pedir hay la virtud de no dar.

Coser y cantar todo es empezar.

Cría cuervos y te sacarán los ojos.

Cuando el diablo no tiene que hacer con el rabo mata moscas.

Cuando las barbas de tu vecino veas pelar, echa las tuyas a remojar.

Cuentas claras, la amistad alargan.

Cuanto más vieja, más pelleja.

Culo veo, culo quiero.

Dame pan y dime tonto.

De aquí a cien años, todos seremos calvos.

De cuarenta para arriba, no te mojes la barriga.

ESQUEMA GRAMATICAL 3

LOCUCIONES ESPAÑOLAS

A troche y moche, disparatada o inconsideradamente.
A tutiplén, en abundancia.
Al tuntún, sin reflexión.
De armas tomar, decidido y resuelto.
De balde, gratis.
De boca en boca, de unas personas a otras.
De cabo a rabo, del principio al fin.
De mala fe, con malicia.
De par en par, sin impedimento, abiertamente.
De un plumazo, expeditivamente.
En cueros, en carnes, desnudo.
En cuerpo y alma, de modo total.
En lontananza, a lo lejos.
En un tris, en peligro inminente.
Fuera de quicio, fuera de orden.
Por arrobas, a montones.
Por descontado, de seguro, por supuesto.

EJERCICIO VI. *Utilice la locución que más convenga a la frase*

(«a troche y moche», «a tutiplén», «al tuntún», «de armas tomar», «de balde», «de boca en boca», «de cabo a rabo», «de mala fe», «de par en par», «de un plumazo», «en cueros», «fuera de quicio», «por arrobas», «por descontado»).

1. Estuvimos en el convite y comimos a dos carrillos, ...
2. El sargento ...... arrestó en la cocina al recluta.
3. El año pasado tuvimos una cosecha excelente; los melones se vendían ......
4. La historia de nuestros amores va ...... por toda la ciudad.
5. Si voy a Francia, ... que tú vendrás conmigo.
6. Juan tiene la virtud de ponerme ...... cuantas veces se lo proponga.
7. Mi casa siempre la tendrás ...... para ti.
8. El Madrid dominó todo el partido ......
9. Hemos ido al cine y no hemos pagado nada; hemos pasado ......
10. Las suegras suelen tener un genio de ......

EJERCICIO VII. *Utilice la forma de entre las indicadas que crea más conveniente en las frases siguientes*

ATENCIÓN
EXTRANJERO • FORASTERO • EXTRAÑO • ACCIÓN • ACTO • ACTUACIÓN

1. Él vive desde hace tres años en el ....
2. A España vienen muchos .... durante las vacaciones de verano.
3. Él siempre ha sido un .... entre nosotros.
4. Ayer llegaron unos .... al pueblo para participar en la vendimia.
5. Soy un .... en mi propia casa.
6. Su .... como intermediario entre las partes en litigio fue decisiva.
7. En la fachada de la catedral se puede ver la .... destructora del tiempo.
8. La dimisión, en última instancia, fue un .... de dignidad.
9. Nadie tiene derecho a juzgar los .... de los demás.
10. El director dijo: ¡Cámara, ... !

EJERCICIO VIII. *Utilice la forma de entre las indicadas que crea más conveniente en las frases siguientes*

ATENCIÓN
PLANO • PLAN • PLANA ADENTRO • DENTRO DE

1. ¿Tienes algún .... para mañana?
2. ¿Tienen un .... de la ciudad?
3. Él siempre se mantiene en un segundo ....
4. La noticia viene insertada en primera ....
5. Los titulares de la primera .... son bastante alarmantes.
6. Se retiraron .... para descansar.
7. .... un año terminaré la carrera de derecho.
8. La parte de .... está forrada.
9. Mis documentos están .... la cartera.
10. La herida me duele por ....

EJERCICIO IX. *Utilice la forma de entre las indicadas que crea más conveniente en las frases siguientes*

ATENCIÓN
ADELANTE • DELANTE DE

1. El capitán gritó: ...... mis soldados.
2. Siguieron ...... con el proyecto emprendido.
3. Mira hacia ...... unos minutos.
4. No te olvides, y déjalo para más ......
5. La casa está ...... de la iglesia.
6. De hoy en ...... no dejaré de estudiar todos los días.

7. ...... nuestro coche iba un camión.
8. ...... el jefe no da pie con bola.
9. Pedro está sentado ...... mí.
10. Resérvate para más ......

ESQUEMA GRAMATICAL 4

LETRAS QUE CONSTITUYEN LA NUMERACIÓN ROMANA Y SUS VALORES

I	V	X	L	C	D	M
1	5	10	50	100	500	1.000

Reglas.

1. Si a la derecha de una cifra se coloca otra igual o menor (nunca mayor), el valor de la primera queda aumentado en el valor de la segunda.

   I + I = 2 , V + II = 7

2. Toda cifra colocada a la izquierda de otra mayor, resta de ésta su valor.

   IV = 4 (5 – 1)

3. Si entre dos cifras existe otra de menor valor se combina siempre con la siguiente para restar de ella.

   XXIX = 29 , XIX = 19

4. Ninguna letra puede repetirse más de tres veces seguidas.
5. Las letras V, L y D no deben duplicarse, pues existen otras cifras que representan su valor: X, C, M.
6. El valor de cualquier cifra romana queda multiplicado por mil tantas veces como rayas horizontales se tracen sobre ella.

EJERCICIO X. *Sustituya, en las construcciones siguientes, el grupo* ***muy*** *+* ***adjetivo*** *por un adjetivo que, por sí solo, aporte la idea superlativa*

1. Sonido *muy agudo.*
2. Respuesta *muy firme.*
3. Casa *muy lujosa.*
4. Viento *muy frío.*
5. Caverna *muy oscura*
6. Clima *muy cálido.*
7. Escena *muy dramática*
8. Actividad *muy viva*
9. Lucha *muy cruel.*
10. Viento *muy caliente*

EJERCICIO XI. *Sustituya, en las construcciones siguientes, el grupo* ***muy + adjetivo*** *por un adjetivo que, por sí solo, aporte la idea superlativa*

1. Monumento *muy grande.*
2. Viejo *muy débil.*
3. Sed *muy intensa.*
4. Argumento *muy vulgar.*
5. Hambre *muy apremiante.*
6. Persona *muy capacitada.*
7. Agua *muy templada.*
8. Toro *muy bravo.*
9. Río *muy estrecho.*
10. Montaña *muy abrupta.*

ESQUEMA GRAMATICAL 5

ENUMERACIÓN DE LOS NÚMEROS PARTITIVOS

2.	mitad	17.	diecisieteavo
3.	tercio	18.	dieciochavo (o dieciochoavo)
4.	cuarto	19.	diecinueveavo
5.	quinto	20.	veinteavo
6.	sexto	21.	veintiunavo
7.	séptimo	22.	veintidosavo
8.	octavo	30.	treintavo
9.	noveno	40.	cuarentavo
10.	décimo	50.	cincuentavo
11.	onceavo	60.	sesentavo
12.	doceavo	70.	setentavo
13.	treceavo	80.	ochentavo
14.	catorceavo	90.	noventavo
15.	quinceavo	100.	céntimo, centavo
16.	dieciseisavo		

ALGUNOS NÚMEROS PROPORCIONALES

2. doble, duplo	4. cuádruple, -o	6. séxtuplo	100. céntuplo
3. triple	5. quíntuple, -o	7. séptuplo	

EJERCICIO XII. *En las siguientes oraciones, sustituya el fragmento escrito en cursiva, que contiene una palabra cuantitativa* ***(muy, más, demasiado,*** *etc.), suprimiéndola*

Sé que eres *muy fuerte* → Conozco tu fortaleza.

1. El hombre *come menos* a medida *que es más viejo.*
2. Conviene *no gastar demasiado* papel: queda poco.

3. Creo que ya *como menos*.
4. Cada vez los trenes *son más perfectos*.
5. En otoño empiezan a *ser menos* las horas de sol.
6. A medida que envejece, *tiene más* achaques.
7. Las fábricas de automóviles han introducido *más innovaciones* en el motor.
8. El enfermo se ha puesto *más grave* esta noche.
9. No admiten bultos *con peso mayor* de diez kilos.
10. Sé que *eres muy capaz*.

ESQUEMA GRAMATICAL 6

ESQUEMA DE CLASIFICACIÓN ADJETIVA

POR SU SIGNIFICACIÓN	CALIFICATIVOS ...	Positivos:	*justo, bueno, torpe, ignorante, sabio*
		Comparatívos:	*más* justo, *menos* torpe; *peor, mejor, mayor*
		Superlativos:	*justisimo, paupérrimo, sumamente* amable, el *más amable* de todos
		Absoluto:	*bueno*
		Primitivo:	*azul*
		Derivado:	verbal: *amable* nominal: *amoroso*
		De estructura:	simple: *útil* compuesta: *inútil*
	DETERMINATIVOS.	Demostrativos:	*este, ese, aquel* cuaderno
		Posesivos:	*mi, tu, su, nuestro, vuestro* cuaderno, cuaderno *mío, tuyo, suyo, nuestro, vuestro*
		Indefinidos:	*cualquier, cierto, otro, tal*
		Cuantitativos:	*todo, mucho, poco, bastante, algún,* un *solo, más* interés
		Distributivos:	*cada* día, *los demás* libros, *ambos* alumnos, con *sendas* escopetas
		Numerales:	Cardinales: *un lápiz, dos libros, tres niños* Ordinales: página *primera, segunda, tercera, cuarta, quinta, sexta, séptima* Partitivos: *medio* vaso, un *tercio,* un *cuarto* Múltiplos: *doble, triple* tiempo
		Interrogativos:	¿*qué* calle?, ¿*quiénes* llegaron?, ¿*cuál* de los dos?
		Exclamativos:	¡*qué* alegría!, ¡*cuánta* gente!
POR SU CONSTRUCCIÓN		Atributivos:	tienes unos ojos *preciosos*
		Predicativos:	*tus joyas son muy estimables,* ¡*que hermosa* tarde!
POR SU FORMA EXPRESIVA		Epítetos:	*verde* hierba, *blanca* nieve (adjetivo explicativo)

EJERCICIO XIII. *Utilice el adverbio que convenga al significado de la frase*

(de memoria, convenientemente, sobre todo, encima, de vez en cuando, demasiado, después de, suficientemente, mucho más, nunca más, muy, en realidad, de repente, bastante, a menudo).

1. ...... todo se reduce a corregir lo escrito.
2. No soy un cliente asiduo; sólo vengo ......
3. He comido ......, siento cierta somnolencia.
4. El alumno recitó la lección ......
5. Creo que el tío ha hecho ...... por ti.
6. Suelo venir .... a esta cafetería.
7. He aconsejado a la secretaria que sea ...... discreta con la información que posee.
8. He comprobado que la situación es lo ...... difícil como para no prestar ...... atención.
9. El autobús se retrasó ...... que el tren.
10. Pusieron la estantería ...... del radiador.

EJERCICIO XIV. *Utilice el adjetivo que convenga al significado de la frase y tenga en cuenta la anteposición o posposición*

(atractivo, excelente, confortable, prudente, fantástico, magnífico, encantador, lujoso, acogedor, maravilloso, delicado, hábil).

1. Estuvo alojado en un ...... apartamento ......
2. Permanecieron reunidos durante cuatro horas en una ...... cafetería ......
3. No pudo llevar a cabo sus ...... sueños ......
4. Pudo dominar su ira observando un ...... silencio ......
5. El Presidente del gobierno llegó en un ...... automóvil ......
6. El tío trajo del Japón un ...... regalo ......
7. La ciudad en fiestas presentaba un ...... ambiente ......
8. No existen tantas complicaciones por contar con un ...... decano ......
9. Juan se sometió a una ...... operación ...... de nariz.
10. Carmen se presentó en la fiesta con un ...... traje ......

4-A ASPECTOS DEL VIVIR HISPÁNICO

Alonso Zamora Vicente:

SIEMPRE EN LA CALLE

Antonio Buero Vallejo:

HISTORIA DE UNA ESCALERA

Jaime Salom:

LA CASA DE LAS CHIVAS

Dámaso Alonso:

INSOMNIO

Blas de Otero:

A LA INMENSA MAYORÍA

SIEMPRE EN LA CALLE

Alonso Zamora Vicente
(*A Traque Barraque*, 1972, págs. 199-207)

La verdad, no sé por dónde empezar, y, en fin de cuentas, qué más da. Lo mejor es empezar por en medio. Años arriba, años abajo, siempre resulta algo muy parecido: malos humores, y nada más que malos humores. Pero se sigue tirandillo. ¿Qué quiere usted saber? A mí me da lo mismo contarle una cosa que otra. Ya estoy para el arrastre, y de una manera u otra, con éstos o aquéllos, pues que me han de arrastrar. Esa es la fija. Ya ve usted, y no es broma, ¿eh? a ver si me entiende, desde que me concedieron la plaza, la bequita, como dice Secundino, el nieto de la señora Cleo, la estanquera, que estudia para turista... El Secundino, hombre, el Secundino, la Cleo qué va, es más vieja que yo, solamente que como tiene familia puede vivir en su casa, pero ya ve, menudo telele que tiene, que cuando va a tomar la sopa, hasta la hija pierde la paciencia y le desea la muerte. Eso sí, se lo dice de manera muy fina, que para eso es bachiller, pero lo cierto es que se lo dice, y por muy finolis que sea, óigame, es que se trata de su madre, ¿eh? Su madre, y, vamos, que... Usted me entiende (...) Bueno, pues le decía que, desde que tengo la placita en el hotel (ya sabrá usted que le llamamos el hotel a eso, lo cual que a las monjas les cabrea de lo lindo), pues, sí, desde que tengo cama y mesa en el hotel... Oiga, yo cuento como me da la real gana, vamos, hombre; usted, a callar. Luego que si los viejos tenemos mal genio. Sí, eso. Digo que desde que... Que ya me han sacado en televisión varias veces, y siempre digo que estoy muy bien, y que qué estupendo, y que qué hogar, y que qué estupendo tres o cuatro veces más, ya lo voy diciendo sin equivocarme, y que si mis médicos, y que si la ropita limpia, y que si fue y que si vino. Bueno, qué más da. Luego, por lo menos ese día, hay algo más de postre, o se merienda algo. Bien que se lo gana uno, tanto esperar, decir amén y luego... Bueno, mejor no seguir, porque, a ver, lo que pasa, aunque uno es muy pobre y uno está muy viejo, pues que cada quién es cada quién, ¿no verdad, usted? Sí, sí, en medio de todo, suerte, lo que se dice suerte, no me ha faltado. Qué me va a faltar. Antes, yo comía en la tasca del sanabrés, ahí, a la vuelta de la esquina, en el treinta y ocho. Ya ve, todos estos viejales de aquí dicen que es un tipo de mucho cuidado. Que si mató a golpes a su primera mujer. Que si no paga impuestos como está mandado. Que si echa al vino cada bautizo que no sube ese día el agua al entresuelo, y que echa a las comidas la intemerata. Que si es republicano. Ya ve, una perla, ¿no? Pues a mí, cuando pasaba el día 15, que ya sabía él que no tenía una perra, pues que no me cobraba la comida, y me seguía cambiando la servilleta, y los domingos hasta me daba un partagás de tamaño natural, y el año de los hielos me daba café y media copa, y me pasaba a la rebotica a jugar a la lotería casi toda la tarde, tan calentito, venga a cantar Los-dos-patitos, El-quince-la-niña-bonita, El-setenta-y-dos, Tengo-quina, El-abuelo. Era un pasatiempo bonito. Y nunca me decían allí: Quítate esas legañas, Límpiate los puños, A ver si dejas de gargajear, so guarrete, y cosas así. Serán todo lo republicanos que quieran, pero allí se estaba bien, vaya si se estaba (....) Pues, sí, ya ve, me quedé en Carabanchel, cerquita del hospital, bueno, y del cementerio. Tenía una casita de una planta, con dos ventanas, una gran cortina de esparto en la puerta. No, no tenía calle, ni número, ni nada. No hacía falta. Nadie se acordaba de mí. ¿Para qué iba a ir al pueblo? Quite usted allá. Me dediqué a la chatarra. Era negocio honrado, fácil de mover. A tanto el quilo, compro. A tantito más el mismo quilo, me lo vendo. Y así fui pasando. Hasta tuve una radio de galena, oiga, aquello era vidorra. También salía a hacer otras cosas, extras... Recogía moñigos por la carretera, después de que había pasado la caballería, o la artillería montada, y los preparaba para mantillo de los tiestos, era muy lucrativo. No hay alhábega de mejor perfume ni hortensia de mejor color que las abonadas con estiércol de yegua en celo, eso lo sabe todo el mundo. Así sacaba unas beatas para los toros, o para el circo, o para las charlotadas nocturnas en Vista Alegre, tan cerquita de casa, a un paso. También cuidaba los caballos del médico y de su mujer, un tronco que daba envidia. Pero... Ya sabe usted, esas cosas que pasan: se compraron un automóvil, un fotinga, y, ¡a la calle! Ahora no he dicho nada feo. Solamente: ¡A la calle! Yo con los autos, nada. La única vez que he salido en los periódicos fue en 1923, mandaba García Prieto, en que la aleta de un Hispanosuiza me sacó de la acera y me dio un buen revolcón. En la esquina de la Plaza del Rey, donde había un herbolario. Malparió la dueña, que vio el accidente y se asustó mucho, a ver, usted me dirá, un auto subiéndose a la acera, eso era muy grave entonces. Me indemnizaron con un pantalón del propietario del Hispano, un fulano con bombín, botines y leontinas, algo amaricado, pero, eso sí, se quitaba el sombrero para hablar. Se veía que era una persona de posibles y muy bien educada, no faltaba más. Ahí es cuando me casé con la Petronila, que vendía castañas asadas junto a Price, al ladito de donde me empitonó el Hispanosuiza. Las castañas, aquello rentaba, producía, o sea, vamos, usted me comprende. La Petronila, una gran mujer. Alta, fuerte, un lunar muy bien puesto en la sien, así, en semejante lugar, y se hacía un caracolillo la mar de aparente con los pelos que le nacían allí, uno era blanco, se lo elogiaban mucho en la vecindad. Estábamos contentos en nuestra chabolita, pero, aquí... Es que aquí no dejan en paz a nadie, ya lo ve. Que si era una vergüenza, que qué barbarie, que qué pecado, que si un horror, que si el mal ejemplo para el pueblo... El pueblo, no vea usted para lo que valía el pueblo, para recibir el ejemplo de un chatarrero y de su mujer, bastante bien avenidos, no nos metíamos con nadie, se lo juro por éstas... Sí, claro, es que, ya me comprende usted, estábamos, bueno, pues así, arrejuntados, que no se llevaba entonces tanto, o que, por lo menos, parecía muy mal a aquellas señoras que se empeñaron en llevarnos a la iglesia. ¡Vaya boda! Menos mal que fue tempranito. Luego lo sentimos, porque, la verdad, quedamos muy bien. La Petronila llevaba una mantillita de Almagro, negra, y una cruz de diamantes de doña Sonsoles, la del cabo, y un prendedor en el moño, con una perla, de la señora Colasa, la frutera, y un vestido de crespón, que brillaba mucho. Y yo mi corbata grande, con alfiler, y una chistera, y unas botas nuevas, y un medio chaqué. Talmente un concejal. Estuvo todo muy bien y, al acabar, tomamos café con tostadas y chinchón dulce. En el tupi *La Puerta de Getafe*, frente a la fábrica de cerillas, donde estaba el pilón del ganado. Nos llevaron a casa. Y nos quitaron todo enseguidita, se ve que lo necesitaban para casar a otros malos ejemplos que a lo mejor habría por allí, digo yo, en Leganés, en Cuatro Vientos, vaya usted a saber, si no a ver por qué tanta prisa (....) La Petronila me regaló entonces, se lo agradecí mucho, una cartera de piel de lagarto, mírela, aquí está, con la foto de nuestra boda. Ya teníamos bastantes años. ¡Hombre, estaría bueno, bastantes menos que ahora! No, no, por favor, no me haga hacer cuentas. La Petro, además, contaba por duros y por reales, y qué sé yo qué más. ¿Se da cuenta, oiga? Observe, llevo un clavel en el ojal. La Petro lo guardó mucho tiempo en una caja, en la cómoda. Porque teníamos una cómoda, no se vaya a creer, de caoba. Esta cartera y esta foto es lo único que me queda de entonces. Todo el negocio se lo llevó la guerra, cuando los nacionales llegaron allí ¡pum, pam, pam! Nada. Ni el solar. Luego han hecho por allí una cárcel, lo que prueba que la tierra era buena. Sí, hombre, sí, ya le he dicho que no nos quedó nada después del cacao aquél. Nos costó trabajo encontrar el sitio. Vamos, que no éramos nosotros solos los que no teníamos calle, ni número, ni nada. Casi todo el pueblo estaba igual. A ver, tres años y pico arreándole a dar. Y, para que usted vea lo que son las cosas, nos tropezamos revolviendo la escombrera el espejo de la Petro. ¡Qué alegría, qué gritos! ¡Mira, mira, Tomás, el espejito, mi espejito! ¡Qué lagrimones, Señor! Era un espejito de mano, de esos con un mango así, y tenía una raja de lado a lado. Era el que empleaba la Petronila para arreglarse, mi Petronila era muy aseadita. Ya se puede figurar cómo lo recogimos, cómo se le caía el moco a la Petro al limpiarlo con la falda, acariciándole. Es que... (...) La Petronila se murió del tifus después de la guerra, cuando espichó tanta gente. Por eso estoy viudo ahora, a ver. No fue ella sola, sino mucha más gente se murió, hombre que si se morían, a ver, tantas hambres, tantos fríos, tantos disgustos. Los disgustos matan mucho, ¿no sabe? La Petronila era muy cariñosa, vaya si lo era, y me cuidaba mucho. ¡Qué camisas, qué pañuelito blanco tenía siempre yo! Una buena mujer, la Petronila. Ahora, al recordarla, me suena su voz, ya se lo he dicho, igualito, igualito, aquí: ¡Tomás, no te vayas a resfriar! ¡Tomás, que no me entere yo que bebes! ¿No la oye? Todo está oliendo a ella, como ella. Se me pone la carne de gallina. Usted perdone. Esto no lo puedo decir en el hotel, está prohibido. Total, que después de lo de la pobre Petro, me quedé solo con el perro, un bastardo canelo muy simpático. Me daba calor por la noche, durmiendo a mi lado, sobre la manta. ¡Ah, se me pasaba, caramba, esta cabeza! Esa manta la habíamos salvado cuando la evacuación, nos la habían regalado las mujeres aquellas que nos casaron, era preciosa. Tenía una cinta de seda todo alrededor. Claro que ya al final esa cinta se había caído, o estaba rota por partes. Se ve que era de mala calidad. El perro, como le iba diciendo, a veces manchaba mucho la manta, no estaba bien adiestrado. También se murió. Para mí que lo mataron los de la loquería, porque se metía por allí, buscando la cocina. Había una enfermera alemana con muy malas pulgas, enamorada de su gato. Ahí estuvo la madre del cordero. ¡Adiós mi *Canelo*! A lo mejor le inyectaron locura y se les iría la mano en la ración, a ver, pobre animal. Ya, otra vez solo. Siempre solo. Y, ¿sabe?, es muy malo tomar cariño a la gente, tomar cariño a la Petronila, tomar cariño al *Canelo*, al sanabrés, al espejito, a la manta... Tarde o temprano... Hala, a hacer..., bueno, gárgaras (...) Así que... Oiga, me estoy quedando ronco. Yo, ya he pagado, con las pesetillas de la ayuda de no sé qué de previsión, un ataúd la mar de arregladito. Como no gasto nada, cada mes le voy poniendo algún adornito, que si un crucifijo, esto me ha valido algún postre aparte, las monjas lo han celebrado mucho... Que si una especie de almohadita. Que si unas asas decentes. Lo malo es si no sé ya qué ponerle antes de... Tendré que decir que me pongan a mí, que me dejen allí, quietecito, y que se callen, por favor, que se callen... Mire, mire, ya casi siento este descanso tan bueno, y me quiero estirar, y dormir, dormir... Oiga, ¿usted cree que allí, bueno, usted me entiende dónde, la Petronila seguirá asando castañas, y el *Canelo* vendrá por las noches a la manta, y habrá un sitio para los republicanos como el sanabrés, y venga, y venga, y venga y dale...? Ojalá, porque si no...

HISTORIA DE UNA

Doña Asunción: ¿Qué haces?

Fernando: *(Desabrido.)* Ya lo ves.

Doña Asunción: *(Sumisa.)* ¿Estás enfadado?

Fernando: No.

Doña Asunción: ¿Te ha pasado algo en la papelería?

Fernando: No.

Doña Asunción: ¿Por qué no has ido hoy?

Fernando: Porque no.

(Pausa.)

Doña Asunción: ¿Te he dicho que el padre de Elvirita nos ha pagado el recibo de la luz?

Fernando: *(Volviéndose hacia su madre.)* ¡Sí! ¡Ya me lo has dicho! *(Yendo hacia ella.)* ¡Déjame en paz!

Doña Asunción: ¡Hijo!

Fernando: ¡Qué inoportunidad! ¡Pareces disfrutar recordándome nuestra pobreza!

Doña Asunción: ¡Pero hijo!

Fernando: *(Empujándola y cerrando de golpe.)* ¡Anda, anda para dentro!

(Con un suspiro de disgusto, vuelve a recostarse en el pasamanos. Pausa. URBANO llega al primer rellano. Viste traje azul mahón. Es un muchacho fuerte y moreno, de fisonomía ruda, pero expresivo: un proletario. FERNANDO lo mira avanzar en silencio. URBANO comienza a subir la escalera y se detiene al verle.)

Urbano: ¡Hola! ¿Qué haces ahí?

Fernando: Hola, Urbano. Nada.

Urbano: Tienes cara de enfado.

Fernando: No es nada.

Urbano: Baja al «casinillo». *(Señalando el hueco de la ventana.)* Te invito a un cigarro. *(Pausa.)* ¡Baja, hombre! *(Fernando empieza a bajar, sin prisa.)* Algo te pasa. *(Sacando la petaca.)* ¿No se puede saber?

Fernando: *(Que ha llegado.)* Nada, lo de siempre... *(Se recuestan en la pared del «casinillo». Mientras, hacen los pitillos.)* ¡Que estoy harto de todo esto!

Urbano: *(Riendo.)* Eso es ya muy viejo. Creí que te ocurría algo.

Fernando: Puedes reírte. Pero te aseguro que no sé cómo aguanto. *(Breve pausa.)* En fin, ¡para qué hablar! ¿Qué hay por tu fábrica?

Urbano: ¡Muchas cosas! Desde la última huelga de metalúrgicos la gente se sindica a toda prisa. A ver cuándo nos imitáis los dependientes.

Fernando: No me interesan esas cosas.

Urbano: Porque eres tonto. No sé de qué te sirve tanta lectura.

Fernando: ¿Me quieres decir lo que sacáis en limpio de esos líos?

Urbano: Fernando, eres un desgraciado. Y lo peor es que no lo sabes. Los pobres diablos como nosotros nunca lograremos mejorar de vida sin la ayuda mutua. Y eso es el sindicato. ¡Solidaridad! Esa es nuestra palabra. Y sería la tuya si te dieses cuenta de que no eres más que un triste hortera. ¡Pero como te crees un marqués!

...SCALERA

Antonio Buero Vallejo

(*Historia de una escalera*, Escelicer, 1949)

Fernando: No me creo nada. Sólo quiero subir. ¿Comprendes? ¡Subir! Y dejar toda esta sordidez en que vivimos.

Urbano: Y a los demás que los parta un rayo.

Fernando: ¿Qué tengo yo que ver con los demás? Nadie hace nada por nadie. Y vosotros os metéis en el sindicato porque no tenéis arranque para subir solos. Pero ese no es camino para mí. Yo sé que puedo subir y subiré solo.

Urbano: ¿Se puede uno reír?

Fernando: Haz lo que te dé la gana.

Urbano: *(Sonriendo.)* Escucha, papanatas. Para subir solo, como dices, tendrías que trabajar todos los días diez horas en la papelería; no podrías faltar nunca, como has hecho hoy...

Fernando: ¿Cómo lo sabes?

Urbano: ¡Porque lo dice tu cara, simple! Y déjame continuar. No podrías tumbarte a hacer versitos ni a pensar en las musarañas; buscarías trabajos particulares para redondear el presupuesto y te acostarías a las tres de la mañana contento de ahorrar sueño y dinero. Porque tendrías que ahorrar, ahorrar como una urraca; quitándolo de la comida, del vestido, del tabaco... Y cuando llevases un montón de años haciendo eso, y ensayando negocios y buscando caminos, acabarías por verte solicitando cualquier miserable empleo para no morirte de hambre... No tienes tú madera para esa vida.

Fernando: Ya lo veremos. Desde mañana mismo...

Urbano: *(Riendo.)* Siempre es desde mañana. ¿Por qué no lo has hecho desde ayer o desde hace un mes? *(Breve pausa.)* Porque no puedes. Porque eres un soñador. ¡Y un gandul! *(FERNANDO le mira lívido, conteniéndose, y hace un movimiento para marcharse.)* ¡Espera, hombre! No te enfades. Todo esto te lo digo como un amigo.

(Pausa.)

Fernando: *(Más calmado y levemente despreciativo.)* ¿Sabes lo que te digo? Que el tiempo lo dirá todo. Y que te emplazo. *(URBANO le mira.)* Sí, te emplazo para dentro de... diez años, por ejemplo. Veremos, para entonces, quién ha llegado más lejos; si tú con tu sindicato o yo con mis proyectos.

Urbano: Ya sé que yo no llegaré lejos; y tampoco tú llegarás. Si yo llego, llegaremos todos. Pero lo más fácil es que dentro de diez años sigamos subiendo esta escalera y fumando en este «casinillo».

Fernando: Yo, no. *(Pausa.)* Aunque quizá no sean muchos diez años...

LA CASA DE LAS CHIVAS

ACTO PRIMERO

Interior de la casa en donde PETRA y TRINI viven con su PADRE, y en la que, durante la acción de la obra, se cobijan varios soldados. A un lado, patio con su lavadero. En la región catalana-levantina. Verano de 1938.

(PETRA, TRINI y el PADRE, cenando. Atardecer.)

Padre: *(Terminando su cena.)* ¿No hay más?

Petra: Le he puesto la ración mayor que a nadie.

Padre: Pero sin pan...

Petra: No haberse comido el chusco entero al mediodía.

Padre: Para qué le vale a un hombre hecho y derecho un cacho así para veinticuatro horas.

Petra: Estamos en guerra, ¿aún no se ha enterado, padre?

Padre: ¡No me voy a enterar; y he de dormir en el desván porque me han llenado la casa de gentuza!...

Petra: ¿De qué ibamos a comer, si no fuese por ellos? No será de lo que saque de la huerta... Ha tenido que marcharse casi todo el pueblo para no morirse aquí de hambre.

Padre: Pues a mí no me echan de esta casa, aunque me maten. Se las canté bien claras a ese pez gordo, que quiso meternos en el tren de evacuación... ¡A mí, no! ¡Yo, no! Que he pasado lo mío antes de llegar aquí... Demasiado me ha tocado rodar por esos mundos, desde que salimos de Caravaca hace ya diez años... Vosotras erais unas crías que sólo sabíais abrir la boca para pedir... ¡Los ahorros de toda mi vida, el trabajo de un hombre, desde niño... eso es esta casa! Y si me la tiran abajo de un cañonazo, te juro que me agarraré a las paredes para que me caigan las piedras encima. *(Transición.)* Un poco de pan, para acompañar el arroz... ¡No creo que sea pedir demasiado!

Trini: *(Dándole un chusco.)* Tome, padre.

Petra: *(A TRINI.)* ¿De dónde has sacado tú ese chusco?

Trini: Es mío. Mi ración.

Petra: Mentira. Te he visto merendar esta tarde.

Trini: Tú sueñas, rica... ¿De dónde iba a sacar yo la merienda?

Petra: No lo sé. Pan y pimiento.

Padre: ¿Cómo? ¿Has dicho... pimiento? ¿Pero has sido capaz de eso, mala hija? El único que quedaba en la planta... Yo esperaba que creciera para semilla.

Trini: Bah, no le haga caso, padre. Está borracha.

Petra: ¿De qué? Si no hay vino.

Padre: Eso es verdad, hija. ¡Bastante lo siento!

Trini: Pues bien, sí. Me he comido el dichoso pimiento, ¿qué pasa? El día menos pensado, hubiera desaparecido lo mismo.

Padre: ¡Y para que no me lo roben, me lo robas tú!... ¡Yo lo vigilaba, día y noche, sin quitarle ojo!

Trini: Antes de que se lo coma cualquiera, mejor que aproveche a alguien de la familia, digo yo. *(Dándole el chusco de pan.)* Tome. Intercambio.

Jaime Salom

(*La casa de las Chivas*, Escelicer, 1969, págs. 13-15)

Petra: *(Quitándoselo.)* De ninguna manera.

Padre: *(A PETRA.)* ¿Vas a quitarle a tu propio padre el pan de la boca?

Petra: *(A TRINI.)* ¿Quién te lo ha dado?

Trini: ¡A ti que te importa!

Petra: ¿Y qué le has dado tú a cambio? Porque ésos no regalan las cosas porque sí...

Padre: ¿Qué va a dar la pobrecilla? Si no tiene nada.

Petra: Sé muy bien lo que digo, padre. Que los hombres, con la guerra, están como «escaldaos»... y piensan siempre en lo mismo, ¡a todas horas!

Padre: Te prohíbo que le hables así a la criatura.

Petra: Una criatura que se deja achuchar por los rincones.

Trini: ¡Mentirosa! ¡Mentirosa!

Petra: Con las nalgas negras de cardenales, de los manotazos de todos...

Trini: ¡No es verdad! ¡No lo crea, padre! *(Va a levantarse las faldas por detrás.)* ¡Se lo enseño ahora mismo para que lo compruebe!

Petra: ¡Tápate el culo, puerca!

Padre: *(A PETRA.)* ¡Hija de tu madre tenías que ser, lengua de víbora! Eres como «la Chiva»... Ves el mal en todas partes... Pero mi Trini es muy distinta.

Petra: Claro que es distinta, padre... ¡Bastante me he cuidado yo de que lo fuera! Pero que tenga mucho ojo... Al más pequeño desliz, como que me llamo Petra cojo un machete y la abro en canal, igual que a una res... ¡A ella y al que tenga la culpa! Conque ándate con tiento, no vaya alguno a echarte al camastro... porque no te daré tiempo a que se te hinche la barriga. ¡Y ahora a dormir!

Trini: No tengo sueño.

Padre: ¡Ni yo, porras!... Nunca me ha gustado meterme en la cama con sol.

Petra: ¡Los dos al desván! Yo subiré luego... Pronto van a llegar los hombres y no les gusta encontrarnos aquí.

Padre: ¡Esconderme en mi propia casa!

Trini: ¡No se me van a comer!

Petra: Pues mira, todo pudiera ser... Que a más de uno se le hace la boca agua.

Trini: ¡Ahí le duele! No le gusta la competencia. Se cree reina del gallinero.

Padre: ¡Niña! ¿Qué modales son ésos? Es tu hermana mayor y le debes respeto.

Trini: Pues en esta casa voy a ser la única que la respeta...

Padre: Cállate, mocosa.

Trini: Aquí hay baile todas las noches... Oigo la gramola desde arriba.

Petra: ¿Y qué? Han bregado todo el día. Les gusta divertirse un rato antes de acostarse.

Trini: Pues esta noche, en cuanto suene la música, me pongo el vestido nuevo y bajo a la fiesta.

Petra: ¡Te librarás mucho!

Trini: ¿No tengo edad para bailar?

Petra: Con ésos, no. Y como aparezcas, te salto las muelas a bofetadas. Ya lo sabes.

Trini: ¿Por qué yo no y tú sí?

Petra: Alguien tiene que ponerles la cena.

Trini: A mí también me gustaría... y oír lo que cuentan y sus canciones... ¡Hasta el desván llegan las risotadas!... ¡Y ese olor a tierra y sudor, que sólo echan los hombres cansados!

Petra: ¡No sabes lo que dices!

INSOMNIO

Madrid es una ciudad de más de un millón de cadáveres (según las últimas estadísticas).
A veces en la noche yo me revuelvo y me incorporo en este nicho en el que hace 45 años que me pudro,
y paso largas horas oyendo gemir al huracán, o ladrar los perros, o fluir blandamente la luz de la luna.
Y paso largas horas gimiendo como el huracán, ladrando como un perro enfurecido, fluyendo como la leche de la ubre caliente de una gran vaca amarilla.
Y paso largas horas preguntándole a Dios, preguntándole por qué se pudre lentamente mi alma,
por qué se pudren más de un millón de cadáveres en esta ciudad de Madrid,
por qué mil millones de cadáveres se pudren lentamente en el mundo.
Dime, ¿qué huerto quieres abonar con nuestra podredumbre?
¿Temes que se te sequen los grandes rosales del día, las tristes azucenas letales de tus noches?

Dámaso Alonso

(*Hijos de la ira*, 1944)

A la inmensa mayoría

Aquí tenéis, en canto y alma, al hombre
aquel que amó, vivió, murió por dentro
y un buen día bajó a la calle: entonces
comprendió: y rompió todos sus versos.

Así es, así fue. Salió una noche
echando espuma por los ojos, ebrio
de amor, huyendo sin saber adónde:
adonde el aire no apestase a muerto.

Tiendas de paz, brizados pabellones,
eran sus brazos, como llama al viento;
olas de sangre contra el pecho, enormes
olas de odio, ved, por todo el cuerpo.

¡Aquí! ¡Llegad! ¡Ay! Ángeles atroces
en vuelo horizontal cruzan el cielo;
horribles peces de metal recorren
las espaldas del mar, de puerto a puerto.

Yo doy todos mis versos por un hombre
en paz. Aquí tenéis, en carne y hueso,
mi última voluntad. Bilbao, a once
de abril, cincuenta y tantos.

Blas de Otero

(*Pido la paz y la palabra*, Cantalapiedra, 1955)

4-B GRAMÁTICA - EJERCICIOS

SÍMBOLOS MONETARIOS

SUFIJOS CULTOS

REFRANES

LOCUCIONES LATINAS

REGLAS DE USO DE LETRAS MAYÚSCULAS

FORMAS FLEXIVAS DE LOS PRONOMBRES PERSONALES

ESQUEMA GRAMATICAL 1

SÍMBOLOS MONETARIOS			
COL	peso colombiano.	*LIR*	libra irlandesa.
CU	peso cubano.	*LIT*	lira italiana.
DIK	dinar iraquí.	*MF*	marco finlandés.
DIN	dinar yugoslavo.	*PEG*	piastra egipcia.
DM	marco (Alemania Federal).	*RBL*	rublo.
DR	dracma (Grecia).	*RUPI*	rupia india.
ESC	escudo (Portugal).	*$*	dólar (EE.UU.).
F	franco (Francia).	*SCAN*	dólar canadiense.
FB	franco belga.	*SCH*	chelín austriaco.
FL	florín (Holanda).	*SCH*	peso chileno.
FS	franco suizo.	*SCR*	cruzeiro (Brasil).
KIS	corona islandesa.	*$ MEX*	peso mexicano.
KRD	corona danesa.	*SOL*	sol (Perú).
KRN	corona noruega.	*SUC*	sucre (Ecuador).
KRS	corona sueca.	*SUR*	peso uruguayo.
L	libra esterlina (Reino Unido).	*YEN*	yen japonés.
LA	libra australiana.	*ZL*	zloty (Polonia).

EJERCICIO I. *Diga el significado y forme frases con los siguientes términos*

hipódromo, canódromo, velódromo, acracia, aristocracia, mesocracia, braquicéfalo, acéfalo,

autarquía, cefalalgia, grastalgia, linotipista, microcéfalo, neuralgia, anarquía, psiquiatra,

dolicocéfalo, tecnocracia, políglota, hidrógeno, monolito, poligamia, nigromancia, quiromancia,

cartomancia, endogamia, patógeno, metaloide, aerolito, cardiopatía, hidrofobia.

ESQUEMA GRAMATICAL 2

SUFIJOS CULTOS

-ALGIA	«dolor»: cefalalgia.	*-LITO*	«piedra»: monolito.
-ARQUÍA	«mando»: monarquía.	*-MANCIA*	«adivinación»: nigromancia.
-CÉFALO	«cabeza»: bicéfalo.	*-OIDE*	«parecido a»: asteroide.
-CRACIA	«poder»: democracia.	*-PATÍA*	«padecimiento»: homeopatía.
-DROMO	«carrera»: hipódromo.	*-PTERO*	«ala»: díptero.
-FILIA	«afición»: germanófilo.	*-SCOPIO*	«que sirve para ver»: telescopio.
-FOBIA	«odio»: fotofobia.	*-TECNIA*	«ciencia, arte»: electrotecnia.
-FONÍA	«transmisión de sonido»: megafonía.	*-TECA*	«armario»: biblioteca.
		-TERAPIA	«tratamiento»: fisioterapia.
-GAMIA	«matrimonio»: monógamo.	*-TIPIA*	«impresión»: linotipia.
-GENO	«que engendra»: genealogía.	*-TOMÍA*	«corte»: dicotomía.

EJERCICIO II. *Diga el significado y forme frases con los siguientes términos*

miriápodo, metrópoli, áptero, electrotecnia, traqueotomía, fototipia, hidroterapia, helicóptero, microscopio, pirotecnia, discoteca, pinacoteca, linotipia, anglofobia, psicoterapia, anatomía, fonoteca, díptero, asteroide.

EJERCICIO III. *Ponga el derivado que convenga en lugar de la forma entre paréntesis*

1. Tengo que llamar al (electricidad) ...... para que nos arregle la instalación de luz.
2. El (conducir) ...... no pudo frenar a tiempo y chocó contra un turismo.
3. Aunque le duele mucho la muela, tiene miedo de ir al (diente) ......
4. Hay muchos (colección) ...... de sellos que no quieren desprenderse de sus piezas más valiosas.
5. Muchos (pensión) ...... no saben qué hacer cuando dejan de trabajar.
6. Narciso Yepes es un (concierto) ...... de guitarra mundialmente reconocido.
7. El (trapecio) ...... perdió el equilibrio y cayó al vacío.
8. Hay muchas (arte) ...... del género ligero que se mueren de hambre en su vejez.
9. Estudia (arquitectura) porque quiere ser ......
10. Él quedó (final) ...... en el último premio nacional de literatura.

EJERCICIO IV. *Sustituya las expresiones formadas por los verbos **hacer, poner, decir** y **tener** por otras más precisas*

Poner en orden la biblioteca → *ordenar* la biblioteca.

1. El pintor tarda mucho en *hacer un cuadro*.
2. Los emigrantes suelen *hacer dinero*.

3. La niña *puso colores* en el dibujo.
4. El artículo era tan interesante que lo *pusieron* en francés.
5. El defensa *hizo numerosas* faltas al delantero.
6. El escultor *hizo una* escultura maravillosa.
7. El niño *dijo el* poema sin gracia.
8. Jesús *tuvo el* premio a la mejor sonrisa.
9. El marino *dijo su* historia en un amén.
10. El ladrón *puso bajo* llave lo robado.

EJERCICIO V. *Sustituya las expresiones formadas por los verbos* ***hacer, poner, decir*** *y* ***tener*** *por otras más precisas*

1. Todas las mañanas *pongo agua* a las flores.
2. El policía *puso al* ladrón en manos de la justicia.
3. El mejor ciclista suele *tener* el primer puesto.
4. Los niños *tienen* respeto de los mayores.
5. El Presidente del gobierno *dijo* un discurso muy pobre de ideas.
6. La joven *se hizo* ilusiones con el poeta.
7. El presidente del partido X *puso en* movimiento a todos sus simpatizantes.
8. Todos *tenemos* esperanza en que algún día nos toque la lotería.
9. La captura del espía *hizo* poner en peligro los acuerdos firmados.
10. En la escuela *se hacen* muchas faltas de ortografía.

EJERCICIO VI. *Utilice la locución que más convenga a la frase*

(«grosso modo», «hic et nunc», «in albis», «in fraganti», «inter nos», «ipso facto», «lato sensu», «manu militari», «modus vivendi», «motu proprio», «mutatis mutandis», «plus ultra», «sui generis», «verbi gratia», «sine qua non»).

1. La policía detuvo a los ladrones ......
2. ...... la opinión del Jefe de gobierno no es válida desde una perspectiva ética.
3. ...... de los españoles no se corresponde con su «renta per cápita»; es muy diferente al europeo.
4. Pedro dijo que la aceptación de sus tesis era condición ...... para poder contar con él.
5. Carmen tiene una personalidad muy acusada; es muy ......
6. Lucía, haz lo que te dicen ......
7. Los reclusos necesitan en algunas ocasiones que les impongan el reglamento ......
8. El Jefe de gobierno ......; el Secretario general del partido en el poder no está ...... de la política internacional.
9. El piloto, después de un recorrido monstruo, exclamó: ......
10. El profesor de lengua de la Facultad,......, está en situación desesperada.

REFRANES ESPAÑOLES

De gustos no hay nada escrito.
De hombres es errar, y de burros rebuznar.
Del árbol caído todos hacen leña.
De la risa al llanto no hay más que un paso.
Del diablo te librarás; pero de tu suegra, no podrás.
Del dicho al hecho hay largo trecho.
De necios está el mundo lleno.
De noche todos los gatos son pardos.
De pobres cunas, grandes fortunas.
Detrás del trueno, viene la tempestad.
De todo hay en la viña del Señor.
Día de mucho, víspera de nada.
Dime con quién andas y te diré quién eres.

ESQUEMA GRAMATICAL 3

LOCUCIONES LATINAS DE USO FRECUENTE

«Groso modo»	Aproximadamente.
«Hic et nunc»	Aquí y ahora.
«In albis»	En blanco.
«In fraganti»	En el momento de la acción.
«Inter nos»	Entre nosotros.
«Ipso facto»	En el acto.
«Lato sensu»	En sentido lato.
«Manu militari»	Por mano militar.
«Modus vivendi»	Modo de vivir.
«Motu proprio»	Voluntariamente.
«Mutatis mutandis»	Cambiando lo que hay que cambiar.
«Nemine discrepante»	Sin que nadie discrepe.
«Plus ultra»	Más allá.
«Post scriptum»	Posdata.
«Quid pro quo»	Una cosa por otra.
«Sine die»	Sin fijar día.
«Sine qua nom»	Sin la cual condición no.
«Stricto sensu»	En sentido estricto.
«Sub judice»	Bajo resolución judicial.
«Sui generis»	Muy especial.
«Ut infra»	Como abajo.
«Ut supra»	Como arriba.
«Verbi gratia»	Por ejemplo.

EJERCICIO VII. *Utilice la forma de entre las indicadas que crea más conveniente en las frases siguientes*

ATENCIÓN

CARGA • CARGO • CARGAMENTO

1. Ella no quiere ser ninguna ...... para su familia.
2. El ascensor se averió por la excesiva ...... que soporta a lo largo del día.
3. El ...... de taquilla se vendió en su totalidad pese a las dificultades que existían.
4. Aquello que ves es un buque de ......
5. Debido al naufragio del buque se perdió todo el ......
6. Es un ...... de conciencia tirar la comida cuando hay tantas personas que se mueren de hambre en el mundo.
7. Él tiene un ...... muy importante en el ministerio: es secretario del Ministro.
8. El ...... de armas no llegó a su destino.
9. Avisaron por teléfono de la llegada del ...... de petróleo.
10. Este departamento de informática está a ...... del señor Pérez.

EJERCICIO VIII. *Utilice la forma de entre las indicadas que crea más conveniente en las frases siguientes*

ATENCIÓN
TRAS • TRAS DE • DETRÁS DE • ATRÁS • DETRÁS

1. ...... la brillante fachada, nos encontramos con el interior derruido.
2. ¿Qué hay ...... la puerta?
3. ...... este asunto hay gente muy importante.
4. El niño está ...... la puerta.
5. ...... interrrumpirme, me dejó plantada.
6. Los niños vienen ......
7. No te quedes ......
8. Estos acontecimientos vienen de muy ......
9. Un buen día dio un paso ......, y se desplomó.
10. Juan está sentado ...... de ti.

EJERCICIO IX. *Utilice la forma de entre las indicadas que crea más conveniente en las frases siguientes*

ATENCIÓN
BAJO • DEBAJO DE • ABAJO • DEBAJO

1. Vivían ...... el terror de la dictadura.
2. Prometió hacerlo ...... palabra de honor.
3. ...... nosotros vive la familia García.
4. Él se vino ......, tras el anuncio del suspenso.
5. Te espero ......, en el portal.
6. ¡ ...... la dictadura!
7. Nos miró de arriba ......
8. El pobre burro va cuesta ...... /......
9. Con los años pierde habilidad, su salud va cuesta ......
10. Tenemos que pasar por ...... del puente.

ESQUEMA GRAMATICAL 4

REGLAS PARA EL USO DE LAS LETRAS MAYÚSCULAS

1. Cualquier palabra que comience un escrito y las que vayan después de punto.
2. Potestativamente, los versos. Lo normal, en la actualidad, es escribir con mayúsculas el primero y los que van después de punto.
3. Todo nombre propio o voz que haga las veces de tal, como los atributos divinos: José, Sánchez, Azorín, Virgen María, El Redentor, Ebro, Europa, Micifuz.
4. Los nombres y adjetivos que entren en la denominación de una institución, cuerpo o establecimiento: el Ayuntamiento de Madrid, la Real Academia Española, el Museo del Prado, el Teatro Calderón, el Hotel Imperial.
5. Los nombres y adjetivos que entren en la denominación de un periódico o revista: El País, La Vanguardia, Cambio 16.
6. En los documentos oficiales, leyes, decretos, etc., las palabras que expresan la autoridad, el cargo, la dignidad, etc.: la Autoridad que me ha conferido, la Monarquía, el Gobernador Civil de Maspalomas.
7. Las denominaciones de exposiciones, congresos, y los nombres de disciplinas académicas cuando formen parte de la denominación de una cátedra, Facultad, Instituto, etcétera: profesor de Historia de España, Facultad de Medicina, Salón Internacional del Mueble, Semana Nacional de la Gastronomía.
8. Los nombres de documentos, conferencias, etc.: la Conferencia de Ginebra, los Pactos de la Moncloa, Declaración de Contadora.
9. Las denominaciones oficiales de los partidos políticos, agrupaciones, asociaciones, etcétera: El Partido Comunista de España, el Partido Socialista Obrero Español, el Centro Democrático Social, Alianza Popular, Asociación de Profesores de Inglés.
10. Los nombres de organismos oficiales, entidades, etc.: la Cámara de Representantes, el Senado, Archivo Histórico de Indias.

EJERCICIO X. *Señale las incorrecciones*

mañana salimos para parís.
Todos los días escucho que una nueva cordada ha coronado con éxito los alpes.
El Gobernador civil de Madrid ha inaugurado la escuela de fromación «Virgen de la Paloma».
En el día de la fecha, 6 de Enero, los reyes salieron para Bogotá.
El partido comunista ha anunciado que hará campaña a favor de la salida de la otán.
El río ebro a su paso por Zaragoza está canalizado.
La historia de la institución del senado español es muy corta.
La ciudad del Turia ha tenido suerte con la lotería de Navidad.
El acto académico tendrá lugar en la facultad de letras de la Universidad de Madrid.

ESQUEMA GRAMATICAL 5

FORMAS FLEXIVAS DE LOS PRONOMBRES PERSONALES

Pronombre de 1.ª persona *«yo»*

	Nominativo....	*yo*
	Acusativo...... / Dativo..........	*me*
Con preposición ..	Genitivo........ / Acusativo...... / Dativo.......... / Ablativo........	*mí*
	Ablativo de compañía....	*conmigo*

Plural del pronombre de 1.ª persona *«nosotros, nosotras»*

	Nominativo....	*nosotros* / *nosotras*
	Acusativo...... / Dativo..........	*nos*
Con preposición ..	Genitivo........ / Acusativo...... / Dativo.......... / Ablativo........	*nosotros* / *nosotras*

Pronombre de 2.ª persona *«tú»*

	Nominativo.... / Vocativo........	*tú*
	Acusativo...... / Dativo..........	*te*
Con preposición ..	Genitivo........ / Dativo.......... / Acusativo...... / Ablativo........	*ti*
	Ablativo de compañía....	*contigo*

Plural del pronombre de 2.ª persona *«vosotros, vosotras»*

	Nominativo.... / Vocativo........	*vosotros* / *vosotras*
	Acusativo...... / Dativo..........	*os*
Con preposición ..	Genitivo........ / Dativo.......... / Acusativo...... / Ablativo........	*vosotros* / *vosotras*

Pronombre de 3.ª persona *«él»*

		SINGULAR			*PLURAL*	
		Masculino	*Femenino*	*Neutro*	*Masculino*	*Femenino*
	Nominativo....	*él*	*ella*	*ello*	*ellos*	*ellas*
	Acusativo......	*lo, le*	*la*	*lo*	*los*	*las*
	Dativo..........	*le, se*	*le, se*	—	*les, se*	*les, se*
Con preposición ..	Genitivo........ / Acusativo...... / Dativo.......... / Ablativo........	*él*	*ella*	*ello*	*ellos*	*ellas*

Reflexivo de 3.ª persona

Carece de nominativo.

	Acusativo .... Dativo	*se*
Con preposición	Genitivo .... Acusativo .... Dativo .... Ablativo	*sí*
	Ablativo de compañía	*consigo*

EJERCICIO XI. *Coloque el verbo entre paréntesis en gerundio y diga qué significa*

1. Las sombras van (espesarse) ......
2. El niño (engolar) ...... la voz, prometió: «seré arquitecto ......».
3. A mí también se me saltan las lágrimas algunas veces; pero de eso a estar toda la noche (gimotear) ......
4. (Disparar) ...... los dardos por encima de los blancos.
5. Y una noche pillólo la ronda (hablar) ...... de amor al pie de una reja.
6. Sabía tocar la guitarra (rasguear) ...... y de punteo.
7. Así (discurrir) ......, pasó don Paco revista a su ropa blanca.
8. Porque ellos triunfaron (oponer) ...... el encanto de su juventud interior.
9. Y las bromas se daban en voz alta y las muchachas reían (olvidar) ...... su exagerada tiesura.
10. El aparejador (dar) ...... los últimos toques a su obra.

EJERCICIO XII. *Forme frases reflexivas, impersonales*

1. Los cipreses enormes (perfilar) ...... sobre el cielo pálido, radiante.
2. Los pueblos de occidente (entregar) ...... al misticismo o al racionalismo.
3. A la muerte del dictador (desatar) ...... las ambiciones más turbias.
4. (Poner) ...... a jugar a las cartas, al pie del árbol.
5. No obstante (desatender) ...... las obligaciones más perentorias.
6. La noticia (difundir) ...... por todas partes.
7. Los asaltantes del banco (mostrar) ...... en todo tiempo tranquilos.
8. La noticia de la muerte del clérigo (difundir) ...... con notable celeridad.
9. (Recibir) ...... al embajador en el Palacio de Cristal.
10. Conviene (decir) ...... la verdad en todo el caso.

EJERCICIO XIII. *Utilice el pronombre relativo que convenga*

1. La chica ...... conociste ayer, estudia la carrera de Letras.
2. Pedro es el ...... viaja mucho; ha viajado y viajará.
3. Julio para ...... te pedí la recomendación, te envía saludos.
4. La discoteca, ... tejado es alto, está en primera línea de playa.
5. El alumno por ...... te interesas, acaba de aprobar el trimestre.
6. Consulto mucho el texto, sin el ...... no sabría hacer nada.
7. Llegará un momento en ...... reconozcas mis interpretaciones.
8. Estuve en un tris de llamar a alguien a ...... tú conoces muy bien.
9. Aquí está el coche a ...... me refería.
10. El torero, de ...... valentía me hablaste, estuvo fenomenal.

5-A EL PENSAMIENTO HISPÁNICO

César Vallejo:

POEMAS HUMANOS

Federico García Lorca:

ROMANCE SONÁMBULO

Miguel Hernández:

UN CARNÍVORO CUCHILLO

Mario Benedetti:

EL APAGÓN DE LOS ILUMINADOS

Manuel Vicent:

LA SOPA DE ULISES

Me viene, hay días, una gana ubérrima, política...

Me viene, hay días, una gana ubérrima, política,
de querer, de besar al cariño en sus dos rostros,
y me viene de lejos un querer,
demostrativo, otro querer amar, de grado o fuerza,
al que me odia, al que rasga su papel, al muchachito,
a la que llora por el que lloraba,
al rey del vino, al esclavo del agua,
al que ocultóse en su ira,
al que suda, al que pasa, al que sacude su persona en mi alma.

Y quiero, por lo tanto, acomodarle
al que me habla, su trenza; sus cabellos, al soldado;
su luz, al grande; su grandeza, al chico.
Quiero planchar directamente
un pañuelo al que no puede llorar
y, cuando estoy triste o me duele la dicha,
remendar a los niños y a los genios.

Quiero ayudar al bueno a ser un poquillo de malo
y me urge estar sentado
a la diestra del zurdo, y responder al mudo,
tratando de serle útil en
lo que puedo también quiero muchísimo
lavarle al cojo el pie,
y ayudarle a dormir al tuerto próximo.

¡Ah querer, éste, el mío, éste, el mundial,
interhumano y parroquial, provecto!
Me viene a pelo,
desde el cimiento, desde la ingle pública,
y, viniendo de lejos, da ganas de besarle
la bufanda al cantor,
y al que sufre, besarle en su sartén,
al sordo, en su rumor craneano, impávido;
al que me da lo que olvidé en mi seno,
en su Dante, en su Chaplin, en sus hombros.

Quiero, para terminar,
cuando estoy al borde célebre de la violencia
o lleno de pecho el corazón, querría
ayudar a reír al que sonríe,
ponerle un pajarillo al malvado en plena nuca,
cuidar a los enfermos enfadándolos,
comprarle al vendedor,
ayudarle a matar al matador —cosa terrible—
y quisiera yo ser bueno conmigo en todo.

César Vallejo

(*Poemas humanos,*
Laia, 1979)

ROMANCE SONÁMBULO

VERDE que te quiero verde.
Verde viento. Verdes ramas.
El barco sobre la mar
y el caballo en la montaña.
Con la sombra en la cintura
ella sueña en su baranda,
verde carne, pelo verde,
con ojos de fría plata.
Verde que te quiero verde.
Bajo la luna gitana,
las cosas la están mirando
y ella no puede mirarlas.

*

Verde que te quiero verde.
Grandes estrellas de escarcha
vienen con el pez de sombra
que abre el camino del alba.
La higuera frota su viento
con la lija de sus ramas,
y el monte, gato garduño,
eriza sus pitas agrias.
Pero ¿quién vendrá? ¿Y por
dónde...?
Ella sigue en su baranda,
verde carne, pelo verde,
soñando en la mar amarga.

*

—Compadre, quiero cambiar
mi caballo por su casa,
mi montura por su espejo,
mi cuchillo, por su manta.
Compadre, vengo sangrando,
desde los puertos de Cabra.
—Si yo pudiera, mocito,
ese trato se cerraba.
Pero yo ya no soy yo,
ni mi casa es ya mi casa.
—Compadre, quiero morir
decentemente en mi cama.
De acero, si puede ser,
con las sábanas de holanda.
¿No ves la herida que tengo
desde el pecho a la garganta?
—Trescientas rosas morenas
lleva tu pechera blanca.
Tu sangre rezuma y huele
alrededor de tu faja.
Pero yo ya no soy yo,
ni mi casa es ya mi casa.
—Dejadme subir al menos
hasta las altas barandas;
¡dejadme subir!, dejadme,
hasta las verdes barandas.
Barandales de la luna
por donde retumba el agua.

*

Ya suben los dos compadres
hasta las altas barandas.
Dejando un rastro de sangre.
Dejando un rastro de lágrimas.
Temblaban en los tejados
farolillos de hojalata.
Mil panderos de cristal
herían la madrugada.

*

Verde que te quiero verde,
verde viento, verdes ramas.
Los dos compadres subieron.
El largo viento dejaba
en la boca un raro gusto
de hiel, de menta y de albahaca.
¡Compadre! ¿Dónde está, dime,
dónde está tu niña amarga?
¡Cuántas veces te esperara
cara fresca, negro polo,
en esta verde baranda!

*

Sobre el rostro del aljibe
se mecía la gitana.
Verde carne, pelo verde,
con ojos de fría plata.
Un carámbano de luna
la sostiene sobre el agua.
La noche se puso íntima
como una pequeña plaza.
Guardias civiles borrachos
en la puerta golpeaban.
Verde que te quiero verde.
Verde viento. Verdes ramas.
El barco sobre la mar.
Y el caballo en la montaña.

Federico García Lorca

(*Romancero Gitano*)

Un carnívoro cuchillo...

Un carnívoro cuchillo
de ala dulce y homicida
sostiene un vuelo y un brillo
alrededor de mi vida.

Rayo de metal crispado
fulgentemente caído,
picotea mi costado
y hace en él un triste nido.

Mi sien, florido balcón
de mis edades tempranas,
negra está, y mi corazón,
y mi corazón con canas.

Tal es la mala virtud
del rayo que me rodea,
que voy a mi juventud
como la luna a la aldea.

Recojo con las pestañas
sal del alma y sal del ojo
y flores de telarañas
de mis tristezas recojo.

¿A dónde iré que no vaya
mi perdición a buscar?
Tu destino es de la playa
y mi vocación del mar.

Descansar de esta labor
de huracán, amor o infierno
no es posible, y el dolor
me hará a mi pesar eterno.

Pero al fin podré vencerte,
ave y rayo secular,
corazón, que de la muerte
nadie ha de hacerme dudar.

Sigue, pues, sigue cuchillo,
volando, hiriendo. Algún día
se pondrá el tiempo amarillo
sobre mi fotografía.

Miguel Hernández

(*Poemas sociales, de guerra y de muerte*)

EL APAGÓN DE LOS ILUMINADOS

Tanto entusiasmo ha provocado, no sólo en Argentina sino en todo el mundo civilizado, la capitulación de la dictadura, que aún no ha habido tiempo de evaluar objetivamente la nueva situación ni medir los verdaderos alcances de su rasgo más original, destinado quizás a tener impredecibles repercusiones en el espacio político de América Latina. Me refiero fundamentalmente a la equiparación de la tortura al asesinato cualificado y al anunciado castigo con prisión perpetua «cuando origine la muerte del atormentado o le suponga lesiones de carácter irreversible». No sé de otro país que haya diseñado una norma tan palmaria sobre el espinoso tema, y menos aún de un gobernante que haya instrumentado tan rápidamente su aplicación. Si Sartre calificaba la tortura como «una viruela que devasta toda nuestra época», las nuevas y legítimas autoridades argentinas parecen haber descubierto algo que parecía imposible: una vacuna contra esa viruela.

Tanta dificultad entrañaba el descubrimiento, que para hacerlo realidad se hizo necesaria la derogación de una infamante ley de *autoamnistía*; que 25 generales, entre los cuales ocho de división, pasaran de un solo envión a la reserva, y, por último, que fueran sometidos a juicio sumario nada menos que los integrantes de las tres primeras juntas militares que gobernaron el país desde el golpe perpetrado en marzo de 1976. En cuanto a la subversión, lo nuevo no está en su condena (también había sido perseguida por la dictadura, que, como es habitual en este tipo de Gobiernos, incluía indiscriminadamente en tal calificativo a buena parte de los opositores); lo nuevo está en la seguridad de que cada detenido será juzgado con todas las garantías, tendrá derecho a su abogado defensor y no será víctima de torturas ni desapariciones. Hay que reconocer que la parte realmente original de las nuevas medidas es su severidad hacia los torturadores. A éstos, en los países latinoamericanos que soportan dictaduras militares, en algunas ocasiones se los reprueba, pero raras veces se los castiga. Los mismísimos Estados Unidos son condescendientes con ellos, quizá porque desde hace años los adiestran en la zona del canal. Con tan poderoso visto bueno, esos verdugos profesionales, entre tortura y tortura, llenan su tiempo jurándole al mundo que respetan los derechos humanos. De modo que este llamar a las cosas por su nombre, a cargo de Alfonsín, es un verdadero y estimulante escándalo.

Bien es cierto que en Argentina tuvo lugar la experiencia de dictadura castrense más vulnerable y autocorrosiva de todo el continente. No es común que un Gobierno, por despótico que sea, alcance simultáneamente tantos objetivos: una cifra de desaparecidos que llega a 30.000; unas cotas de tortura difícilmente superables; una inflación anual de un 600 %; el estruendoso colapso de la economía y la mayor deuda externa (la friolera de 40.000 millones de dólares) de toda su historia. Por si todo esto no bastara: una guerra perdida, no tanto por la capacidad de respuesta del enemigo como por la irresponsabilidad, la ineficacia, la frivolidad, la autosuficiencia, la actitud pusilánime y hasta la embriaguez (de triunfalismo y de *whisky*) de sus altos jefes. Hoy el pueblo argentino los aborrece y no pierde ocasión de transmitirles ese plausible sentimiento. El hecho de que el último *presidente*, el general Bignone (que por lo menos tiene el atenuante de haber servido de bisagra para la restauración democrática), haya tenido que abandonar la Casa Rosada por una puerta espuria es todo un símbolo del descrédito de esas fuerzas armadas.

EL APAGÓN DE LOS ILUMINADOS

UNA JOFAINA PARA MACBETH

No obstante, si bien Argentina fue en cierto modo una exageración y, en los últimos y penúltimos tiempos, casi una caricatura del despotismo, todos esos rasgos, con lógicos desniveles, variantes y matices (la única excepción es el problema de las Malvinas), pueden también ser detectados en Chile y Uruguay, donde el sonoro rechazo a las respectivas dictaduras es un ejercicio cotidiano. Chilenos y uruguayos han perdido el miedo y ganado orgullosamente la calle. En Montevideo, por ejemplo, tras el acto del 27 de noviembre, con 400.000 asistentes en una ciudad de poco más de un millón, el presidente, Gregorio Álvarez, pronunció un discurso ante las cámaras de televisión, apelando a un lenguaje brutal que excedió en mucho el hasta entonces usado por sus pares. En él habló de patricios laureles que, «con todas sus sacrosantas evocaciones, han sido revolcados en el más nauseabundo de los barros» *(sic)* y convocó al pueblo «a un estado de alerta cívico». La convocatoria tuvo inmediata respuesta, ya que fue casi imposible escuchar el final de la pieza oratoria en medio de las cacerolas antidictatoriales que atronaron el espacio ciudadano.

Es evidente que en la cúpula militar produjo indignación y desconcierto el hecho de que la muchedumbre del 27, congregada para escuchar la proclama de todos los partidos de oposición, leída por el actor Alberto Candeau, se pronunciara a voz en cuello contra los 10 años de poder militar y anticonstitucional. La cólera fue enorme, de eso no cabe duda; no tanta, sin embargo, como para decidirles a convocar un acto igualmente público de apoyo a su gestión.

El cambio operado en Argentina ha exteriorizado por fin lo que en la última década ha sido un rumor constante, clandestino y unánime en el Cono Sur: los Gobiernos militares han sido sencillamente un desastre, no sólo para la oposición, sino para el país entero. Desde el punto de vista económico, estos profanos feligreses de la escuela de Chicago han llevado a sus respectivos países a la quiebra. Dos economistas británicos acaban de revelar que Milton Friedman, el célebre inspirador de aquella escuela monetaria, manipuló los datos del periódico 1925-1955 a fin de que la realidad *confirmara* sus teorías. Siguiendo ese edificante ejemplo, las dictaduras conosureñas, que le proporcionaron a Friedman su más barato laboratorio experimental, manipularon también las realidades políticas para justificar la represión feroz. En el plano social, destruyeron la convivencia, que era un bien costosamente adquirido; instauraron el terror, diezmaron el ámbito universitario, corrompieron la Administración. En el plano cultural, hicieron lo posible y lo imposible por *desalfabetizar* a la población, desgajándola de sus escritores, sus artistas y sus propios gustos. No lo lograron, pero sí consiguieron desestabilizar la vida cultural, mediante la ruptura que significó el alto número de exiliados en este campo específico y la censura férrea para los que lograron permanecer en el país.

Definitivamente, no sirven. Ni siquiera fueron útiles para ciertos sectores del latifundio, la burguesía industrial y la banca privada, que en un comienzo apoyaron esa mano dura que tanto habían reclamado. Les llevó años aprenderlo, pero al final cayeron en la cuenta de que un país empobrecido, transido de temor, impedido de crear y de expresarse, frenado en sus derechos y libertades, nunca será negocio para nadie. Es cierto que en algunos períodos la liberalidad en las importaciones llenó las tiendas, los al-

macenes y las *boutiques* de costosos artículos, de aparatos de múltiple origen, pero la incontrolable crisis borró prácticamente del mercado a los eventuales compradores.

Los militares argentinos se han visto conminados a entregar el poder, y sería bueno que, usando su experiencia en el ramo, prepararan un cementerio clandestino para enterrar el golpismo. No demorará mucho el desahucio para sus colegas chilenos y uruguayos, cada día más acorralados por la oposición civil. Lo lamentable no es por cierto que hoy o mañana cejen en su vano empeño autoritario, sino que hayan sido necesarios tan largos y trágicos años para que se convencieran de su ineptitud. Lo lamentable es que cuando por fin se retiran, lo que dejan tras de sí son las ruinas completas. Este repentino apagón de los generales iluminados, decretado por Raúl Alfonsín, por utópico que parezca, es después de todo un regreso al realismo. Y es importante que los pueblos latinoamericanos comprueben atónitos que aquellos entorchados aparentemente invencibles pueden convertirse en vulnerables cuando no saben resistir las tentaciones de la avaricia, el poder arbitrario, la corrupción y otros estragos.

Como bien señalara hace algunos días Maruja Torres en *El País,* ahora empezará una nueva corriente de exiliados, éstos sí merecedores, según ella, del despectivo mote de *sudacas*. No es improbable que alguna vez se crucen con los exiliados de izquierda, que en número apreciable irán regresando a sus patrias. Es obvio que los nuevos se diferenciarán de los antiguos en que vendrán con sus documentos en orden, no tendrán que mendigar contratos de trabajo ni enfrentarán problemas de vivienda. Francamente, no los imagino vendiendo baratijas en el Rastro o en el Ponte Vecchio. Y como por lo general (y por lo coronel) suelen ser previsores y habrán puesto con tiempo sus dólares a buen recaudo, su presencia significará una provechosa entrada de divisas, y hasta es posible que algunos medios de comunicación de muy fino oído dejen de reconocer el «evidente acento suramericano» en casi todos los asaltantes y atracadores.

Parece que el general Videla, a pesar de los buenos consejos de sus amigos, se ha negado a emprender el vuelo «refugiándose en su acendrada catolicidad» (lejana influencia de la Inquisición, tal vez), pero algún otro, como el general Camps, convicto y confeso de haber eliminado a 5.000 personas, debe haber estimado que, con semejante hoja de servicios, el refugio divino podía serle esquivo, y en consecuencia se resignó a abandonar el suelo patrio.

Realmente, cuando este nuevo exilio empiece a llegar a las costas europeas, los hoteles de cinco estrellas no darán abasto. Y es lógico que estos neodesplazados precisen adecuado alojamiento, ya que no vendrán sólo con sus familias y guardaespaldas, sino también con sus fantasmas. Y necesitarán como mínimo una hermosa jofaina para lavarse infructuosamente las manos, como Macbeth.

Esa es otra diferencia con los antiguos exiliados: mientras que los de antes soñaban sus nostalgias, esta nueva migración deberá acostumbrarse a las pesadillas.

Mario Benedetti

(*El País,* martes 27 de diciembre de 1983)

LA SOPA DE ULISES

A las once de la mañana, el profesor se encontraba solo en casa, buscaba febrilmente cualquier libro heroico en los anaqueles de la biblioteca y en el tocadiscos sonaba música de Beethoven. Se había puesto a palpar cada lomo de la estantería hasta que, por fin, las letras nacaradas de la *Odisea*, de Homero, le brillaron en el fondo de la mano. Atrapó el volumen, sopló el polvo del canto superior y esta vez ni siquiera lo abrió. Sabía que estaba rebosante de dioses, mitos, pasiones, aspiraciones de belleza, hazañas y sueños inasequibles. El profesor se fue a la cocina con él y allí se dispuso a preparar todo lo necesario para hacer un buen sofrito en la olla exprés. Tarareando el tercer movimiento de la *Pastoral*, peló una cebolla y dos dientes de ajo, cubrió el fondo del cacharro con una capa de aceite y encendió el gas. Cuando aquello estuvo bien dorado, añadió agua suficiente con algunas pizcas de sal y una rama de perejil. Metió el libro en la olla, la tapó herméticamente con la palanca de acero, y la *Odisea*, de Homero, en una edición de lujo, comenzó a cocerse a fuego lento como un repollo. Era exactamente lo que quería comer ese día.

Mientras la sopa hervía, el profesor se asomó a la ventana de aquel quinto piso y en la calle vio la mediocridad que había contemplado durante tantos años de soledad: la pollería de azulejos blancos, las furgonetas de reparto aparcadas en segunda fila, la frutería con las piñas suspendidas de un hilo en el dintel, las siluetas de oficinistas en el cristal de aquel departamento de contabilidad, la pequeña gente que se arrastraba en la acera reclamada por los gritos eufóricos de ese tipo de la pescadería. Aquella mañana el profesor estaba más aburrido que de costumbre, y para entretenerse un rato quiso jugar otra vez con el rifle de aire comprimido. Lo sacó del armario y por el pasillo, al compás de los violines de Beethoven, fue cargando el instrumento de alta precisión con diez balines de plomo. Desde la misma ventana se divisaban algunos objetivos de interés, pero el hombre decidió gastarle otra broma al frutero de la esquina. Aquellas piñas tropicales colgaban en el vano de la tienda igual que un bodegón de Sánchez Cotán. Se acodó bien en el alféizar, enfocó el lente telescópico con el punto de mira, contuvo la respiración y apretó el gatillo. Una piña basculó con furia en el hilo del dintel y cayó abatida dentro de una canasta de tomates. En seguida se oyeron blasfemias de menestral allá abajo.

—Ya está aquí ese hijo de perra.
—¿Qué ha sido eso?
—Un asesino que dispara contra mi mercancía.
—Qué bestia.
—Es la cuarta vez. Que asome la cara ese criminal, si es hombre.

Rodeado de su clientela, el frutero gritaba hacia lo alto de la fachada y otros peatones miraban las ventanas de enfrente tratando de sorprender al cazador furtivo. A través del visillo entreabierto, el insigne profesor de lenguas muertas asistía al barullo que se había formado en la calle y analizaba fríamente el comportamiento de aquel grupo social. Eran unas miserables hormigas. Bastaba con un disparo anónimo sobre una fruta para que esa pequeña gente se sintiera sobrecogida por un poder irracional. ¿Qué pasaría si un día optaba por apretar el gatillo de verdad? Entonces él tuvo de nuevo la sensación de que podía llegar a ser Dios y gobernar desde un quinto piso. Por el momento, la función había terminado.

El héroe se dirigió al cuarto de baño, alivió la vejiga y se miró al espejo. Frente a su imagen, que no había cambiado nada, recordó las palabras del psicoanalista: «Tienes derecho a creer que todo irá bien durante algún tiempo; tu cerebro no presenta nada irreparable, pero Grecia no existe». La perfección racional y los deseos abstractos de belleza son ratas podridas. La felicidad consiste sólo en una tregua de pequeños placeres, el aromado sorbo de café con un cigarrillo leyendo el periódico, una agradable conversación en el restaurante, las duras nalgas de Emma, el lejano olor a brea de aquel puerto de mar en la adolescencia. El profesor tenía 53 años, y en la repisa del lavabo guardaba el frasco de tinte para las sienes, las píldoras laxantes, las pastillas contra la depresión y la pomada hemorroidal. En ese momento sintió un leve mareo acompañado de aquel sonido característico de trompetas dentro de la nuca. Otras veces también le había pasado. Desde que tomó la costumbre de comerse los libros de la biblioteca en forma de sopa notaba que se le nublaban los ojos y veía partículas radiactivas, figurando dioses antiguos, en una oscuridad de algunos segundos de duración. Pero ahora comprendió que el ataque iba en serio.

Manuel Vicent

(*El País*, sábado 29 de enero de 1983)

5-B GRAMÁTICA - EJERCICIOS

SUFIJOS

DERIVACIÓN

REFRANES

LOCUCIONES LATINAS

REGLAS DE USO DE LAS LETRAS MINÚSCULAS

MODALIDADES DE LA FRASE DE RELATIVO

ESQUEMA GRAMATICAL 1

SUFIJOS ESPAÑOLES

«Relativo a»

-AL, -AR: fundamental, familiar.
-AN, -ANO, IANO: boliviano.
-ATORIO, -ETORIO, -ITORIO: supletorio, inhibitorio.
-ENSE: conquense.
-EÑO: malagueño.
-ES: mirandés.
-I: marroquí.
-IL: conejil.
-INO: parisino.

«Que posee una cosa o tiene semejanza con ella»

-ADO: aterciopelado.
-IENTO: amarillento.
-IZO: enfermizo.
-UDO: narigudo.

«Que hace la acción»

-ADIZO, -EDIZO: resbaladizo.
-ADOR, -EDOR, -IDOR: madrugador.
-ANTE, -ENTE: estudiante, sorprendente.
-OSO: lluvioso.

«Que puede sufrir la acción»

-ABLE, -IBLE: amable, creíble.

ESQUEMA GRAMATICAL 2

DERIVACIÓN

Forme derivados en *-ACHO, -UCHO, -ACO, -AINA, -AJO.*

rico	→	ricacho;	pico	→	picacho
moro	→	morucho;	flojo	→	flojucho
libro	→	libraco;	toro	→	toraco
tonto	→	tontaina;	soso	→	sosaina
cinta	→	cintajo;	colgar	→	colgajo

EJERCICIO I. *Forme derivados con las palabras siguientes y utilícelas en las frases propuestas*

(flaco, águila, vivo, guerra, pueblo, mano, amigo, pájaro, azote, chiripa, dulce, pequeño, miga, espuma, cocina radio, televisión, toro, pálido).

1. ¡He vuelto a perder peso, estoy muy (flaco) ......!
2. ¡Tú no vives en un pueblo, vives en un (pueblo) ......!
3. El niño recibió un (azote) ...... por negarse a obedecer.
4. No puedo ver bien la televisión; no he tenido suerte con ella, es una (televisión) ......
5. ¡Menudo (pájaro) ...... estás tú hecho! Mira que dejar sin vino al abuelo.
6. Carmen se levantó mareada, tenía una expresión (pálida) ......
7. El torero no supo estar en la plaza; el (toro) ...... le puso en dificultades.
8. Las (migas) ...... no son de recibo por ninguna persona.
9. Juan es un (tonto) ......, no quiere ir de excursión.
10. Pedro es un (águila) ......, no se le escapa una.

ESQUEMA GRAMATICAL 3

DERIVACIÓN

Forme derivados en *-ADOR, -EDOR, -IDOR, -ACIÓN, -ICIÓN.*

calentar	→	calentador;	oír	→	oidor
encender	→	encendedor;	perder	→	perdición
comunicar	→	comunicación;			

EJERCICIO II. *Forme derivados con las palabras que van entre paréntesis y utilícelas en las frases propuestas*

1. La salida de la OTAN fue la (perder) ...... del partido del gobierno.
2. Juan es un (luchar) ...... nato.
3. El humo inundaba la cocina; hacía falta un buen (calentar) ......

4. Necesitaba, después del baño, un buen (secar) ...... para el cabello.
5. La televisión no se ve en la zona de montaña por falta de un (repetir) ...... eficaz.
6. El proyecto de (sublevar) ...... de los militares tuvo lugar en una charla de café.
7. La (actuar) ...... de los hombres durante el naufragio fue correcta.
8. La (expedir) ...... al Himalaya fue un triunfo deportivo de gran alcance.
9. Las grandes (fundir) ...... han desempeñado un gran papel en las contiendas de este siglo.
10. Pon el (despertar) ...... a las siete de la mañana, necesito estar fresco.

REFRANES ESPAÑOLES

Dios aprieta, pero no ahoga.
Divide y vencerás.
Dios los cría y ellos se juntan.
Donde entra el aire y el sol, no entra el doctor.
Donde hay patrón, no manda marinero.
Donde las dan, las toman.
El hombre y el oso, cuanto más feo, más hermoso.
El mejor escribano echa un borrón.
El muerto, al hoyo; y el vivo, al bollo.
El que no llora, no mama.
El que parte, toma la mejor parte.
El que se pica, ajos come.
El tonto nace; y el sabio, se hace.
En boca cerrada no entran moscas.
Fíate de la Virgen y no corras.

EJERCICIO III. *Sustituya la forma subrayada por un adjetivo que signifique ideas afines*

Esto *no* se puede *creer* → Esto es *increíble*.

1. El tiempo en esta región *varía mucho*.
2. *Nadie* le puede *vencer*.
3. *No comprendo* tu comportamiento en esta cuestión.
4. *No* podemos *aceptar* las condiciones que nos fija para la compra.
5. *No* se pueden *calcular* los daños producidos por el huracán.
6. Su carácter *agrada* a todo el mundo.
7. Él *no* se *cansa* nunca.
8. ¿Se puede *navegar* por este río?
9. Este tema *no se agota* nunca por mucho que se discuta.
10. *No* se pudo *evitar* el accidente.

EJERCICIO IV. *Sustituya la forma subrayada por un sustantivo*

Solucionar este problema es difícil → *La solución* de este problema es difícil.

1. El Congreso *se celebra* esta semana.
2. Es necesario *organizar* unos grupos de rescate.
3. El país *produce* suficiente carbón.
4. Varias sociedades anónimas *financian* el proyecto.
5. La orquesta *interpretó* maravillosamente el programa asignado.
6. Tenemos que *actualizar* nuestros conocimientos cada tres años.
7. Hay que *potenciar* los estudios de humanidades.
8. Es imposible *comunicar* telefónicamente con la zona siniestrada.
9. ¿Cuándo se *inaugurará* la exposición?
10. Mañana *conmemoramos* la puesta en marcha del ferrocarril en España.

EJERCICIO V. *Sustituya la forma subrayada por un derivado verbal*

Admiro ardientemente a Bach → Soy un ardiente *admirador* de Bach.

1. Él *trabaja* incansablemente.
2. Manuel *componía* magníficamente.
3. López Cobos *dirige* fenomenalmente la orquesta.
4. Luisa *administra* estupendamente la casa.
5. Juan *narra* sensacionalmente todo lo que ve.
6. José Luis Gómez *actúa* maravillosamente en escena.
7. Mi padre *fuma* empedernidamente.
8. Tú *conduces* excelentemente.
9. Ella *pinta* fabulosamente.
10. Juan *habla* desvergonzadamente en cualquier situación.

ESQUEMA GRAMATICAL 4

LOCUCIONES LATINAS DE USO FRECUENTE

«A posteriori»	Después, tras el examen.
«A priori»	Antes de todo examen.
«Ab absurdo»	Por lo absurdo.
«Ab aeterno»	Desde la eternidad.
«Ab initio»	Desde el principio.
«Ab origine»	Desde el principio.
«Ad absurdum»	Por reducción al absurdo.
«Ad hoc»	Para esto.
«Ad hominen»	Al hombre, contra el hombre, «argumento ad hominem».
«Ad litteram»	A la letra.

«Alter ego»	Otro yo.
«Carpe diem»	Aprovecha el día presente.
«De facto»	De hecho.
«De jure»	De derecho, por ley.
«De motu proprio»	Por propia iniciativa.
«Dei gratia»	Por la gracia de Dios.
«Deo volente»	Dios mediante.
«Ex aequo»	Con igualdad.
«Ex profeso»	De propósito.

EJERCICIO VI. *Utilice la locución que más convenga a la frase*

(«a posteriori», «a priori», «ab aeterno», «ab initio», «ab origine», «ad absurdum», «ad hoc», «ad hominem», «alter ego», «carpe diem», «de facto», «de jure», «de motu proprio», «Dei gratia», «Deo volente», «ex aequo», «ex profeso»).

1. El juzgar los acontecimientos ...... no comporta ningún riesgo; el riesgo está en juzgarlos ......
2. ...... llevaron el niño a casa de los abuelos.
3. La discusión se convirtió en un diálogo ......
4. Juan es mi ......; puedes confiar en él.
5. La llegada de los atletas a la meta fue en un pañuelo; dieron el primer puesto ...... a Juan y Pedro.
6. Ante un asunto de tal naturaleza, fue a declarar ......
7. ...... llegaremos a la cima del Aconcagua mañana de madrugada.
8. La filosofía del ...... es una teoría antigua, pero siempre en plena actualidad.
9. El primer ministro ha declarado que la situación ...... no tiene vuelta atrás.
10. ...... se vio que la situación de los crudos no tenía solución.

ATENCIÓN
FUERA • AFUERA

EJERCICIO VII. *Utilice la forma de entre las indicadas que crea más conveniente en las frases siguientes*

1. ...... hacía mucho frío.
2. Más ...... se veían unos nubarrones que amenazaban lluvia.
3. ¡Salga usted ......!
4. Hoy, cenamos ...... de casa.
5. Examinó el libro por ......
6. No son conocidos, es gente de ......
7. Desde ...... se ve de otra manera la situación.
8. Su honradez está ...... de toda duda.
9. Tu padre está ...... de sí.
10. ...... les increpó.

ESQUEMA GRAMATICAL 5

REGLAS PARA EL USO DE LAS LETRAS MINÚSCULAS

1. Los nombres de los meses del año, las estaciones del año, los días de la semana: enero, marzo, primavera, invierno, lunes, martes.
2. Los nombres de las monedas: una peseta, dos francos belgas.
3. Los tratamientos cuando se escriben con toda la letra: su majestad, su excelencia, su santidad.
4. Los nombres de ciencias, técnicas, etc., en tanto no entren a formar parte de una determinada denominación que exija mayúscula: la astronomía, las matemáticas, estudio de derecho comparado.
5. Los gentilicios, nombres de miembros de religiones, y los nombres de oraciones: español, francés, alemán, inglés, católico, protestante, discípulo de Jehová, el padrenuestro, el ángelus.
6. Los nombres de títulos, cargos y dignidades civiles, militares y religiosas: el jefe del Estado, el coronel Estévanez, el ministro de la Gobernación, el obispo de Teruel.
7. Los nombres de oficios y profesiones y los de los movimientos artísticos: impresor, oficinista, expresionismo, futurismo.
8. Los nombres geográficos comunes: el golfo de Vizcaya, el cabo de Ajo, la península de los Balcanes.
9. Los adjetivos usados en nombres geográficos: la Alemania oriental, la América central, los Alpes occidentales.

EJERCICIO VIII. *Señale las incorrecciones*

Este año, en Enero, nos iremos a esquiar.
El Lunes próximo lo dedicaré a la familia.
En Primavera, suelo ir al Sur de España porque es muy agradable.
Estuve en Bélgica y encontré la vida cara: todo vale muchos Francos.
Su Excelencia, el Emperador, ha ordenado que todos permanezcan en sus puestos.
El ministro de la gobernación ha prohibido los espectáculos deshonestos.
Todos los días los Ateos, Protestantes y demás discuten los principios del Antiguo testamento.
En Alemania Occidental se puede comprar de todo, no así en la Alemania oriental.
En la península Ibérica conviven dos Estados: España y portugal.

EJERCICIO IX. *Coloque el verbo entre paréntesis en la forma adecuada*

1. Si está aún en la calle, no (asistir) ...... a clase.
2. Si te apetece, yo no (hacer) ......
3. Si el padre se enfada, los niños (esconderse) ......

4. Si está ahí (rogar) ...... que (pasar) ......
5. Si empiezas tú a cantar (seguir) ...... yo.
6. Si yo lo supiera (decírselo) ...... a usted.
7. Si te encuentras en un aprieto, (llamar) ...... a la policía.
8. Si lo sé, no te (hacer) ...... caso.
9. Si lo oí, lo (recordar) ......
10. Si hubiera habido más gente, el peligro (ser) ...... muy grande.

EJERCICIO X. *Distinga el* ***que*** *conjunción* y el ***que*** *pronombre relativo en las siguientes oraciones*

1. La noticia que circula es que está enfermo.
2. Dijo que estaría en casa y que podíamos acercarnos.
3. ¡Estaría bueno que no supieramos contestar lo que quisiéramos!
4. El que lo sepa que lo diga.
5. Nos anunció que la situación estaba muy delicada.
6. ¡Aquellos que molestan, que se callen!
7. Los que vienen fumando que apaguen el cigarrillo.
8. El hombre que vino el domingo pasado ha estado enfermo.
9. La situación que se ha creado es muy desagradable para todos.
10. Los ejercicios que dicen que han estado flojos pertenecen todos a la misma clase.

ESQUEMA GRAMATICAL 6

MODALIDADES SINTÁCTICAS EN LA FRASE DE RELATIVO

Oficio que desempeña	*Subordinada relativa*
Sujeto	Estos son los isótopos *que curan.*
Complemento directo	Compré el libro *que vi.*
Complemento indirecto con *(a)*	Aquí está el cheque *a que me refería.*
Complemento indirecto con *(para)*	Julio, *para quien te pedí la recomendación,* te da las gracias.
Complemento circunstancial *(de)*...........	No conozco la novia *de que presumes* tanto.
Complemento circunstancial *(en)*...........	Habrá un momento *en que reconozcas* mis favores.
Complemento circunstancial *(por)*..........	El alumno *por quien te interesas,* aprobó matemáticas.
Complemento circunstancial *(sin)*	Consulto mucho tu libro, *sin el cual no doy un paso.*
Adjetivo de sujeto.............................	Aquí tienes la plaza, *cuyo dueño es el Banco de Urquijo.*
Adjetivo de complemento directo...........	La casa, *cuya fachada es barroca,* tú la conoces.
Adjetivo de complemento directo con preposición de..	El toro, *de cuya estampa me hiciste un elogio.*

EJERCICIO XI. *Ponga el verbo que convenga en la forma correspondiente*

(acertar, preguntar, entrar, ir, animar, cantar, pagar, escribir, salir, venir).

1. No es probable que ......
2. Me ...... quién era aquel hombre.
3. ...... sin ser notado.
4. Vengo a que me ......
5. Me quejo de que no me ...... antes.
6. Pedro ...... con Amalia durante mucho tiempo.
7. Le darán permiso para que ...... esta tarde al cine.
8. Le ...... para que jugara al fútbol el día de la Nación.
9. Antonio ...... a París, por su tía.
10. ...... que te cuento un cuento muy bonito.

EJERCICIO XII. *Ponga el verbo que convenga en la forma correspondiente*

(existir, cerrar, portarse, gustar, creer, llover, caber, hacer, enseñar, saber).

1. El salón donde nos veíamos ya no ......
2. Cuando salía de casa, ... la puerta.
3. Así me lo juren, no lo ......
4. No salgo al campo porque ......
5. Éramos tantos que no ......
6. Antes de que te cases mira lo que ......
7. Mientras Juan estuvo en el internado, ... bien.
8. Fue tan extraordinaria su compañía que a todos nos ...... mucho.
9. Iba aquella mañana adonde tú bien ......
10. Estuve aquella tarde viendo la casa que tú me ...... por la mañana.

EJERCICIO XIII. *Ponga el verbo que convenga en la forma correcta*

1. Espere, que ahora (venir/urgir) ...... lo bueno.
2. Llévalo al despacho ahora mismo, porque me (urgir/interesar) ...... verlo.
3. Dormía con un pañuelo puesto en la cabeza para que no se le (descomponer/arreglar) ...... el peinado.
4. Aunque pasó la noche viajando, Felipe no (sentir/comer) ...... sueño.
5. Marchaba sin vacilar, pese a que el viento (borrar/reponer) ...... a trechos las huellas.
6. Aun suponiendo que esta comida (ser/estar) ...... saludable, nunca ha de sernos de gran utilidad.
7. Si encuentra al niño, (tratar/estudiar) ...... lo con delicadeza.
8. Me ofreció aumentarme el sueldo a condición de que me (olvidar/recordar) ...... de la reciente historia.
9. El hombre era tan flaco que (parecer/estar) ...... siempre de perfil.
10. No conocía la distribución de los muebles, de modo que (andar/caminar) ...... muy cauteloso.

6-A LAS ARTES

F. Calvo Serraller:

MIRÓ, EL MÁS SURREALISTA DE TODOS NOSOTROS

Jesús Fernández Santos:

LUIS BUÑUEL. En un país de rebaños y pastores

Pablo Sorozábal:

WAGNER Y EL NACIMIENTO DE LA VANGUARDIA

Umberto Eco:

LO QUE CUESTA ESCRIBIR UN «BEST-SELLER»

MIRÓ, EL MÁS SURREALISTA DE TODO

Se ha extinguido con un rumor silencioso, como una estrella caída, un pájaro, una araña, una mujer, criaturas todas del santoral pictórico mironiano. Últimamente parecía sentirse incómodo en su taller corporal, allí mismo donde durante 90 años había logrado transformar cada limitación en una victoria. Estaba tan ávido de sentir las cosas, que le venía estrecho lo que sólo podía abarcar con una mirada. Le admiraban los ángeles pintados en los frescos románticos de Montjuich, porque, según le contó a Raillard, «tenía ojos por todas partes», y cuando el crítico francés le recordó a este respecto que Tzara ya había dicho que «todo el cuerpo mira», Miró dejó caer una sola apostilla: «Aún sin ojos...». Un exceso.

En realidad, Joan Miró se pasó la vida excediéndose. Tocado por la gracia de lo imaginario, cualquier objeto pesante, dejando sentir su volumen en el espacio, le parecía un obstáculo. El sueño y la fantasía eran los únicos escapes posibles para calmar la angustiosa claustrofobia de un mundo impertinente cerrado. Uno de sus primeros maestros en Cataluña, Francesc Galí, percatándose de la dificultad del joven aprendiz para captar visualmente el volumen, le vendaba los ojos y le hacía dibujar con el solo recuerdo de una impresión táctil del objeto.

Cerrar los ojos ante la realidad, dejar libre la imaginación, pensar con las manos, soñar, alucinarse... ¿Acaso Miró era un conformista iluso que quería evadirse simplemente de unas circunstancias incómodas? André Bretón, fundador del superrealismo, movimiento en el que se integró Miró inmediatamente, dejó las cosas en claro. La evasión, en términos de creación artística, es sinónimo de invención, la palanca explosiva que hace estallar el conformismo humillante de un pintor tradicionalmente destinado a copiar la realidad.

(...) qué razón tuvo el propio Breton al afirmar que Miró «quizá fuese el más surrealista de todos nosotros». Un superrealista sin esfuerzos ideológicos, sin conversiones, en estado puro. Pero ¿a dónde quería ir a parar Miró tapándose los ojos? ¿Cuál era su reino encantado en donde se siente la realidad, «aun sin ojos», como experiencia palpitante? Considera al Santo Tomás que mete el dedo en la llaga como un apocado, lo mismo que el Tzara que se daba por satisfecho con el descubrimiento de que «el ombligo también mira».

Frente a estos escépticos dispuestos a creerse una media verdad, Miró replica lo siguiente: «Para mí, una brizna de hierba tiene más importancia que un gran árbol, una piedrecilla más que una montaña, una libélula más que un águila. En la civilización occidental es necesario el volumen. La enorme montaña es la que tiene todos los privilegios... El ombligo que mira es una banalidad. Por el contrario, en los frescos románticos los ojos están por todas partes. El mundo entero te mira. Todo; en el cielo raso, en el árbol, por todas partes hay ojos. Para mí todo está vivo; ese árbol tiene tanta vida como esos animales, tiene un alma, un espíritu, no es sólo un tronco y hojas».

A este panteísta, que se siente árbol, pájaro, insecto, que ve las cosas desde las cosas y que reconoce los colores del sueño, era difícil estrecharlo en un solo lugar. Peregrino de las estrellas, Miró se pasó la vida burlando fronteras, abriéndose horizontes cada vez más amplios, evadiéndose. Cuando se marcha a París en 1919, un año después de haber celebrado su primera muestra individual en la galería Dalmau de la cosmopolita Barcelona, entonces en pleno apogeo vanguardista por haber acogido a los artistas refugiados de la gran guerra, le confesó a un pintor amigo: «Hay que irse. Si te quedas en Cataluña, te mueres. Hay que convertirse en un catalán internacional»

(...) Sucesión de huidas hacia adelante; del destino familiar provinciano, de la ciudad autosatisfecha, de la vanguardia asentada, del movimiento triunfante... Miró parece no conformarse nunca, no quiere dejarse encerrar ni por su propio cuerpo. Está siempre buscando un taller más grande. En 1938, en plena guerra civil española y a punto de estallar la segunda guerra mundial, publicó un hermoso texto que se titulaba precisamente *Sueño con un gran taller*.

La fulgurante invasión nazi de Francia lo dejó momentáneamente sin ninguno, y Miró, asediado por todas partes, se esconde, literalmente, en España, donde por su colaboración con la República tampoco se podía dejar ver. No importa. En Mallorca, casi clandestino, hará el descubrimiento del taller más grande jamás soñado, el taller de la bóveda celeste estrellada, caminante poético por playas nocturnas. Lejos de sus amigos superrealistas, refugiados a la sazón en Nueva York, casi olvidado en su rincón, Miró les envía entonces el fabuloso regalo de una libertad hecha con nada: mirando al cielo; les envía la serie de *Constelaciones*, viaje por los espacios infinitos de un residente forzoso en la tierra. Tras este descubrimiento, ¿cómo lograr distraer a este vidente, que repite que «el comienzo es todo. Es lo único que me interesa. El comienzo es mi razón de vivir... Es la verdadera creación. Lo que me interesa es el nacimiento»?

Por ello hay poderosas razones para suponer que Miró no se ha muerto —«no me interesa el crecimiento, ni la muerte»—, sino que ha seguido buscando su taller allí donde ya no nos es dado verle. Instalado en el universo, desde la brizna de hierba hasta la estrella caída, seguro de que se siente satisfecho de las cosas que nos ha enseñado a ver, incluso sin ojos.

F. Calvo Serraller

(*El País,* lunes 26 de diciembre de 1983)

LUIS BUÑUEL. EN UN PAÍS DE REBAÑOS Y PASTORES

Como Goya, perdido, aunque no olvidado en el exilio, «muerto antes que mudado», como diría el poeta inglés John Donne, las cenizas de Buñuel han quedado de momento en México, no en Calanda, bajo el sol de justicia aragonés. Singular tierra ésta, que, como Castilla, su vecina, pone en pie hombres y nombres para empujarlos a otras latitudes ajenas.

Reconocido a medias, comprendido por unos pocos en un país de rebaños y pastores, desde un tiempo en que le fue negado todo, con sus obras borradas y su nombre prohibido, vino más tarde a presidir sus propios homenajes, que poco decían ya a este atleta frustrado, curtido tras de tanto envite con la vida. Él mismo reconocía sus señas de identidad: ante todo se sentía español y a España volvía en cuanto podía; en segundo lugar, francés en su cultura, que iba desde sus primeras lecturas hasta el superrealismo, y, finalmente, agradecía a México haberle dado asilo, como a tantos otros españoles a los que nuestra guerra civil obligó a poner mar por medio.

Allí su vida se cerraba, y no es mal símbolo el nombre de la calle donde estaba su casa, Cerrada Félix Cuevas, camino sin salida a ningún país más, a ninguna otra opción, en realidad, a ninguna otra parte, salvo a España, donde de buena gana hubiera vuelto, quién sabe si para vivir sin trabajar, tan sólo para estar en su sitio.

Rodeado, y a la vez defendido, por una tapia enorme de quién sabe qué amigos o enemigos, dejaba pasar sus horas llevando la cuenta de las que le quedaban antes de consumir el siguiente Martini. Hombre de horas contadas, riguroso en el sueño y la vigilia, las siete campanadas que anuncian en cualquier pueblo la mañana solían sorprenderle en pie, así como las de las ocho de la tarde, cenando, para a poco marchar a la cama.

Tan sólo su sentido particular de la amistad o su afán de devolver favores ya pasados y cumplidos le hacían salvar sus altas torres, buscar salida a su muralla y comer fuera de horas, imaginando nuevas historias que nunca irían más allá de sus proyectos iniciales.

Así, un día llegó a sus manos *Extramuros*. Buenos amigos se lo llevaron y trajeron sus elogios, así como los de los productores cinematográficos, para que realizara una versión a su modo. Mas, a pesar de que sus rodajes ya por entonces solían simplificarse a costa de monitores y ayudantes, sus contratos habían comenzado a incluir una cláusula según la cual el director podía anularlo en cualquier momento si lo estimaba conveniente. Y es que, día tras día, aunque su lucidez se mantenía seguramente arropada por vivencias pasadas, recuerdos de España, Francia y México, trinidad singular sobre la cabecera de su cama, el cuerpo, poco a poco, se rendía. Nuevas historias se convertían en utopías, viajar era un esfuerzo demasiado grande, algo así como dar la vuelta al mundo con Elcano, emular a

Hernán Cortés o colocar una famosa pica en Flandes. Todo le era difícil para el cuerpo, no para su imaginación, al otro lado de la tapia grande.

Curioso afán el de volver a la patria este de los más famosos españoles. Cuando la mayoría, en otras latitudes, pugna por echar pie a tierra, crecer, fundar escuelas y familias, estos otros huidos, humillados, heridos, lanzados fuera a golpe de prohibiciones y amenazas, se esfuerzan por volver e incluso hasta a empezar si la edad y el mismo país lo consintieran. Debe de haber un barro especial que sirvió para hacer gentes como Machado, Buñuel o el niño que en Fuendetodos comenzó su carrera pintando sacristías. Los tres confiesan lo que la religión fue para ellos en sus primeros años y en sus primeros envites de amor ciego.

De uno u otro modo, la verdad es que, como en el caso de Goya o en el de Machado, ahora se empezarán a pedir sus cenizas, vendrán los ciclos que suelen ser las exequias oficiales.

Y, sin embargo, Buñuel había muerto ya hace tiempo con el ciclo de su vida cumplido, en esa calle sin salida. Único muro capaz de detener su trayectoria de genio trashumante.

Jesús Fernández Santos
(*El País,* lunes 15 de septiembre 1983)

WAGNER Y EL NACIMIENTO

Su idioma es demasiado breve para expresar grandes cosas; sería como si intentásemos levantar una ciudad con sólo «madreperlas y ópalos». Esto dice el musicólogo británico Ernest Newman (1868-1959) en su gran estudio crítico: *Wagner. El hombre y el artista.* No lo dice, empero, a propósito del idioma de Wagner, sino del de Debussy en su *Pelléas et Mélisande*, lo que nos permite a la dialéctica contenido-forma, que el propio Newman intenta superar mediante un razonamiento que más o menos sería: a gran contenido («grandes cosas»), gran *idioma* (forma); a parvo contenido, breve idioma.

LA PALABRA ORIGEN

Lo determinante y esencial sería lo *expresado*, y el valor último *la calidad* del resultado artístico dentro del vehículo de *expresión*, en este caso la música. De ahí que, más allá de contenido y forma (idioma), lo único que ha de importarnos en Wagner es la excelencia de su música. Su música —la música *en sí*— sería lo valioso en Wagner, y no sus absurdas, tediosas, reaccionarias y muchas veces grotescas filosofías.

Es ciertamente tentador escapar a la contradicción mediante el recurso de ignorar alguno de sus términos, pero es inútil. Se mire por donde se mire, la esencia misma del arte wagneriano presupone una negación precisamente de la música *en sí*, negación extensiva a las demás artes *en sí*, como muy bien pone de relieve Newman en su admirable y exhaustiva pesquisa.

Es más: tal negación, pese a constituir la base de sesudos y combativos escritos teóricos de Wagner, no se queda en mera especulación desmentida por la práctica, sino que encuentra una encarnadura absoluta en toda la

E LA VANGUARDIA

obra del Wagner maduro, hasta el extremo de que su música literalmente nace y es engendrada por la palabra y la idea dramática.

Explicar la música de la palabra y la idea (ideología) en Wagner es un imposible que debemos, empero, tratar de alcanzar por la siempre dudosa y cruenta vía quirúrgica de la disección y —sobre todo, pienso— de la potenciación perceptiva de lo que podríamos llamar *metonimia general* de la obra wagneriana. Pobre vía, ciertamente, pero la única que parece ofrecer un atisbo de salida a quienes nos descubrimos atrapados en la contradicción de amar y detestar por igual a uno de los más grandes genios artísticos de todos los tiempos.

Justo es, por otra parte, que quien, como Wagner, es pura y viva contradicción, haya legado vivas y puras contradicciones a sus tan gozosos como atribulados admiradores/detractores. Y no me refiero a la divertida y ancha grey de prowagnerianos y antiwagnerianos, que éstos parecen haber resuelto el problema por el envidiable procedimiento de que para ellos no hay tal problema, sino a quienes no somos capaces de superar nuestro amor y nuestro odio satisfactoriamente.

La mitad del libro de Newman se consagra precisamente a un impecable análisis de la vida íntima de Wagner, en el que, aplicando el método comparativo con un rigor que abruma y a la vez estimula, señala (a través de numerosas citas sacadas de su autobiografía —*Mein Leben*— sus escritos teóricos, sus cartas, los testimonios de sus coetáneos y las investigaciones posteriores acerca de su figura humana) las flagrantes contradicciones entre su egoísmo e hipocresía, muchas veces auténticamente viles y rastreros, y sus idealismos verbales, los cuales le llevan a autopresentarse como un dechado de virtudes difícilmente imaginable en nadie con capacidad para la autocrítica.

Newman traza el retrato de un hombre dotado de una desbordada sensualidad, lujuriosa sensualidad (de la que su música es fiel reflejo), que le lleva a girar siempre en torno a las mujeres (se acostó con cuantas pudo, incluida —¡Marx no es el único!— su criada); sensualidad y lujuria que le traicionaron y que él, en su ilimitada egolatría, traiciona a su vez en aras de la construcción de su yo.

Discute Newman en su profundidad el controvertido tema del origen judío de Wagner y, si bien se muestra inclinado a rechazar la hipótesis en razón de que no habría pruebas concluyentes, los datos que baraja dejan amplio lugar para admitirla. Sea como fuere, el vil y majadero antijudaísmo (todo racismo no es sino pura vileza y pura majadería) de Wagner fue más bien fruto de mezquinos rencores personales que de sinceras convicciones, pues, como señala Newman, en la práctica, Wagner no ejerció el antijudaísmo.

Wagner es —acaso con la excepción de Monteverdi— el primer *vanguardista* de la historia de la música. Se consideró y se quiso inventor del *arte del futuro*, y esta extraña (para mí ininteligible) idea domina su obra para bien o para mal. En cualquier caso, como dice Newman en su espléndido libro —cuya versión castellana hay que agradecer pese a que la traducción está plagada de anglicismos sintácticos que pesan y molestan—, «la música seguirá siendo algo diferente de lo que habría sido si (Wagner) nunca hubiese nacido».

Pablo Sorozábal Serrano
(*El País,* domingo 1 de mayo de 1983)

LO QUE CUESTA ESCRIBIR UN «BEST-SELLER»

Las discusiones recientes sobre cómo crear un *best-seller* (ya sea en formato de bolsillo o en edición de lujo) descubren las limitaciones de la sociología de la literatura, dedicada a estudiar las relaciones entre el autor y el aparato editorial (antes de que esté terminado el libro) y entre la obra y el mercado (después de publicado aquél). Como es fácil de apreciar, al pensar así se descuida otro importante aspecto del problema: el que plantea la estructura interna de la obra. No me refiero a ella en el sentido tan superficial de su calidad literaria (problema que escapa a toda comprobación científica), sino en el de una endosocioeconomía del texto narrativo, mucho más exquisitamente materialista y dialéctico.

La idea no es nueva. Fue elaborada en 1963 por mí, junto a Roberto Leydi y Giuseppe Trevisani, en la librería Aldovrandi de Milán. Yo mismo lo comenté en *Il Verri* (en el número 9 de ese año, donde aparecía también un estudio fundamental de Andrea Mosetti sobre los gastos que tuvo que afrontar Leopold Bloom para sobrevivir durante la jornada del 16 de junio de 1904 en Dublín).

Hace, pues, ya 20 años que se piensa en el mejor modo de calcular, para cada novela, los gastos a los que tuvo que hacer frente el autor para elaborar la experiencia narrada. El cálculo es fácil para las novelas en primera persona (los gastos son los del narrador) y más difícil en las novelas de narrador omnisciente, que se reparte entre varios personajes.

Pongamos un ejemplo para aclarar ideas. *Por quién doblan las campanas*, de Hemingway, cuesta muy poco: un viaje clandestino a España en un vagón de mercancías, comida y alojamiento resueltos por los republicanos y la amiguita en un saco de dormir, ni siquiera los gastos de una habitación por horas. Se ve en seguida la diferencia con *Más allá del río y entre los árboles*: basta con pensar en cuánto cuesta un martini en el Harris Bar.

UNA ANCHOA Y MEDIO KILO DE HIERBAS COCIDAS

Cristo se paró en Éboli es un libro escrito enteramente a costa del Gobierno; *El simplón le guiña el ojo al Fréjus* le costó a Vittorini una anchoa y medio kilo de hierbas cocidas (más caro fue *Conversación en Sicilia* si tenemos en cuenta el precio del billete desde Milán, a pesar de que entonces todavía había tercera, y las naranjas compradas durante el trayecto). Las cuentas, en cambio, se complican con *La comedia humana*, porque no se sabe bien quién paga; pero, como gran conocedor del hombre, Balzac debió de organizar tal embrollo de balances falsificados, gastos de Rastignac escritos en la columna de Nucingen, deudas, letras de cambio, dineros perdidos, delitos de estafa y quiebra fraudulenta que sería inútil pretender ver algo claro.

Más sencilla es la situación para Pavese: unas pocas liras para un chato de vino en una tasca y ya está, excepto en *Entre mujeres solas*, donde hay gastos adicionales de bar y restaurante. Nada costoso fue el *Robinson Crusoe*, de Defoe: sólo hay que calcular el billete de embarque; luego, en la isla, todo se arregla con material de desecho. Después están las novelas que parecen baratas, pero que, a la hora de hacer las cuentas, han costado mucho más de lo que parece: por ejemplo, en *Dedalus*, de Joyce, se deben calcular por lo menos 11 años de pensionado con los jesuitas, desde Conglowes Wood hasta Belvedere, pasando por el University College, más los libros. No hablemos ya de la dispendiosidad de *Hermanos de Italia*, de Arbsino (Capri, Spoleto, todo un viaje; téngase también en cuenta con qué perspicacia Sanguineti, que no era soltero, hizo su *Capricho italiano*: usó la familia y se acabó). También es bastante cara la obra proustiana: para frecuentar a los Guermantes no se podía ir, por supuesto, con un frac alquilado, y luego flores, regalitos, una mansión en Balbec con ascensor, el simón para la abuela y una bicicleta para ir a buscar a Albertine y a Saint Loup; pensemos lo que costaba una bicicleta entonces. No sucede lo mismo con *El jardín de los Finzi Contini*, en una época en que las bicicletas eran ya cosa corriente; como mucho, una raqueta de tenis, un jersey nuevo y andando: los otros gastos los pagaba la familia homónima, gente ciertamente hospitalaria.

La montaña mágica, en cambio, no es una broma: con la estancia en el sanatorio, el abrigo de pieles, el *colbac* y el déficit de la administración de Hans Castorp. Y no hablemos de *Muerte en Venecia*: basta pensar en el precio de una habitación con baño en un hotel del Lido y en que en esos tiempos un caballero como Aschenbach se gastaba una fortuna sólo en propinas, góndolas y maletas Vuitton.

(...) Para terminar, una última comparación. Por un lado, tenemos esa operación tan rentable económicamente que fueron *Los novios*, un claro ejemplo de *best-seller* de calidad que se calculó al milímetro y en el que se estudiaron los comportamientos de los italianos de la época. Desde los castillos en las laderas de los montes y el lago de Como hasta la Porta Renza, Manzoni tuvo todo a su disposición; nótese con qué perspicacia, cuando no da con el valiente o con la insurrección correspondientes,

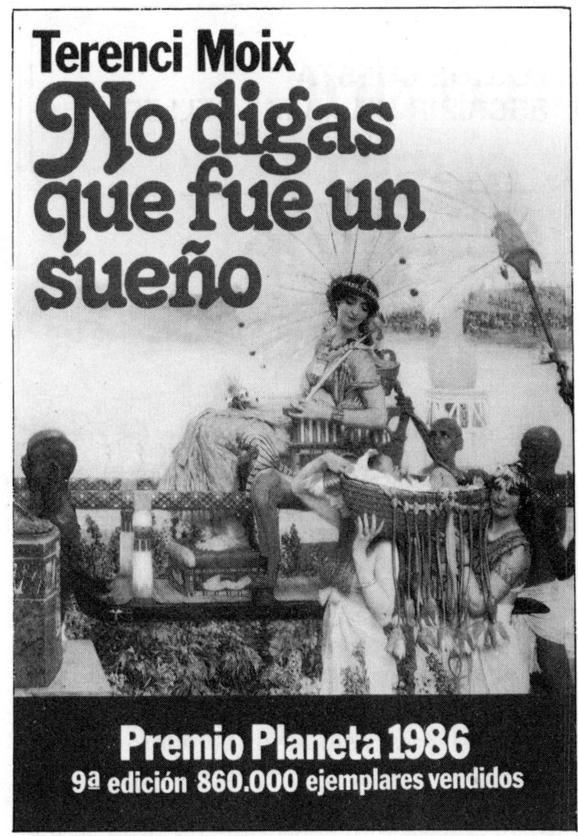

los hace surgir de un edicto, enseña el documento y con honradez jansenística advierte que no lo está reconstruyendo todo por sí mismo, sino que utiliza lo que cualquiera podría encontrar en una biblioteca. La excepción es el manuscrito anónimo, la única concesión que hace a la guardarropía; mas por entonces debía haber todavía en Milán algunas librerías de viejo medio clandestinas, como las que hay en el barrio Gótico de Barcelona, que por poco dinero te confeccionan un falso pergamino que es una maravilla.

Todo lo contrario sucede no ya con muchos otros relatos históricos falsos, como *El trovador*, sino con toda la obra de Sade y con la novela gótica, como se desprende de la reciente obra de Giovanna Franci *La messa inscena del terrone* (y como señaló, en otros términos, Mario Praz). Y no se hable ya de los cuantiosos gastos a los que tuvo que hacer frente Beckford para escribir *Vathek*: eso fue disipación simbólica, peor aún que lo de Vittoriale; y es

LO QUE CUESTA ESCRIBIR UN «BEST-SELLER»

que ni aun los castillos, las abadías, las criptas de Radcliffe, Lewis y Walpole se encuentran ya hechas en una esquina de la calle, créanme. Se trata de libros costosísimos que, aunque se hayan convertido en *best-sellers*, no han amortizado los gastos de todo lo que se necesitó para realizarlos. Gracias a que sus autores eran aristócratas que ya poseían bienes propios, porque para recuperar sus dispendios no hubieran dado abasto ni sus herederos.

A esta famosa serie de novelas tan artificiosas pertenece, naturalmente, *Gargantúa y Pantagruel*, de Rabelais. Y para ser exactos, también la *Divina comedia.*

Hay, sin embargo, una obra que creo que se encuentra a medio camino: *Don Quijote*. El hidalgo de la Mancha va por un mundo que es tal cual aparece, en el que los molinos están ya en su sitio; pero la biblioteca debió de costar una fortuna, ya que todas esas novelas de caballería no son las originales, sino que fueron escritas de nuevo, cuando fue menester, por Pierre Menard.

TRISTES O DESPREOCUPADOS

Todas estas consideraciones tienen su interés porque quizá nos ayudan a comprender la diferencia entre dos formas de narrativa para las que la lengua italiana no posee dos términos distintos, es decir, la *novel* y el *romance*. La *novel* es realista burguesa, moderna y cuesta poco porque el autor recurre a una experiencia adquirida gratis. El *romance* es fantástico, aristocrático, hiperrealista y costosísimo, ya que en él todo es puesta en escena y reconstrucción.

¿Y cómo se reconstruye sino usando piezas de guardarropía ya existentes? Sospecho que éste es el verdadero significado de términos abstrusos como *dialoguismo* e *intertextualidad*. Pero no basta con gastar mucho y reunir muchos elementos con los que crear el montaje para triunfar en el juego. Es preciso también conocer la cuestión y saber que el lector lo sabe, y, por tanto, ironizar a propósito de ello. Salgari no poseía la suficiente ironía para darse cuenta de lo costosamente fingido que era su mundo; ésta es precisamente su limitación, que sólo puede ser comprendida por un lector que lo lea varias veces como si él lo hubiera sabido.

Ludwig, de Visconti, y *Saló*, de Pasolini, son tristes porque, sus autores se toman en serio su propio juego, quizá para resarcirse de los gastos. Sin embargo, el dinero vuelve a las arcas sólo cuando uno se porta con la *nonchalance* del gran señor, precisamente como hacían los grandes maestros de la novela gótica. Por eso ejercen sobre nosotros una gran fascinación y, como sugiere el crítico norteamericano Leslie Fiedler, constituyen el modelo de una literatura posmoderna capaz, incluso, de llegar a divertirnos.

¿Ven ustedes cuántas cosas se descubren si se aplica metódicamente una buena y desencantada lógica económica a las obras literarias? Podrían extraerse las razones por las que tal vez el lector, invitado a visitar castillos imaginarios de destinos entrelazados artificiosamente, reconoce el juego de la literatura y le toma el gusto. Por tanto, si se quiere quedar bien, hay que pasar por alto los gastos.

Umberto Eco
(*EL País,* viernes 27 de mayo de 1983)

6-B GRAMÁTICA - EJERCICIOS

SUFIJOS

DERIVACIÓN

REFRANES

GALICISMOS

ORTOGRAFÍA G-J, Y-LL

REGLAS DE SEPARACIÓN DE PALABRAS AL FINAL DE LÍNEA

SEPARACIÓN DE PALABRAS

ESQUEMA GRAMATICAL 1

SUFIJOS ESPAÑOLES

«Cualidad»

-ANCIA, -ENCIA: suplencia, arrogancia.
-ANZA: bonanza.
-DAD, -EDAD, -IDAD: soledad, bondad.
-ERIA: portería.
-ISMO: reglamentismo.

«Acción»

-ACIÓN, -ICIÓN: oración, composición.
-ADA: llamarada, acampada.
-ADURA, -EDURA, -IDURA: andadura, torcedura.
-AJE: aprendizaje.
-AMIENTO, -IMIENTO: acercamiento, corrimiento.
-ANCIA, -ENCIA: tolerancia, asistencia.
-E: cante.
-O: canto.
-OR: cantor.

«El que hace la acción»

-ADOR, -EDOR, -IDOR: comprador, tenedor.
-ANTE, -IENTE: cantante, oyente, escribiente.

EJERCICIO I. *Ponga la forma correcta de* ***ser/estar***

1. La situación internacional no ...... para alegrías.
2. No te preocupes, lo que tú pides ...... en un abrir de ojos.
3. No he aprobado, ... hundido.
4. Nuestro gobierno no ...... para muchos trotes.
5. Siempre él ...... pendiente del qué dirán.
6. Si piensas que vamos a obedecerte, ... listo.
7. Las cosas no tienen un arreglo fácil, ... necesario esperar.

8. A veces ...... insoportable observar el comportamiento de los amigos.
9. Yo ...... simpático y ella me contestó con sequedad.
10. Tus ideas ...... completamente desfasadas; no me discutas.

EJERCICIO II. *Ponga la forma correcta de **ser/estar***

1. Dice que se retira de la competición porque no ...... en plenitud de facultades.
2. El éxito del gobierno ...... por la coherencia política.
3. Con esa salsa el pescado ...... repugnante, no hay quien se lo coma.
4. La situación ...... cambiando, ... decididos a hacer lo necesario.
5. Tal como tú preparas ese plato ...... riquísimo.
6. Estas cartas ...... llenas de faltas de ortografía.
7. ¡Por favor, ya ...... bien de ruido!
8. Ese rasgo que hemos observado en el encapuchado ...... de hombre.
9. En casa, intentó ...... amable con sus padres.
10. Por ahí ...... por donde habría que haber empezado.

EJERCICIO III. *Ponga la forma correcta de **ser/estar***

1. Ese señor ...... enfadado; le han robado el coche.
2. ¡Cuidado! El banco ...... recién pintado.
3. Después de un mes de la operación aún ...... débil.
4. La ventanilla ha ...... cerrada definitivamente.
5. Este pastel ...... demasiado dulce.
6. Aunque de ordinario ...... asequible, ayer ...... de lo más esquinado con tu prima.
7. La actriz ...... bajo las órdenes del director sin rechistar.
8. Este tipo me ...... completamente desconocido.
9. Este piso ...... muy oscuro, tiene una sola ventana.
10. La educación de la niña ...... en todo momento en manos de los padres.

REFRANES ESPAÑOLES

Hablando se entiende la gente.
Hacer de tripas corazón.
Arrieros somos y en el camino nos encontraremos.
Ir por lana y volver trasquilado.
La experiencia es la amiga de la ciencia.
Las cosas de palacio van despacio.
Las cosas, claras; y el chocolate, espeso.
Lo que no mata, engorda.

Mala hierba nunca muere.
Mal de muchos, consuelo de tontos.
Más tiran dos tetas que dos carretas.
Más vale caer en gracia que ser gracioso.
Más vale maña que fuerza.
Más vale pájaro en mano que ciento volando.
Más vale tarde que nunca.
Muerto el perro, se acabó la rabia.

ESQUEMA GRAMATICAL 2

DERIVACIÓN					
Forme derivados en *-ERO, -ERA, -ERÍA, -ERÍO.*					
leche	→	lechero;	papel	→	papelera
puerta	→	portería;	casa	→	caserío

EJERCICIO IV. *Forme derivados de las palabras siguientes y utilícelos en las frases propuestas*

(tienda, fruta, droga, joya, pan, mozo, mujer, golfo, ceniza, pedante, tontorrón, adulón, peluca).

1. El (delante) ...... centro jugó un partido completo.
2. Deje las bolsas de la compra en la (puerta) ......
3. El (tienda) ...... estuvo muy amable mientras nos despachaba.
4. Estuvimos en Vizcaya, en el (casa) ...... de Juan.
5. La (golfo) ...... es un mal que se extiende fácilmente.
6. Estuve toda la mañana en la (peluca) ...... y no pude hacer nada.
7. Los ladrones se llevaron numerosas joyas de la (joya) ...... que asaltaron.
8. La (pedante) ...... es un producto de la sociedad burguesa.
9. El (fruta) ...... nos atendió con prontitud.
10. Fui a la (droga) ...... para comprar objetos de limpieza.

ESQUEMA GRAMATICAL 3

DERIVACIÓN					
Forme derivados en *-ISMO, -ISTA.*					
conforme	→	conformismo;	secreto	→	secretismo
piano	→	pianista;	trapecio	→	trapecista

EJERCICIO V. *Forme derivados de las palabras siguientes y utilícelos en las frases propuestas*

(ideal, plural, andaluz, romántico, autoritario, terror, industrial, fórmula, conforme, máquina, trapecio, electricidad, ébano, arte, violín, juerga, final, bélico, cuento).

1. Antonio se volvió (bélico) ......
2. Juan es un (arte) ...... de gran renombre.
3. El (violín) ...... estuvo sublime a lo largo de toda la velada.

4. El (conforme) ...... es un mal acompañante para el hombre de empresa.
5. El (electricidad) ...... llegó a casa y en un momento arregló la avería.
6. El (plural) ...... político es necesario en la sociedad moderna.
7. El (terror) ...... es un mal de las sociedades avanzadas.
8. El (máquina) ...... del TER anduvo largo rato dormido.
9. El (autoritario) ...... no es bueno ni siquiera en familia.
10. El (ébano) ...... nos hizo unos muebles de diseño muy moderno.

EJERCICIO VI. *Redacte de nuevo las frases propuestas con el fin de evitar la anfibología*

1. Cuando Antonio se casó con Ana sus padres se opusieron.
2. Vi a Pedro y a Juan con sus niñas.
3. El empresario y el abogado llegaron a su despacho.
4. El abogado le explicó su problema.
5. El profesor y el alumno se citaron en su casa.
6. Juan y Pedro se pelearon y pusieron su querella.
7. Ramón regañó con Elena en su casa.
8. Me encontré en el cine con Pedro y Jorge y conocí a su novia.
9. Ángel y José escribieron un reportaje, su reportaje fue aplaudido.
10. Se presentaron en casa Carmen y Pedro, también su tía.

EJERCICIO VII. *Redacte de nuevo las frases propuestas con el fin de evitar la anfibología*

1. Cuando Juan se casó con Luisa, sus hijos se enfadaron.
2. El Madrid ganó al Español en su campo.
3. Jesús fue a casa de Pedro en su coche.
4. Pedro estuvo en casa de Juan, y allí encontró a su hermano.
5. He estado con Pérez y su esposa, y ayer estuve con su madre.
6. El asesino mató a su víctima en su casa.
7. Se le llenaron sus ojos de lágrimas.
8. Su casa de usted es muy confortable.
9. Sus caballos de usted no los tiene aparentemente bien alimentados.
10. Estuvieron de viaje mi cuñado y su sobrina, y su madre se quedó conmigo.

EJERCICIO VIII. *Ponga la partícula que juzgue necesaria*

Estuve en el examen; no aprobé → Estuve en el examen, *pero* no aprobé.

1. Estuvimos esperando a Juan todo el día; al final no apareció.
2. Era un sitio estupendo para descansar; había calefacción.
3. La señora, al limpiar, me desordenó la mesa; no pude encontrar el artículo.
4. Póngale un castigo; es usted su jefe.
5. Estuvieron sin poder entrar en casa; Juan pudo abrir la puerta.
6. No me gustan los temas de misterio; hoy no veo la película de la televisión.
7. Era un hombre irascible; no le importaba reconocerlo.

8. El profesor explicaba la lección en voz baja; los alumnos no atendían.
9. Hace falta poner un poco de orden; tienes que ordenar tu cuarto.
10. Saluda; márchate.

ESQUEMA GRAMATICAL 4

GALICISMOS EN SU ORIGEN, PERFECTAMENTE ENRAIZADOS EN LA ESTRUCTURA DEL ESPAÑOL

Aberrante:	«Anormal», «anómalo».	*Apercibido:*	«Advertido».
Abordable:	«Accesible», «tratable».	*Aplique:*	«Lámpara adosada a la pared».
Afectado:	«Indignado», «conmovido».	*Arribista:*	«Advenedizo», «persona sin escrúpulos».
Afectar:	«Alterar», «modificar».	*Avanzar:*	«Adelantar», «anticipar».
Affiche:	«Cartel», «aviso», «anuncio».	*Banalidad:*	«Vulgaridad», «trivialidad».
Alianza:	«Anillo de boda».	*Bidón:*	«Lata», «bote».
Amasar:	«Amontonar», «acumular».	*Bisutería:*	«Joyería», «orfebrería».
Amateur:	«Aficionado», «no profesional».	*Bizarro:*	«Caprichoso».
Ancestral:	«Atávico».		

ESQUEMA GRAMATICAL 5

PALABRAS CON DOBLE SIGNIFICADO SEGÚN SE ESCRIBAN CON G/J

Agito	(v. agitar).	Ajito	(diminutivo de ajo).
Gira	(v. girar).	Jira	(excursión).
Girón	(apellido).	Jirón	(pedazo de vestido).
Gragea	(pastilla).	Grajea	(v. grajear).
Vegete	(v. vegetar).	Vejete	(diminutivo).

PALABRAS CON DOBLE SIGNIFICADO SEGÚN SE ESCRIBAN CON Y/LL

Arrollo	(v. arrollar).	Arroyo	(río pequeño).
Halla	(v. hallar).	Haya	(del v. haber y árbol).
Pollo	(animal).	Poyo	(banco de piedra).
Olla	(caldero).	Hoya	(fosa).
Pulla	(expresión).	Puya	(vara).
Rollo	(elemento cilíndrico).	Royo	(de roer).
Callado	(silencioso).	Cayado	(bastón).
Valla	(cerca).	Vaya	(de ir).
Hulla	(carbón).	Huya	(de huir).

EJERCICIO IX. *Ponga la palabra correcta*

1. El carbón de (huya/hulla) ...... ha subido de precio.
2. Encontró en el sótano una (olla/hoya) ...... llena de aceite.
3. Juan estuvo todo el día (cayado/callado) ...... en el despacho del jefe.
4. Lo encontraron enterrado en una (hoya/olla) ...... que estaba a sus pies.
5. A lo largo del camino había muchas (vallas/vayas) ...... que entorpecían el paso.
6. Al cuarto toro de la tarde le castigaron con cuatro (pullas/puyas) ......
7. Todos pusieron el pie en el (pollo/poyo) ......
8. En el (arrollo/arroyo) ...... de mi pueblo había siempre gente con un (rollo/royo) ...... de alambre.
9. (¡Huya!/¡Hulla!) ...... me aconsejaron en el bar.
10. El año pasado hice una (jira/gira) ...... por los países del Este.

ESQUEMA GRAMATICAL 6

REGLAS PARA LA DIVISIÓN DE PALABRAS A FINAL DE LÍNEA

1. Como norma general, las palabras que no caben en una línea, deberán dividirse, para continuar en la línea siguiente, respetando la sílaba o respetando su formación etimológica: pa-dre, nos-otros, a-yun-ta-mien-to.
2. Cuando la primera o la última sílaba de una palabra sea una vocal, no podrá dejarse la vocal bien como último elemento de la línea bien como primer elemento de la línea siguiente: líne-/a, a-/mada, tales divisiones serían incorrectas.
3. Van sin separación todas las letras que integran un diptongo o triptongo: com-práis...
4. Las sílabas acabadas en dos consonantes se dividen sin separarles: cons-cien-te.
5. Las letras *ch, ll* y *rr* no deben dividirse nunca en la escritura: chi-co, lle-var.
6. Cuando una sola consonante va entre vocales, forma sílaba con la segunda vocal: ca-sa, to-do.
7. Las agrupaciones consonánticas *pl, pr, cl, cr, gl, gr, fl, fr, dr* y *tr* forman sílaba con la vocal siguiente: so-plar, gra-cias, fla-mear.
8. Cuando al dividir una palabra con *h* intercalada, tenga que quedar ésta en final de renglón con su vocal correspondiente, es norma pasar dicho grupo al renglón siguiente: clor-hidrato, al-/haraca.

EJERCICIO X. *Señale la división de las siguientes palabras*

atlas,	reunir,	endeudarse,	posponer,	enternecerse,	instruir,
sempiterno,	tolerar,	aclimatarse,	desternillarse,	admirar,	escribir,
alrededor,	admirar,	terciar,	destacar,	agarrarse,	terciar.

ESQUEMA GRAMATICAL 7

ALGUNOS CASOS DE SEPARACIÓN DE PALABRAS

A donde / adonde: Se escribe junto cuando hay un antecedente expreso: Te espero en el cine *adonde* sueles ir. En caso contrario, cuando no hay antecedente expreso, se escribe separado: Ve *a donde* te digan.

Así mismo / asimismo: Más frecuente junto con el significado «igualmente». Separado cuando así # mismo equivalga a adverbio + adjetivo.

Con que / conque: Se trata de la preposición con + relativo: Dame un lápiz con que escribir.
Conque (así que): Conque ya puedes ir regalando las entradas.

Sin número / sinnúmero: En el primer caso sin = preposición + sustantivo: Estuve sin número todo el sorteo.
En el segundo caso se trata de un sustantivo: Recibí un sinnúmero de parabienes.

Si no / sino: En el primer caso se trata de si = conjunción condicional y no = adverbio: Si no haces eso, no te dejarán salir.
En el segundo caso se trata de una conjunción adversativa: La lucha no ha hecho sino comenzar.

EJERCICIO XI. *Sustituya, en las frases siguientes, la expresión subrayada por la que crea más conveniente de entre las que se indican*

(dar gato por liebre, convicciones, según, como le da la gana, de ahí que, a eso de, a costa de, junto a, desde, por consiguiente).

1. Nos quiso *engañar* en la venta de la casa.
2. No comulgo con tus *creencias* políticas.
3. *De acuerdo* con lo estipulado hay que dar una entrada de medio millón de pesetas.
4. Él actúa a su *antojo* en todo lo que le interesa.
5. Ella se comportaba libremente y *por esta razón* muchos pensaron que estaba loca.
6. *Alrededor de* las siete de la tarde estaremos en Madrid.
7. Él todavía vive *a expensas de* su padre.
8. *Al lado de* la carretera nacional hay un Parador de turismo.
9. *A partir del* día quince puedes pasar a recoger el encargo.

EJERCICIO XII. *Ponga el verbo en infinitivo en la forma adecuada*

1. Es de mal gusto que (instalar, vosotros) ...... el televisor encima de mi habitación, con el ruido no se puede dormir.
2. Te consiento cualquier cosa menos que (amenazar, tú) ...... a mi hermana.

3. ¡Lástima que no (creer, tú) .... lo que te estoy diciendo!
4. Como no (mejorar, tú) .... la oferta, me marcho a ofrecerle el producto a otro empresario.
5. Nunca creí que aquel señor (hacer) .... lo que decían las «malas lenguas».
6. Mientras no (saberse) .... el fallo no es bueno que (hacer) .... declaraciones.
7. A medida que los alumnos (ir) .... acabando el examen (corregir) .... los ejercicios.
8. ¡Qué (hacer, vosotros) .... lo que os apetezca, no me importa.
9. Sería más sensato que (mantener, vosotros) .... al margen.
10. Cuando (acabar) .... las tareas del campo (volver, yo) .... a la ciudad.

EJERCICIO XIII. *Ponga el verbo en infinitivo en la forma adecuada*

1. La abuela (seguir) .... cosiendo y no (volver) .... a pensar en la niña.
2. Mercedes no se imaginaba que mis tíos me (dar) .... permiso.
3. Te he contado todo lo que (pasar) ...., pero aunque (saber, yo) .... eso, no te lo (decir) ....
4. Nunca dudé de que mis padres me (conceder) .... el dinero, aunque no era el momento oportuno.
5. ¿Por qué no le aconsejas que (ir) .... al Congreso contigo?
6. Le dije que se lo (dar) .... con tal de que me (dejar) .... descansar.
7. Se ve que usted ignora lo que (ocurrir) ....
8. ¡Quién (pensar) .... que haría algo así!
9. Sabían que (ser) .... difícil que (encontrar) .... entradas, aunque ya (ser) .... los últimos días en que (poner) .... la película.
10. Conforme (crecer) .... se le descubren los rasgos que (caracterizar) .... a sus padres.

7-A LA LITERATURA

Benito Pérez Galdós:

TRISTANA

Jorge Guillén:

LOS NOMBRES

Jorge Luis Borges:

EL FIN

Julio Cortázar:

REUNIÓN

Fernando Arrabal:

EL TRICICLO

TRISTANA

Impresión honda hizo en la señorita de Reluz la vista de aquellas pinturas, semblantes amigos que veía después de larga ausencia, y que le recordaban horas felices. Fueron para ella, en ocasión semejante, como personas vivas, y no necesitaba forzar su imaginación para verlas animadas, moviendo los labios y fijando en ella miradas cariñosas. Mandó a Saturna que colgase los lienzos en la habitación para recrearse contemplándolos, y se transportaba a los tiempos del estudio y de las tardes deliciosas en compañía de Horacio. Púsose muy triste, comparando su presente con el pasado, y al fin rogó a la criada que guardase aquellos objetos hasta que pudiese acostumbrarse a mirarlos sin tanta emoción; mas no manifestó sorpresa por la facilidad con que las pinturas habían pasado del estudio a la casa, ni curiosidad de saber qué pensaba de ello el suspicaz don Lope. No quiso la sirviente meterse en explicaciones, que no se le pedían, y poco después, sobre las doce, mientras daba de almorzar al amo una mísera tortilla de patatas y un trozo de carne con representación y honores de chuleta, se aventuró a decirle cuatro verdades, valida de la confianza que le diera su largo servicio en la casa.

—Señor, sepa que el amigo quiere ver a la señorita, y es natural... Ea, no sea malo y hágase cargo de las circunstancias. Son jóvenes, y usted está ya más para padre o para abuelo que para otra cosa. ¿No dice que tiene el corazón grande?

—Saturna —replicó don Lope, golpeando en la mesa con el mango del cuchillo—. Lo tengo más grande que la copa de un pino, más grande que esta casa y más grande que el depósito de aguas, que ahí enfrente está.

—Pues entonces..., pelillos a la mar. Ya no es usted joven, gracias a Dios; digo..., por desgracia. No sea el perro del hortelano, que ni come ni deja comer. Si quiere que Dios le perdone todas sus barrabasadas y picardías, tanto engaño de mujeres y burla de maridos, hágase cargo de que los jóvenes son jóvenes, y de que el mundo y la vida y las cositas buenas son para los que empiezan a vivir, no para los que acaban... Conque tenga un..., ¿cómo se dice?, un rasgo, *don Lepe*, digo, don Lope..., y...

En vez de incomodarse, al infeliz caballero le dio por tormarlo a buenas.

—¡Cincuenta! Quite usted *jierro*, señor.

—Pongamos treinta... y cinco.

—Y dos. Ni uno más. ¡Vaya!

—Pues quédese en lo que quieras. Pues digo que tú misma, si yo estuviese de humos y te... No, no te ruborices... ¡Si pensarás que eres un esperpento!... No; arreglándote un poquito resultarías muy aceptable. Tienes unos ojos que ya los quisieran más de cuatro.

—Señor..., vamos... Pero qué..., ¿también a mí me quiere camelar? —dijo la doméstica, familiarizándose tanto, que no vaciló en dejar a un lado de la mesa la fuente vacía de la carne y sentarse frente a su amo, los brazos en jarras.

—No..., no estoy ya para diabluras. No temas nada de mí. Me he cortado la coleta y ya se acabaron las bromas y las cositas malas. Quiero tanto a la niña, que desde luego convierto en amor de padre el otro amor, ya sabes..., y soy capaz, por hacerla dichosa, de todos los rasgos, como tú dices, que... En fin, ¿qué hay?... ¿Ese mequetrefe...?

—Por Dios, no le llame así. No sea soberbio. Es muy guapo.

—¿Qué sabes tú lo que son los hombres guapos?

—Quítese allá. Toda mujer sabe eso. ¡Vaya! Y sin comparar, que es cosa fea, digo que don Horacio es un buen mozo..., mejorando lo presente. Que usted fue el acabóse, por sabido se calla; pero eso pasó. Mírese al espejo y verá que ya se le fue la hermosura. No tiene más remedio que reconocer que el pintorcito...

—No le he visto nunca... Pero no necesito verle para sostener, como sostengo, que ya no hay hombres guapos, airosos, atrevidos, que sepan enamorar. Esa raza se extinguió. Pero, en fin, demos de barato que el pintamonas sea un guapo... relativo.

—La niña le quiere... No se enfade..., la verdad por delante... La juventud es juventud.

—Bueno..., pues le quiere... Lo que yo te aseguro es que ese muchacho no hará su felicidad.

—Dice que no le importa la pata coja.

—Saturna, ¡qué mal conoces la naturaleza humana! Ese hombre no hará feliz a la niña, repito. ¡Si sabré yo de estas cosas! Y añado más, la niña no espera su felicidad de semejante tipo...

—¡Señor!...

—Para entender estas cosas, Saturna, es menester... entenderlas. Eres muy dura de mollera y no ves sino lo que tienes delante de tus narices. Tristana es mujer de mucho entendimiento, ahí donde la ves, de una imaginación ardiente... Está enamorada.

—Eso ya lo sé.

—No lo sabes. Enamorada de un hombre que no existe, porque si existiera, Saturna, sería Dios, y Dios no se entretiene en venir al mundo para diversión de las muchachas. Ea, basta de palique; tráeme el café...

Corrió Saturna a la cocina, y al volver con el café permitióse comentar las últimas ideas expresadas por don Lope.

—Señor, lo que yo digo es que se quieren, sea por lo fino, sea por lo basto, y que el don Horacio desea verse con la señorita... Viene con buen fin.

—Pues que venga. Se irá con mal principio.

—¡Ay qué tirano!

—No es eso... Si no me opongo a que se vean —dijo el caballero, encendiendo un cigarro—. Pero antes conviene que yo mismo hable con ese sujeto. Ya ves si soy bueno. ¿Y este rasgo?... Hablar con él, sí, y decirle...; ya, ya sabré yo...

—¿Apostamos a que le espanta?

—No; le traeré, traeréle yo mismo. Saturna, esto se llama un rasgo. Encárgate de avisarle que me espere en su estudio una de estas tardes..., mañana. Estoy decidido —paseándose inquieto por el comedor—. Si Tristana quiere verle, no la privaré de ese gusto. Cuanto antojo tenga la niña se lo satisfará su amante padre. Le traje los pinceles, le traje el armonio, y no basta. Hacen falta más juguetes. Pues venga el hombre, la ilusión..., la... Saturna, di ahora que no soy un héroe, un santo. Con este solo arranque lavo todas mis culpas y merezco que Dios me tenga por suyo. Conque...

—Le avisaré... Pero no salga con alguna patochada. ¡Vaya, que si le da por asustar a ese pobre chico...!

Benito Pérez Galdós
(*Tristana*, Alianza, 1975, págs. 155-158)

Los nombres

Albor. El horizonte
Entreabre sus pestañas
Y empieza a ver. ¿Qué? Nombres.
Están sobre la pátina.

De las cosas. La rosa
Se llama todavía
Hay rosa, y la memoria
De su tránsito, prisa,

Prisa de vivir más.
A largo amor nos alce
Esa pujanza agraz
Del instante, tan ágil

Que en llegando a su meta
Corre a imponer después.
Alerta, alerta, alerta,
Yo seré, yo seré.

¿Y las rosas? Pestañas
Cerradas: horizonte
Final. ¿Acaso nada?
Pero quedan los nombres.

Jorge Guillén

(*Cántico*, 1928-1950)

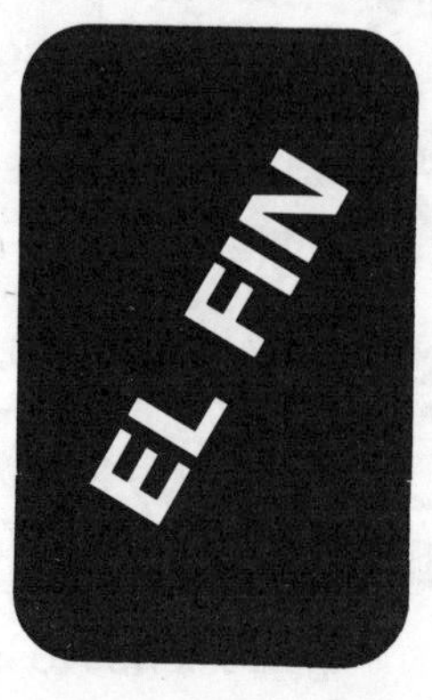

Recabarren, tendido, entreabrió los ojos y vio el oblicuo cielo raso de junio. De la otra pieza le llegaba un rasgueo de guitarra, una suerte de pobrísimo laberinto que se enredaba y desataba infinitamente... Recobró poco a poco la realidad, las cosas cotidianas que ya no cambiaría nunca por otras. Miró sin lástima su gran cuerpo inútil, el poncho de lana ordinaria que le envolvía las piernas. Afuera, más allá de los barrotes de la ventana, se dilataban la llanura y la tarde; había dormido, pero aún quedaba mucha luz en el cielo. Con el brazo izquierdo tanteó, hasta dar con un cencerro de bronce que había al pie del catre. Una o dos veces lo agitó; del otro lado de la puerta seguían llegándole los modestos acordes. El ejecutor era un negro que había aparecido una noche con pretensiones de cantor y que había desafiado a otro forastero a una larga payada de contrapunto. Vencido, seguía frecuentando la pulpería, como a la espera de alguien. Se pasaba las horas con la guitarra, pero no había vuelto a cantar; acaso la derrota lo había amargado. La gente ya se había acostumbrado a ese hombre inofensivo. Recabarren, patrón de la pulpería, no olvidaría ese contrapunto; al día siguiente, al acomodar unos tercios de yerba, se le había muerto bruscamente el lado derecho y había perdido el habla. A fuerza de apiadarnos de las desdichas de los héroes de las novelas concluimos apiadándonos con exceso de las desdichas propias; no así el sufrido Recabarren, que aceptó la parálisis como antes había aceptado el rigor y las soledades de América. Habituado a vivir en el presente, como los animales, ahora miraba el cielo y pensaba que el cerco rojo de la luna era señal de lluvia.

Un chico de rasgos aindiados (hijo suyo, tal vez) entreabrió la puerta. Recabarren le preguntó con los ojos si había algún parroquiano. El chico, taciturno, le dijo por señas que no; el negro no contaba. El hombre postrado se quedó sólo; su mano izquierda jugó un rato con el cencerro, como si ejerciera un poder.

La llanura, bajo el último sol, era casi abstracta, como vista en un sueño. Un punto se agitó en el horizonte y creció hasta ser un jinete, que venía, o parecía venir, a la casa. Recabarren vio el chambergo, el largo poncho oscuro, el caballo moro, pero no la cara del hombre, que, por fin, sujetó el galope y vino acercándose al trotecito. A unas doscientas varas dobló. Recabarren no lo vio más, pero lo oyó chistar, apearse, atar el caballo al palenque y entrar con paso firme en la pulpería.

Sin alzar los ojos del instrumento, donde parecía buscar algo, el negro dijo con dulzura:

—Ya sabía yo, señor, que podía contar con usted.

El otro, con voz áspera, replicó:

—Y yo con vos, moreno. Una porción de días te hice esperar, pero aquí he venido.

Hubo un silencio. Al fin, el negro respondió:

—Me estoy acostumbrando a esperar. He esperado siete años.

El otro explicó sin apuro:

—Más de siete años pasé yo sin ver a mis hijos. Los encontré ese día y no quise mostrarme como un hombre que anda a las puñaladas.

—Ya me hice cargo —dijo el negro—. Espero que los dejó con salud.

El forastero, que se había sentado en el mostrador, se rió de buena gana. Pidió una caña y la paladeó sin concluirla.

—Les di buenos consejos —declaró—, que nunca están de más y no cuestan nada. Les dije, entre otras cosas, que el hombre no debe derramar la sangre del hombre.

Un lento acorde precedió la respuesta del negro:

—Hizo bien. Así no se parecerán a nosotros.

—Por lo menos a mí —dijo el forastero y añadió como si pensara en voz alta—: Mi destino ha querido que yo matara y ahora, otra vez, me pone el cuchillo en la mano.

(...) Se alejaron un trecho de las casas, caminando a la par. Un lugar de la llanura era igual a otro y la luna resplandecía. De pronto se miraron, se detuvieron y el forastero se quitó las espuelas. Ya estaban con el poncho en el antebrazo, cuando el negro dijo:

—Una cosa quiero pedirle antes que nos trabemos. Que en este encuentro ponga todo su coraje y toda su maña, como en aquel otro de hace siete años, cuando mató a mi hermano.

Acaso por primera vez en su diálogo, Martín Fierro oyó el odio. Su sangre lo sintió como un acicate. Se entreveraron y el acero filoso rayó y marcó la cara del negro.

Hay una hora de la tarde en que la llanura está por decir algo; nunca lo dice o tal vez lo dice infinitamente y no lo entendemos, o lo entendemos pero es intraducible como una música...

Desde su catre, Recabarren vio el fin. Una embestida y el negro reculó, perdió pie, amagó un hachazo a la cara y se tendió en una puñalada profunda, que penetró en el vientre. Después vino otra que el pulpero no alcanzó a precisar y Fierro no se levantó. Inmóvil, el negro parecía vigilar su agonía laboriosa. Limpió el facón ensangrentado en el pasto y volvió a las casas con lentitud, sin mirar para atrás. Cumplida su tarea de justiciero, ahora era nadie. Mejor dicho era el otro: no tenía destino sobre la tierra y había matado a un hombre.

Jorge Luis Borges

(*Ficciones*, Alianza, 1971, págs. 183-187)

REUNIÓN

Ya no hay mucho que contar, al amanecer uno de nuestros serranos llevó al Teniente y a Roberto hasta donde estaban Pablo y tres compañeros, y el Teniente subió a Pablo en brazos porque tenía los pies destrozados por las ciénagas. Ya éramos veinte, me acuerdo de Pablo, abrazándome con su manera rápida y expeditiva, y diciéndome sin sacarse el cigarrillo de la boca: «Si Luis está vivo, todavía podemos vencer», y yo vendándole los pies que era una belleza, y los muchachos tomándole el pelo porque parecía que estrenaba zapatos blancos y diciéndole que su hermano lo iba a regañar por ese lujo intempestivo. «Que me regañe», bromeaba Pablo fumando como un loco, «para regañar a alguien hay que estar vivo, compañero, y ya oíste que está vivo, vivito, está más vivo que un caimán, y vamos arriba ya mismo, mira que me has puesto vendas, vaya lujo...» Pero no podía durar, con el sol vino el plomo de arriba y abajo, ahí me tocó un balazo en la oreja que si acierta dos centímetros más cerca, vos, hijo, que a lo mejor leés todo esto, te quedas sin saber en las que anduvo tu viejo. Con la sangre y el dolor y el susto las cosas se me pusieron estereoscópicas, cada imagen seca y en relieve, con unos colores que debían ser mis ganas de vivir y además no me pasaba nada, un pañuelo bien atado y a seguir subiendo; pero atrás se quedaron dos serranos, y el segundo de Pablo con la cara hecha un embudo por una bala cuarenta y cinco. En esos momentos hay tonterías que se fijan para siempre; me acuerdo de un gordo, creo que también del grupo de Pablo, que en lo peor de la pelea quería refugiarse detrás de una caña, se ponía de perfil, se arrodillaba detrás de la caña, y sobre todo me acuerdo de ese que se puso a gritar que había que rendirse, y de la voz que le contestó entre dos ráfagas de Thompson, la voz del Teniente, un bramido por encima de los tiros, un: «¡Aquí no se rinde nadie, carajo!», hasta que el más chico de los serranos, tan callado y tímido hasta entonces, me avisó que había una senda a cien metros de ahí, torciendo hacia arriba y a la izquierda, y yo se lo grité al Teniente y me puse a hacer punta con los serranos siguiéndome y tirando como demonios, en pleno bautismo de fuego y saboreándolo que era un gusto verlos, y al final nos fuimos juntando al pie de la seiba donde nacía el sendero y el serranito trepó y nosotros atrás, yo con un asma que no me dejaba andar y el pescuezo con más sangre que un chacho degollado, pero seguro de que también ese día íbamos a escapar y no sé por qué, pero era evidente como un teorema que esa misma noche nos reuniríamos con Luis.

Uno nunca se explica cómo deja atrás a sus perseguidores, poco a poco ralea el fuego, hay las consabidas maldiciones y «cobardes, se rajan en vez de pelear», entonces de golpe es el silencio, los árboles que vuelven a aparecer como cosas vivas y amigas, los accidentes del terreno, los heridos que hay que cuidar, la cantimplora de agua con un poco de ron que corre de boca en boca, los suspiros, alguna queja, el descanso y el cigarro, seguir adelante, trepar siempre aunque se me salgan los pulmones por las orejas, y Pablo diciéndome oye, me los hiciste del cuarenta y dos y yo calzo del cuarenta y tres, compadre, y la risa, lo alto de la loma, el ranchito donde un paisano tenía un poco de yuca con mojo y agua muy fresca, y Roberto, tesonero y concienzudo, sacando sus cuatro pesos para pagar el gasto y todo el mundo, empezando por el paisano, riéndose hasta herniarse, y el mediodía invitando a esa siesta que había que rechazar como si dejáramos irse a una muchacha preciosa mirándole las piernas hasta lo último.

Al caer la noche el sendero se empinó y se puso más que difícil, pero nos relamíamos pensando en la posición que había elegido Luis para esperarnos, por ahí no iba a subir ni un gamo. «Vamos a estar como en la iglesia», decía Pablo a mi lado, «hasta tenemos el armonio», y me miraba zumbón mientras yo jadeaba una especie de pasacaglia que solamente a él le hacía gracia. No me acuerdo muy bien de esas horas, anochecía cuando llegamos al último centinela y pasamos uno tras otro, dándonos a conocer y respondiendo por los serranos, hasta salir por fin al claro entre los árboles donde estaba Luis apoyado en un tronco, naturalmente con su gorra de interminable visera y el cigarro en la boca. Me costó el alma quedarme atrás, dejarlo a Pablo que corriera y se abrazara con su hermano, y entonces esperé que el Teniente y los otros fueran también y lo abrazaran, y después puse en el suelo el botiquín y el Springfield y con las manos en los bolsillos me acerqué y me quedé mirándolo, sabiendo lo que iba a decirme, la broma de siempre:

—Mira que usar esos anteojos —dijo Luis.

—Y vos esos espejuelos —le contesté, y nos doblamos de risa, y su quijada contra mi cara me hizo doler el balazo como el demonio, pero era un dolor que yo hubiera querido prolongar más allá de la vida.

—Así que llegaste, che —dijo Luis.

Naturalmente, decía «che» muy mal.

—¿Qué tú crees? —le contesté, igualmente mal. Y volvimos a doblarnos como idiotas, y medio mundo se reía sin saber por qué. Trajeron agua y las noticias, hicimos la rueda mirando a Luis, y sólo entonces nos dimos cuenta de cómo había enflaquecido y cómo le brillaban los ojos detrás de los jodidos espejuelos.

Más abajo volvían a pelear, pero el campamento estaba momentáneamente a cubierto. Se pudo curar a los heridos, bañarse en el manantial, dormir, sobre todo dormir, hasta Pablo que tanto quería hablar con su hermano. Pero como el asma es mi amante y me ha enseñado a aprovechar la noche, me quedé con Luis apoyado en el tronco de un árbol, fumando y mirando los dibujos de las hojas contra el cielo, y nos contamos de a ratos lo que nos había pasado desde el desembarco, pero sobre todo hablamos del futuro, de lo que iba a empezar cuando llegara el día en que tuviéramos que pasar del fusil al despacho con teléfonos, de la sierra a la ciudad, y yo me acordé de los cuernos de caza y estuve a punto de decirle a Luis lo que había pensado aquella noche, nada más que para hacerlo reír. Al final no le dije nada, pero sentía que estábamos entrando en el adagio del cuarteto, en una precaria plenitud de pocas horas que sin embargo era una certidumbre, un signo que no olvidaríamos. Cuántos cuernos de caza esperaban todavía, cuántos de nosotros dejaríamos los huesos como Roque, como Tinti, como el Peruano. Pero bastaba mirar la copa del árbol para sentir que la voluntad ordenaba otra vez su caos, le imponía el dibujo del adagio que alguna vez ingresaría en el allegro final, accedería a una realidad digna de ese nombre. Y mientras Luis me iba poniendo al tanto de las noticias internacionales y de lo que pasaba en la capital y en las provincias, yo veía cómo las hojas y las ramas se plegaban poco a poco a mi deseo, eran mi melodía, la melodía de Luis que seguía hablando ajeno a mi fantaseo, y después vi inscribirse una estrella pequeña y muy azul, y aunque no sé nada de astronomía y no hubiera podido decir si era una estrella o un planeta, en cambio me sentí seguro de que no era Marte ni Mercurio, brillaba demasiado en el centro del adagio, demasiado en el centro de las palabras de Luis como para que alguien pudiera confundirla con Marte o con Mercurio.

Julio Cortázar

(*Antología*, Edhasa, 1978, págs. 183-187)

EL TRICICLO

(Entra EL VIEJO DE LA FLAUTA.)

Viejo: ¡Hola, muchachos! Me voy a sentar aquí, que estoy para el arrastre.
Climando: Pues yo también estoy bueno.

(CLIMANDO se sienta junto al río y EL VIEJO DE LA FLAUTA se sienta en el banco estirando las piernas. Pausa larga.)

Viejo: Ese es el triciclo.
Climando: ¿El qué?
Viejo: Lo del cansancio.
Climando: Claro, como que me he pasado toda la tarde llevando niños. Me duelen sobre todo los sobacos.
Viejo: Eso será de llevar alpargatas. A mí me ocurre una cosa muy parecida: de tanto tocar la flauta me duelen las rodillas.

(Ambos hablan precipitadamente.)

Climando: Eso será de usar sombrero. A mí me ocurre una cosa muy parecida: de tanto ayunar me duelen las uñas.
Viejo: *(Disgustadísimo.)* Eso será de tomar agua de la fuente de la plaza. A mí me ocurre una cosa parecida: de tanto usar pantalones me duelen las orejas.
Climando: *(Agresivo.)* Eso será de no estar casado. A mí me ocurre una cosa parecida: de tanto dormir me duelen los pañuelos.
Viejo: *(Violento.)* Eso será de no comprar billetes de lotería. A mí me ocurre una cosa parecida: de tanto andar me duelen todos los pelos de la cabeza.
Climando: *(Alborozado.)* ¡Falso! ¡Falso!
Viejo: ¿Falso?
Climando: Sí, sí, es falso, a usted no le pueden doler todos los pelos de la cabeza porque es calvo.
Viejo: Me has hecho trampa.
Climando: No, no, si quiere comenzamos otra vez.
Viejo: Imposible. Tú razonas mejor que yo y con la razón siempre se gana.
Climando: ¡No dirá usted que yo me he aprovechado de usted! Si quiere le doy una vuelta en el triciclo.
Viejo: *(Tiernísimo.)* ¡Una vuelta en el triciclo! ¿Y me dejarás acariciar a los niños?
Climando: Sí, siempre que no les quite los bocadillos.
Viejo: ¿Te das cuenta como me tienes tirria? ¿Por qué tienes que meter los bocadillos? Te das cuenta, ¿eh? *(CLIMANDO se avergüenza.)* No agaches la cabeza, no la agaches. *(Contento.)* ¿Reconoces entonces que me tratas mal?
Climando: *(Humildísimo.)* Sí... *(Con evidencia.)* Pero te he prometido dejarte dar una vuelta en el triciclo. No puedo portarme mejor.
Viejo: *(Dulcemente.)* Una vuelta en el triciclo, acariciando a los niños. Les pasaré la mano por la cabeza y les diré... y les diré... *(Agresivo.)* Oye, ¿me dejarás tocar las campanillas?
Climando: No, porque usted tiene que tocar la flauta y nunca se ha visto que se toquen dos instrumentos a la vez.
Viejo: No me dejas porque no tengo billetes ni razón. ¡Adiós! *(Se marcha muy enfadado al final del banco y mira en dirección contraria a CLIMANDO.)* Y luego no digas que si «tajuntas», ni que si me vas a dar una sardina, ni que si me vas a traer un buchecito de agua cuando tenga sed.
Climando: Más quisiera el gato que lamer el plato. *(CLIMANDO se tumba junto al río a pescar. Tira un hilo con un anzuelo al agua. Canturreando muy fuerte y deletreando perfectamente.)* Además Apal y yo lo vamos a pasar muy bien porque hemos encontrado un procedimiento estupendo. No dejaremos que nadie venga con nosotros.
Viejo: *(Canturreando también.)* Yo lo voy a pasar muy bien con otro procedimiento. A nadie le diré nada. Que se chinchen los muy tontos que no me dejan montar en triciclo.

Fernando Arrabal

(*El triciclo*, Escelicer, 1971)

7-B

GRAMÁTICA - EJERCICIOS

SUFIJOS

DERIVACIÓN

REFRANES

GALICISMOS

ORTOGRAFÍA

INTERROGACIÓN

EXCLAMACIÓN

ESQUEMA GRAMATICAL 1

SUFIJOS ESPAÑOLES

«Persona relacionada con»

-ARIO: legionario.
-ERO: portero.
-ISTA: maquinista.

«Lugar»

-ADERO, -EDERO, -IDERO: lavadero, comedero.
-ADURIA, -EDURIA, -IDURIA: freiduría, pagaduría.
-ARIO: campanario.
-ERIA: portería.
-ERA: papelera.
-ERO: cenicero.

«Conjunto»

-ADA: algarada.
-ADO: alumbrado.
-AMEN: velamen.
-AR, -AL: centenar, robledal, arenal.
-EDA: alameda.
-ERIO: caserío.

ESQUEMA GRAMATICAL 2

DERIVACIÓN

Forme sustantivos en *-AMIENTO, -IMIENTO* a partir de verbos.

abanderar	→	abanderamiento;	abaratar	→	abaratamiento
acompañar	→	acompañamiento;	descubrir	→	descubrimiento

EJERCICIO I. *Forme derivados de los verbos siguientes y utilícelos en las frases propuestas*

(desplazar, desvanecer, mantener, abatir, aborrecer, abundar, aburrir, acalorar, acomodar, acompañar, acontecer, adelgazar, alucinar, alzar, amartelar, afinar, desplazar, pensar, nacer, reconocer, adoctrinar, afrontar, agotar, allanar).

1. El ...... de morada está castigado por la ley.
2. Los métodos de ...... no siempre cumplen los fines previstos.
3. Existen trabajos manuales que conducen al ...... físico.
4. Los niños achacan al ...... parte de sus enfados.
5. La llegada del hombre a la luna fue un ...... mundial.
6. El ...... llegó antes del ......
7. Los partidos políticos tienden al ...... de sus afiliados.
8. Los generales no demócratas tienden al ...... militar.
9. Los obreros de la fábrica estaban preocupados por el ...... que había en la empresa.
10. Todos estuvieron presentes en el ...... del niño.

ESQUEMA GRAMATICAL 3

DERIVACIÓN

Forme sustantivos en *-E* a partir de verbos.

alcanzar	→	alcance;	avanzar	→	avance
apuntar	→	apunte;	transportar	→	transporte

EJERCICIO II. *Forme derivados de los verbos siguientes y utilícelos en las frases propuestas*

(desplegar, cortar, detallar, rescatar, enchufar, importar, atacar, encestar, enlazar, gozar).

1. Al salir de Madrid, camino de Irún, nadie previó el ...... de la carretera a la altura del kilómetro 320.
2. La televisión emitió un ...... informativo sobre la situación del referéndum.
3. Los del equipo Maravillas consiguieron ...... inverosímiles en el partido final del campeonato.
4. Estuvimos observando ...... a ...... los cuadros de la exposición.
5. El ...... de los emboscados se produjo a traición.
6. Antonio anduvo de ...... en las conversaciones previas.
7. El equipo de ...... actuó con prontitud y eficacia.
8. Pasó todo el día pidiendo información para buscar un ...... que pudiera solucionarle la papeleta.
9. Pagó el ...... sin rechistar.
10. El ...... de los medios de información fue importante para la ocasión.

EJERCICIO III. *Tache las formas que considere incorrectas*

1. *El/lo* bueno es que no te vieron.
2. No pensé que *hiciera/hace/haría* tanto calor en Atenas.
3. Este vestido es tan elegante *que/como* el tuyo.
4. Me gustan las *altas españolas/españolas altas.*
5. Dinos *al sitio que vas/el sitio al que vas/a qué sitio vas.*
6. *Cuanto/contra* antes vengas, será mejor.
7. *Ha habido/han habido* muchas lluvias en el norte.
8. *Quisiese/querría* hacerlo mejor, pero le *es/será* imposible.
9. Aunque *sea/esté* temprano, tenemos *que/de* marcharnos.
10. Cuando *vuelva/volveré* a Madrid, te *escribo/escribiré* una carta.

REFRANES ESPAÑOLES

Niños y locos lo cuentan todo.
No tiene padre ni madre, ni perro que le ladre.
No cabíamos en casa, y parió la abuela.
No dejes para mañana lo que puedas hacer hoy.
No diga nadie: de esta agua no beberé.
No es oro todo lo que reluce.
No está el horno para bollos.
No es tan bravo el león como lo pintan.
No hay bien que por mal no venga.
No hay peor ciego que el que no quiere ver.
No se ha de ser más papista que el Papa.
No todo el monte es orégano.
Nunca es tarde si la dicha es buena.

EJERCICIO IV. *Tache las formas que considere incorrectas*

1. Cumpliré *lo/ello* que *prometo/prometeré.*
2. No sabe si *podrá/puede/pueda* venir *antes del/que el* domingo.
3. Si *le/lo* han advertido del peligro, *habrá/ha* obrado con precaución.
4. Si *vengo/vendré/venga* el año próximo, no *olvidaré/me olvidaré* de la cámara fotográfica.
5. No *llamas/llaméis* a *nadie/alguien.*
6. *Desde/de* aquí no me mueve *nadie/alguno.*
7. El tren de Madrid está *entrando/entrado* en la estación.
8. Si *fuera/estaría* más sencillo el examen, lo *superaría/superase.*
9. Juan *llegó/llegaba* pensando que ya *estaba/era* tarde.
10. *Cuando/cuanto* más le *oiga/oigo,* más me duele la cabeza.

EJERCICIO V. *Tache las formas que considere incorrectas*

1. El coche está hecho una pena *por/para* fuera; *por/para* dentro está bastante limpio.
2. Todas las tardes se *reunían/reunieron/habían reunido* en el casino.
3. *Mientras/puesto que/como* he nacido en Andalucía, soy muy sensible al frío.
4. Iremos en un autobús parecido *al/a ese* en que vinimos, *si no/sino* es el mismo.
5. *Idos/ios* por ahí y no *molestad/molestéis* más.
6. Ojalá todos *dirían/dijesen* la verdad.
7. *Los/ellos* que iban de excursión tuvieron que llevar el *paragua/paraguas.*
8. No le terminaron el traje que *encargara/encargase/había encargado.*
9. *Desearía/deseara/desease* que me *aclarases/aclararas* esta duda.
10. *Que/quienes* contesten bien, *aprobarán/aprueben* el examen.

ESQUEMA GRAMATICAL 4

GALICISMOS EN SU ORIGEN, PERFECTAMENTE ENRAIZADOS EN LA ESTRUCTURA DEL ESPAÑOL

Cabina:	«Locutorio», «espacio reservado al piloto».
Camuflar:	«Desfigurar», «disfrazar».
Celebridad:	«Persona famosa».
Compacto:	«Denso».
Confeccionar:	«Componer», «hacer».
Constatación:	«Comprobación».
Contable:	«Contador», «tenedor de libros».
Correcto:	«Fino», «cortés».
Derrapar:	«Patinar», «deslizarse».
Desinterés:	«Desidia», «falta de cuidado».
Devaluación:	«Depreciación».
Diplomado:	«Titulado».
Encajar:	«Recibir», «sufrir».
Entrenarse:	«Ensayar», «ejercitarse».
Fuselaje:	«Casco», «cuerpo de avión».
Inoperancia:	«Ineficacia».
Marioneta:	«Títere».
Orfelinato:	«Orfanato».
Pretencioso:	«Presuntuoso».
Remarcar:	«Destacar», «notar», «observar».

ESQUEMA GRAMATICAL 5

PALABRAS CON DOBLE SIGNIFICADO SEGÚN SE ESCRIBAN CON H O SIN ELLA

Ablando	(v. ablandar).	Hablando	(v. hablar).
Abre	(v. abrir).	Habré	(v. haber).
Ala	(para volar).	¡Hala!	(interjección).
Alambra	(v. alambrar).	Alhambra	(palacio moro en Granada).
Aprender	(estudiar).	Aprehender	(capturar).
Aremos	(v. arar).	Haremos	(v. hacer).
As	(palo de la baraja).	Has	(v. haber).
Asta	(cuerno).	Hasta	(preposición).
Desecho	(desperdicio).	Deshecho	(v. deshacer).
Echa	(v. echar).	Hecha	(v. hacer).
Errar	(equivocarse).	Herrar	(poner herraduras).
Izo	(v. izar).	Hizo	(v. hacer).
Ojear	(mirar, ir de caza).	Hojear	(pasar las hojas).
Ola	(movimiento del mar).	¡Hola!	(interjección).
Uso	(v. usar, costumbre).	Huso	(utensilio para hilar).

EJERCICIO VI. *Ponga la palabra correcta*

1. Vino (hasta/asta) ...... mi habitación andando a cuatro patas.
2. Nunca (e/he) ...... comprendido (porqué/por qué) ...... actuó de esta manera.
3. La (hola/ola) ...... del mar (lo/le) ...... arrastró (hasta/asta) .... la playa.
4. De una (ojeada/hojeada) ...... supo cuántos invitados (habían/abían) ...... venido.
5. Todas las mañanas (izo/hizo) ...... la bandera en el colegio.
6. (¡Hola!/¡ola!) ...... ¿Cómo estás?
7. (Ablando/hablando) ...... todos los días el pan con el agua que (aprendo/aprehendo) ...... en el canal.
8. (Erró/herró) ...... en la respuesta que dio al capitán.
9. Las hilanderas utilizaban el (uso/huso) ...... en el taller.
10. Siempre lleva un (as/has) ...... en la manga.

EJERCICIO VII. *Sustituya, en las frases siguientes, la expresión subrayada por la que crea más conveniente de entre las que se indican*

(pasar, suceder, lengua, momento, utilizar, durar, modo, conseguir, por ahora, esforzarse).

1. Esto que has hecho no volverá a *ocurrir*.
2. Tuvimos que *hacer un gran esfuerzo* para enlazar con ellos.
3. En tu país, ¿qué *idiomas* has estudiado?
4. Dadas las circunstancias actuales, es una *buena ocasión* para invertir.
5. En la redacción es necesario *emplear* palabras diferentes.
6. Las conversaciones para el desarme *se alargarán* hasta el próximo mes de diciembre.
7. De *esta guisa* no conseguirás nada ante el profesor.
8. *Hemos tratado* este asunto en numerosas ocasiones y no hemos llegado a acuerdos válidos.
9. Dudo que Juan *logre* aprobar el examen.
10. *Por el momento*, contentémonos con lo que tenemos concedido.

EJERCICIO VIII. *Sustituya, en las frases siguientes, la expresión subrayada por la que crea más conveniente de entre las que se indican*

(inmediatamente, con frecuencia, semejante, igual, cuidado, permanecer, disponer de, subir, imprescindible, linaje, solar).

1. El juez nos recibió *en el acto*.
2. *Muy a menudo* nos encontramos en la misma situación.
3. En mi vida he visto nada *parecido*.
4. *¡Ojo* con la puerta! Está recién pintada.
5. Estas ruinas romanas aún *están* en pie.
6. La autopista *cuenta* con un buen sistema de puestos de teléfono.
7. Los precios *aumentan* cada día más.
8. Tu ayuda es absolutamente *necesaria*.
9. Esta *estirpe* se remonta al siglo XIII.
10. Este *terreno* es ideal para construir una casa de campo.

EJERCICIO IX. *Sustituya, en las frases siguientes, la expresión subrayada por la que crea más conveniente de entre las que se indican*

(al parecer, no obstante, ser necesario, precaución, en cambio, en lugar de, realizar, además, ocasión, al mismo tiempo).

1. *Por lo visto* ya han descubierto al asesino.
2. El enfermo mejora por momentos; *sin embargo* no podemos cantar todavía victoria.
3. *Hace falta* mucha paciencia para pasar un día con él.
4. Hay que actuar con suma *cautela*.
5. Yo creo, *por el contrario*, que él es inocente.
6. *En vez* de estudiar para el examen, se fue al cine.
7. Hay que *llevar a cabo* una política de austeridad.
8. Ella no tiene trabajo y *por otra parte* tiene enfermo a su padre.
9. Con *motivo* del centenario de su muerte, se celebró una exposición sobre su obra.
10. Los atletas participantes llegaron *juntos* a la meta.

ESQUEMA GRAMATICAL 6

REGLAS PARA EL USO DE LA INTERROGACIÓN Y EXCLAMACIÓN

En español estos signos abren y cierran la oración. Su empleo es necesario al principio y fin.

1. Los signos de interrogación se usan en oraciones interrogativas: ¿Qué quieres?, y los de exclamación en expresiones exclamativas: ¡Qué dolor!
2. Tanto los signos de interrogación como los de entonación se han de colocar en donde empiece y acabe el periodo interrogativo y exclamativo respectivamente: Pero ¿no te encontrabas enfermo? / Y entonces, ¡zas!, me sentí aliviado.
3. Cuando las exclamaciones son varias y seguidas, se escriben con minúsculas y seguidas de coma: ¡Qué extraordinario!, ¡qué tontería!, ¡qué atrevimiento!
4. Los signos de interrogación y exclamación admiten tras sí todos los signos ortográficos, excepto el punto final: ¡Vamos!, replicó.
5. Cuando dos preguntas se suceden en el discurso, lo normal es que los signos de interrogación se coloquen en la última: Qué quieres, ¿pan?
6. A veces estos signos se colocan entre paréntesis (!) (?) para indicar ironía, incredulidad, duda, sorpresa, etc.; en estos casos se usan los signos de cierre: El señor X nos indicó que la conferencia había sido en el club (?).

EJERCICIO X. *Coloque los signos de interrogación y exclamación en las frases que sean necesarias*

1. Qué idiota es el pobre, exclamó el profesor.
2. De dónde vienes, me interpeló con voz temblorosa.
3. Ven enseguida.
4. Estoy ya arrepentido, pero qué pensará mi mujer.
5. Cállense.
6. Tiene lumbre, por favor.
7. A qué hora sale el autobús.

8. Ay, exclamó.
9. Estaba en casa y zas recibí la triste noticia.
10. Prefiere usted tomar un café.

EJERCICIO XI. *Tache las formas que considere incorrectas*

1. Todos (admiraron/se admiraron) de (lo/la bonito/bonita) que quedó el camión.
2. Durante las vacaciones no se (descansa/descansa uno) casi nada, pero se (divierte/divierte uno) mucho.
3. (Todos/cada uno/cada unos) de ellos (recibió/recibieron) un regalo.
4. Esos juguetes son peligrosos, (debería/deberían) prohibirse (venderles/los).
5. Cortaron los troncos con (un hacha afilado/una hacha afilada/un afilado hacha).
6. Te presentaré a los señores de (quien/los que/los cuales/que) te hablé.
7. No me (recuerdo/acuerdo de/recuerdo) tu número de teléfono.
8. Se (llaman/llama) camareras a las señoritas que sirven la comida.
9. Me preguntan si (podremos/podamos) hacer el viaje juntos.
10. El tiempo no ha sido demasiado (óptimo/bueno) en septiembre este año.

EJERCICIO XII. *Tache las formas que considere incorrectas*

1. Si (vuelvas/vuelves/volvieras/volverías) a encontrarte en la misma situación, no olvides mis consejos.
2. He estado hablando con (chico algún/chico alguno/algún chico) esta mañana y no me he enterado de nada de lo que le he preguntado.
3. Unas personas (que/quienes) vieron el accidente se (lo/le) contaron a los periodistas.
4. (Los quienes/esos que/ellos que) crean moda son llamados (modistas/modistos).
5. (Invitémosles/les invitamos) a un café en un bar.
6. Las (manecillas/manecitas/manitas) del reloj (son/están) en las tres de la tarde.
7. Vosotros (correos/corredos/correros) un poco más allá y ustedes (quédense/se quedan) en el sitio.
8. No sé si (comprenderá/comprenda/comprende) todo lo que le dices.
9. (Al lado de mí/al lado mío/a mi lado) hay un asiento libre.
10. Siendo este examen tan fácil no sería extraño que (sacase/sacara/sacaría) una buena calificación.

EJERCICIO XIII. *Tache las formas que considere incorrectas*

1. Aquella gente tenía el nivel de vida (ínfimo/más ínfimo/más bajo de) toda la ciudad.
2. No (abridle/abráis) la puerta a nadie, (quienquiera/quienesquiera) que sean los que llamen.
3. Hacía frío pero (ello/eso) no era obstáculo para (divertirnos/que nos divirtiéramos).
4. No supo decir (qué/cuál) de entre nosotros le gustaba.
5. Si (tengo/tuviera/tuviese/tenía) dinero, (cambiaría/cambiaba) ahora mismo de coche.
6. Entonces se (daría/dará) cuenta de lo mucho que la quieren.
7. Cualquier tiempo pasado no fue mejor (de/que el/este/aquel) en el que estamos ahora.
8. A tu amiga se (le/la) perdió en la playa el anillo que (le/la) habías regalado.
9. Ayer comimos unos tomates (agriísimos/agrísimos).
10. ¿A qué hora llegaste anoche? No sé, (ser/serían) las tres de la madrugada.

8-A

Los medios de comunicación: LA ENTREVISTA

Blanca Berasategui:

VICENTE ALEIXANDRE, EL MUNDO A DOMICILIO

Javier Badía:

LOS MIL Y UN ROSTROS DE BORGES

Ángeles García:

REIVINDICAR LA EPÍSTOLA, RECONSTRUIR EL TIEMPO

Mariano Aguirre:

ROSA CHACEL: «LA LITERATURA FEMENINA ES UNA ESTUPIDEZ»

VICENTE ALEIXANDRE, EL MUND

Tiene el mundo exterior servido a domicilio. Recibe a mucha gente, lee tres periódicos al día, se pone al teléfono... Sólo sale de casa para ir al médico este verso doliente de ochenta y cinco años, postrado y recluido desde más de sesenta. Vicente Aleixandre, pulcro y afilado, está contento así, viviendo sólo «esta atmósfera habitada» y con su media visión recuperada, que ha supuesto para él mucho más que media vida. Ahora no sólo puede leer, sino «vivir viendo», o sea, vivir. Y ver desde su mirada el color de la niebla, las caras de sus amigos que le traen la vida a casa y paladear con fruición los versos que le mandan los jóvenes poetas. Con los años dicen que Aleixandre va ganando en generosidad y tolerancia, en humanidad y en alegría; en juventud también. Lo cierto es que él, que ha vivido mundos tan exclusivos, tan herméticos y tan altos, se siente cada día más próximo a las gentes, a las cosas corrientes que les pasan a las gentes corrientes y le interesan asuntos que a lo mejor no le han preocupado nunca mucho. Todo esto lo comenta Vicente Aleixandre con una precisión absoluta, con las palabras justas y como aprendidas, como si estuviera recitando versos. Y entre sus medidas respuestas intercala continuamente preguntas, cuestiones de todo tipo, ansioso por acumular conocimientos, por entablar diálogo, por ofrecerte amistad, una palabra mágica y esencial en la vida de Vicente Aleixandre. Por amistad entró en la poesía, y gracias a la amistad, asegura, ha vivido bastante feliz todos estos largos años, serena y buscadamente aislado, pero aireado, al mismo tiempo, por cuantas corrientes exteriores pasaban por su santuario de Welintonia.

Aunque cada día se encuentra más dispuesto a dejarse tocar por los acontecimientos exteriores, el barullo general de estos días no va a cambiar el ritmo vital de Vicente Aleixandre. A su edad —dice— cualquier cambio se realiza con lentitud tal, que en realidad deja de ser cambio. «A mí, estos días, y si no estuviese tan mermado físicamente como estoy, me gustaría marcharme a algún lugar remoto. Muy remoto, sí. Me gustaría viajar, cosa que no me ha gustado demasiado nunca, a no sé qué lugar que me diera una visión de la vida diferente. Poder ver la vida desde otro lado es una idea que atrae mucho. Me iría a la Luna, pongamos. La soledad lunar, como descanso del tráfago agobiante de la ciudad donde vivimos, debe ser muy reparador, muy reconfortante. Debe sentirse uno con mucha raza. Yo vivo, sí, con mucha tranquilidad. Pero me llega el eco. Me entero y «disfruto» cuando salgo, siempre a pesar mío, del barullo que entre todos hacemos. Y yo no tengo vocación de ruido.»

Tiene mucho empeño Aleixandre en demostrar su vocación de hombre normal, de persona como las demás, que tiene la característica de saber hacer versos; arte que, por otro lado, hay días que no le parece esencial. Dice Aleixandre que no quiere ser, ni que le consideren, pájaro raro. Es como si de pronto hubiera descubierto que todo lo que ha escrito no tiene en realidad importancia alguna. Por supuesto, el premio Nobel le parece un incidente por el que, por cierto, pagó un precio demasiado alto; y otras muchas cosas también, de repente, le parecen mínimas. Lo cuenta Aleixandre con rotundidad y muy deprisa, pero también con cierto gesto de asombro.

—Lo que menos he querido ser es eso que Rubén calificaba de artista raro. Siempre he querido ser un hombre normal, porque si no hay hombre, no hay poeta. Por eso creo que la experiencia humana es tan importante en el poeta mismo. La imaginación es un don imprescindible, pero la experiencia es la masa fundamental que ayuda a la imaginación y le da forma. Muchas veces, en realidad casi todas las veces, cuando el poeta canta está haciendo biografía. Hasta cuando pretende crear algo nuevo y distinto de sí mismo, está el poeta haciendo biografía. No existe el poeta que haya ido más allá. Lo que ocurre es que, si es buen poeta, esa realidad la transfigura por la virtud del arte.

Hace años que Vicente Aleixandre no escribe poesía. El zarpazo aquel del herpes producido por el trastorno general que le ocasionó el Nobel, y que le trajo la ceguera, se llevó sus últimos versos. Ahora bien, dice que no la puede escribir pero, al menos, la sueña. Dice Aleixandre que compone versos, sin control de la voluntad, todas las noches. «Yo, que he negado durante tanto tiempo la creación onírica y que por eso he afirmado siempre que no era un poeta surrealista, me he convertido en un poeta que no hace poesía más que oníricamente en el seno del sueño mismo. Es curioso, ¿verdad? A veces quiero recordar, al despertar, el poema que he compuesto. Pero me resulta imposible. Son dos mundos que se niegan a intercambiarse. Sí, componiendo versos en el sueño disfruto tanto como cuando los escribía en la vigilia. Siento la entrega total que implica una poesía realizada. Pero luego, al entrar en el mundo de los despiertos, no me es posible acarrear conmigo en el viaje de vuelta al que compuso conmigo en mi otro mundo.

—¿Y no siente cierta frustración?

—No, en absoluto. Es una sensación que está ya clausurada al ingresar en el ser despierto, pues dejamos atrás alimentado y hasta festejado por el recuerdo de lo bien que le ha ido. Y también, con una especie de desconfianza, porque uno es ingenuo pero no tanto, sobre si lo que ha compuesto en el sueño tiene un valor real en el mundo de los despiertos.

Le digo a Vicente Aleixandre si no le parece que esto que le ocurre y esto que contesta no se aleja mucho de esa visión que pretende ofrecer de hombre normal. Y Aleixandre se sonríe. Se sonríe, dice que es poeta que vive la poesía con serenidad y concentración y asegura también que últimamente se siente más vivo que tres, cuatro o siete años atrás. «Dos cosas —señala— contribuyen a esta sensación. La primera, que he recuperado la vista, muy condicionada, pero viva. Y, aunque con limitaciones, puedo leer, puedo salpicarme de poesía ajena. Esto es, tengo ahora un mundo recobrado. Y además de esto vivo solo, pero recibo continuamente a mis amigos, a gentes muy ricas en experiencia y vida, con los que intercambio impresiones. En mi casa siempre se ha respirado una atmósfera habitada, vivida, transitada. Aparentemente estoy quieto, pero, como los demás, soy un transeúnte. De modo que lo que menos me gusta es la soledad forzosa. La compartida, alimenta y estimula. La soledad forzosa destruye y aniquila. En realidad es un sentimiento que no he tenido nunca. Ese y el del aburrimiento tampoco lo conozco. He padecido en muchas ocasiones, pero jamás me he aburrido. Cuando hace unos años sufrí una pérdida de la vista y estaba además preso de dolores casi insoportables aguanté, porque el dolor da una conciencia negativa, pero una conciencia de vida al fin. Y no te permite tampoco, frente a la estupefacción que produce su urgencia, la sensación de aburrimiento. Puedes llegar a la desesperación, pero nunca al hastío, a la nulidad. Mi experiencia del dolor ha sido enriquecedora. La enfermedad me ha hecho distinto. Un hombre y un poeta diferente.»

Diferente también le han hecho, dice, los amigos. La amistad para Vicente Aleixandre ha sido un valor supremo. Es consciente, además, de haber tenido amigos excepcionales. Fueron sus amigos, «los que formábamos el grupo del 27, llamarlo generación siempre me ha parecido excesivo», los que cogieron un día sus versos escondidos y los llevaron a la «Revista de Occidente» para publicarlos. Amigos fueron —Altolaguirre y Emilio Prados, que dirigían en Málaga la revista «Litoral»— los que editaron su primer libro. En sus amigos descargó

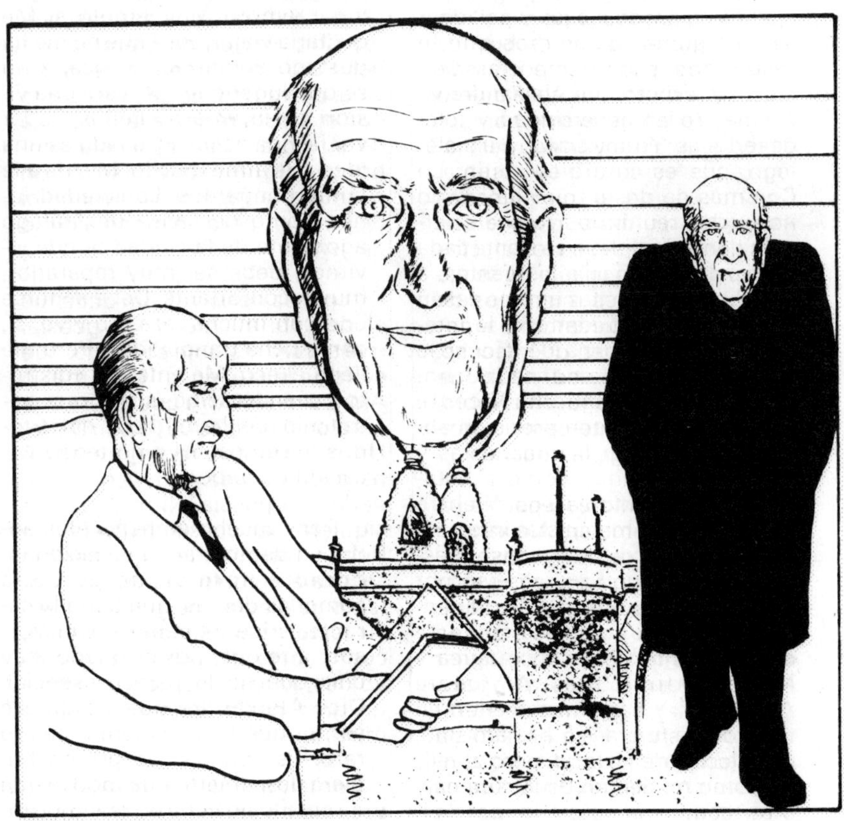

VICENTE ALEIXANDRE, EL MUNDO A DOMICILIO

parte de sus dolores, en Luis Cernuda, «silencioso y fino»; en Gerardo Diego, «decisivo y silente»; en Federico García Lorca, «impetuoso y mágico»; en el «entrañable siempre Dámaso»... En poco tiempo, recuerdo, y debido principalmente a su escasísima salud, se convirtió Aleixandre, y su casa de Welintonia, en el lugar de encuentro de todos ellos. Y lo dice con orgullo.

Ahora también sucede. Parece el poeta muy inaccesible, pero, en realidad, casi puede acudir a su casa el que lo desee. «Desde el espontáneo a quien no conozco, que me llama y me dice que quiere conocerme y yo por principio no me niego a nadie, hasta mis amigos de siempre, y citemos a Dámaso como el más antiguo. Casi siempre el que me quiere ver apela a su amor a la poesía y ese es un argumento que da buenos resultados, porque me infunde afecto y respeto. Una cosa quiero decirle: Yo jamás he sido hombre de tertulias. Yo soy amigo del diálogo, que es cosa bien distinta. Con más de dos o tres personas no puedo reunirme, porque con más gente se distraen los afectos y las palabras no cuajan. Si se fija usted, cuando dos miembros de una tertulia se quedan solos, por lo general no saben qué decirse. No tienen, en realidad, nada que decirse. En el diálogo, en cambio, se establece un intercambio, que es de donde surge la riqueza.»

Entre los escritores y poetas jóvenes tiene también Aleixandre un buen cartel de buen conversador y buen escuchante. Y cuenta que, entre los que más asiduamente acuden a su casa, podría citar a Vicente Molina Foix, Javier Marías, Jaime Siles, Amparo Amorós... «Y hablamos de literatura, de historia —yo he sido un gran lector de historia, pero ahora, como mi tiempo de lectura es otro, como me cunde menos la lectura, he de conformarme con breves ensayos de historia—, de acontecimientos actuales, de la vida en general.»

«No, a la Real Academia no voy nunca. Hace seis años que no la piso, pero en todo este tiempo no he dejado de cumplir con una de mis obligaciones de académico, que es votar por correo la elección de nuevos miembros.»

—Por haber sido premio Nobel, tengo entendido que puede usted presentar algún candidato a la Academia Sueca.

—No, no puedo. Se ha dicho alguna vez, pero creo que no es así. No tengo apenas contacto alguno con la Academia Sueca. No más, ni menos tampoco, supongo, que otro premio Nobel. Tan sólo recibo publicaciones de esa casi etérea Corporación de premios Nobel. Pero no es importante en mi vida, de verdad. Es una respuesta que el artista recibe a la pregunta de su obra. Una respuesta simbólica, significativa, eso sí, en cuanto a la repercusión mundial de su obra, pero en modo alguno decisiva.

¿Lo más decisivo? Sin duda fue el descubrimiento de la poesía, que sí tuvo instante concreto. Fue el momento en que Dámaso Alonso me invitó a que leyera una antología poética de Rubén Darío. Un mundo nuevo se me abrió para toda la vida. Yo no era aficionado a la poesía. Ni me gustaba siquiera leer poesía. Ni creía que Rubén, con su cabeza que parecía sacada a escoplo de un trozo violento de piedra, me gustase. Pero su lectura reposada constituyó, como poeta, el hecho más decisivo de mi vida. Descubrí no sólo a un gran poeta, sino a la poesía misma.

Comenta finalmente Aleixandre que de entre todos los suyos tiene sus poemas preferidos, pero que hay que desconfiar de las preferencias porque suelen ser, por naturaleza, inestables, que depende del transcurso de su vida, del estado de ánimo de cada momento, de las modas de cada instante. Pero que, en fin, «hoy, esta tarde, me quedo posiblemente con 'La destrucción y el amor', como libro de primera época y con 'Poemas de la consumación', de la etapa más reciente. Pero no diga usted que considero estos libros como los mejores. Eso es imposible saberlo uno mismo».

Blanca Berasategui

(*ABC*, 24 de diciembre de 1983)

LOS MIL Y UN ROSTROS DE BORGES

«En mis primeros escritos me disfrazaba de Quevedo, de Séneca, de Shakespeare. Ahora ya me he resignado a ser Borges.»

«Seguir siendo el mismo toda la eternidad me parece una cosa horrible.»

Sólo una hora con Jorge Luis Borges. Él se encuentra en el «centro de una neblina luminosa». El periodista, en una sosa habitación de hotel. Está contento Borges por encontrarse en España. La Universidad Internacional Menéndez Pelayo le ha invitado a Sitges y Santander y el Gobierno le ha concedido la gran cruz de la Orden Alfonso X el Sabio el día de su ochenta y cuatro cumpleaños, el 24 de agosto. María Kodama nos deja solos y el escritor rememora su reciente visita —«hace unos meses»— a Robert Graves, en Dayá, Mallorca. «Está muriéndose allí», dice. «Cuando estuvimos la primera vez le vimos en una especie de agonía que parecía un éxtasis. La familia, la mujer, los hijos, los nietos, todos rodeándolo muy felices y él como arrebatado.»

Recuerda Borges que en 1920 —«tal vez mis fechas son muy vagas»— estuvo un año en Valldemosa. Y Marcos Ricardo Barnatán, en su introducción a «Nueve ensayos dantescos», escribe que la llegada de la familia de Borges a España se produce en el año 1919, instalándose en Palma de Mallorca, primero, para pasar luego a Valldemosa, «una aldea en lo alto de las colinas». «Creo que no se daba cuenta de que estábamos nosotros —recuerda Borges—, pero cuando nos despedimos estrechó mi mano y la besó con la suya a María. Creo que notaba algo. Él fue un poco el señor de esa región.»

A Borges se le notan las ganas de hablar. No hay apenas lugar para preguntas, que se quedan en el principio sin terminar y se convierten en sugerencias que él interpreta a su albedrío. De Mallorca a Madrid. Y allí las tertulias. Él recuerda o prefiere acordarse mejor de la del café Colonial, que presidía Rafael Cansinos Asens, de quien se consideraba discípulo. En cuanto a la del café Pombo, la de Ramón Gómez de la Serna, le ha recordado adolescente en uno de los rojos divanes del café, a Borges, que dice no haber estado más que una vez en el café Pombo, «porque se entendía que uno debía lealtad a tal tertulia», no le gustaba, «era chismosa y se hablaba mal de los escritores». Con la de Cansinos en el Colonial establece diferencias, «eran muy distintas». En ésta «se entendía que no había que mencionar nombres propios. Cansinos jamás hablaba mal de nadie. Siempre alababa. Le gustaba alabar y practicar el generoso hábito de elogiar siempre». Me pregunta Borges el nombre de la mujer de Ramón Gómez de la Serna y tengo que pedirle disculpas. No será la última vez que lo haga a causa de alguna otra pregunta en el tiempo de la supuesta entrevista.

LA ETAPA MADRILEÑA

«A Ramón Gómez de la Serna lo conocí en Buenos Aires, se casó con una argentina que dirigió después la Casa-Museo de Gómez de la Serna en Madrid. Una casa rarísima. Me da un poco de miedo. Sus paredes estaban empapeladas con tapas de revistas, lo mismo que el cielo raso. Era muy desagradable. Llena de objetos y de espejos. A mí no me gustaría dormir en una pieza con el cielo raso empapelado de tapas de revistas, no sé, de «Blanco y Negro», por ejemplo, o de «El Mundo» o de «La Esfera». Cansinos y Gómez de la Serna eran «dos hombres geniales». El genio de Cansinos era ante todo oral, el diálogo; en cambio, Gómez de la Serna el diálogo no; escribiendo, sin duda».

LOS MIL Y UN ROSTROS DE BORGES

En esta etapa madrileña Borges publica sus primeros poemas y lo hace en revistas que difundían el ultraísmo. «Yo empecé en el grupo del ultraísmo como una broma de Cansinos. Era muy pueril. Señalaba la metáfora como elemento primordial de la poesía, lo cual es falso». Borges ha estado recientemente en Japón. Quizá no tenga nada que ver, pero el primer ejemplo que cita como algo diferente es japonés: «Sobre la gran campana de bronce se ha posado una mariposa», dice. Y añade: «Contrasta la pesada y perdurable campana con la leve mariposa. Usted vea una de Vicente Huidobro que da vergüenza repetirla: un tren puede rezarse como un rosario. Compara los vagones del tren con las cuentas del rosario. Y otro, los ascensores suben como termómetros. Y, sin embargo, todos creíamos en eso. Yo creo que Cansinos siempre se lo tomó un poco en broma. Los rayajos eran triviales... Había un fervor y amistad sinceros. El entusiasmo de esa juventud era auténtico; más importante que lo que escribimos hoy día.»

Borges está sentado con la cabeza algo levantada y vuelto hacia mí. Sujeta su bastón con las dos manos en el extremo superior que se extiende delante de él. Le comento que sus primeros escritos eran un poco rebuscados. «Yo creo que sí. Era la consecuencia de la timidez. No me atrevía a escribir directamente. Me disfrazaba de Quevedo, de Séneca, de Shakespeare, siempre de otros. Pero ahora ya me he resignado a ser Borges. Con el tiempo uno conoce sus límites. Sobre todo con la vejez. De joven uno no sabe quién es realmente. Se siente ilimitado».

SE APAGAN LOS COLORES

Borges perdió la vista en 1955. Piensa que para aprender Braille es muy tarde, «tengo muy insensibles las yemas de los dedos». Le pido que me explique el mundo de los ciegos. «En este momento o en cualquier momento del día yo estoy en el centro de una niebla luminosa. Bastante luminosa. Yo nunca estoy en la oscuridad. Aun de noche. He perdido el negro. La tiniebla del todo. Siempre hay una neblina luminosa. Distingo movimientos y a veces vagas formas. Los primeros colores que perdí fueron el negro y el rojo, que los veía como marrones o pardos. Luego perdí el azul y el verde, que se confundieron. (Borges lo va contando pausadamente pronunciando fuerte los colores como si los estuviera viendo). Luego quedó un color que duró bastante tiempo, el amarillo, que desapareció también. Y ahora siempre esa niebla... azulada o como grisácea. He hablado con muchos ciegos y les pasa lo mismo. A veces quisiera estar en la oscuridad y no puedo. Es un poco terrible.»

LA OBSESIÓN DEL TIEMPO

El tiempo es una de las obsesiones de Borges. «Historia de la eternidad», «Nueva refutación del tiempo», «Pierre Menard, autor de El Quijote», «Funes, el memorioso», son obras suyas en las que se aborda esta inquietud borgiana. «Yo siempre pensé que el enigma central de la filosofía era el tiempo. Aquello de San Agustín tan lindo: '¿Qué es el tiempo?; si no me lo preguntan lo sé; si me lo preguntan lo ignoro'. ¡Qué lindo!, ¿no?». Juan Dahlman, de su relato «El Sur», pensaba: «El hombre vive en el tiempo, en la sucesión, y el mágico animal, en la actualidad, en la eternidad del instante». Borges no se contradice, «todos sabemos lo que es el tiempo, una sucesión. Pero una rara sucesión que tiene algo, ¿no? Todo pasa, pero uno no pasa, uno es el espectador. Nadie baja dos veces al mismo río. Uno es un río también. Usted cree en la inmortalidad. Yo, no. Yo espero cesar con la muerte. Mi esperanza es el olvido, que es una especie de esperanza también. A veces pienso qué importa lo que me pase si pronto dejaré de ser como siempre. Y eso es un consuelo. Claro, para usted sería una desesperación, ¿no? Vivir eternamente... yo no sé. Si pudiera olvidarme de mi circunstancia, sí. Pero seguir siendo Borges es una cosa que me parece horrible». Borges parece que se pierde, su voz se hace más baja. Pero vuelve. «Unamuno pensaba lo contrario. Quería seguir siendo Unamuno. No sé por qué». Borges filósofo y poeta es efectivamente un río inagotable. Que no quede el más mínimo resquicio para el desánimo. «En este mundo también hay momentos de felicidad, ¿no? Al cabo de cada día. Para mí el mero hecho de estar en España es una alegría. El hecho de estar con usted. El haber llegado a una ciudad que no conocía hace dos días. Y es tan raro además llegar a un país y ser identificado y encontrar amigos desconocidos. Estar rodeado siempre de gente benévola. Es tan grato. Yo no creo tener un solo enemigo. Enemigos de mis opiniones, pero de mí personalmente, no.»

RECONOCIMIENTO INTERNACIONAL

Con la década de los sesenta se inicia para Borges una nueva época de viajes, condecoraciones y premios. Su obra va siendo conocida en todo el mundo. Premio internacional Formentor (1961); Legión de Honor (1962); gran premio del Fondo Nacional de las Artes (1963); la revista francesa «L'Herne» le dedica un número monográfico donde colaboran importantes escritores de todo el mundo (1964). En 1967 da un curso en la Universidad de Harvard sobre su poesía, en inglés. Ese mismo año contrae matrimonio con Elsa Astete Millán. Sigue publicando. Aparecen «Elogio de la sombra», «El oro de los tigres», «La rosa profunda», «La moneda de hierro», «Historia de la noche» y «La cifra». Cada vez es más solicitado viajando por Europa y América. Da conferencias y cursos. «Jamás pensé ser conocido». Le comento que es un hombre universal. «Bueno,

trato de serlo. Yo no sé si soy buen finlandés, por ejemplo. O un buen australiano. Tal vez no. Un buen colombiano, tampoco. Pero, en fin, hago lo que puedo». También hay un Borges humilde, que en cierta forma se niega a sí mismo, junto al humorista y desconcertante. «Yo he vivido mucho en Estados Unidos. Enseñé literatura argentina en cuatro Universidades. Soy doctor «honoris causa» de Harvard y de Colombia. De grandes Universidades. Los únicos títulos que tengo son esos «honoris causa». No son importantes. Yo creo que soy un falso doctor. Es un regalo que me han hecho. Una limosna. Yo sólo tengo el Bachillerato ginebrino». No tengo más remedio que decir algo, aunque suene a estupidez. Y me contestan. «Yo no sé si tengo labor. A mí no me gusta lo que escribo, pero me resigno. Han sido muy generosos conmigo».

Pronto aparecerá un nuevo libro de Borges. Será su primera obra editada con fotografías. «He recorrido el mundo con María Kodama. Y vamos a publicar un libro de viajes. Con textos míos y de ella. Con fotografías suyas. Un libro verdaderamente heterogéneo». Recuerda Borges países en los que ha estado: Egipto, Japón, Islandia, Inglaterra, México, Colombia, Uruguay, Suiza, Alemania y California, en Estados Unidos. «Hay dos países que me faltan y que querría conocer: China y la India». Hablamos de la India. De lo que a él le han contado y de lo que he visto. Borges, curioso y conocedor, con enormes ganas de ir a esos dos países. «Sólo puedo ir si me invitan. No soy rico. Sólo tengo dos pensiones. El peso argentino fuera del país no vale nada».

Javier Badía

(*ABC,* 3 de septiembre de 1983)

REIVINDICAR LA EPÍSTOLA, RECONSTRUIR EL TIEMPO

La palabra que mejor cuajaría para definir a Miguel Delibes es fidelidad. Es fiel a su literatura, a su paisaje, a sus amigos, a Castilla —«que sigue igual que hace cincuenta años»— a su pesimismo, a su lenguaje.

El académico y escritor vallisoletano vive un momento de tranquilidad personal y literaria, organizada en función de su ritmo vital, por lo que ahora es cuando está dedicando su tiempo a las cosas que realmente le gustan y apetecen. Vive en un piso grande y moderno situado en el centro de Valladolid, en el que mantiene estrechas relaciones con sus siete hijos. Dos días a la semana, por lo menos, se traslada a su casa burgalesa de Sedano y se dedica a la caza, la actividad que más le gusta. Su cátedra en la Escuela de Ciencias Empresariales, sus viajes a la Real Academia Española de la Lengua —«donde cada vez me aburro más»—, la pesca, los paseos y el cuidado esporádico de sus nietos, cuando sus hijos van al cine, le ocupan prácticamente todo su tiempo.

Pregunta. ¿A qué se debe la elección del género epistolar en su último trabajo?

Respuesta. He querido usar una técnica diferente respecto a mis narraciones anteriores, y además ya no se hacen novelas epistolares. Porque hoy la carta, la epístola, se refugia casi exclusivamente en los consultorios sentimentales. La gente ya no escribe. Prefiere llamar por teléfono. Yo sólo

tengo cartas de muy lejos, porque las conferencias cuestan mucho. Veo a mis hijos que recurren constantemente al teléfono para solucionar cualquier cosa y me da lástima que se pierda una costumbre tan entrañable como la de escribir cartas.

En la novela se recogen las cartas que el protagonista, un hombre de 65 años, envía a una mujer de cincuenta y tantos años. En esas cartas del hombre vamos sabiendo cosas de ella a través de las reacciones de él. Es un poco lo que ya hice en *Cinco horas con Mario*. A ella se la conoce a partir de la excitación del viejo por las reacciones de ella.

UN AMOR TARDÍO

P. El paisaje habitual de sus novelas, el entorno castellano, también parece haber sido modificado en esta hora.

R. He contado una historia en la que mezclo el entorno urbano y rural. Es un relato en el que cuento un amor tardío. El protagonista es una persona totalmente infumable. Empiezo la novela con una frase de Proust totalmente apropiada: «Hay hombres que se dedican a señalar los defectos ajenos». Es un hombre que presume de ser autodidacta, de haberse hecho a sí mismo. Pero es un oportunista que aprovecha las circunstancias de la guerra civil para entrar en el periodismo con malas artes y conseguir un carné de mala manera. Con esas artes, más o menos torpes, va subiendo. Sin embargo, no logra su ambición ni en el periodismo ni en el amor.

El mundo rural aparece en la historia de este individuo porque es un hombre de pueblo que se traslada a la capital en busca de éxito, de manera que, una vez más, he podido hablar del tema que más me importa: el campo castellano. Muestro las diferencias de ambos mundos que traté en libros como *El disputado voto del señor Cayo* o *Los Santos Inocentes.*

P. Usted fue durante años director de periódico, de *El Norte de Castilla*, y ha tenido y tiene un contacto constante con los periodistas. ¿Ha conocido en este tiempo alguien tan infumable como dice que es sexagenario que protagoniza su novela?

R. No exactamente; pero cuando yo entré en el periodismo, cosa que ocurrió por pura casualidad, sí conocí actitudes arribistas como las que cuento. Yo entré porque en *El Norte* habían destituido a cuatro periodistas, entre ellos el director, por masones o comunistas, que les daba igual. Necesitaban apoderarse del periódico. Yo entonces era caricaturista y por eso estaba en el periódico. Hicieron unos cursillos para dar los carnés de Prensa. Y yo me examiné. Vi con gran pasmo, porque yo era muy joven —tenía 24 años— que a gente que ni se había examinado le daban el carné igual que a mí. Era un paripé lamentable. Recuerdo que un buen señor, ya mayor, que se puso a mi lado, copiaba todos mis folios, e incluso yo veía que ni le daba tiempo. Pues bien, en las calificaciones a él le dieron el número cinco y a mí el ventitantos. Era una broma de mal gusto. Estas cosas salen a relucir en la historia del viejo.

P. Casi unas memorias periodísticas...

R. Sí, claro, porque el personaje lo que hace en sus cartas es un intento de justificarse ante la mujer de todas estas cosas que hizo. Que cuando la historia nos abre la puerta, hay que entrar por ella. Es un tipo poco grato que se ha dado muy abundantemente y que no hay que olvidar. Porque, claro, hay que ver la de cosas que estos hombres han hecho luego en los periódicos...

Ángeles García

(*El País,* domingo 6 de noviembre de 1983)

ROSA CHACEL: «LA LITERATURA FEMENIN

Detrás, en una pintura, joven, realizada por su marido, Timoteo Pérez Rubio. Delante, Rosa Chacel, sentada recogidamente. El rostro delgado, unos ojos agudos, respuestas rápidas, abierta al diálogo —«pregunte lo que quiera», nos anima—. No es una escritora prolífica, y su obra, una continua reflexión, antes de empezar a ser reconocida en España, estuvo deambulando —una palabra clave en la vida de esta mujer— con ella por Europa, Argentina, Brasil y Nueva York.

Esta mañana se encuentra preocupada: la salida de los dos volúmenes de diario personal, *Alcancía* —en el origen de esta palabra hay otra, explica, *Kanz*, que significa tesoro escondido—, ha provocado ciertos enfados. «He dicho cosas que no son juicios, sino un modo de hablar, y que han dolido a algunas personas. Esos diarios son el reflejo de una incapacidad que tengo por naturaleza: la de suicidarme. Ha habido miles de veces que pensé que no sólo podía, sino que debía suicidarme, pero nunca pude. Ahora, estos diarios son un suicidio, porque en ellos se vuelca todo un sentido de destrucción, incluso contra mí. Allí hay caricaturas de mí misma, tremendas; ironizo sobre mí. Pero es un suicidio en el cual me he arrojado por el balcón arrastrando a los que estaban a mi lado».

Suicidio, momento de arrebato, como explica en la introducción de *Alcancía*, en el cual «estrellamos la hucha en el suelo. Un acto de impaciencia». Pero, también, suicidio prolongado porque retratan estos libros cuarenta años de mi vida: «Es que he estado en la misma situación durante todos esos años, y sigo estando igual».

Pregunta. En su obra se aprecia una tensión constante entre la voluntad y el fracaso; entre el «no puedo más», que reitera en *Alcancía*, y seguir escribiendo.

Respuesta. Vivir es un esfuerzo tremendo, escribir no. Al contrario, escribir es mi único descanso.

P. Afirma, sin embargo, en un momento, que escribe porque ya no puede escribir más.

R. Bueno, eso se debe a que a veces tengo conflictos con una obra, entonces, por estar tan mal de ánimo con lo literario, me meto en un diario. Pero mis conflictos no son literarios.

P. Esta es la tercera vez que la entrevisto, y la impresión que siempre me ha dado usted es de una persona reconcentrada, que prefiere la reflexión al diálogo, escribir a hablar. Además, leyendo sus diarios, se percibe que las situaciones sociales, una fiesta, una reunión de amigos, las vive siempre con distancia y no sin cierta ironía. ¿Cómo se siente ante las entrevistas?

R. Sí, es cierto que siempre he mantenido esa distancia irónica. Pero ante una entrevista (sonríe), me siento muy bien porque entre el entrevistador y yo la situación es neta. Dentro de dos horas podemos tener un rato amistoso, o no, pero mientras tanto es sólo una entrevista y no hay problemas, la situación es muy clara: usted pregunta yo respondo.

P. Bien, entonces me gustaría saber si usted se siente incluida o excluida de dos definiciones o categorías. La primera: literatura específicamente femenina.

R. ¡Nunca! ¡Jamás! (Enfadada). Hacer literatura específicamente femenina es la mayor estupidez que puede hacer un ser humano...

P. ¿O sea que para usted no existe ese tipo de literatura?

R. No *debe* existir. Porque en la cultura no hay nada de eso. Las mujeres que se creen marginadas... una imbecilidad. Si las mujeres se quieren incorporar a la cultura que empiecen por *La Odisea* o *El Antiguo Testamento*, que es lo más antiguo que encontramos y allí están incluidas las mujeres, su vida espiritual, sus pecados, sus virtudes. Si no son capaces de seguir esa línea... hombre, que se estén calladas.

P. ¿O sea que no está en nada de acuerdo con algunas escritoras jóvenes que reivindican una literatura femenina?

UNA ESTUPIDEZ»

R. No con algunas, sino con ninguna, para nada. He leído obras de mujeres que no están en ese plan, como Carmen Martín Gaite o Clara Janés. Y son primero mujeres y amigas mías, y después buenas escritoras.

P. Usted ha valorado, sin embargo, en un momento, la confidencia «como el componente más genuino de la vida femenina». ¿No guarda esto relación con la literatura intimista?

R. No hay que asociar confidencia con literatura, no, no. La confidencia es el elemento más importante y decisivo de la vida femenina, pero nada tiene que ver con la literatura. La confidencia es hasta, podría decirle, peligrosa, porque de allí brotan celos, traiciones y también ayuda, salvación.

P. ¿Los hombres no practicamos la confidencia?

R. Sí, también, pero ahí viene la cuestión de que la mujer no ha estado marginada pero ha sufrido una gran esclavitud. Yo di una conferencia en el Ateneo titulada *La mujer en galeras*, y decía que la mujer ha tenido que sufrir su esclavitud, cómo en la historia ha habido esclavitud como un paso inevitable. Ahora la mujer se puede defender un poco más, las cosas han cambiado. Pero en ese momento de la esclavitud femenina, la confidencia era muy importante, y el hombre, en cambio, era libre y no necesitaba de esa complicidad.

P. Pasemos a la segunda definición de la cual quiero hablar con usted: Rosa Chacel, escritora del exilio español.

R. Yo no lo puedo negar si se me clasifica así, pero sí que puedo decir que a mí el exilio no me ha tocado, yo no lo he vivido. No me he separado de España en ningún momento y no tuve, por tanto, el *shock* del regreso. No, no me fui y, por tanto, nunca volví. Seguí en Argentina escribiendo en español y pensando lo mismo. Tuve, claro, dificultades de la vida. Pero mi vida antes del exilio era difícil y en el exilio fue más complicada, pero no tocaba mi personalidad intelectual, por decirlo de alguna forma.

P. Pero es curioso que en *La sinrazón*, y pese a que en *Alcancía* dice que le era difícil escribir algo sin conocer el entorno, creara un personaje principal masculino y argentino.

R. Ya en mi primera novela, *Estación, ida y vuelta*, que además es el embrión de *La sinrazón*, escribí como personaje masculino, porque es, y ha sido, lo espontáneo en mí, y en casi todos mis cuentos los personajes centrales son masculinos. Respecto de ser argentino, yo

aclaré siempre que lo que no me atrevería a hacer es una infancia argentina. Por eso el protagonista sufre su infancia en Europa y cuando regresa a Argentina les pide a sus primos: «Cantadme *Febo asoma...*». No, es que una infancia no se puede inventar.

P. La infancia aparece reiteradamente en su obra. Y el tema de la ingenuidad. Parece haber una eterna contradicción entre la ingenuidad y la asimilación al mundo adulto.

R. Bueno, verá. Yo empleo ingenuidad en un sentido que no se refiere a la infancia. Para mí la infancia no es ingenua.

P. ¿Es entonces, un valor a conservar?

R. No es fácil explicarlo. La ingenuidad es lo que se es *antes* de alguna cosa, de un drama,

ROSA CHACEL: «LA LIETERATURA FEMENINA ES UNA ESTUPIDEZ»

de un conocimiento. Antes de que eso ocurra tenemos una idea del mundo, la tiene el niño, la tiene el adulto, y esa idea es ingenua frente a aquel hecho.

P. ¿O sea, que nunca perderíamos la ingenuidad del todo, sino solamente en alguno de sus aspectos parciales?

R. Claro, por supuesto. Vamos perdiendo sucesivas ingenuidades y adquiriendo conocimientos.

P. ¿Y quien se niega a reconocer toda ingenuidad sería una persona cínica?

R. Sí, aunque es imposible, tendría que ser alguien que se creyese en poder de todos los conocimientos. El ejemplo que más se acerca, que ahora se me ocurre, es Rousseau: una vida falsa y cínica.

P. Una lectora suya me comentó: «¿Cuándo nos dará Rosa Chacel una *Leticia Valle* adulta?», quejándose de que sea una niña con mente de adulto.

R. No sé (duda). ¿*Leticia Valle* qué es? Es una españolita temperamental. Yo creo que *Teresa* es una adulta, aunque su personalidad no es tan diferente. *Teresa* es una *Leticia Valle* adulta.

P. En la introducción a *La sinrazón* escribió que la tercera etapa, la vuelta, es «volver en sí», como salir de un desmayo, entiendo. Pero su desmayo ha sido muy activo, si quiere desesperado, pero en tránsito, deambulante.

R. Ese deambular, en *La sinrazón* se apodera de la conciencia del protagonista y produce el desmayo. Por eso utilizo el «volver en sí», en efecto, con la idea de recuperar el conocimiento. Porque, además, el protagonista busca, indaga en su propia historia.

LA CONFIANZA EN LA BELLEZA

P. ¿Y usted vuelve en sí escribiendo?

R. (Sonríe). No, mis desmayos no son literarios, son por cuestiones de la vida.

P. Una de esas cuestiones que llegaron a angustiarme leyendo *Alcancía* fue su continua espera de cartas.

R. Sí, es terrible. Y sigo en la misma situación. Siempre esperaba cartas de mi marido y de mi hijo. Éramos tan unidos, un trío perfecto, y estábamos siempre separados. Ahora estoy intentando que mi hijo regrese de Brasil y se instale aquí.

P. Otra cuestión fundamental de su obra: la belleza. Y la forma. Usted ha afirmado su «confianza ciega» en ellas.

R. Mi formación ha sido absolutamente clásica. Por eso dejé la escultura, porque llevaba un camino al que yo no podía adaptarme, y muy pocas cosas he llegado, posteriormente a entender. Como con la poesía, me ocurrió lo mismo: al apartarse los poetas de las formas clásicas dije *basta*.

P. ¿Y su idea de la forma en relación a Ortega y su pensamiento?

R. La influencia de Ortega es importante. La concepción de la forma, en mí, es anterior a él. Mi concepción de la belleza es de los ocho años, cuando empecé a ir a una escuela de dibujo a la que me llevaba mi padre cuando había nieve. Ortega nos impuso el rigor, el comportarse bien con arreglo a aquello, el saber realizarlo.

P. ¿Es decir, la relación entre conducta ética y creación?

R. Sí, exactamente, nunca he podido deslindar ética de estética.

P. Si tuviera que dar una conferencia sobre usted misma...

R. Haría una caricatura, como a la que nos referíamos antes (y se ríe).

P. Pero lo que quisiera saber es si analizara su propia obra, ¿cuáles son los temas clave, además de los que ya hemos hablado, de la obra de Rosa Chacel?

R. La infancia, por supuesto. Y en la infancia empieza para todos la vida erótica. No como hoy se emplea la palabra, sino la vida del Eros. Ese es el tema fundamental de toda mi literatura. Y la fe y la pérdida de la fe: el conflicto religioso, cuestiones decisivas en mi obra.

Mariano Aguirre

(*El País,* domingo 30 de enero de 1983)

8-B GRAMÁTICA - EJERCICIOS

ANGLICISMOS

DERIVACIÓN

REFRANES

ORTOGRAFÍA X - S

GERUNDIO

VOZ PASIVA

ESQUEMA GRAMATICAL 1

ANGLICISMOS EN SU ORIGEN, PERFECTAMENTE ENRAIZADOS EN LA ESTRUCTURA DEL ESPAÑOL

Adicción:	«Hábito de tomar o inyectarse drogas».	*Boom:*	«Auge súbito».
Adicto:	«Dominado por el uso de drogas».	*Cognitivo:*	«Cognoscitivo».
Agenda:	«Orden del día, temario».	*Copia:*	«Ejemplar».
Agresivo:	«Activo, dinámico, emprendedor».	*Chequear:*	«Controlar».
Airear:	«Ventilar».	*Detective:*	«Policía particular».
Anticipar:	«Prever», «barruntar».	*Discernible:*	«Evidente».
Aparente:	«Evidente», «notorio».	*Doméstico:*	«Interior, nacional».
Apología:	«Petición de perdón, excusas».	*Evento:*	«Hecho, acontecimiento».
Apreciable:	«Considerable, cuantioso».	*Evidencia:*	«Prueba (de un delito)».
Arruinar:	«Estropear, eliminar».	*Factoría:*	«Fábrica».
Asumir:	«Opinar, presumir, suponer».	*Impacto:*	«Consecuencias, efecto».
Automoción:	«Automovilismo».	*Indiscriminado:*	«Indistinto».
Bloque:	«Manzana de casas».	*Incentivar:*	«Estimular, incitar».
		Inseminación:	«Fecundación».
		Polución:	«Contaminación».
		Remodelar:	«Reformar, reestructurar».
		Sorpresivo:	«Sorprendente».

ESQUEMA GRAMATICAL 2

DERIVACIÓN

Forme sustantivos en *-O* a partir de verbos.

abusar → abuso; esbozar → esbozo
desalojar → desalojo; extraviar → extravío

EJERCICIO I. *Forme derivados de los verbos siguientes y utilícelos en las frases propuestas*

(anunciar, manejar, lograr, estrenar, tropezar, mandar, castigar, enviar, disparar, girar, pagar, arreglar, emplear, soplar, recordar, consolar, repasar, comenzar, volar, fallar).

1. El ...... de la fecha de la boda puso a toda la familia en guardia.
2. El ...... de la película tuvo lugar a bombo y platillo.

3. El ...... de los días pasados en compañía de Pedro me servían de ......
4. El Rector anunció el ...... de las clases para primeros de octubre.
5. El ...... del jurado produjo los comentarios dispares que ocasionan todo ......
6. El ...... que ha tomado el asunto no me gusta nada.
7. El ...... de la deuda contraída no tendrá lugar hasta el mes que viene.
8. El ...... anunciado para las veinte horas ha sufrido un retraso considerable: saldrá a las veintidos horas.
9. La selección nacional de fútbol tuvo un ...... que nadie se lo esperaba.
10. El ...... de los ordenadores no es fácil.

ESQUEMA GRAMATICAL 3

DERIVACIÓN

Forme sustantivos en *-A* a partir de verbos.

ayudar	→	ayuda;	comprar	→	compra
críar	→	cría;	derrotar	→	derrota

EJERCICIO II. *Forme derivados de los verbos siguientes y utilícelos en las frases propuestas*

(excusar, marchar, recompensar, contar, charlar, citar, denunciar, visitar, conquistar, mostrar, obrar, fechar, reservar).

1. La ...... de la «libertad» recorrió las avenidas principales de la ciudad.
2. Todos los esclavos en el fondo esperan la ...... del señor.
3. La ...... de los miembros del partido hizo que las ...... fueran presentadas con prontitud.
4. La ...... fue en la estación de Chamartín el domingo pasado por la noche.
5. La ...... del Nuevo Mundo no estuvo exenta de grandes dificultades.
6. La ...... de cine en Venecia ha sufrido un considerable bajón de categoría.
7. La ...... de un apartamento es difícil en las fechas actuales.
8. La ...... del nuevo edificio del ayuntamiento no cumple las disposiciones oficiales.
9. La ...... para la ...... preliminar fue complicada.
10. Los alumnos adujeron una ...... baladí.

EJERCICIO III. *Tache las formas que considere incorrectas*

1. Doce son demasiados para repartir el premio: (le/lo) toca a cada uno la (duodécima/doceava) parte.
2. Necesito hablar con una persona que (entiende/entienda) de mecánica.
3. Robaron en la casa que (hubo/había) comprado días antes.
4. No me encargaron que les (llevase/lleve) un recuerdo de Santander.
5. Cuando lo cogió no supo qué hacer con (él/ello)
6. Las cuevas (las cuales/las que/que) están en Santillana del Mar no (puede/pueden ser visitadas/pueden visitarse).

7. Nos dijeron que el avión (traerá/traería) retraso por la avería que tuvo ayer.
8. Se te (busca/buscan) para que (les/los) ayudes.
9. Él no sabe la nueva dirección y me pidió que se (le/la) (escribiría/escribiese).
10. Me (has/tienes) harta con tanta pregunta: no descansaré hasta que te (calles/callarás).

EJERCICIO IV. *Tache las formas que considere incorrectas*

1. (Estaba/estuvo) en Francia dos años y (regresó/regresaba) a España.
2. (Quisiese/quería/querría) ver unos zapatos.
3. (Vive/vivía/vivió) toda una vida en Inglaterra.
4. El lunes (estuvo/estaba/he estado) con Pedro en la playa.
5. Si (vendrán/vienen/vengan) mañana nos (traían/traerán) un regalo.
6. Se (enfadará/enfadaba/enfadaría) mucho si lo (sabría/supiera).
7. La conferencia (es/está) en el Paraninfo; (estaré/seré) allí a las siete.
8. (Estamos/somos) diez; (queríamos/quisimos) una mesa para cenar.
9. El Partido que (fundara/fundará/fundaba) Pablo Iglesias gobierna hoy en España.
10. Este niño (es/está) un sucio; mira cómo (le ponía/se ha puesto).

EJERCICIO V. *Tache las formas que considere incorrectas*

1. (El cónyuge/la cónyuge) destruyó el documento del notario.
2. (El último testigo/la última testiga/la última testigo) interrogada fue una mujer joven.
3. (La primera ministro/la primer ministro/la primera ministra) británica está en Malta.
4. (El médico/la médica/la médico) ha estado auscultando el recién nacido.
5. (El/la) clima de Santander es (benigno/benigna).
6. (Hay/son/están) muchas faltas en este dictado.
7. Yo (soy/estoy) (en/a) la Universidad.
8. (Los/ellos) que iban de excursión tuvieron que llevar el (paragua/paraguas).
9. Estoy seguro de que Manuel no (ha/haya) leído más (que/de) cinco libros.
10. Cogió un palo y (le/la) dio un golpe con (ello/él).

REFRANES ESPAÑOLES

Nunca falta un roto para un descosido.
Ojos que no ven, corazón que no siente.
Perro ladrador, poco mordedor.
Piensa mal y acertarás.
Poderoso caballero es don dinero.
Primero es la obligación que la devoción.
Quien canta, sus males espanta.
Quien da pan a perro ajeno, pierde el pan y pierde el perro.

Quien da primero, da dos veces.
Quien mal anda, mal acaba.
Sarna con gusto no pica.
Tras la tempestad viene la calma.
Uno tiene la fama, y otro lava la lana.
Unos nacen con estrella y otros nacen estrellados.
Yo me soy el rey Palomo: yo me lo guiso y yo me lo como.

ESQUEMA GRAMATICAL 4

PALABRAS CON DOBLE SIGNIFICADO SEGÚN SE ESCRIBAN CON X/S			
Espiar	(observar con disimulo).	Expiar	(sufrir).
Esotérico	(oculto, misterioso).	Exotérico	(vulgar, corriente).
Testo	(hacer testamento).	Texto	(libro).
Seso	(cerebro, juicio).	Sexo	(condición orgánica que distingue el macho de la hembra).
Estirpe	(linaje).	Extirpe	(v. extirpar).
Estática	(inmóvil).	Extática	(arrobada, que está en éxtasis).
Espolio	(bienes que quedan al morir un prelado).	Expolio	(despojo con violencia).
Espira	(vuelta de la espira, da olor).	Expira	(muere, termina el plazo).
Contesto	(v. contestar).	Contexto	(orden, tejido).
Esplique	(trampa de cazar pájaros).	Explique	(v. explicar).

EJERCICIO VI. *Ponga la palabra correcta*

1. Los niños (espiaban/expiaban) ...... con ilusión todos los movimientos del ejército.
2. Ese compañero tuyo no se distingue precisamente por su (seso/sexo) ...... en los asuntos generales.
3. En un pueblo riojano todos los habitantes estaban orgullosos de su (estirpe/extirpe) ......
4. La película que vimos el último día era de lo más (esotérico/exotérico) ......, sobre todo por lo enrevesado de su lenguaje.
5. La niña quedó (estática/extática) ...... ante la aparición de tanto juguete.
6. Los invasores practicaron sistemáticamente el (espolio/expolio) ...... en todos los lugares.
7. El mes que viene (espira/expira) ...... el plazo para la declaración de la renta.
8. En el (contesto/contexto) ...... de la situación actual no es aconsejable una maniobra envolvente.
9. En primavera, los cazadores utilizan el (explique/esplique) ..... para asegurarse una mayor cantidad de aves.
10. Estuve hojeando el (testo/texto) ...... que me encontré por la mañana.

ESQUEMA GRAMATICAL 5

INCORRECCIONES FRECUENTES EN EL USO DEL GERUNDIO	USO CORRECTO
Llegó *sentándose.*	Llegó y se sentó.
Trajo una caja *conteniendo.*	Trajo una caja que contenía.
Orden *disponiendo.*	Orden que dispone.
El asesino huyó *siendo* detenido.	El asesino huyó y fue detenido.

EJERCICIO VII. *Diga qué gerundios son incorrectos y sustitúyalos por la expresión correcta*

1. El coche dio unas vueltas de campana, matándose los ocupantes.
2. La ley prohibiendo la venta ambulante es reciente.
3. Empezó a correr con frenesí, descansando al momento.
4. Antonio cree que durmiendo todo el día vivirá más.
5. Consuelo anda planeando un viaje con su hija.
6. Sufrió un accidente, muriendo poco después.
7. Nieves se aprendió la lección, repitiéndola con ahínco.
8. Juan Pérez nació en 1917, en Puebla, siendo hijo de Concepción y Emiliano.
9. Javier dormía pensando en ella.
10. Los niños corrieron velozmente, perdiéndose de vista.

EJERCICIO VIII. *Ponga el verbo entre paréntesis en gerundio, siempre que sea correcto*

1. Tuvo un accidente, (matarse) ......
2. Empezó a comer mucho, (sentarse) ...... a la mesa.
3. Anda (estudiar) ...... la posibilidad de abrir un bar.
4. Estaba tan enamorado que dormía (pensar) ...... en ella.
5. El ladrón fue descubierto, (ser) ...... detenido.
6. Juan entró en casa, (abalanzarse) ...... sobre el espejo.
7. Se ganan la vida (vender) ...... flores.
8. Juan se distrae (podar) ...... los árboles del jardín.
9. El pobre animal está (morir) ......
10. Las niñas estuvieron todo el día (jugar) ...... a las muñecas.

EJERCICIO IX. *Sustituya el fragmento escrito en cursiva por otro giro en que desaparezca el gerundio*

1. Lo hice *teniendo* mucha paciencia.
2. Habla mucho *intentando* que le escuchen.
3. El público estaba en el estadio *esperando* que el atleta pulverizara el récord.
4. Estuvo en su casa *atendiendo* las llamadas del teléfono.
5. Se ha marchado *aduciendo* una enfermedad misteriosa.
6. Conduce a mucha velocidad, *exponiéndose* a un fuerte contratiempo.
7. Lo consiguió *realizando* muchos esfuerzos.
8. Aprendió todo *estudiando* la lengua a fondo.

EJERCICIO X. *Sustituya la voz pasiva* ***(ser + participio)*** *por cualquiera de las formas posibles*

1. Los pájaros fueron ahuyentados por el ruido de la escopeta.
2. El dictador no temía ser despreciado por su pueblo.
3. El asunto de la inmobiliaria fue al fin descubierto.
4. La casa fue destruida por las llamas.
5. El profesor tiene que ser respetado por sus alumnos.
6. Juan temía ser odiado por sus compañeros.

7. El libro ha sido publicado el año pasado.
8. Pedro es estimado por los alumnos.
9. El autor del delito teme ser castigado.
10. Este año será visto el cometa Halley.

ESQUEMA GRAMATICAL 6

LA VOZ PASIVA Y SUS POSIBLES SUSTITUCIONES

1. Cuando la frase tiene por sujeto un nombre de cosa, el español, en vez de la pasiva con ser, prefiere la pasiva refleja con se:
   «Ha sido vendida toda la producción de aluminio».
   «Se ha vendido toda la producción de aluminio».

2. Si el verbo pasivo está en infinitivo se le puede sustituir por el nombre abastracto correspondiente:
   «No me importa ser odiado por el mundo».
   «No me importa el odio del mundo».

3. Sustituir el participio pasivo por un sustantivo, conservando el verbo ser, aunque cambie el tiempo:
   «La partitura ha sido compuesta por mí».
   «Yo soy el autor de la partitura».

EJERCICIO XI. *Convierta en pasivas las siguientes oraciones*

1. El director de deportes impuso la medalla a los atletas distinguidos.
2. La dirección general corrigió los errores que aparecieron en el télex.
3. Unos desconocidos robaron el coche de Juan.
4. Los carpinteros arreglaron la mesa del despacho en una tarde.
5. La policía municipal multó a los que desobedecieron sus órdenes.
6. La empresa agotó sus propios recursos.
7. Juan corta el pan con el cuchillo.
8. Los automovilistas corrieron un gran peligro.

EJERCICIO XII. *Ponga el verbo en infinitivo en la forma adecuada*

1. Me parece una inmoralidad que los precios (subir) ...... tanto, pese a que los precios de los carburantes (estar) ...... bajando.
2. Como (él, comprar) ...... un perro, mañana mismo (irse) ...... de casa.
3. Si el día (tener) ...... más horas, quizá (yo, acabar) ...... el trabajo que tengo entre manos.
4. Salvo que él (decidir) ...... lo contrario, hoy no (llegar, nosotros) ...... a Zaragoza.
5. Ven antes de que (finalizar) ...... el partido de fútbol.
6. Acaso él no (atreverse) ...... a decirle lo que le tiene que decir.

7. A pesar de que el policía (ser) ...... muy bruto, tenía amigos entre los ciudadanos.
8. Todavía no ha aprendido a tocar el piano, y eso que él (tener) ...... un profesor particular.
9. Si alguien pregunta por mí, (decirle) ...... que estoy en una asamblea.
10. Ella no volverá a casa, excepto si tú (pedirle) ...... que (volver) ...... a casa.

EJERCICIO XIII. *Ponga el verbo en infinitivo en la forma adecuada*

1. El correo funciona de mal en peor; de ahí que (yo, decidir) ...... telefonearte.
2. No era tan ingenuo que (ignorar) ...... lo que sus compañeros tramaban.
3. No éramos tan incompetentes que no (saber) ...... resolver los asuntos.
4. Habéis cobrado el sueldo; así que (poder, vosotros) ...... estar satisfechos.
5. Ojalá nos explique el tema de forma que lo (comprender) ......
6. Estoy seguro de que Julia no beberá más de lo que (poder) ...... aguantar.
7. No era tan ingenuo que (ignorar) ...... lo que se estaba desarrollando a sus espaldas.
8. Haremos el encargo de la manera que tú (preferir) ......
9. Ha sido el mejor alcalde de cuantos (tener) ...... la ciudad.
10. Era tan inteligente como nosotros (presuponer) ......

EJERCICIO XIV. *Ponga el verbo en infinitivo en la forma adecuada*

1. Ojalá me dieran el trabajo porque (yo, tener) ...... un buen currículum y no porque mi padre (ser) ...... el director de la empresa.
2. Pásate por casa, que (yo, querer) ...... devolverte el coche.
3. El cliente, ya porque el mueble (ser) ...... caro, ya porque no (gustarle) ...... se marchó sin comprarlo.
4. Puesto que aquí no (haber) ...... nada que hacer, me marcho.
5. Como él (ver) ...... que te quedabas callado, decidió intervenir en tu favor.
6. Estate tranquilo, que ahora (venir) ...... lo mejor.
7. Podemos instalar industrias de nuevo cuño sin que por ello (aumentar) ...... la contaminación.
8. Lo comprendo todo excepto que Juan nos (traicionar) ......
9. Consiguieron allanar el chalé sin que la policía lo (advertir) ......
10. Fuera porque los fumadores (asfixiarse) ......, fuera porque él (estar) ...... cansado, lo cierto es que estuvo sin fumar durante toda la velada.

9-A LA CONFIGURACIÓN DEL OCIO

Francisco Umbral:

EL SOBRERO

Juan Cueto:

LA PROFANACIÓN DEL RITO

José Monleón:

EL MEJOR ESTILO DEL LLIURE

Enrique Franco:

«FALSTAFF», UNA DE LAS MEJORES NOCHES

Javier Linares:

TIEMPO DE SUBASTAS

Julio Benítez:

LA TRUCHA SE PODRÁ PESCAR EN CASI TODA ESPAÑA

Alfredo Relaño:

EL MADRID TUVO QUE ECHAR EL RESTO PARA CANTAR EL «ALIRÓN»

ATUDEM:

POCA NIEVE EN MUCHAS ESTACIONES DE ESQUÍ

El sobrero

El sobrero es el bipartidismo taurino. En estos sanisidros parece que la carta magna o carta de vinos (uno no sabe de esto) del planeta de los toros ordena, permite o aconseja manejar un solo sobrero, un solo toro de repuesto/reserva, en cada corrida, por si alguno de los cinco encartelados saliese tonto de un cuerno o tonto del culo.

Los hombres vestidos de naipe (Valverde), aunque sólo sea por dentro, con faralaes en el alma, dicen que eso es un trapicheo que permite encartelar previamente un toro malo, contando con que la democracia circular de la plaza, con votos como pañuelos/gaviotas, va a sustituirlo por el sobrero, igualmente malo, y ya sin posibilidades de recambio en toda la tarde. O sea que se cumple el reglamento y se coloca un lote de muermos al personal. Un suponer. A uno, más atento siempre al ruedo ibérico de los hombres de la poli, o políticos, que a las variadas tribus que viven a la sombra del tótem y el tabú del toro, esto le parece bipartidismo, con perdón de don Segis Freud, de Cánovas y de Sagasta. Los toros han entrado en una Restauración/Regencia que puede acabar con la fiesta. Esto ya no es lo que era cuando uno andaba a la reventa, con un pensionero de Sainz de Baranda, felices sesenta, por las calles de la Cruz y de la Victoria.

Con Franco había más sobreros.

En la política me parece que algunos quieren hacer lo mismo. Los toros siempre son metáfora fácil y lucidora de la vida nacional, pero es que ahora la imagen se ajusta con la cosa incluso excesivamente. El bipartidismo bien entendido es el sistema del sobrero único. «Como parece que yo no les gusto nada a ustedes y que mi oratoria no coincide con su retórica, les voy a sacar a ustedes el sobrero, que está aquí mismo, en el bar, pastando un poco y leyendo el *Financial Times*.»

Los sumilleres traen al sobrero/alternativa, que está ya aleccionado para quedar mal quedando bien, o sea para hacer lo mismo que el otro, sólo que peor, mejorándole así la imagen, y morir a las cinco en punto de todos los relojes, hasta la tarde siguiente a la misma hora por Enrique Busián.

El bipartidismo o alternativa sistemática de los mismos es la vieja técnica goyesca de sobrero, porque es que, aquí en España, lo que no hemos aprendido de los toros lo hemos aprendido del Espasa, edición abreviada, y así nos va.

Hay ganaderías que cuidan la raza inversa de los sobreros con el mismo mimo que la raza de los grandes embestidores. Es el bipartidismo del toro. El bipartidismo es una tendencia tan fuerte en política (gobernar por *alter ego*) que se da incluso dentro de un mismo partido.

A Fraga ya le están buscando un sobrero, con perdón: ¿Verstrynge, Alzaga, Roca, Garrigues, Schwartz? Por si acaso un día el palomar en vuelo de los votos como pañuelos, en la novillada de la *grandederecha*, pide el sobrero.

Tienen que tener preparado un sobrero que no le sobre al titular, ni por arriba ni por abajo. En los carteles han puesto un nombre que no lo quiero mirar. Jamás Verstrynge, claro, por más que echen cuentas, sino el barcelonista Roca o el madrileñista Alzaga. El bipartidismo interno, sí, o sea el bipartidismo dentro del partido, la crianza del sobrero, impúdica y a ojos vistas, es un escándalo y una necesidad de la política y de los sanisidros.

Los toros y la política se metaforizan recíprocamente, en España, y no hacía falta que Pérez de Ayala lo subrayase, porque era obvio. En un momento de fuerte y generalizada tendencia bipartidista (lo que es una consolidación de la democracia a costa de la democracia misma), los ganaderos, las empresas, quien sea, imponen el sobrero único, la alternativa única, el bipartidismo taurino. Así se mata la democracia, se mata la fiesta y, lo que quizá es más grave, se mata la afición. Hay ya sofemasas de cervecería banderillera sobre el índice de abstención en los graderíos de las Ventas.

Francisco Umbral

(*El País,* martes 17 de mayo de 1983)

LA PROFANACIÓN DEL RITO

Casablanca es una ceremonia ritual, pero de ninguna manera es un mito, como por ahí repiten. Seamos precisos. Un mito es una *historia* en la que se reconocen con similar apasionamiento las sucesivas generaciones y es capaz de soportar las más dispares y disparatadas exégesis. Un mito clásico es una *narración* que nunca acabamos de interpretar satisfactoriamente y los públicos, urgidos por diversas razones, la celebran a lo largo de los tiempos y por encima de las geografías, «con previo fervor y con una misteriosa lealtad», para decirlo al mítico modo de Borges. Los ritos, por el contrario sólo permanecen atentos al detalle.

De *Casablanca* no conmemoramos hoy su minúscula historia, ni siquiera recordamos esa frágil anécdota escrita por Howard Koch y los hermanos Epstein, por la que circulan absurdos héroes de la resistencia, nazis de opereta, gendarmes de zarzuela, Lorres, los Renault, los Ferrari y otros vehículos secundarios de escaso fuste narrativo. Son pocos los que saben contar con todo detalle esta historia de Michael Curtiz, pero ¡ay del aficionado que sea incapaz de recitar de memoria, sin equivocarse en un solo gesto, esa media docena de detalles nostálgicos que están en el origen de la cinefilia contemporánea! Ya saben, el imperativo categórico musical que Rick le lanza a Sam, el largo adiós del falso aeropuerto, la escarmentada frase lapidaria que recibe a Ingrid Bergman nada más pisar el café Americano o aquellos compases de *As time*

goes by, regados con un champaña *cordon rouge*.

Los ritos son un cordón de ceremonias que se instituyen y consagran por incesante repetición. Y ritual es desde hace varias generaciones el fervor por *Casablanca*. Un constante y codificado repetir frases, guiños, gestos, poses y rictus entresacados de una historia —contra una historia de 102 minutos— que sólo es recuerdo, pero que no hay manera de recordar con exactitud, al margen de los detalles estelares.

Tenemos las paredes de las habitaciones empapeladas con fotografías del café y del aeropuerto; el videocasete cargado de cinta virgen y a punto de registro; la biblioteca, la hemeroteca, la discoteca y la posteroteca saturadas de diálogos, imágenes, sonidos y grafismos relacionados con *Casablanca*. Para más inri, hasta la cronología resulta sagrada, porque se cumplen ahora los 40 años de su estreno, y ya sabemos lo que en este país significa tal edad. La gran duda es si *Casablanca* resistirá la ceremonia electrónica a que por primera vez va a ser sometida en España, en medio de tanta devoción cinéfila y sabiéndonos mejor que el padrenuestro esos detalles memoriales, un sábado por la primera cadena y en horas de masiva audiencia.

Queda dicho que los ritos se originan por repetición. Pero la profanación de lo sagrado, como es sabido, también acontece por exceso repetitivo. Y la televisión es un medio profanador por excelencia.

Juan Cueto
(*El País,* 20 de mayo de 1983)

EL MEJOR ESTILO DEL LLIURE

Título: «Al vostre gust». Autor: William Shakespeare. Traducción: Josep María de Sagarra. Dirección: Lluis Pasqual. Teatre Lliure. Lugar: Teatro Martín. VI Festival de Teatro.

CALIFICACIÓN: *

A estas alturas de su carrera, y pese a ser un hombre muy joven, *Lluis Pasqual* ha abordado ya obras de las más diversas épocas y estilos. Su paso por el Centro Dramático Nacional ha implicado también la necesidad de afrontar el teatro en lengua castellana e, incluso, encarar un autor tan gallego y tan madrileño, tan ajeno al Mediterráneo, como nuestro inmenso *Valle-Inclán*.

Pues bien, en toda esta línea, tan rica y tan diversa, lo que ha prevalecido, donde es posible encontrar el talento creador de *Pasqual*, donde es bastante más que un director culto y aplicado, es en las piezas que conllevan el juego de la teatralidad mediterránea, ese enmascararse y desenmascararse del actor a la vista del público, ese tomar por verdad lo que es juego a todas luces y resulta luego ser lo verdadero, esa musicalidad y claridad especiales, esa complicidad y ese espíritu último de fiesta y de gozo que, en definitiva, alimentan una vieja y renovada corriente teatral desde la mismísima comedia griega. Y ello, con independencia de la nacionalidad de los autores, pues en lengua catalana y en las manos de *Lluis Pasqual, Shakespeare* se vuelve un autor mediterráneo.

Correlativamente, los actores del Lliure también se mueven mejor en esa línea, se divierten y consiguen transmitir su diversión. De manera que

una obra un tanto prolija, con travestis nada creíbles y conversaciones aparentemente extemporáneas, donde la magia de «*El sueño de una noche de verano*» se sustituye por la justificación de lo inverosímil, resulta, en manos de *Lluis Pasqual*, de las magníficas y vitales *Anna Lizarán* e *Imma Colomer*, del siempre inteligente *Lluis Homar*, y de todos los actores del Lliure, un fuego deslumbrante donde todo está en su sitio, incluidas las hermosas divagaciones del autor, espléndidamente traducido por *Josep María de Sagarra*.

Las mismas limitaciones técnicas del Martín, la brevedad de su espacio escénico, contribuyeron positivamente a realzar la teatralidad de la escenografía de *Puigserver*. A menudo, el «*boato*» y la ostentación se vuelven enemigos del teatro, dejan de ser riqueza de medios para convertirse en nuevo riquismo. En todo caso, es un hecho que cierta pobreza del montaje es, en esta ocasión, parte sustancial de su encanto, en la medida que pone el acento en lo fundamental: la capacidad de unos seres humanos, cercanos e inmediatos, para jugar, para ser actores sin trampa del imaginario.

• Mala * Interesante ** Buena
*** Muy buena **** Obra maestra

José Monleón

(*Diario 16,* 25 de marzo de 1986)

TEMPORADA DE ÓPERA DE MADRID - «FALSTAFF»

Una de las mejores noches

Teatro de la Zarzuela, Madrid. 22 de mayo de 1983

No es *Falstaff* ópera habitual en nuestro limitado repertorio, aunque la temporada madrileña la presentó, antes de ahora, en dos ocasiones: el año 1970, dirigida por Sanzogno y con Taddei en el papel principal, y en 1976, en un montaje de la Ópera de Varsovia. Más atrás podemos recordar la interpretación de Tito Gobbi dirigida por Franco Ghione en 1959, y en la década anterior destaca la creación de Gino Bechi bajo la dirección de Ataúlfo Argenta, si la memoria no me es infiel.

Nunca se insistirá lo bastante sobre la prodigiosa hazaña del viejo Verdi cuando, tras una carrera gloriosa y un silencio teatral de tres lustros, reaparece casi octogenario con *Otelo*, y octogenario del todo con *Falstaff*, la más refrescante ducha que nadie pudiera imaginar sobre la historia del melodrama italiano.

LOS VIEJOS MADRIGALES

Las ideas de Verdi sobre la evolución del teatro musical cristalizan al fin en una pieza de espléndida calidad, de absoluta maestría, que se sitúa por su valor y sus características a las puertas mismas de la ópera moderna. «Volvamos a lo antiguo y será un progreso», había dicho Verdi, y para demostrar que no se trataba de mera palabrería nos legó *Falstaff*, punto de partida para el drama musical moderno (bien lo aprendió Puccini en *Gianni Schichi* y hasta Stravinski en su *Libertino*) y síntesis renovada de una larga herencia.

(...) Todo, absolutamente todo, queda asumido por el genio de Verdi hasta inventar una nueva manera de hacer ópera, una viva y palpitante interpretación de acciones, palabras e ideas en las que los valores teatrales se intercambian del mismo modo que los musicales: tan musical es el texto y la acción de *Falstaff* como teatrales la vocalidad y la fantasía orquestal de la partitura.

Se aprecia para *Falstaff* un gran director musical y lo hemos tenido en el talento, el fuego interior, el espíritu analítico, la capacidad expresiva y el ánima latina de Antonio Ros Marbá. Algún día habrá que escribir en torno al maestro catalán para recordar la España que hace y deshace a sus hombres. El público del domingo distinguió al maestro catalán con ovaciones fuera de lo usual y alcanzaban también el meritísimo trabajo de toda la orquesta.

Juan Pons hace un *Sir John Falstaff* excelente, y antes que el *visado* nacional ha obtenido el más exigente de los grandes teatros mundiales, empezando por la Scala de Milán. Ya la calidad de su voz parece idónea para expresar la riqueza de matices acumulada por Boito y Verdi en el personaje: irónico, desvergonzado, ingenuo a veces, lírico con frecuencia, teatral y profundamente humano. Recorrer toda la gama expresiva, desentrañar la compleja psicología de un personaje, lucir un consumado arte de cantante y de actor, constituyó el gran triunfo de Juan Pons, situado ya entre las grandes voces universales de España.

El reencuentro con Pilar Lorengar, a la que ya habíamos escuchado *Falstaff* en Berlín junto a Fischer-Dieskau, tuvo algo de alegre confirmación: dueña absoluta de su arte, intérprete de inteligencia extraordinaria, conserva Pilar una voz fresca y firme, ágil, brillante y fuertemente incisiva. Su triunfo fue, como el de Pons y Ros Marbá, tan grande como mereció su labor. Todo el reparto, bien concebido y ensayado, alcanzó la necesaria coherencia *sinfónica*. Dalmacio González (muy buen *Fenton*), Giovanni Foiani (*Pistol*), Wilma Borelli, Rinaldo, De Palma, la Bolgan, la D'Alboni, sin olvidar el estupendo quehacer del coro titular que dirige José Perera, hicieron posible un *Falstaff* a señalar como una de las mejores noches de la temporada operística madrileña.

Enrique Franco

(*El País,* martes 24 de mayo de 1983)

Tiempo de subastas

Noviembre, junto con marzo, se han convertido en los dos meses de máxima actividad en subastas filatélicas, ya que en ellos tienen lugar tradicionalmente las principales ventas en sala. Este otoño han destacado en Madrid, por su número de ofertas, las dos subastas «monstruo» de Hobby y Laiz. En la primera se pusieron a la venta 7.000 lotes del extranjero, España, tarjetas postales y otros documentos, autógrafos y grabados. Entre las piezas que alcanzaron mayor cotización destacó un magnífico ejemplar del sello inglés de cinco libras de 1867, con buen color y centraje, que se adjudicó en 340.000 pesetas. Un precioso sello usado, francés, de 1853 (Napoleón III), muy raro en esta calidad, alcanzó 150.000 pesetas. Por su parte una preciosa carta de Méjico en Madrid, fechada en 1871 con franqueo mixto francés y varias marcas de tránsito subió de 100.000 a 260.000 pesetas. En conjunto, se vendió el 70 por 100 de los lotes extranjeros, muchos de ellos con plusvalías importantes sobre el precio de salida.

De la parte española, mucho más cuantiosa en número de lotes, se vendió algo más del 50 por 100 y predominaron sobre todo los sobres circulados, piezas que se disputan los entendidos y de las que generalmente se retraen los comerciantes y aficionados no especializados. Una carta prefilatélica con marca de certificado de 1848 vio quintuplicado su precio de salida. Se vendieron muy bien varios ejemplares en diversas calidades del primer sello español de 1850 y también alcanzaron buena cotización otras piezas antiguas: un dos reales de 1852 (225.000 pesetas) y un tres cuartos de 1853 (275.000 pesetas). Entre las emisiones de este siglo se vendieron una preciosa serie completa en bloques de cuatro de la serie del Quijote (1905) en 750.000 pesetas y otra bonita serie también en bloques de cuatro de Alfonso XII (1909-22), adjudicada en 250.000 pesetas. También se remató casi en su totalidad una curiosa colección de cartas dirigidas a los militares deportados en Villa Cisneros tras la sublevación de agosto de 1932. Una soberbia colección de enteropostales españoles, desde el primero de 1873, se subastó con análogo éxito.

En cuanto a la subasta de Laiz, en la que se pusieron a la venta 8.300 lotes de prefilatelia, España, dependencias postales y extranjero, los resultados fueron más irregulares. Quedó sin adjudicar la gran estrella de la subasta: una serie completa de la emisión del VII Congreso de la UPU (1920), en trece hojas, completas de 50 sellos cada una, muy rara, que salía en dos millones de pesetas. La recesión del mercado y la falta de dinero están dejando sentir sus efectos, aun tratándose, como en esta ocasión, de piezas de gran calidad y en muchos casos únicas. Como en la subasta anterior, los mejores resultados se contabilizaron en el apartado de historia postal, dirigida obviamente a coleccionistas especializados y que goza cada día de mayor aceptación. Se vendieron magníficas cartas de Cuba, Puerto Rico y de las agencias inglesas en América, todas ellas circuladas a mediados del siglo XIX. Una rara carta Kingston-Habana, con marca de llegada y manipulada por el correo inglés, vio multiplicado diez veces su precio de salida. En conjunto, puede afirmarse que se vendió el 30 por 100 de los lotes en esta subasta que duró cinco días y que constituyó una oferta pocas veces repetida de material filatélico de gran selección.

Javier Linares

PESCA: HOY SE ABRE LA VEDA, MENOS EN CASTILLA Y LEÓN

LA TRUCHA SE PODRÁ PESCAR EN CASI TODA ESPAÑA

MADRID.—Hoy se abre la veda de la trucha en casi toda España. Desde las primeras horas de la madrugada, miles de cañistas amanecerán al pie de los ríos para tentar suerte nada más aparezcan las primeras luces del alba, un rito que se repite todos los años a mediados de marzo. En los días anteriores a la apertura, las tiendas especializadas agotan las existencias de cebos y venden un gran número de cucharillas y equipos.

A partir de hoy se podrá pescar la trucha en los ríos de las Comunidades de Madrid, Castilla-La Mancha, Andalucía, Extremadura, Galicia, Aragón, Cataluña, Navarra y Comunidad Valenciana. El cierre de la temporada en las Autonomías mencionadas será el 31 de agosto con carácter general, a excepción de algunos cotos o aguas con regímenes especiales que tienen otros periodos, tanto de apertura como de cierre, y asimismo pueden ser anteriores o posteriores a las fechas señaladas con carácter general. La Comunidad de Navarra cerrará la temporada el 15 de agosto.

En las nueve provincias de Castilla y León se deberá esperar una semana más para pescar la trucha, y el periodo hábil será desde el 23 de marzo hasta el 15 de agosto. Esta Comunidad, que cuenta con los ríos más trucheros de España, tiene al mismo tiempo la reglamentación más compleja. En primer lugar, a partir de este año no se podrán usar para pescar la trucha los cebos naturales: lombrices, gusanos, gusarapas, pececillos vivos o muertos, en ningún tipo de aguas de las nueve provincias.

En los tramos libres se podrán capturar hasta doce ejemplares de trucha. La dimensión mínima deberá ser no inferior a los 19 centímetros. Además, cada coto tiene su propia reglamentación en cuanto a número de capturas, cebos artificiales y días hábiles de pesca.

Las Comunidades de Cantabria, País Vasco y La Rioja también abrirán la temporada de la trucha el domingo 23, aunque los cierres serán en distintas fechas y según el régimen de las aguas.

Julio Benítez
(*Diario 16,* 20 de marzo de 1986)

EL MADRID TUVO QUE ECHAR E

2 Real Madrid: Ochotorena; Sanchis, Gallego, Camacho; Martín Vázquez (Santillana, m. 77), Michel, Juanito (Cholo, m. 86), Valdano, Gordillo; Butragueño y Hugo Sánchez.

1 Valladolid: Fenoy; Torrecilla, Andrinúa, Gail, Juan Carlos; Eusebio, Moré, Minguela, Jorge (Aravena, m. 68); Yáñez y Víctor (Fonseca, m. 61).

Goles: 1-0. M. 50. Juanito saca una falta sobre el área, algo pasada. Gordillo recoge en la línea de fondo y cede a Martín Vázquez, que, a su vez, envía a Michel, que empalma un zurdazo seco desde el borde del área.

1-1. M. 67. Colada de Yáñez, que centra raso al segundo palo para que Jorge remate desde cerca.

2-1. M. 84. Juanito adelanta un pase preciso a Butragueño, que llega hasta la línea de fondo y cruza el balón a media altura para que Valdano remate desde cerca.

Árbitro: Gómez Ramírez. Flojo. Ignoró un penalti por mano clara de Andrinúa. Señaló otro, correcto, a favor del Madrid, que malogró Hugo Sánchez, que disparó a una escuadra. Anuló sin causa aparente un gol al Valladolid en el minuto 90. Amonestó a Yáñez y Víctor.

Lleno en el Bernabéu, en tarde primaveral. El público contuvo su entusiasmo hasta el final del encuentro. El presidente del Madrid, Ramón Mendoza, acompañó a los jugadores en la vuelta triunfal al campo al final del partido.

MADRID.—El Valladolid le puso difícil la fiesta al Madrid. Encerrado atrás, trató de explotar la presumible impaciencia del público y los jugadores madridistas para llevarse el partido en algún contraataque. El Madrid jugó con una táctica arriesgada, corrió mucho y falló un penalti. Al final, consiguió su 16.ª victoria de la temporada en el Bernabéu, con la que pudo celebrar a sus anchas la conquista del título.

El Madrid salió arriesgando mucho. Tiene tantas bajas en la defensa que para este partido apenas disponía de jugadores especializados en las tareas de destrucción. Por primera vez en el año, salió con sólo dos defensas marcadores, Camacho y Sanchis. Entre ellos estaba, como libre, Gallego, que, si ha ejercido esa función bastantes veces hace tiempo, últimamente no desempeñaba ese cometido. En la media, todos eran jugadores de construcción, salvo Gordillo. Nunca en toda la temporada ha puesto el Madrid tanta calidad sobre el campo, pero tampoco nunca ha jugado tan falto de especialistas en la destrucción.

El Valladolid especuló mucho. Montó dos líneas de contención de cuatro componentes y dejó arriba a Yáñez y Víctor. El Madrid corrió y presionó desde el principio, pero la necesidad de una victoria rotunda que respondiera a las expectativas de fiesta se traducía en un punto de imprecisión que hacía que las jugadas murieran en su último tramo por pequeñas imperfecciones. El Valladolid amontonaba gente atrás, cerraba espacios y esperaba. Esperaba a que el Madrid se impacientase y abriera un gran bache entre su media y su poco numerosa defensa. Hubo momentos en el primer tiempo en que pareció que eso iba a ocurrir. Ocurrió, de hecho, en algún instante. Pero el Valladolid fue mezquino a la hora de sacar elementos en los contraataques y los tres hombres de atrás se crecieron ante las dificultades.

En el descanso se estaba enfriando el ambiente. El Madrid no convencía. Juanito inten-

...ESTO PARA CANTAR EL «ALIRÓN»

taba cosas demasiado difíciles, a Martín Vázquez se le veía confuso, Gordillo estaba claramente bajo de forma y Michel y Valdano no eran capaces de enderezar a sus compañeros. Encima, el Barcelona había marcado en Gijón.

La salida de la segunda mitad fue otra cosa. El Madrid refrescó su mente en el descanso y jugó un poquito más ordenado, así que el balón empezó a llegar con serio peligro a la puerta de Fenoy. Una, dos, tres veces. Hasta que Michel soltó desde el borde del área un zurdazo seco y contundente como un grito de *alirón*.

Vino luego una fase de euforia. El Madrid ya rompía la defensa contraria por varios sitios y olía a goleada. Un par de tantos se escaparon por poco. Y, en eso, llegó el penalti, cuando Juan Carlos paró con una mano el balón en la raya. Pero Hugo lo estrelló en una escuadra y el festival se paró en seco.

Inmediatamente después, Yáñez acertaba con una penetración en el área y le dejaba el gol en bandeja a Jorge. Eso obligó al Madrid a afrontar de nuevo un partido incómodo, en el que le era necesario marcar para responderle a una afición que quería la fiesta. Pero el Valladolid volvió a asentarse sólidamente sobre su defensa sabiendo que al Madrid no le quedaba mucho tiempo por delante. Además, sacó a Aravena, cuyo terrible disparo es en sí una amenaza. En eso, cuando el Madrid más incómodo parecía sentirse, Quini marcó en Gijón. *Alirón*. El Madrid ganaba el título, aunque empatase. Pero no es eso lo que querían sus jugadores, que iban una y otra vez adelante. Martín Vázquez seguía sin aportar nada y le sustituyó Santillana. Juanito empezó a hacer un fútbol más lógico. Michel y Gallego enviaron siempre el balón donde era preciso. Finalmente, a seis minutos de que acabase el partido, Juanito lanzó un pase hacia la línea de fondo, con ventaja para Butragueño, cuyo centro lo remachó Valdano.

El Valladolid hizo un intento final de aguar la fiesta y casi lo consiguió. El Madrid perdió la concentración, se echó atrás y tuvo algún despiste. Los últimos minutos se consumieron en lanzamientos de esquina del Valladolid, que se decidió a atacar demasiado tarde. En uno de ellos, Moré marcó de cabeza. El árbitro anuló el gol. Era la última jugada del partido.

Alfredo Relaño

(*El País,* 24 de marzo de 1986)

POCA NIEVE EN MUCHAS ESTACIONES DE ESQUÍ

MADRID.—La situación de las estaciones de esquí españolas, según el parte de nieve facilitado por ATUDEM y correspondiente al día 28 de enero, permite a los aficionados ir a esquiar a muchas de ellas, a pesar de la reiterada falta de precipitaciones, que pone fuera de servicio bastantes pistas.

Las condiciones, estación por estación, son las siguientes:

Pirineo Catalán:

— Baqueira Beret: pistas cubiertas con nieve de primera y en servicio todos los remontes.

— La Molina: solamente esquiables algunas de sus pistas, con nieve de primavera y diez remontes en servicio.

— Masella: pistas cubiertas con nieve dura y en servicio todos los remontes.

— Llesui: esquiable únicamente algunas de sus pistas y en servicio los remontes de esas pistas.

— Super Espot: pistas esquiables con nieve dura y todos los remontes en servicio.

— Port del Comte: solamente esquiable algunas de sus pistas y en funcionamiento los remontes de servicio a esas pistas.

Pirineo Aragonés:

— Candanchú: pistas cubiertas con nieve primavera y en servicio todos los remontes.

— Cerler: solamente están esquiables algunas pistas y en servicio cuatro telesillas y dos telesquís.

— Formigal: pistas cubiertas con nieve dura y doce remontes en servicio.

— Panticosa: pistas cubiertas con nieve dura y en servicio todos los remontes.

— Valle de Astún: pistas cubiertas con nieve dura-primavera y todos los remontes en servicio.

Cordillera Cantábrica:

— Alto Campoo: únicamente están esquiables algunas de sus pistas con nieve dura-primavera y en servicio dos telesillas y cuatro telesquís.

— San Isidro: pistas cubiertas con nieve dura y todos los remontes en servicio.

— Valgrande-Pajares: solamente están esquiables algunas pistas y en servicio un telesilla y cuatro telesquís.

— Manzaneda: sólo están esquiables, con nieve dura, la pista de los corzos y la zona superior.

Sistema Ibérico:

— Valdezcaray: cinco pistas esquiables con nieve dura y en funcionamiento los remontes de estas zonas.

Sistema Central:

— La Pinilla: esquiables únicamente la zona de debutantes con nieve de calidad dura y en funcionamiento todos los remontes de servicio a esa zona.

Sistema Penibético:

— Solynieve: pistas esquiables con nieve dura-primavera y en servicio dos telecabinas, tres telesillas y siete telesquís.

Según el parte de **ATUDEM**
(*ABC,* sábado 29 de enero de 1983)

9-B GRAMÁTICA - EJERCICIOS

GRAFÍA DE ALGUNOS NOMBRES GEOGRÁFICOS

DERIVACIÓN

ORTOGRAFÍA B - V

INCORRECCIONES FRECUENTES

FORMAS PERIFRÁSTICAS

MATICES TEMPORALES

ESQUEMA GRAMATICAL 1

GRAFÍA CASTELLANA DE ALGUNOS NOMBRES GEOGRÁFICOS	
Aquisgrán, ciudad de la RFA.	*Berna,* ciudad de Suiza.
Azores, islas de Portugal.	*Beirut,* ciudad del Líbano.
Adriático, mar.	*Bolonia,* ciudad de Italia.
Afganistán.	*Burdeos,* ciudad de Francia.
Egipto.	*Brandeburgo,* ciudad de RDA.
Ajaccio, ciudad de Córcega.	*Brujas,* ciudad de Bélgica.
Albania.	*Bruselas,* ciudad de Bélgica.
Alejandría, ciudad de Egipto.	*Bucarest,* ciudad de Rumania.
Argel, ciudad de Argelia.	*Budapest,* ciudad de Hungría.
Nazaret, ciudad de Israel.	*Bulgaria.*
Alsacia, región de Francia.	*Camboya.*
Alemania.	*Cerdeña.*
Hamburgo, ciudad de Alemania.	*Chipre.*
Amberes, ciudad de Bélgica.	*Colonia,* ciudad de RFA.
Aquitania, región de Francia.	*Córcega.*
Ardenas, región de Francia.	*Shanghai,* ciudad de China.
Atenas, ciudad de Grecia.	*Corea.*
Austria.	*Dinamarca.*
Dublín, ciudad de Irlanda.	*La Haya,* ciudad de Holanda.
Basilea, ciudad de Suiza.	*Yakarta,* ciudad de Indonesia.
Bélgica.	*Dresde,* ciudad de RDA.
Berlín, ciudad de Alemania.	

EJERCICIO I. *Forme derivados de los verbos siguientes y utilícelos en las frases propuestas*

(combatir, acertar, debutar, participar, componer, cortar, integrar, escribir, practicar, fabricar, salir, preocupar, agobiar, cargar, exigir, mangar, implorar, alabar, enseñar, confiar, adivinar, entrar).

1. Los ...... estuvieron todo el año en primera línea del frente.
2. Según han comunicado por radio, los ...... del primer premio de la lotería primitiva van a percibir cerca de 6.000.000 de pesetas.
3. Los ministros ...... estuvieron presentes en el acto de toma de posesión de los cargos ......
4. Los profesores llegan a la conclusión de que la ...... es poco gratificante.

5. Los creadores jóvenes huyen de las excesivas ...... cuando se dan cuenta de que son objeto de adulación.
6. Los viejos de hoy día son unos ......, según los jóvenes más exigentes.
7. El ...... del despacho del abogado no pudo acabar el oficio porque la máquina se estropeó y no supo arreglarla.
8. Todos los ...... en el teatro tienen los nervios a flor de piel.
9. El juez de salida dijo: todos los ...... a sus puestos, la carrera va a empezar.
10. Los ...... de automóviles han llegado a un acuerdo tácito sobre el precio de los modelos más asequibles.

ESQUEMA GRAMATICAL 2

DERIVACIÓN

Forme derivados en *-ANTE, -ENTE, -IENTE, -ANZA* a partir de verbos.

cantar	→	cantante;	comerciar	→	comerciante
importar	→	importante;	contar	→	contante
cobrar	→	cobranza;	templar	→	templanza

ESQUEMA GRAMATICAL 3

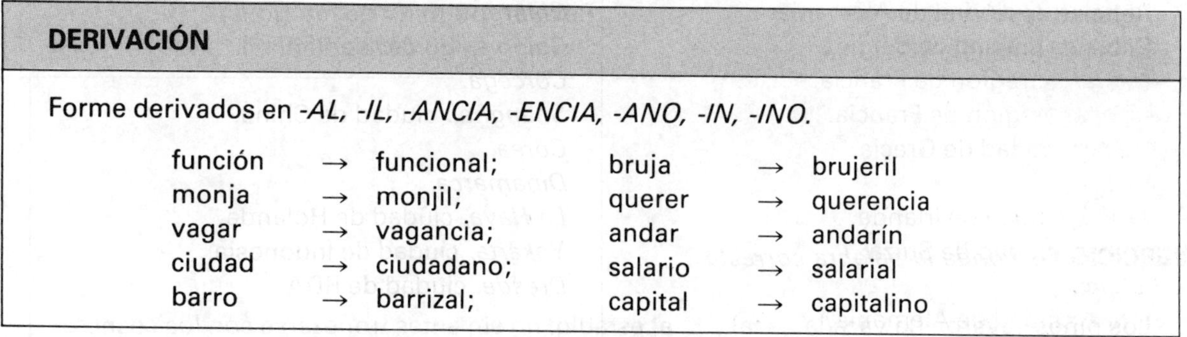

DERIVACIÓN

Forme derivados en *-AL, -IL, -ANCIA, -ENCIA, -ANO, -IN, -INO.*

función	→	funcional;	bruja	→	brujeril
monja	→	monjil;	querer	→	querencia
vagar	→	vagancia;	andar	→	andarín
ciudad	→	ciudadano;	salario	→	salarial
barro	→	barrizal;	capital	→	capitalino

EJERCICIO II. *Forme derivados de las palabras siguientes y utilícelos en las frases propuestas*

(cerezo, lodo, mata, coyuntura, terreno, dinero, aurora, ambiente, situación, conejo, cafetería, vampiro, tolerar, vivir, estar, observar, predominar, inoperar, lejos, Lutero, provincia, Cristo, cantar, bailar, tonto, pueblo, cristal, diamante, pollo).

1. Había llovido a cántaros y el campo estaba hecho un ......
2. Los conejos estaban escondidos en el ......
3. Los ministros y sus acólitos suelen decir que los males son ......
4. Juan por ser de la capital desprecia a los ......

5. Los seguidores de Cristo se llaman ...... y los de Mahoma ......
6. Los empresarios privados suelen opinar que la mayor ...... se da en la empresa pública.
7. Ante lo desorbitado de los precios, el cliente exclamó: ¡esto vale un ......!
8. Antonio dijo: dedícate al baile, eres un buen ......
9. El agua de la fuente de la sierra manaba ......
10. En los países libres existe siempre un grado mayor de ...... entre las diferentes formas de vivir.

ESQUEMA GRAMATICAL 4

PALABRAS CON DOBLE SIGNIFICADO SEGÚN SE ESCRIBAN CON B/V			
Baca	(de los carruajes).	Vaca	(animal).
Bacilo	(microbio).	Vacilo	(v. vacilar).
Balido	(de balar).	Valido	(favorito en la corte).
Balón	(pelota).	Valón	(habitante de una región belga).
Barón	(título de nobleza).	Varón	(hombre).
Basto	(rudo, palo de la baraja).	Vasto	(extenso).
Bello	(hermoso).	Vello	(pelo).
Bienes	(riqueza).	Vienes	(v. venir).
Bota	(calzado y del v. botar).	Vota	(de votar).
Cabila	(tribu).	Cavila	(de cavilar)
Rebelar	(sublevarse).	Revelar	(término de fotografía).
Sabia	(inteligente).	Savia	(jugo de las plantas).

EJERCICIO III. *Ponga la palabra correcta*

1. Los niños llevaron (la vaca/la baca) ...... al establo, no sin antes tropezarse con los coches.
2. Siempre que la atmósfera está contaminada aparece con intensidad (el vacilo/bacilo) ...... que origina multitud de enfermedades.
3. Antonio por ser (varón/barón) ...... no fue admitido por la nobleza pese a que tenía el título de (varón/barón) ......
4. El ganado que estaba impaciente por salir a pastar emitía agudos (validos/balidos) ...... en el establo.
5. Los niños con el (valón/balón) ...... en los pies empezaron a (botar/votar, lo) ......
6. El imperio económico que llegó a tener era enormemente (vasto/basto) ......
7. Con la llegada a la (cabila/cavila) ...... sentí una gran alegría.
8. Los hombres solemos tener más (vello/bello) ...... que las mujeres.
9. La (savia/sabia) ...... de las plantas se adormece en invierno.
10. Los prisioneros (revelaron/rebelaron) ...... el secreto.

ESQUEMA GRAMATICAL 5

INCORRECCIONES FRECUENTES

	USO CORRECTO
Juan fue *a* por agua.	Juan fue *por* agua.
Juan corrió cien kilómetros *a* la hora.	Juan corrió cien kilómetros *por* hora.
Carmen se compró una cocina *a* gas.	Carmen se compró una cocina *de* gas.
Asunto *a* resolver.	Asunto *que se ha de* resolver.
José es Diputado *de* las Cortes.	José es Diputado *a* Cortes.
Zapatos *de* señora.	Zapatos *para* señora.
Pensaba *de* que era mejor.	Pensaba *que* era mejor.
Salió *en* dirección a Toledo.	Salió *con* dirección a Toledo.
Voy *en* casa de mi tía.	Voy *a* casa de mi tía.
Sentarse *en* la mesa.	Sentarse *a* la mesa.
Modelaron una estatua *en* bronce.	Modelaron una estatua *de* bronce.
Pastillas *para* el catarro.	Pastillas *contra* el catarro.
Pedro tiene afición *por* las ciencias.	Pedro tiene afición *a* las ciencias.
Se hizo una bata para estar *por* casa.	Se hizo una bata para estar *en* casa.
¿*Dónde* vas?	¿*Adónde* vas?
El lugar *donde*.	El lugar *adonde*.
Recitó *ingenuamente* y malamente.	Recitó *ingenua* y malamente.
A lo último cantaba en restaurantes.	*Últimamente* cantaba en restaurantes.
¡*Qué bueno* que llegaste!	*Me alegro* que hayas llegado.
Deben *estar* felices.	Deben *sentirse* felices.
Anduvieron *en* la noche.	Anduvieron *por* la noche.
Ya cállate la boca.	*Cállate ya* la boca.
Todo pasó *sorpresivamente.*	Todo pasó *inesperadamente.*
Yo *me* regreso a casa.	Yo regreso a casa.

EJERCICIO IV. *Tache las formas que considere incorrectas*

1. *Es/está* bueno que no fumen.
2. *Es/está* bien que lo hayáis avisado.
3. Conozco *muchos/muchas* idiomas.
4. Me duele *el/la* mano.
5. En *este/esta* guía faltan muchos datos.
6. *Las/los* Cortes han aprobado una nueva Ley sobre *los/las bancos/bancas.*
7. Antonio *parece/se parece* a su hermano.

8. Nunca está contento de *él/sí* mismo.
9. Se *alquila/alquilan* habitaciones.
10. Él *duerme/se duerme* muy pronto.

EJERCICIO V. *Coloque el adjetivo antepuesto o postpuesto, según corresponda*

1. Un ...... día ...... de verano (hermoso).
2. Un ...... hombre ...... pedía dinero en la puerta de la iglesia (pobre).
3. La ...... nieve ...... estaba helada por la mañana (blanca).
4. Los ...... españoles ...... son muy dados a la buena cocina (ricos).
5. Prefiero el ...... vino ...... (tinto).
6. Eso es un ...... hecho ...... (cierto); nadie lo discute.
7. Es ...... español ...... (medio); lleva veinte años viviendo en España.
8. El ...... dinero ...... (correspondiente) a la cuota del mes lo hice efectivo.
9. Las ...... noches ...... (oscuras) amedrentan a las personas.
10. Juan fue nombrado ...... director ...... (nuevo) de la sucursal bancaria.

EJERCICIO VI. *Tache las forma que considere incorrectas*

1. Tú *puedes/puedas* quizá aclararme esta duda.
2. La persona *que/la cual/quien* encontramos en el hotel *era/estuvo* amable.
3. Si lo *habrá/hubiera* sabido, no *habría/hubiera/había* venido.
4. Pon esta nota donde yo la *vea/veo* para que me *acuerde/acuerdo*.
5. *Sale/salió* sin que lo *vieron/vieran*.
6. Hoy *vi/he visto* la película de *que/la que/la cual* me *habías/hubieras* hablado.
7. Los estudiantes *que/quienes/los que/los cuales* hayan estudiado mucho obtendrán el certificado.
8. Los *coches-cama/los coches-camas/los coche-camas* son cómodos para viajar de noche.
9. Mi casa es *mayor/mayora/más grande* que la tuya.
10. *El mío/el este/este/el* coche es un medio de locomoción importante.

ESQUEMA GRAMATICAL 6

FORMAS PERIFRÁSTICAS MÁS FRECUENTES

SIGNIFICACIÓN	PROGRESIVA	Principiativa	Comenzar Empezar Principiar Ir Pasar Echar	*A* + infinitivo. Ejemplos: COMENZAR *a jugar.* VOY *a escribir. El tren* VA *a llegar.* PASO *a contestar su carta.* ECHARSE *a reír.*
		Terminativa		*Venir a* + infinitivo. Ejemplos: VENGO A COINCIDIR *con usted. Ojalá* VENGA A PEDIR *la mano.*
		Aproximativa		*Venir a* + infinitivo. Ejemplos: *El orador* VINO A DECIR *lo mismo.* VIENE A COSTAR *unas mil pesetas.*
		Reiterativa		*Volver a* + infinitivo. Ejemplo: VUELVO A SOSPECHAR. *No lo volverá* A HACER.

SIGNIFICACIÓN

- PROGRESIVA
  - Obligativa
    - *Haber de* + infinitivo. Ejemplo: HE DE AGRADECER *tu compañía.*
    - *Haber que* + infinitivo. Ejemplo: HAY QUE MIRAR *lo que se hace.*
    - *Tener que* + infinitivo. Ejemplo: TENGO QUE HACER *la maleta.*
  - Hipotética
    - *Deber de* + infinitivo. Ejemplo: DEBERÍAN DE SER *las diez* (significa conjetura, suposición o creencia).
  - Ponderativa
    - *Llegar a* + infinitivo. Ejemplo: LLEGÓ A DECIRME *que la había ofendido.*
  - Social cualitativa
    - *Acabar de* + infinitivo. Ejemplo: ACABABA DE EMPEZAR (referido a una función de teatro: *Apenas había empezado).* Abunda la forma reflexiva: SE ACABA *de marchar.*
- DURATIVA
  - *Estar* + gerundio. Ejemplo: ESTOY LEYENDO.
  - *Ir* + gerundio. Ejemplo: IBAN ENTRANDO.
  - *Venir* + gerundio. Ejemplo: VENGO OBSERVANDO *tu conducta.*
  - *Seguir* + gerundio. Ejemplo: SIGO DICIENDO *lo mismo.*
  - *Andar* + gerundio. Ejemplos: ANDABA *escribiendo su discurso.* ANDUVO SALTANDO *una hora.*
- PERFECTIVA
  - *Venir a* + infinitivo. Ejemplo: VIENE A JUGAR *un partido.*
  - *Llegar a* + infinitivo. Ejemplo: NO ACABABA DE *serme fiel.*
  - *Alcanzar a* + infinitivo. Ejemplo: ALCANZAR A VER *la verdad.*
  - *Llevar* + participio. Ejemplo: LLEVA *bien* ESTUDIADO *el asunto.*
  - *Tener* + participio. Ejemplo: TENÍA SEMBRADA *la tierra de trigo.*
  - *Traer* + participio. Ejemplo: TRAÍAN CANSADOS *los cuerpos por el trabajo.*
  - *Estar* + participio. Ejemplo: ESTUVO INTERESADO (copulativa).
  - *Ser* + participio. Ejemplo: FUE MUY OBSEQUIADO *en la oficina* (copulativa y pasiva)

EJERCICIO VII. *Indique los matices modales o aspectuales que expresen las siguientes perífrasis verbales*

1. El equipo *tiene que recuperarse* si quiere clasificarse bien.
2. El tren *viene a pasar* a las seis de la tarde.
3. *Debemos esperar* hasta que lleguen nuestros amigos.
4. Para avergonzarnos así, *debe de ser* muy tímido.
5. No espero más, ahora mismo *voy a escribir* esa carta.
6. Al negarse, su madre *se echó* a llorar.
7. *Viene diciendo* lo mismo desde hace tres meses.
8. *Tengo aprobados* los tres primeros cursos de la carrera.
9. A continuación, el ministro *pasó a exponer* las líneas del programa.
10. *Quedan anulados* todos los permisos.

ESQUEMA GRAMATICAL 7

MATICES TEMPORALES SEGÚN LOS MODOS

	MODO INDICATIVO		MODO SUBJUNTIVO		MODO IMPERATIVO
	Tiempos imperfectos	*Tiempos perfectos*	*Tiempos imperfectos*	*Tiempos perfectos*	*Único tiempo*
TIEMPOS ABSOLUTOS ...	Presente Futuro absoluto.	Pretérito perfecto Pretérito indefinido			Presente.
TIEMPOS RELATIVOS.....	Pretérito imperfecto.	Pretérito pluscuamperfecto. Pretérito anterior. Futuro compuesto.	Presente. Pretérito imperfecto. Futuro hipotético. Potencial simple.	Pretérito perfecto. Pretérito pluscuamperfecto. Futuro hipotético compuesto. Potencial compuesto.	

Ejemplos comparados del indicativo y el subjuntivo.

Presente indicativo .... *Creo que alguien* LEE *en alta voz.*
Presente subjuntivo .... *No creo que alguien* LEA *en alta voz.*

Pretérito indefinido .... *Muchos afirman que Rómulo* FUNDÓ *Roma.*
Pretérito imperf. subjunt. ... *Hoy no se admite que Rómulo* FUNDARA O FUNDASE *Roma.*

Pretérito imperfecto .... *Me pareció que* CANTABAN *en el salón.*
Imperfecto subjunt........... *No sentí que* CANTARAN O CANTASEN *en el salón.*

Pretérito perfecto .... *Se conoce que* HA PASADO *por aquí la tropa.*
Pretérito perf. subjunt. ...... *No se conoce que* HAYA PASADO *por aquí la tropa.*

Pretérito pluscuamper....... *Se echaba de menos que* HABÍA PASADO *por allí.*
Pluscuamperfecto subjunt. *No se echaba de menos que* HUBIERA O HUBIESE *pasado.*

Potencial simp................ *Se decía que mañana* PASARÍA *por allí la tropa.*
Pretérito imperfecto .... *No creíamos que* PASARA *por allí la tropa.*

Potencial compuesto .... *Te dijeron que a mi vuelta se* HABRÍA *cumplido tu encargo.*
Pluscuamperfecto subjunt. *No sabíamos que Juan* HUBIESE *ganado el premio.*

Esquema *con verbos de mandato, ruego, consejo y prohibición.*

No	quiero deseo ruego te encargo te aconsejo te prohíbo OJALÁ	que juegues al tenis	quise deseé te rogué te encargué te aconsejé te prohibí OJALÁ	que jugases al tenis.

EJERCICIO VIII. *Señale el valor de las formas temporales subrayadas*

1. El Barcelona perdió en su casa el punto que *ganara* el domingo pasado.
2. Ése *desarrollará* aproximadamente 120 km. por hora.
3. *Coges* la bicicleta y te *acercas* a la estación.
4. Mire, yo le *aconsejaría* que no lo hiciera.
5. Si tuviese la carrera terminada, me *presentaba* a esas oposiciones.
6. Yo ya me *retiraba* cuando se presentó don Antonio.
7. Aquel muchacho *tendría* veinte años cuando lo conocí.
8. Se ha oído ruido, ¿*llamarán* a la puerta?
9. Yo *desearía* que Vd. apoyara a mi hijo.
10. En febrero, nos *hemos alquilado* el piso y ahora tendremos que pagarlo.

EJERCICIO IX. *En las siguientes oraciones, sustituya el verbo andar por otro, de manera que no se repita ninguno*

1. Me gusta mucho andar de viaje.
2. Me gusta mucho andar de un sitio a otro.
3. Me gusta mucho andar por la alameda.
4. Me gusta mucho andar en coche.
5. Mi reloj no anda bien.
6. A esas horas, anda mucha gente por el barrio.
7. Los coches andan por el barrio con muchas dificultades.
8. El estadio estuvo tan repleto que no pudimos andar con comodidad.
9. Tarda mucho en andar del sillón a la cama.
10. Iba andando por allí como inconsciente.

EJERCICIO X. *Ponga el verbo entre paréntesis en la forma correcta*

1. Como no viene (yo, deducir) .... que (ser/estar) .... enfermo.
2. Ayer (hacer) .... muy mal tiempo cuando (tú, venir) ....
3. El intérprete (traducir) .... los documentos la semana pasada.
4. Avísame cuando él (llegar) ....
5. Si (tú, esperar) .... unos minutos, (yo, ir) .... contigo.
6. Me (dar, ellos) .... la noticia cuando (llegar, yo) ....
7. Mientras (estar, yo) .... aquí, (estar, tú) .... conmigo.
8. Ayer no (poder, yo) .... venir, me (ser) .... imposible.
9. Lo (comprar, yo) .... a plazos si (tener, yo) .... dinero.
10. ¡No (ir, vosotros) .... (quedarse, vosotros) .... en casa!

EJERCICIO XI. *Ponga el verbo entre paréntesis en la forma correcta*

1. A lo mejor mañana (ir, nosotros) .... a Burgos.
2. Puede que (llegar, ellos) .... esta misma noche.
3. Es lógico que (estar, él) .... enfadado contigo.

4. No es seguro que (tener, yo) .... tiempo para hacerlo.
5. Te aconsejaría que (seguir, tú) .... insistiendo.
6. Aunque (parecer) .... mentira, (ser) .... mentira.
7. No sé si (tener, yo) .... que ir a Barcelona.
8. ¡(Hacer, vosotros) .... el trabajo como (poder, vosotros) ....!
9. ¡(Poner, tú) .... eso donde yo lo (ver) ....
10. Cuando (salir) .... de casa, me encontré con unos amigos.

EJERCICIO XII. *Ponga el verbo entre paréntesis en la forma correcta*

1. ¡(Sentarse, vosotros) .... ahí y no (moverse) ....!
2. Ayer me (comprar) .... los libros y los (utilizar) .... hoy.
3. Ayer (hacer, ellos) .... el ejercicio sin que les (ayudar) .... nadie.
4. De haberlo sabido a tiempo, (venir) .... antes.
5. De niño, cuanto más (estudiar, yo) .... menos (aprender).
6. Por raro que te (parecer) .... ese chico (saber) hablar chino.
7. Sólo pido que se (hacer) .... justicia, aunque no me (favorecer) ....
8. Parece mentira que (ser, vosotros) .... tan obstinados.
9. Cuando yo (ser) .... niño, me (gustar) .... mucho ir al circo.
10. Apenas (llegar, ellos) ...., (ponerse) .... a llover.

10-A

GASTRONOMÍA, MODAS, EL TIEMPO Y PASATIEMPOS

Fernando Point:

UNA GUÍA DE FIN DE AÑO

Nines Arenillas:

HISTORIA Y QUESOS

Simone Ortega:

RECETAS DE COCINA

López de Haro:

CAMBIOS EN LA CABEZA

PASATIEMPOS

EL TIEMPO

UNA GUÍA DE

No son las fiestas de fin de año en España demasiado propicias al descubrimiento de restaurantes: en Nochebuena y Navidad, y debido al carácter familiar de las fechas, casi todos cierran, y cada vez son más los que hacen lo propio en Nochevieja. Pese a todo, estos días de vacaciones y festejo invitan a conocer mesas nuevas. De ahí esta relación, incompleta y subjetiva, que aquí se propone a los *gastronómadas* invernales. De ella se han omitido los establecimientos —numerosos en zonas como las costas valencianas o la Costa del Sol— que tienen vacaciones prolongadas en estos días.

El objetivo favorito —si llegan las nieves...— de muchos son las estaciones de esquí. En líneas generales, son desiertos gastronómicos. Una excepción notable: junto a Baqueira-Beret están, en Artiés (Lérida), Casa Irene (Teléfono 64 09 00) y Patxiku Quintana (Tel. 65 16 13).

También Madrid es un poderoso polo de atracción navideño. No es mal momento para conocer los *grandes* que lo son tanto por la cocina como por el jugo: Zalacaín (Tel. 261 48 40), El Amparo (Tel. 431 64 56), Horcher (Tel. 222 07 31), Príncipe de Viana (Tel. 259 14 48) y Jockey (Tel. 419 10 03). O las mejores tascas de Madrid: Aroca (Teléfono 265 11 14), La Fuencisla (Tel. 221 61 86), Casa Lucio (Tel. 265 32 52), De la Riva (Tel. 261 16 32) y Luarqués (Tel. 429 61 74). O los más destacados defensores de la cocina creativa: Cabo Mayor (Tel. 250 87 76) y Viridiana (Tel. 246 90 40). O los reyes de la carne roja: el Asador Frontón (Tel. 468 16 17) y Sacha (Tel. 457 59 52). O los del pescado: O'Pazo (Tel. 253 23 33), El Pescador (Tel. 401 30 26) y la Dorada (Tel. 270 20 04). O la inclasificable embajada de la Galicia profunda: la Casa de Troya (Tel. 403 10 54).

Madrid posee, finalmente, un tesoro tan modesto como poco común en España: un núcleo de buenos y auténticos restaurantes *étnicos,* encabezados por el marroquí Al-Mounia (Teléfono 275 01 73), el filipino Sulú (Tel. 259 10 40), el armenio Sayat Nova (Tel. 250 87 55), el polaco El Viejo-1 (Tel. 241 06 19) y el Centro Cubano (Tel. 276 47 35).

En Barcelona, más de una buena casa está cerrada por vacaciones, pero no así Reno (Tel. 200 91 29), tan sólido como antaño pero más imaginativo y variado. Dentro del *sector renovado* está también Neichel (Tel. 203 84 08), Jaume de Provença (Te l230 00 29) y Florián (Tel. 254 42 91). Para tradiciones catalanas en toda su pureza, Agut d'Avignon (Tel. 302 60 34) y El Túnel (Tel. 315 27 59). Fuera de la Ciudad Condal, cinco grandes mesas: en Argentona, el Racó d'en Binu (Tel. 797 01 01); en Arenys de Mar, Hispania (Tel. 791 04 57); en Sant Feliú de Guixols, Eldorado Petit

FIN DE AÑO

(Tel. 25 76 51), y en Figueras, el Ampurdán (Tel. 50 05 62).

Algún establecimiento también anda de asueto en el País Vasco, pero no faltan los alicientes. Los dos *grandes* de San Sebastián: Arzak (Tel. 28 55 93) y Akelarre (Tel. 21 20 52). Los *jóvenes turcos* guipuzcoanos: en Zarauz, Karlos Argiñano (Tel. 83 01 78), y en Fuenterrabía, Ramón Roteta (Villa Ainara, Tel. 64 16 93). Y las buenas mesas de Bilbao: Guría (Tel. 415 04 34) y Bermeo, en el Hotel Ercilla —una de las mejores cocinas de hotel en España— (Tel. 443 88 00).

En Cantabria, junto a los *gemelos* El Molino, de Puente Arce (Tel. 57 40 52), y La Sardina, del Sardinero (Tel. 27 10 35), está una inigualable casa de comidas, Casa Enrique, de Solares (Tel. 52 00 73), con sus notables alubias rojas.

Asturias es tierra de tantos *chigres,* tan modestos como apetitosos, que el circunscribirse a restaurantes *formales* es peligroso. Hay que citar, sin embargo, la mejor mesa de Gijón —cuando se encarga con unas horas de antelación—, La Pondala (Tel. 36 11 60); la mejor de Luanco, Casa Néstor (Tel. 88 03 15); el chigre por antonomasia, Casa Víctor, en Gijón (Tel. 35 00 93). Y sobre todo, los paraísos de la fabada: en Lugones, La Máquina (Tel. 26 00 91); en Prendes, Casa Gerardo (Tel. 87 02 29), y junto a Posada de Llanes, el menos conocido Puente Nuevo.

La Colorada es una de las típicas tascas madrileñas situada fuera del casco antiguo. Taberna taurina, cuenta entre su clientela con los habituales de la Fundación Pablo Iglesias. Entre sus platos destaca el lomo de vaca.

Galicia también es rica en tabernas oscuras y anónimas, pero con magníficos mariscos, pescados y lacones. Sus restaurantes famosos son hoy discutidos, aunque siguen valiendo la pena casas como El Mosquito, de Vigo (Tel. 30 00 16), o Rotillo, en Sanxenxo (Tel. 72 02 00). Y algunas de esas muchas casas de comidas destartaladas, pero atrayentes. Edreira, en Betanzos (Tel. 77 08 03); Los Naranjos, en Naolla, junto a La Toja (Tel. 50 12 81), o la Viuda de Alfredín, en La Coruña (Tel. 25 06 40).

Castilla-León ofrece tres excelentes restaurantes: en Valladolid, el Mesón Panero (Tel. 22 14 67); en Palencia, Lorenzo (Tel. 74 35 45); en León, Novelty (Tel. 25 06 12). Pero es ésta, sobre todo, la tierra de los hornos de asar, y hoy día existe buen cordero lechal todo el año: en Sepúlveda, Zute el Mayor (Tel. 54 01 65); en Torrecaballeros, la Posada de Javier (Tel. 41); en Aranda de Duero, Florencio

UNA GUÍA DE FIN DE AÑO

(Tel. 50 02 30); en Peñafiel, el Asador Mauro (Tel. 88 08 16). Y en la vecina Rioja está Terete, en Haro (Tel. 31 00 23). En esta región el mejor restaurante, con creces, es hoy La Merced, en Logroño (Tel. 22 06 87).

El más castizo de los buenos restaurantes de Aragón es La Venta del Sotón, en Esquedas, Huesca (Tel. 27 020 41). Y es que los otros dos son... exóticos: en Zaragoza, el Costa Vasca (Tel. 21 73 39), cuyas vacaciones acaban el día 27; y en Villanueva de Gállego, la Casa del Ventero (Tel. 11 51 87), que, como su nombre no indica, es uno de los restaurantes franceses más meritorios de la Península.

Si en estos días de vacaciones tan sólo un restaurante manchego —Nuestro Bar, de Albacete (Tel. 22 72 15)— es de recomendar, en Murcia compiten ferozmente dos grandes establecimientos: El Rincón de Pepe (Tel. 21 22 39) e Hispano (Tel. 21 61 52), con pantagruélicas raciones de verduras y pescados del Mar Menor.

Las dos zonas más afectadas por los cierres estacionales son probablemente la comunidad valenciana y Andalucía. En la primera —donde, además, la situación de la restauración pública no es boyante, sobre todo en la capital— casi todo lo interesante, desde Vinaroz hasta Cullera, está cerrado; pero no así la muy auténtica Venta del Pilar, de Alcoy (Tel. 59 23 65).

En tierras andaluzas hay que recomendar, sobre todo, dos notables restaurantes: uno, autóctono, El Caballo Rojo, de Córdoba (Tel. 22 38 04); otro, más cosmopolita, La Fonda, de Marbella (Tel. 77 25 12). Y después, todos los lugares especializados en los espléndidos pescados y mariscos de ambas costas, la atlántica y la mediterránea: la Venta de Antonio, entre Sanlúcar y Jerez (Tel. 33 05 35); La Dorada, en Sevilla (Tel. 45 02 20); Marea Baja, en Algeciras (Tel. 66 36 54), o Cunini, en Granada (Tel. 22 37 27).

Las islas no son, por ahora, portentosos centros de gastronomía; pero en Canarias se habla muy bien de un restaurante francés de la Playa del Inglés (Gran Canaria): La Cave (Tel. 76 25 82), y en esta página se ha mencionado ya el interés creciente de los restaurantes ibicencos, encabezados por el algo irregular Can Pau, de Santa Gertrudis (sin teléfono). Y Áncora, de Palma de Mallorca (Tel. 40 11 61), es probablemente el mejor restaurante balear.

¡Feliz salida culinaria de año!

Fernando Point

(*El País,* 29 de diciembre de 1984)

HISTORIA Y QUESOS

Se va a celebrar —se habrá celebrado cuando aparezcan esta líneas— la III Feria de Quesos de Cantabria, que este año se amplía por primera vez a todos los del norte de España, y que, como siempre, se organiza en el marco del hotel Risco, de Laredo, impulsada por el entusiasta Zacarías Puente y patrocinada por instituciones —Diputación y Cámara de Comercio— cántabras.

Desde sus inicios, aún muy cercanos en el tiempo, esta Feria ha gozado de una característica no muy acostumbrada en este tipo de acontecimientos: un gran arraigo popular, que la ha convertido en algo, a la vez, modesto, tumultuario e interesante. Son dos sus facetas; por una parte, una exposición y degustación de quesos, casi todos artesanos, y, por otra, una serie de conferencias que se siguen con mucho interés y van acompañadas de vivos coloquios. Este año, los ponentes —gentes del prestigio en la materia— serán Gonzalo Sol, Eduardo Méndez Riestra, José María Busca Isusi, el bromatólogo Manuel Arroyo, el maestro quesero Ramón Badía y el *superexperto* indiscutido Enric Canut. Es motivo de muy especial emoción para quien escribe estas líneas el homenaje que, pronunciado por Felipe de Mazarrasa, se hará a *Punto y Coma,* que en los últimos años de su vida y de su actividad de crítico gastronómico tantos esfuerzos dedicara a promover la idea de las denominaciones de origen para los quesos, que podrían acabar con errores, imprecisiones, abusos y con los serios daños que sufren los pequeños productores artesanales...

Muchos han afirmado que España es un paraíso quesero, pero hemos estado —¿estamos aún?— a punto de perder para siempre muchas tradiciones artesanales, debido a una incomprensible cerrazón administrativa; en efecto, la política imperante ha consistido en valorar la *pasteurización* sin primar, y vigilar más, la *higiene* durante todo el proceso de elaboración. En esta Feria norteña volverá a plantearse el severo desafío de la supervivencia de los quesos artesanos y de que sean compatibles con los controles sanitarios a los que tiene pleno derecho el consumidor,

Por cierto, la historia nos da a menudo la clave de algo, tan modesto como el queso. Hace años escuché a Canut afirmar que los quesos de nata de La Cavada (Cantabria) eran excelentes, y *distintos* a los del resto del país. Hoy, releyendo unas publicaciones del Centro de Estudios Montañeses, encuentro en una relación de apellidos y oficios estos datos reveladores: en 1627 llegaron a La Cavada, en el valle de Trasmiera, familias originarias de Flandes para trabajar en la fábrica de cañones que allí se estableció. Sus nombres, más o menos alterados por su uso en España, eran Lombau, Ouati, Marqué, Bergué (Verdegay), Rocañí, Arche, Oslet, Galas, Waldor (Baldor, Valdor), Uslé...

De todo ello es fácil deducir que las mujeres flamencas, en tierra de abundante leche, comenzaron a elaborar sus quesos con un estilo totalmente *europeo.*

Existen en Cantabria quesos muy diferenciados, desde los tremendos picones de Tresviso, envueltos en hojas de plátano, hasta los recios y ahumados de Ávila —que seguramente comían los cántabros en tiempos muy remotos—, pasando por los suaves quesucos de pasiega.

Queda por hacer todavía el mapa quesero completo de España, y quedan por estudiarse claves históricas fascinantes, como la que explica esa línea diagonal (Noroeste-Suroeste) que separa la península en dos: la zona de los quesos con cuajo animal, como en toda Europa, y la de los quesos con cuajo vegetal —el cardo— al uso morisco y, por tanto, africano.

Nines Arenillas
(*El País,* 30 de diciembre 1983)

Sopas de almendras, dulce y salada

SOPA DULCE

(Para seis personas)
Dos rollos de pasta de almendras (doscientos gramos); un litro de leche; un cuarto de litro de agua; una cucharada (de las de café) de Maizena; azúcar a gusto (como cuatro cucharadas soperas).

Calentar el líquido (agua y leche). Cuando está caliente, echar la pasta de almendra en trozos. Cuando está bien diluida, hervir durante cinco minutos. Añadirle azúcar.

En una taza diluir la Maizena con un poquito de agua. Añadirla a la sopa; cocer otros tres o cuatro minutos y servir. Esta sopa no debe de resultar muy espesa.

SOPA SALADA

(Para seis personas)
Doscientos gramos de pasta de almendras; una cucharada (de las de moka) de cominos; un buen pellizco de azafrán; dos dientes de ajo; tres ramitas de perejil; medio vaso (de los de vino) de aceite, sobrará; una cucharada (de las de café) de Maizena; un litro y medio de agua (un vaso grande por persona); sal; dos rebanadas gruesas de pan, unos cuarenta gramos (del día anterior); un plato con rebanadas de pan, cortadas muy finas y tostadas.

En una sartén se pone el aceite a calentar; cuando está, se fríen las dos rebanadas de pan y se ponen en el mortero; se fríen los ajos pelados y por último el perejil.

Todo esto se maja en el mortero. Cuando está bien machacado se añaden los cominos y el azafrán y se machaca otro poco. En un cazo se pone el agua a calentar con la pasta de almendras en trozos y se da vueltas con una cuchara de madera hasta que la pasta esté del todo disuelta. Se añade entonces lo del mortero.

En una taza se disuelve la Maizena con un poco de agua. Se añade a la sopa. Se rectifica de sal y se cuece durante 10 minutos. Se sirve en sopera, con las rebanaditas de pan tostado aparte. Se puede hacer esta sopa con dos o tres horas de anticipación.

Truchas rellenas con champiñón

(Para cuatro personas)
Cuatro truchas de ración (si son asalmonadas, mejor); una chalota grandecita (35 gramos); 150 gramos de champiñones frescos; una raja de pan de unos dos dedos de gruesa; medio vaso (de los de vino) de leche caliente; un vaso y medio (de los de vino) de aceite; 40 gramos de margarina; unas gotas de zumo de limón; pan rallado; sal.

Abrir las truchas por la tripa, vaciarlas y quitarles la espina (lo suelen hacer los pescaderos, que tienen más práctica). Lavarlas y secarlas. Poner sólo la miga de pan en remojo con la leche templada. Aparte, en una sartén pequeña, con una cucharada y media soperas de aceite, rehogar la chalota hasta que esté transparente; reservarla.

Limpiar, lavar y picar muy menudo los champiñones. Ponerlos en un cazo pequeño con una avellanita de mantequilla, unas gotas de zumo de limón y sal. Dejar que se hagan durante 10 minutos. En una ensaladera, mezclar los champiñones, la chalota, el pan remojado (si se ve que está con demasiada leche, se estruja un poco); mezclar todo bien y rellenar las truchas con esto, doblándolas como si no se hubiesen abierto.

Poner aceite en el fondo de una fuente de horno, de manera que quede cubierto. Poner las truchas, contrapeadas y previamente saladas por los dos lados. Espolvorearlas con pan rallado fino y extendido de manera uniforme. Por encima poner trozos de mantequilla o margarina. Encender el horno durante cinco minutos y meter la fuente, primero unos 10 minutos y pasado este tiempo poner a gratinar unos 10 minutos más, rociando las truchas antes con su salsa.

Servir en su misma fuente.

Simone Ortega
(*El País,* suplemento dominical, 28 de enero de 1982)

CAMBIOS EN LA

CORTES LISOS Y VAPOROSOS SON LOS ELEMENTOS FUNDAMENTALES PARA TRANSFORMAR LA IMAGEN.

Los múltiples compromisos sociales surgen con la llegada de las fiestas, obligan, en cierto modo, a que la mujer se preocupe más que nunca de su estética. Una de las maneras más rápidas y eficaces de lograr una nueva imagen es a través del cambio del peinado. Los nuevos cortes cuadrados de pelos exageradamente lisos, las nucas cortas y rectas o las medias melenas escaladas con ondas estilo «garçon; la eliminación de rizos o viejas permanentes a base de la técnica «lissage» y los recogidos de fantasía para noches muy especiales son algunas de las sugerencias de especialistas españoles en cuanto a los cabellos se refiere.

El carismático Luis Llongueras, peluquero-empresario catalán, ha propuesto para esta temporada el cabello liso cortado de una sola pieza con nuca muy corta y cortes combinados, pero con volumen. Con toques de *asimetría* para las más atrevidas y colores irregulares a base de técnicas naturales. Pero su último y más divertido invento de cara a las fiestas es su *nuevo postizo Superpluma,* que le ha costado nueve meses de perfeccionado trabajo. Se trata de un tocado cuya gracia reside en que no pretende parecer un postizo natural, sino, al contrario, trata de ser un adorno o aplique, simulando una cascada de plumas (realmente recuerda los cascos de los guardias del palacio de Buckingham), que se puede colocar como si fuera un sombrero. Realizado en pelo de fibra sintética, que no se deforma con el uso (el pelo natural no ha dado resultados), están cortados y hechos a mano. Se colocan con dos clips encima de un pelo recogido o una media melena echada hacia atrás. Existen cinco modelos y medidas distintos en tonos variados (sobresalen el castaño natural con vetas rojizas o el rubio oscuro con mechas más claras) y se recomienda llevar un color que contraste con el color natural de su pelo. Así, con un mínimo esfuerzo, se puede conseguir un aire sofisticado y gracioso que seguramente será el furor en verano para después de la playa. Se empiezan a alquilar en sus salones de Barcelona y pronto en el resto de España al 20% de su precio de coste (5.000 a 13.000 pesetas, según peso de pelo que lleve postizo) durante 72 horas.

Rizo's Peluqueros, optan por tres medidas de media melena cuadrada, tanto lisa (estilo deportivo) como ondulada reminiscente de finales de los años veinte y comienzos de los treinta, para realizar línea más sofisticada: melena cortada hasta mandíbula, melena hasta la boca y una cortita hasta nariz con nuca desfilada.

La melena de onda se consigue con un *body* moldeado que no se deforma al acostarse. Para lograr reflejos dorados de color natural se utiliza la técnica de *transparencias,* que vienen a ser unos brochazos iguales imitando la naturaleza o rayos de sol en contraste con las mechas convencionales.

Pepe Molina, madrileño de nacimiento, con 25 años de oficio en Barcelona, es un auténtico mago de las tijeras, capaz de transformar la melena más triste y decaída en un corte vanguardista. Pero a la hora de crear una fantasía para alguna ocasión singular también es el mago de la ilusión. En este sentido ha diseñado su *línea de cristal,* que son unos adornos que se acoplan a los pelos recogidos integrándose en el mismo cabello, como el pez escorpión, la estrella de mar, el águila, la concha, los conos largos y cortos, la caracola o la escale-

CABEZA

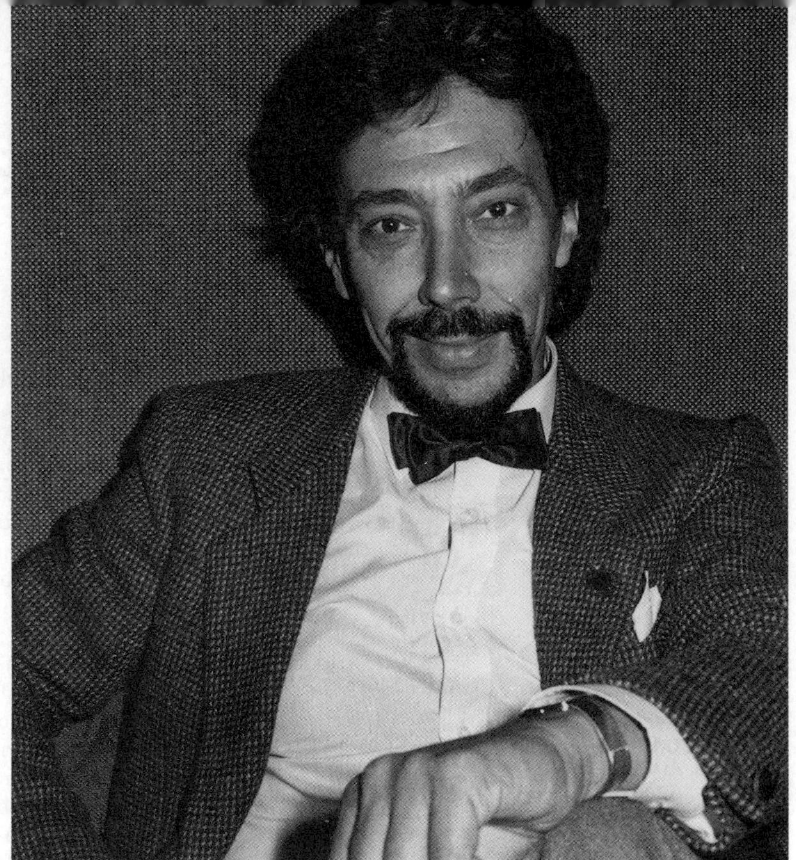

ra, todo realizado en cristal transparente (por Eduardo Asensio Garuti), cuyos precios oscilan entre las 20.000 y 50.000 pesetas por pieza.

RECURSOS PARA LA MUJER

New Look, el centro de belleza más moderno de Barcelona, se acaba de estrenar, hace un mes y cuenta con todos los recursos que necesite la mujer moderna para mantenerse en forma (gimnasia con clases de danza, aerobic, yoga, etc.; curas de adelgazamiento bajo control médico, tratamientos corporales, masajes, saunas, hidroterapia, faciales, sol artificial, además de salón de peluquería y maquillaje). Sus estilistas optan por la imagen de la mujer *natural,* advirtiendo que cada mujer debe buscar su propio estilo según sus facciones físicas, su carácter, su estilo de vida, etc., sin seguir la moda como una autómata. Pero sí creen en la tendencia para 1984 de los cortes rectos de líneas puras inspiradas en la geometría simétrica, pero sin ser estática ni aburrida, y que se puede adaptar a diversos rostros después de haber sido estudiadas las facciones de cada uno. Para las caras que no son propicias a los cortes cuadrados totalmente lisos se pueden adoptar formas con ligeros volúmenes, que se consiguen con secados naturales en un pelo rizado o con moldeados ligeros por zonas, siempre con el fin de lograr imagen natural.

En cuanto a novedades en el campo de los productos capilares, cabe destacar tres recién llegados, ligeramente revolucionarios, lanzados por L'Oreal, líder en el mercado. Aunque sólo pueden ser adquiridos en salones de profesionales de la peluquería: Avance es un plis de pelo en forma de espuma que se aplica sobre el cabello después del lavado y secado a toalla, y sirve para desenredar, moldear y mantener el peinado; Bionic es una espuma acondicionadora del pelo que aporta suavidad a cabellos secos y normales, empleado después del lavado, pero aclarando después de algunos minutos de su aplicación; Lelia es una permanente ácida (todas las otras permanentes son alcalinas), y su ventaja reside en que respeta más al pelo alcalino y permite realizar permanentes en pelos sensibilizados, castigados por tintes, mechas o permanentes.

López de Haro
(*El País,* lunes 26 de diciembre de 1983)

CÓMO CONGENIAMOS

ARIES
Buena unión con Géminis y Acuario. Atracción física con Libra. Congenia bien con Piscis y muy bien con Leo. Fácil entendimiento con Tauro.
(Del 21-III al 20-IV)

GÉMINIS
Atracción sensual y espiritual con Tauro. Buen entendimiento con Aries. Trabajo con Leo. Unión con Libra.
(Del 21-V al 21-VI)

ACUARIO
Atracción con Acuario, Géminis y Libra. Unión perfecta con Escorpio. Afinidad con Sagitario. Armonía con Piscis. Amistad con Cáncer.
(Del 21-I al 18-II)

PISCIS
Atracción física con Aries. Comprensión con Tauro. Atracción con Virgo. Duración con Escorpio. Acuerdo con Capricornio.
(Del 19-II al 20 III)

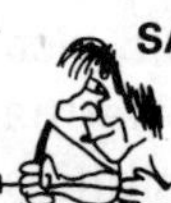

SAGITARIO
Simpatía con Tauro. Atracción física con Géminis. Amistad y trabajo con Cáncer. Lealtad con Leo.
(Del 23-XI al 21-XII)

CAPRICORNIO
Armonía con virgo, Escorpio y Sagitario. Buena con Tauro. Acuerdo con Cáncer. Afinidad con Piscis.
(Del 22-XII al 20-I)

VIRGO
Amistad con Aries. Simpatía con Tauro y Capricornio. Afinidad sensual con Escorpio. Entendimiento con Cáncer.
(Del 24-VIII al 23-IX)

LEO
Atracción física con Tauro, Acuario y Géminis. Acuerdo con Cáncer. Laboral con Virgo. Unión con Sagitario. Amistad con Piscis.
(Del 23-VII al 23-VIII)

CÁNCER
Amistad con Géminis. Grandes pasiones con Leo. Excelente con Piscis. Bien con Virgo.
(Del 22-VI al 22-VII)

ESCORPIO
Afinidad con Capricornio, Virgo y Piscis. Unión positiva con Géminis. Trabajo con Libra. Atracción física con Acuario. Afinidad con Piscis.
(Del 24-X al 22-XI)

LIBRA
Armonía con Géminis, Leo, Sagitario y Acuario. Atracción sensual con Escorpio. Amistad con Piscis.
(Del 24-IX al 23-X)

TAURO
Unión feliz con Aries y con Géminis. Simpatía con Cáncer. Afinidad con Libra, Sagitario y Piscis.
(Del 21-IV al 20-V)

Pasatiempos

CRUCIGRAMA SILÁBICO

Horizontales: **1.** Priva de relación, trato o comunicación. Tela para cortina y tapizados de muebles / **2.** Mezcla de limaduras de aluminio y óxido de hierro, utilizada para soldar. Espumadera. En plural, especie de trébol / **3.** Ninguna cosa. Amagaba, conminaba. Diferencia / **4.** Antigua ciudad de Bitinia. Formaría pelotones. Artículo neutro / **5.** Adornada con nácar. Unidad monetaria de Irán. Disparé repetidamente tiros contra alguien / **6.** Llana. El hermano de Zipi en la popular historieta. Alimento milagroso que mandó Dios al pueblo de Israel. Mueven la tierra con la azada o el pico / **7.** Cuero curtido de oveja que conserva la lana. Volumen o dimension de una cosa. Escoge / **8.** Nota musical. Brinco sacudiendo los pies. Tela fuerte para tiendas de campaña. Con lo que termina salón o melón / **9.** Especie de ungüento, pero que no contiene resinas. Privé de la comodidad / **10.** De color entre carmín y azul. Especie de acacia. Reincides en los vicios o errores / **11.** Parte superior de la cerviz. Sala de clase. El plural de la primera vocal. Hieren a los toros los varilargueros / **12.** Tonto, fatuo. Prefijo que denota antelación. Ofrecida como reconocimiento o gratitud / **13.** Símbolo del tantalio. Doctrina de los fundamentos y métodos del conocimiento científico. Símbolo del litio / **14.** Landrilla del perro. Sitios poblados de tamarices. Consigue algo con destreza / **15.** Pastora joven. Arrojara. Bomba que lanzan los submarinos / **16.** Dícese de la roca que tiene dolomía. Importunara, molestara con impertinencia y pesadez.

Verticales: **1.** Sometido un asunto a la autoridad conjunta de varias naciones. Dado carácter de monumental a una cosa / **2.** Alimento. Júntale, únele. Especie de ágata de color de cera. Individuo de una raza indígena de filipinas. / **3.** Jauría. Piedra consagrada del altar. Conturbado, sobresaltado, avergonzado. Pierde el equilibrio. Pasé repetidas veces la lengua por una cosa / **4.** Conjunción copulativa. Despedaza algo material. Ave palmípeda muy conocida. Camino especialmente acondicionado para que los coches vayan a gran velocidad. Símbolo del titanio / **5.** Pasta de azúcar hecho almíbar y endurecido. Saco de los soldados. Dios de los sarracenos. Conjunto de temas o argumentos fundamentales de una obra / **6.** Relativo al senado o al senador. Sitio donde se mata el ganado. Morirá una persona antes que otra / **7.** Arsenal de embarcaciones. Aragonés. Archipiélago de Oceanía, en Polinesia. En Aragón, ajustáramos a una persona para que realice un trabajo por cierto precio / **8.** Relación entre la longitud de una circunferencia y su diámetro. Sulfato de barita. Demente, orate. Barras de

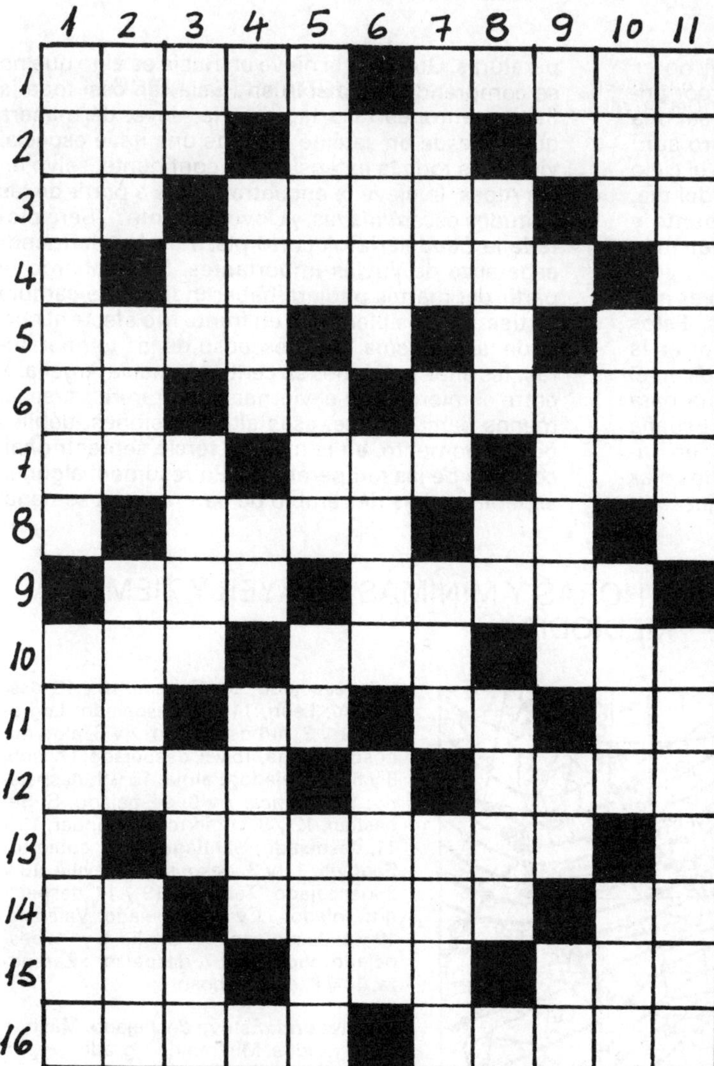

metal en bruto. Símbolo del cobalto / **9.** Camilo José — — — —, famoso escritor. Anillo. Excité en alguien la pasión del amor. Postilla o tumorcillo en el cuerpo. Regresé / **10.** Asperezas, durezas en el trato. Alabastro de colores muy vivos. Corta la cabeza. Lidia de becerros por aficionados / **11.** Entre los griegos, libro que contiene las lecciones de la misa y los evangelios para las fiestas y domingos. La que causa escándalo.

Soluciones en la pág. 200.

COLOCANÚMEROS

MEZOS

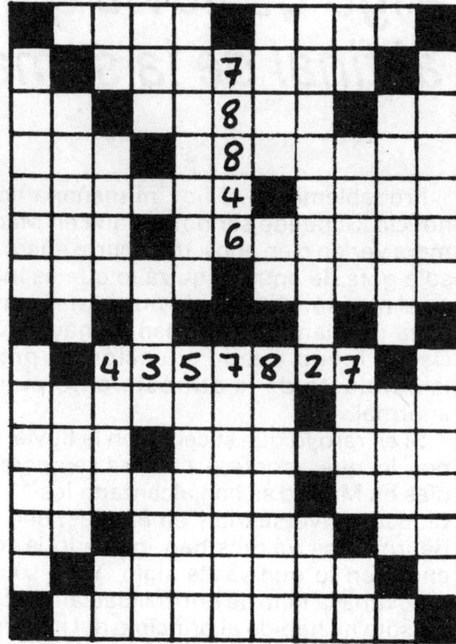

Componga este rompecabezas con los números detallados a continuación, basándose en los dos ya colocados.

2. 10, 11, 26, 36, 37, 44, 55, 83.
3. 111, 156, 213, 234, 254, 477, 556, 694.
4. 1109, 1982, 2120, 3123, 3140, 4834, 5053, 5337, 6518, 7245, 7546, 8384, 9105, 9982.
5. 48878, 54321, 64650, 78846, 99099.
6. 141672, 352755, 445890, 545689, 673948, 778831, 934266.
7. 1347896, 2350346, 2877689, 3489370, 4357827, 5667484, 5987678, 6893401, 7046782, 7689488, 8181111, 8892211, 9872345.

JEROGLÍFICO

JURJO

1. ¿En qué le notas que tiene vergüenza?

Algo de lluvia quizás al final de la semana

EL TIEM

Probablemente ni hoy ni mañana lloverá; no es noticia. Sí puede ser noticia que en Madrid, por primera vez en cien años, transcurre enero sin caer una sola gota de agua. Y quizá lo que es más raro aún: en el mes sólo ha habido una jornada en que el cielo haya permanecido nuboso la mayor parte del día. Desde luego que la situación es preocupante y la conducta de la atmósfera no puede ser más anormal.

Si es raro lo que sucede con la lluvia, no lo es menos lo que acontece con las temperaturas. Estos días en Madrid se han alcanzado los 18 grados en la Ciudad Universitaria y en Barajas; uno menos en el Retiro. Esos valores han igualado la máxima para enero en lo que va de siglo. Y no sólo en España preocupa la falta de normalidad atmosférica; en Rusia sólo ha habido al principio del invierno unos días muy fríos. Ahora apenas si tienen nieve o bajas temperaturas. Que falte la nieve en Rusia es algo que no se comprende. Y no sólo en Rusia; en casi toda la llanura europea falta también la nieve, de manera que si desde un satélite o desde una nave espacial viéramos toda la extensión del continente, salvo en los Alpes, la nieve la encontraríamos a partir de las latitudes escandinavas. ¿Lloverá pronto? ¿Será plorada la Candelaria? A corto plazo no hay la menor esperanza de lluvias importantes. Sin embargo, a partir del martes pudiera haber indicios de cambio de tiempo; posiblemente un frente frío afecte al norte de la Península, con descenso de las temperaturas; las altas presiones se centrarán hacia Argelia. Y entre el miércoles y el viernes pudieran retirarse, al menos parcialmente, esas altas presiones, débiles por el momento, en la mitad o tercio septentrional, con baja de las temperaturas. En resumen, algunas esperanzas hay de cambio de tiempo en la semana.

TEMPERATURAS A LAS CATORCE HORAS Y MÍNIMAS DE AYER Y TIEMPO A MEDIODÍA

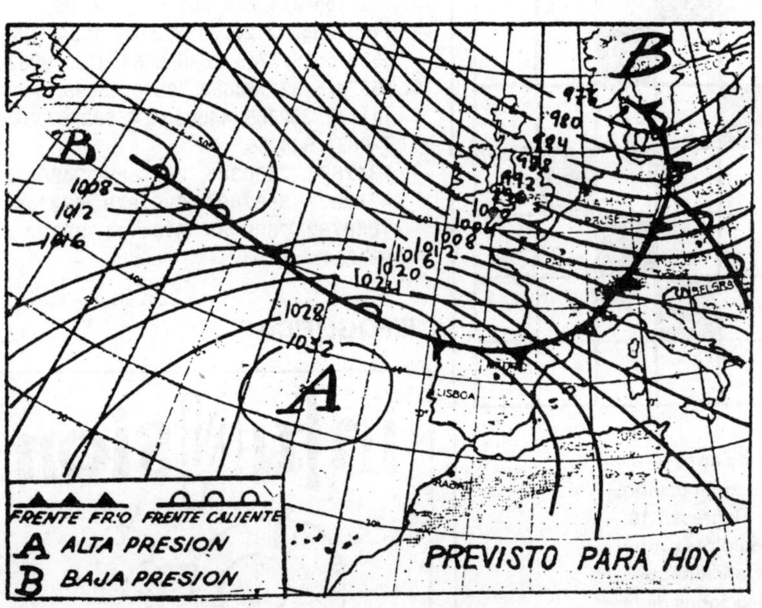

(Datos del Instituto Nacional de Meteorología)

España: Albacete, – y –1, despejado; Alicante, 23 y 6, despejado; Almería, 13 y 5, despejado; Badajoz, – y 1, despejado; Barcelona, 14 y 8, despejado; Bilbao, 14 y 10, despejado; Burgos, 8 y 0, despejado; Cáceres, – y 6, despejado; C. Real, – y 0, despejado; Córdoba, 14 y 2, despejado; Coruña, 12 y 11, cubierto; Gerona, 12 y 0, despejado; Granada, 11 y –2, despejado; Guadalajara, 12 y 1, despejado; Ibiza, 14 y 6, despejado; Las Palmas, 18 y 13, despejado; León, 14 y 4, despejado; Logroño, 11 y 2, nuboso; Lugo, 7 y 3, algo nuboso; Málaga, 15 y 5, despejado; Oviedo, 8 y 5, despejado; Palma, 15 y 1, despejado; Salamanca, 7 y 0, despejado; S. Sebastián, 12 y 9, cubierto; Santander, 13 y 11, despejado; Santiago, 8 y 6, cubierto; Segovia, 12 y 3, despejado; Sevilla, 13 y 2, despejado; Tenerife, 19 y 14, despejado; Toledo, 11 y 1, despejado; Valencia, 19 y 4, despejado; Valladolid, 6 y –1, despejado; Vigo, 10 y 7, despejado; Zaragoza, 14 y 8, algo nuboso.

En Madrid: Estuvo despejado. Máxima de 16 grados. Mínima de 1 grado.

Datos astronómicos: Sol sale en Madrid a las 8,26; se pone a las 18,30. Luna sale a las 20,33; se pone a las 9,47. (Hora oficial peninsular.) Duración del crepúsculo, 31 minutos.

Alberto Lines

(*Ya,* 30 de enero de 1983)

O

Óptimo para las excursiones

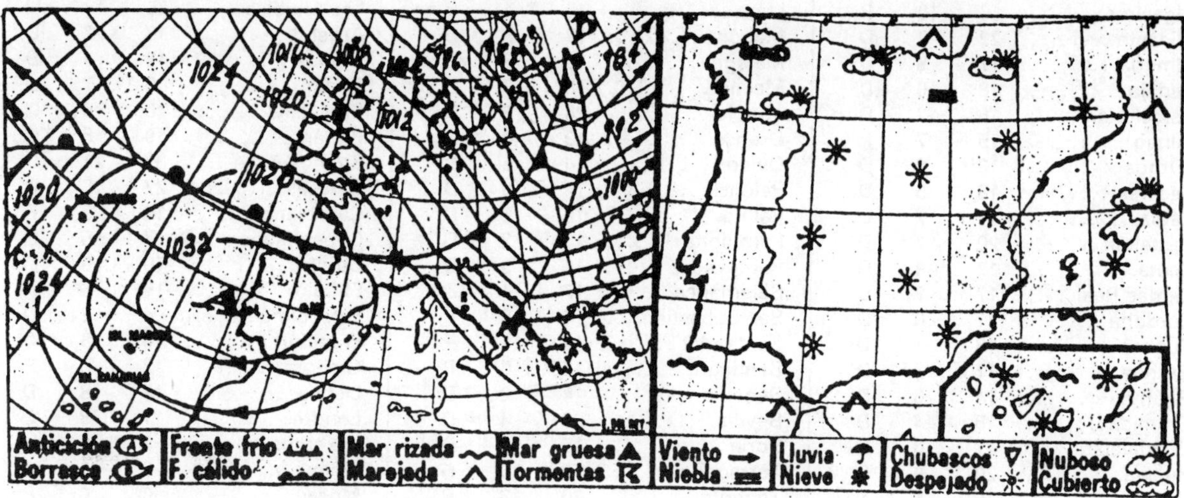

Teniendo la precaución de no salir muy temprano, porque a esas horas las temperaturas serán todavía bajas, las características meteorológicas alcanzarán valores idóneos durante el fin de semana para las excursiones camperas y seguirán siendo adversas para todo lo que signifique paliar la sequía. Ese frente que aparece en el mapa previsto para este mediodía en las proximidades del Norte peninsular no proporcionará otra cosa que nubes y, en el mejor de los casos, lloviznas aisladas, dado que su actividad es mínima.

PRONÓSTICOS

Área de Madrid.—Cielo despejado. Vientos muy flojos de dirección variable. Temperaturas sin cambios notables respecto a los últimos días.

Cantábrico.—Nuboso, con posibilidad de alguna precipitación débil.

Galicia.—Muy nuboso en el Norte y parcialmente cubierto en el Sur.

Duero.—Intervalos nubosos en la cabecera y cielo despejado o casi despejado en el resto de la cuenca.

Extremadura.—Despejado.

La Mancha.—Despejado.

Andalucía.—Despejado o casi despejado.

Levante.—Despejado o casi despejado.

Ebro.—Algo nuboso en la cabecera, nieblas en Aragón y despejado en la zona de la desembocadura.

Cataluña.—Intervalos nubosos en el Pirineo y cielo despejado en el resto de la región.

Baleares.—Despejado o casi despejado.

Canarias.—Poco nuboso o despejado.

Ayer.—No se produjeron precipitaciones en ningún punto de la geografía española.

Temperaturas extremas.—Máxima, 24 grados en Murcia, y mínima, –4 en Granada.

Mañana.—Nuboso, con posibilidad de Lloviznas o lluvias débiles en Galicia y el Cantábrico. Algo nuboso en las cuencas altas del Duero y del Ebro. Despejado o casi despejado en el resto.

En Madrid.—Datos meteorológicos.—Temperaturas extremas: máxima, 17 grados, y mínima, –2. La presión a las veinte horas era de 715,8 milímetros, tendiendo a descender ligeramente. La humedad osciló entre el 56 y el 93 por 100. Los vientos fueron flojos y de dirección variable.

José A. Maldonado

EL TIEMPO

Para viajeros

ESPAÑA	M.	m.	X
Albacete	17	–3	D
Algeciras	16	10	P
Alicante	22	7	D
Almería	17	5	D
Badajoz	18	0	D
Barcelona	16	12	D
Bilbao	15	7	P
Burgos	13	0	D
Cáceres	18	5	D
Cádiz	17	7	D
Castellón	20	7	D
Ceuta	17	9	D
Ciudad Real	17	–2	D
Córdoba	21	0	D
Cuenca	18	–1	D
Gerona	17	3	D
Gijón	14	6	D
Granada	18	–4	D
Guadalajara	17	0	D
Huelva	20	9	D
Huesca	16	5	D
Ibiza	17	6	D
Jaén	18	2	D
Jerez	21	2	D
La Coruña	14	11	C
Lanzarote	19	13	D
Las Palmas	20	13	D
León	16	2	D
Lérida	14	1	D

ESPAÑA	M.	m.	X
Logroño	15	–2	D
Lugo	15	4	P
Mahón	17	8	D
Málaga	16	3	D
Melilla	18	7	D
Murcia	24	8	D
Orense	13	3	D
Oviedo	14	5	D
Palencia	14	0	D
Palma	18	2	D
Pamplona	13	2	D
Pontevedra	14	5	D
Salamanca	17	–1	D
San Sebastián	14	8	P
Santander	14	11	P
Santiago	13	6	P
Segovia	14	2	D
Sevilla	22	4	D
Soria	15	0	D
Tarragona	16	10	D
Tenerife	20	13	P
Teruel	17	–2	D
Toledo	17	–1	D
Valencia	23	7	D
Valladolid	15	–3	D
Vigo	14	11	P
Vitoria	18	–2	D
Zamora	16	0	D
Zaragoza	15	9	D

EXTRANJERO	M.	m.	X
Amsterdam	9	8	C
Los Ángeles	15	14	Ll
Argel	18	2	D
Atenas	12	4	D
Berlín	9	7	Ll
Bruselas	10	8	Ll
Budapest	10	8	C
Buenos Aires	33	21	D
Caracas	27	15	D
Casablanca	19	9	P
Copenhague	7	5	Ll
Dublín	10	9	Ll
El Cairo	15	6	P
Estocolmo	4	2	D
Francfort	10	8	C
Ginebra	12	6	P
Lisboa	18	8	D
Londres	11	8	C
Luxemburgo	8	6	Ll
Milán	3	–1	n
Moscú	0	0	P
Niza	15	10	P
Nueva York	1	–1	C
Oslo	5	0	D
París	10	8	D
Río de Janeiro	36	22	D
Roma	13	7	C
Viena	12	10	C
Zurich	12	7	D

ABREVIATURAS.—M: Temperatura máxima.—m.: Temperatura mínima.—D.: Despejado.—C.: Cubierto.—Ll.: Lluvias.—P.: Parcialmente lluvioso.—T.: Tormentas.—N.: Nieve.—n.: Niebla.—Ch.: Chubascos.— (Datos numéricos facilitados por el Instituto Nacional de Meteorología).

(ABC)

SOLUCIONES A LOS PASATIEMPOS

Solución al crucigrama silábico

Horizontales: 1. Incomunica. Tapicería / **2.** Termita. Rasera. Lagopos / **3.** Nada. Amenazaba. Resto / **4.** Cio. Apelotonaría. Lo / **5.** Nacarada. Rial. Tiroteé / **6.** Lisa. Zape. Maná. Cavan / **7.** Zalea. Tamaño. Elige / **8.** Do. Zapateta. Loma. Lon / **9.** Cerato. Desacomodé / **10.** Morado. Aromo. Recaes / **11.** Nuca. Aula. Aes. Pican / **12.** Mentecato. Pre. Tributada / **13.** Ta. Epistemología. Li / **14.** Lita. Tamarigales. Caza / **15.** Zagala. Tirana. Torpedo / **16.** Dolomítica. Mosconeara.

Verticales: 1. Internacionalizado. Monumentalizado / **2.** Comida. Cásale. Ceracate. Tagalo / **3.** Muta. Ara. Azarado. Cae. Lamí / **4.** Ni. Apedaza. Pato. Autopista. Ti / **5.** Caramelo. Petate. Alá. Temática / **6.** Senatorial. Matadero. Premorirá / **7.** Tarazana. Maño. Samoa. Logáramos / **8.** Pi. Baritina. Loco. Estrígiles. Co / **9.** Cela. Aro. Enamoré. Búa. Torné / **10.** Rigores. Tecali. Decapita. Capea / **11.** Apostoloevangelón. Escandalizadora.

Solución al jeroglífico

Tiene la cara colorada.
TI-ENE-LA-CARA-COL-O-RA+DA.

Solución al colocanúmeros

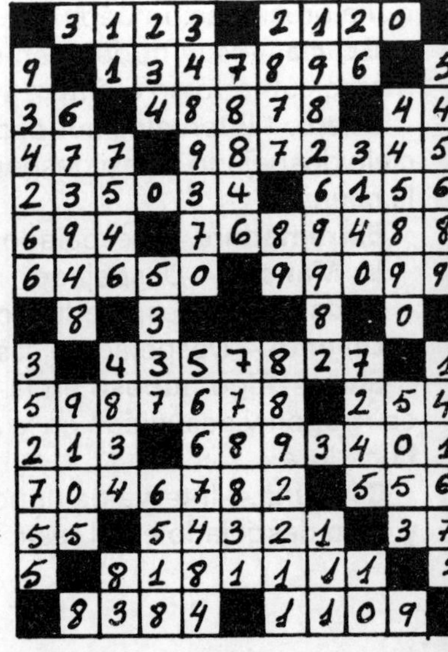

10-B GRAMÁTICA - EJERCICIOS

GRAFÍA DE NOMBRES GEOGRÁFICOS

DERIVACIÓN

ORACIÓN SIMPLE

COORDINACIÓN DE ORACIONES

ORACIONES SUBORDINADAS

ESQUEMA GRAMATICAL 1

GRAFÍA CASTELLANA DE ALGUNOS NOMBRES GEOGRÁFICOS

Edimburgo, ciudad de Escocia.
Escalda, río de Europa.
Finlandia.
Florencia, ciudad de Italia.
Francia.
Friburgo, ciudad de Suiza y de Alemania RFA.
Garona, río de Francia.
Génova, ciudad de Italia.
Ginebra, ciudad de Suiza.
Gante, ciudad de Bélgica.
Japón.
Groenlandia.
Holanda.
Islandia.
Indochina.
Italia.
Kenia.
Jartum o *Jartún,* ciudad de Sudán.
Kilimanjaro, macizo montañoso de África.
Lovaina, ciudad de Bélgica.
Líbano.
Libia.
Lieja, ciudad de Bélgica.
Lisboa, ciudad de Portugal.
Loira, río de Francia.
Londres, ciudad de Inglaterra.
Lausana, ciudad de Suiza.
Maguncia, ciudad de Alemania (RFA).
Milán, ciudad de Italia.
Manila, ciudad de Filipinas.
Marruecos.
Marsella, ciudad de Francia.
Mequinez, ciudad de Marruecos.
Mónaco, ciudad del estado de Mónaco.
Moscú, ciudad de la URSS.
Nápoles, ciudad de Italia.
Nueva Orleans, ciudad de EE.UU.
Nueva Zelanda.
Noruega.
Pekín, ciudad de China.
Rusia.
Escocia.
Suecia.

ESQUEMA GRAMATICAL 2

DERIVACIÓN

Forme derivados en *-ADA, -ADO, -UDO.*

profesor	→	profesorado;	hincha	→	hinchada
rosa	→	rosado;	secretaria	→	secretariado
pata	→	patada;	pulga	→	pulgada
hueso	→	huesudo;	patilla	→	patilludo

EJERCICIO I. *Forme derivados con las palabras siguientes y utilícelos en las frases propuestas*

(estoque, llegar, pintar, carreta, tonel, alcalde, inocente, color, empresario, árbol, cadera, cretino, calavera, hombre, burro, polaca, marisco, párrafo, sentar, muslo, talento, barba, barriga, bigote, cuerno, seso).

1. A la (llegar) ...... a la meta, se encontró con una muchedumbre que lo vitoreaba.
2. En tiempo de elecciones generales hay (pintar) ...... en todas las paredes.
3. Eso cuesta una (burro) ......, no hay quien lo compre.
4. El alcalde de la ciudad lanzó una (párrafo) ...... política sin ton ni son.
5. Estuvimos en un cocedero de mariscos y nos dimos una (marisco) ...... de muy señor mío.
6. Carmen realizó la (hombre) ......: aprobó las oposiciones.
7. Pedro es un (barriga) ......, cada día pesa más.
8. Juan es un (seso) ...... varón.
9. El actuar fuera de tono es una (cretino) ...... en cualquier situación.
10. El matador despachó al toro de una (estoque) ...... en todo lo alto.

ESQUEMA GRAMATICAL 3

DERIVACIÓN

Forme derivados en *-ABLE, -IBLE.*

amar	→	amable;	temer	→	temible
denostar	→	denostable;	comer	→	comestible

EJERCICIO II. *Forme derivados de las palabras siguientes y utilícelos en las frases propuestas*

(aborrecer, leer, abnegar, abominar, abordar, acontecer, acompasar, adherir, achicharrar, adormecer, aducir, aguerrir, ambicionar, apetecer, aparejar, aplacar, aprobar, arrollar, atemorizar, atribuir, cercar, aconsejar, disponer, vencer, variar).

1. La comida cuando no me gusta es (aborrecer) ......
2. Un viaje siempre es algo (apetecer) ......
3. Es (aconsejar) ...... el guardar las formas sociales en muchas circunstancias.
4. Cuando no existe certeza absoluta sobre una autoría, decimos que es (atribuir) ...... a un autor.
5. Las pegatinas como su nombre indican son (adherir) ......
6. Muchas veces los manuscritos antiguos son poco (leer) ......
7. En este momento no hay ningún coche (disponer) ......
8. En primavera el tiempo suele ser (variar) ......
9. Los ministros actuales son (abordar) ...... en cualquier momento.
10. Para dar una respuesta negativa, siempre se encuentran razones (aducir) ......

ESQUEMA GRAMATICAL 4

DERIVACIÓN
Forme derivados en *-AJE*. aterrizar → aterrizaje amerizar → amerizaje aprender → aprendizaje

EJERCICIO III. *Forme derivados con las palabras siguientes y utilícelos en las frases propuestas*

(drenar, cronometrar, doblar, fichar, abordar, montar, viajar, hospedar, pelar, placar, abordar, amortizar, amarrar, alunizar, alucinar, almacenar, acoplar, hechizar, helenizar, embalar, maridar).

1. El (cronometrar) ...... de las pruebas falló y no se pudo registrar el récord conseguido en los cien metros lisos.
2. El (doblar) ...... de la película fue tan irregular que parte del diálogo original se perdió.
3. Los clubs de fútbol, al comienzo de la temporada realizan muchos (fichar) ......
4. El policía detuvo a varios individuos por su (pelar) ...... sospechoso.
5. El (alunizar) ...... de las naves fue perfecto, según mostró la televisión.
6. Los delanteros del equipo rival fueron sometidos a un (placar) ...... férreo por todo el campo.
7. Los piratas practicaban el (abordar) ...... con toda facilidad.
8. Derecha e izquierda políticas vivían en pleno (maridar) ......
9. No me gusta el nuevo (montar) ...... de la obra de Valle-Inclán.
10. Muchos muebles se deterioraron en el traslado por culpa de un deficiente (embalar) ......

ESQUEMA GRAMATICAL 5

DERIVACIÓN					
Forme derivados en *-ARIO, -ATORIO, -ETORIO, -ACIÓN, -ICIÓN*.					
disciplina	→	disciplinario;	fracción	→	fraccionario
suplir	→	supletorio;	escapar	→	escapatorio
asociar	→	asociación;	componer	→	composición

EJERCICIO IV. *Forme derivados con las palabras siguientes y utilícelos en las frases propuestas*

(contestar, biblioteca, botica, campana, inhibir, beneficio, calificar, rehabilitar, publicar, exponer, narrar, disponer, presentar, invitar, programar, manifestar).

1. El (biblioteca) ...... no nos dejó utilizar el libro durante el fin de semana.
2. El niño nos ha salido (contestar) ......; va a todas las manifestaciones.

3. Desde el (campana) ...... se divisaba todo el pueblo.
4. En el despacho coloqué un teléfono (suplir) ......
5. El niño iba todos los días al hospital, tenía media hora de (rehabilitar) ......
6. En el examen de ingreso obtuvo la (calificar) ...... de sobresaliente.
7. La (publicar) ...... de las actas es lo más costoso del congreso anual.
8. El ladrón no tuvo (escapar) ......; la policía estaba allí.
9. Los familiares respondieron súbitamente a la (invitar) ......
10. La (programar) ...... docente es difícil de realizar sin medios adecuados.

ESQUEMA GRAMATICAL 6

ORACIÓN SIMPLE

Atributivas o cualitativas. Ejemplos: *La tarde era apacible. Sé bueno, Juanito.*

- OBJETIVAMENTE o por la naturaleza del predicado ....
  - Predicativas.
    - Transitivas. Ejemplos: *El alumno trajo sus libros. Guardaremos el regalo.*
    - Intransitivas. Ejemplo: *La niña bailó demasiado.*
    - De verbo de estado. Ejemplos: *Vivimos en Madrid. Él nace indefenso.*
    - Pasiva (sujeto paciente). Ejemplos: *La guerra fue declarada por ambas partes* (primera de pasiva). *La carta fue echada en el buzón de correos.*
    - Reflexiva. Ejemplo: *Luis se lava la cara.*
    - Recíproca. Ejemplos: *Pedro y Juan se cartean. Los chicos se quieren.*
    - Impersonales. Ejemplos: *Llueve a cántaros. Es tarde. Hay noticias* (sujeto). *Llaman a la puerta.*
- SUBJETIVAMENTE o por la naturaleza psicológica del juicio........
  - Respecto del predicado.
    - Indicativas. Ejemplo: *Andrés llega mañana.*
    - De posibilidad. Ejemplo: *Eso lo supondrías.*
    - Dubitativas. Ejemplo: *Acaso no llegue mi amigo mañana.*
    - Dubitativo-interrogativas (con indicativo y subjuntivo). Ejemplos: *¿Qué hago? ¿Qué haría?*
    - Dubitativo-exclamativas. Ejemplo: *¡Que haya pasado sin mirarme!*
    - Exhortativas. Ejemplo: *Compadeceos de nosotros* (miserere nobis).
    - Exhortativa de tipo personal. Ejemplo: *Vayamos todos en su ayuda.*
    - Exhortativa de suposición. Ejemplo: *Dicen que el perro es muy noble; pégale, acabará mordiéndote* (supongamos que le pegas).
    - Optativas. Ejemplos: *¡Ojalá llueva! ¡Dios me perdone!*
  - Respecto del juicio......
    - Asevero-afirmativas. Ejemplo: *Creced y multiplicaos.*
    - Asevero-negativas. Ejemplo: *Yo no lo haría.*
    - Interrogativas. Ejemplo: *¿Ha llegado Juan?*
    - Exclamativas. Ejemplos: *¡Cómo grita! ¡Qué solos nos dejan los muertos!*

EJERCICIO V. *Coloque el verbo que corresponda en la forma adecuada*

1. El coche ...... por el precipicio.
2. La temperatura ...... este verano una enormidad.
3. Carlitos ...... toda la tarde en la habitación de la Residencia.
4. Se rompieron los frenos de la moto y se ...... contra el muro.
5. El muro se ...... con intensidad.
6. El Rácing jugó un partido anodino y el público ...... en palmas de tango.
7. El coche ...... todas las maletas en el maletero.
8. El millón de pesetas se me ...... de las manos en un santiamén.
9. Supo quiénes éramos y nos ...... la puerta.
10. Metió el dedo en el agujero y le ...... un alacrán.

ESQUEMA GRAMATICAL 7

COORDINACIÓN	
Período por COORDINACIÓN............	Copulativa. Ejemplo: *Es brutal y zafio y no hay modo de poner freno a su lengua.* Distributiva. Ejemplos: *Unos entraban, otros salían. Ya en paz, ya en guerra, su vida fue un trabajo continuado.* (Las palabras correlativas son: *aquí... allí; unos... otros; cuando... cuando; bien... bien; ya... ya; ora... ora).* Disyuntiva. Se usa propiamente con la conjunción *o* que puede cambiarse por *u.* Ejemplos: *Vienes o me marcho. Tenía sólo diez u once pesetas.* Adversativa. Ejemplos: *Aunque es un sabio, no sabe arreglarse. No soy su padre; pero le escucho y defiendo* (restrictiva) (Las conjunciones son: *pero, más, aunque, no obstante, con todo, fuera de, excepto, salvo, menos). Ese no es mi parecer, sino el tuyo* (exclusiva). Causal. Se excluye del grupo coordinativo. La línea entre la subordinación y la coordinación *causal* es poco clara. Suelen ponerse, como *coordinadas causales* estos ejemplos: *No te rías,* QUE *no tengo gana de bromas.* Nosotros entendemos que son *subordinadas* («porque»). *No lo hizo* PORQUE *no quiso* (Acad. 346).

EJERCICIO VI. *En las oraciones siguientes, sustituya la oración causal que va en cursiva, por un sustantivo*

Pude llegar a tiempo *porque el tren llegó con retraso* → *El retraso del tren me permitió llegar a tiempo.*

1. Todos los alumnos aprobaron el examen *porque era muy fácil.*
2. El ministro de Agricultura ha obtenido buenos resultados *porque ha trabajado.*
3. No podrá estar con nosotros *porque ha tenido que salir de viaje.*
4. El equipo del colegio estuvo a punto de ganar *porque tuvo mucha suerte.*
5. El bar estuvo cerrado *porque no reunía las mínimas condiciones higiénicas.*
6. Los espectadores salieron de la sala *porque la obra era aburrida.*
7. La policía detuvo al ladrón *porque la policía anduvo lista.*
8. No voy con frecuencia a la playa *porque no calienta el sol.*
9. Los alumnos están contentos *porque se acercan las vacaciones.*
10. No puedo decir lo que pienso *porque soy sincero.*

ESQUEMA GRAMATICAL 8

SUBORDINACIÓN

- Cláusula por SUBORDINACIÓN
  - Sustantiva ..
    - De sujeto. Ejemplo: *No es probable que acierte.*
    - De complemento directo. Ejemplo: *Me preguntó quién era aquel hombre.*
    - De complemento indirecto. Ejemplo: *Vengo a que me paguen.*
    - De complemento circunstancial. Ejemplos: *Entró sin ser notado. Me quejo de que no me hayas escrito antes. Michèle se fue a París, por su madre. Michèle salió con Amalia.*
    - Final. Ejemplos: *Le darán permiso para que vaya esta tarde a palacio. Le animó a que cantara en público. Ven que te cuente un cuento* (introducida por la conjunción *que*).
  - Adjetiva .....
    - De antecedente callado. Ejemplo: *Sé a quién debo agradecérselo.*
    - Especificativa. Ejemplo: *Trajimos los melocotones que había en el huerto* (restringe el significado: sólo los melocotones que había en el huerto).
    - Explicativa. Ejemplo: *Comimos los melocotones, que estaban maduros* (generalizan y explican una cualidad del objeto: comimos *todos los melocotones* y añade la cualidad de que *todos estaban maduros).*
    - Sustantivada. Ejemplo: *No creo al que ha entregado su carta* (al dador de su carta).
  - Adverbial ...
    - De lugar. Ejemplos: *Allí es donde yo trabajo. Iba a donde tú sabes. El salón donde nos veíamos ya no existe.*
    - De tiempo. Ejemplos: *Entonces fue cuando tú llegaste. Cuando salía de casa, cerraba la puerta. Mientras estuvo en el internado, se portó bien. Antes que te cases mira lo que haces.*
    - De modo. Ejemplo: *Hacedlo como se ha mandado.*
    - Comparativa. Ejemplos: *Michèle era tal cual (como) yo había pensado* (de igualdad-calidad). *Tendrás tanta fama como tú mereces* (de igualdad-cantidad). *Este vino es mucho peor que el de Cebreros* (inferioridad). *Los jugadores eran más de once* (superioridad).
    - Consecutiva. Ejemplos: *Éramos tantos que no cabíamos. Fue tan exquisita su conversación que a todos nos gustó mucho.*
    - Condicional. Ejemplos: *Si hace buena mañana, saldremos al campo* (expresada por indicativo). *Si el día 12 saliera el sol, iríamos al campo* (expresada por subjuntivo).
    - Concesiva. Ejemplo: *Así me lo juren, no lo creeré.*
    - Causal. Ejemplos: *Es así puesto que tú lo dices* (porque). *No salgo al parque porque llueve* (conjunciones causales: *porque, puesto que).* La frase causal vacila entre las formas coordinadas y subordinadas, entre el grupo sustantivo y adverbial. Explican algo que lógicamente puede ser causa: *No voy al campo* PORQUE VAYA *(o va) Pedro.*

EJERCICIO VII. *Sustituya los infinitivos por las formas verbales correctas*

1. Me extraña que (hacer) ...... tanto frío en el mes de mayo.
2. Cuando (salir) ...... de casa, (cerrar) ...... la puerta.
3. (Disculparme) ......, me retiro porque (estar) ...... cansado.
4. Tu padre (decirme) ...... que tú (estar) ...... enfermo.
5. Cuando las barbas de tu vecino veas pelar, (poner) ...... las tuya a remojar.
6. Si (continuar) ...... lloviendo, (tener) ...... una buena cosecha de trigo.
7. Los dioses del Olimpo (decir) ...... que (protegerme) ...... en este examen.
8. Está por descubrir que (existir) ...... otros planetas habitados.
9. Como no (saber) ...... quién (ser) ...... yo, el portero (impedirme) ...... la entrada.
10. No es necesario que (opinar) ...... sobre este asunto.

EJERCICIO VIII. *Sustituya los infinitivos por las formas verbales correctas*

1. Si hubiese tenido tiempo, (ir) ...... a visitar la Acrópolis.
2. ¿(Molestarte) ...... nuestra visita de ayer? No, porque ya (terminar) ...... mi trabajo.
3. No (creer) ...... que su hermano (venir) ...... hoy.
4. Si Celia (esperar) ...... su novio, (estar) ...... contenta.
5. No es probable que la oposición (ganar) ...... las elecciones.
6. El libro que (enviar) ...... ayer a Luisa le (gustar) ......
7. Mañana (querer) ...... que (comprarme) ...... el libro.
8. Si (avisar) ...... con tiempo, (preparar) ...... a usted otro recibimiento mejor.
9. No creía que cuando (regresar) ...... a casa ya (terminar) ...... el baile.
10. Un estudiante que (dominar) ...... varios idiomas es fácil que (encontrar) ...... trabajo como guía.

EJERCICIO IX. *Sustituya los infinitivos por las formas verbales correctas*

1. ¡(Pedir) ...... tú lo que te (parecer) ......!
2. Ya es hora de que yo (hacer) ...... valer mi opinión aquí.
3. El que (haber) ...... visto a Pedro que me lo (comunicar) ......
4. Si (haber) ...... tenido el libro, lo (haber) ...... leído.
5. ¡(Lavarse) ...... las manos y vayamos a cenar!
6. ¡No (deshacer) ...... usted la maleta todavía!
7. (Decirme) ...... ustedes la verdad ahora mismo.
8. ¡Ah! si yo (tener) ...... esa suerte.
9. Lo que te deseo es que no (envejecer) ...... nunca.
10. Si tú (hacerme) ...... ese favor, yo te (estar) ...... muy agradecido.

EJERCICIO X. *Ponga el verbo en infinitivo en la forma adecuada*

1. Mientras (llover) ...... y no (helar) ......, todo irá bien para la agricultura.
2. Mientras el gobierno (ser) ...... honesto, seguiré pagando los impuestos.
3. Prometía que no vería la televisión mientras (seguir) ...... poniendo unos programas tan deplorables.

4. Una vez que el médico me (reconocer) ......, empecé a seguir todas sus indicaciones.
5. Tan pronto como ella (decir) ...... aquello, se puso colorada.
6. Tan pronto como (tranquilizarme) ......, responderé a todo lo que me preguntéis.
7. Luego que ellos (irse) ...... empezaron las protestas.
8. Después de que hablara el profesor, los alumnos (presentar) ...... sus preguntas.
9. Desde que vosotros (salir) ...... hasta que vosotros (llegar) ...... pasarán no menos de dos horas.
10. Espera hasta que yo (salir) ...... de clase.

EJERCICIO XI. *Ponga el verbo en infinitivo en la forma adecuada*

1. No te fumes sus puros, no (ser) ...... que el ministro (enterarse) ...... y (castigarte) ......
2. Voy a avisar al fontanero, no (ir) ...... a ser que la cisterna (estropearse) ...... del todo.
3. Esa ley pretende que la sociedad (ser) ...... más justa.
4. Sería interesante que para la hora del partido usted (arreglarme) ...... el televisor.
5. Yo (haber querido) ...... decírselo, pero me fue imposible.
6. Te habrá pedido, como siempre, que tú (prestarle) ...... dinero.
7. No me hizo ninguna gracia que todos (reírse) ...... de mí.
8. Me aconsejaron que (presentarme) ...... a la oposición.
9. Nos agradaría que a partir del mes que viene (hacernos) ...... una visita.
10. Estuvo en casa y no (saber) ...... dar con ella la vez siguiente.

EJERCICIO XII. *Ponga el verbo en infinitivo en la forma adecuada*

1. Mientras (yo, vivir) ......, no (olvidar) ...... lo que tú hiciste por mí.
2. Que yo (recordar) ...... (llevar, ella) ...... un mes sin salir a la calle.
3. El que no (querer) ...... hacer el trabajo que (mandar) ......, allá él.
4. Es difícil que tú (encontrar) ...... una persona que (saber) ...... todo lo que tú quieres que haga.
5. Estoy convencido de que Juan (cambiar) ...... aunque no (sentir) ...... lo que haga.
6. Las secretarias, ya porque (estar) ...... cansadas, ya porque les (pagar) ...... poco, apenas si trabajan.
7. No veo cómo (poder, tú) ...... hacerlo si jamás lo intentas.
8. No hay la menor oportunidad de que él (conseguir) ...... la plaza de profesor.
9. Haré lo que (poder, yo) ......, pero no me comprometo a nada.
10. En tanto (seguir, él) ...... negando el hecho, la policía no (poder) ...... hacer nada.

APÉNDICE VERBAL

VERBOS IMPERSONALES

Los verbos impersonales, referidos casi todos a fenómenos atmosféricos, sólo se usan en las formas simples y compuestas del modo infinitivo y en las terceras personas del singular de todos los tiempos menos del imperativo. Ejemplo: *llover.*

MODO INFINITIVO

Formas simples	*Formas compuestas*
Infinitivo: llover	*Infinitivo:* haber llovido
Gerundio: lloviendo	*Gerundio:* habiendo llovido
Participio: llovido	

MODO POTENCIAL

Simple	*Compuesto*
llovería	habría llovido

MODO INDICATIVO

Presente	*Pretérito perfecto*
llueve	ha llovido
Pret. imperfecto	*Pret. pluscuamp.*
llovía	había llovido
Pretérito indefinido	*Pretérito anterior*
llovió	hubo llovido
Futuro imperfecto	*Futuro perfecto*
lloverá	habrá llovido

MODO SUBJUNTIVO

Presente	*Pretérito perfecto*
llueva	haya llovido
Pret. imperfecto	*Pret. pluscuamp.*
lloviera o lloviese	hubiera o hubiese llovido
Futuro imperfecto	*Futuro perfecto*
lloviere	hubiere llovido

Se usan como impersonales los siguientes verbos:
Acaecer, acontecer, alborear, amanecer, anochecer, atañer, atardecer, atenebrarse, atronar, centellear, clarear, clarecer, concernir, coruscar, chaparrear, chispear, deshelar, desnevar, diluviar, escampar, escarchar, granizar, helar, incumbir, lobreguecer, llover, lloviznar, molliznar, molliznear, nevar, neviscar, oscurecer, pesar (tener dolor), *relampaguear, retronar, rielar, rutilar, suceder, tardecer, tronar, ventar, ventear, ventisquear.*

CONJUGACIÓN PRONOMINAL

Se obtiene añadiendo los pronombres *me, te, se, nos, os* a las personas y tiempos del verbo.

MODO INDICATIVO

Presente	*Pretérito imperfecto*	*Pretérito indefinido*	*Futuro imperfecto*
Yo me lavo	Yo me lavaba	Yo me lavé	Yo me lavaré
Tú te lavas	Tú te lavabas	Tú te lavaste	Tú te lavarás
Él se lava	Él se lavaba	Él se lavó	Él se lavará
Nosotros nos lavamos	Nosotros nos lavábamos	Nosotros nos lavamos	Nosotros nos lavaremos
Vosotros os laváis	Vosotros os lavabais	Vosotros os lavasteis	Vosotros os lavaréis
Ellos se lavan	Ellos se lavaban	Ellos se lavaron	Ellos se lavarán

Pretérito perfecto	*Pret. pluscuamperfecto*	*Pretérito anterior*	*Futuro perfecto*
me he lavado	me había lavado	me hube lavado	me habré lavado
te has lavado	te habías lavado	te hubiste lavado	te habrás lavado
se ha lavado	se había lavado	se hubo lavado	se habrá lavado
nos hemos lavado	nos habíamos lavado	nos hubimos lavado	nos habremos lavado
os habéis lavado	os habíais lavado	os hubisteis lavado	os habréis lavado
se han lavado	se habían lavado	se hubieron lavado	se habrán lavado

MODO SUBJUNTIVO

Presente	*Pretérito imperfecto*	*Futuro imperfecto*
me lave	me lavara o lavase	me lavare
te laves	te lavaras o lavases	te lavares
se lave	se lavara o lavase	se lavare
nos lavemos	nos laváramos o lavásemos	nos laváremos
os lavéis	os lavarais o lavaseis	os lavareis
se laven	se lavaran o lavasen	se lavaren

Pretérito perfecto	*Pretérito pluscuamperfecto*	*Futuro perfecto*
me haya lavado	me hubiera o hubiese lavado	me hubiere lavado
te hayas lavado	te hubieras o hubieses lavado	te hubieres lavado
se haya lavado	se hubiera o hubiese lavado	se hubiere lavado
nos hayamos lavado	nos hubiéramos o hubiésemos lavado	nos hubiéremos lavado
os hayáis lavado	os hubierais o hubieseis lavado	os hubiereis lavado
se hayan lavado	se hubieran o hubiesen lavado	se hubieren lavado

MODO POTENCIAL

Simple	*Compuesto*
me lavaría	me habría lavado
te lavarías	te habrías lavado
se lavaría	se habría lavado
nos lavaríamos	nos habríamos lavado
os lavaríais	os habríais lavado
se lavarían	se habrían lavado

MODO IMPERATIVO

Presente

lávate tú
lávese él
lavémonos nosotros
lavaos vosotros
lávense ellos

MODO INFINITIVO

Infinitivo

Simple: lavarse
Compuesto: haberse lavado

Gerundio

Simple: lavándose
Compuesto: habiéndose lavado

VOZ PASIVA

La *conjugación pasiva* se obtiene añadiendo el participio pasivo del verbo que se conjuga a cada una de las personas y tiempos del verbo auxiliar SER.

CONJUGACIÓN DEL VERBO «AMAR» EN LA VOZ PASIVA

MODO INDICATIVO

Presente	*Pretérito imperfecto*	*Pretérito indefinido*	*Futuro imperfecto*
Yo soy amado	Yo era amado	Yo fui amado	Yo seré amado
Tú eres amado	Tú eras amado	Tú fuiste amado	Tú serás amado
Él es amado	Él era amado	Él fue amado	Él será amado
Nos. somos amados	Nos. éramos amados	Nos. fuimos amados	Nos. seremos amados
Vosotros sois amados	Vosotros erais amados	Vos. fuisteis amados	Vosotros seréis amados
Ellos son amados	Ellos eran amados	Ellos fueron amados	Ellos serán amados

Pretérito perfecto	*Pret. pluscuamperfecto*	*Pretérito anterior*	*Futuro perfecto*
he sido amado	había sido amado	hube sido amado	habré sido amado
has sido amado	habías sido amado	hubiste sido amado	habrás sido amado
ha sido amado	había sido amado	hubo sido amado	habrá sido amado
hemos sido amados	habíamos sido amados	hubimos sido amados	habremos sido amados
habéis sido amados	habíais sido amados	hubisteis sido amados	habréis sido amados
han sido amados	habían sido amados	hubieran sido amados	habrán sido amados

MODO SUBJUNTIVO

Presente	*Pretérito imperfecto*	*Futuro imperfecto*
sea amado	fuera o fuese amado	fuere amado
seas amado	fueras o fueses amado	fueres amado
sea amado	fuera o fuese amado	fuere amado
seamos amados	fuéramos o fuésemos amados	fuéremos amados
seáis amados	fuerais o fueseis amados	fuereis amados
sean amados	fueran o fuesen amados	fueren amados

Pretérito perfecto	*Pretérito pluscuamperfecto*	*Futuro perfecto*
haya sido amado	hubiera o hubiese sido amado	hubiere sido amado
hayas sido amado	hubieras o hubieses sido amado	hubieres sido amado
haya sido amado	hubiera o hubiese sido amado	hubiere sido amado
hayamos sido amados	hubiéramos o hubiésemos sido amados	hubiéremos sido amados
hayáis sido amados	hubierais o hubieseis sido amados	hubiereis sido amados
hayan sido amados	hubieran o hubiesen sido amados	hubieren sido amados

MODO POTENCIAL

Simple	*Compuesto*
sería amado	habría sido amado
serías amado	habrías sido amado
sería amado	habría sido amado
seríamos amados	habríamos sido amados
seríais amados	habríais sido amados
serían amados	habrían sido amados

MODO IMPERATIVO

Presente
sé tú amado
sea él amado
seamos nosotros amados
sed vosotros amados
sean ellos amados

MODO INFINITIVO

Infinitivo	*Gerundio*	*Participio*
Simple: ser amado	*Simple:* siendo amado	*Simple:* sido amado
Compuesto: haber sido amado	*Compuesto:* habiendo sido amado	

CONJUGACIÓN PERIFRÁSTICA

Se obtiene con los verbos *haber de* y *tener que,* usados como auxiliares, en sus tiempos y personas seguidos del infinitivo del verbo que se conjuga.

HABER DE CANTAR
TENER QUE CANTAR

MODO INDICATIVO

Presente

Yo he de cantar - Yo tengo que cantar
Tú has de cantar - Tú tienes que cantar
Él ha de cantar - Él tiene que cantar
Nosotros hemos de cantar - Nosotros tenemos que cantar
Vosotros habéis de cantar - Vosotros tenéis que cantar
Ellos han de cantar - Ellos tienen que cantar

Pretérito indefinido

Yo hube de cantar - tuve que cantar
Tú hubiste de cantar - tuviste que cantar
Él hubo de cantar - tuvo que cantar
Nosotros hubimos de cantar - tuvimos que cantar
Vosotros hubisteis de cantar - tuvisteis que cantar
Ellos hubieron de cantar - tuvieron que cantar

Pretérito imperfecto

Yo había de o tenía que cantar
Tú habías de o tenías que cantar
Él había de o tenía que cantar
Nos. habíamos de o teníamos que cantar
Vosotros habíais de o teníais que cantar
Ellos habían de o tenían que cantar

Futuro imperfecto

Yo habré de o tendré que cantar
Tú habrás de o tendrás que cantar
Él habrá de o tendrá que cantar
Nos. habremos de o tendremos que cantar
Vosotros habréis de o tendréis que cantar
Ellos habrán de o tendrán que cantar

MODO SUBJUNTIVO

Presente

Yo haya de o tenga que cantar
Tú hayas de o tengas que cantar
Él haya de o tenga que cantar
Nosotros hayamos de o tengamos que cantar
Vosotros hayáis de o tengáis que cantar
Ellos hayan de o tengan que cantar

Pretérito indefinido

Yo hubiera de o tuviera que cantar
Tú hubieras-ieses de o tuvieras-ieses que cantar
Él hubiera-iese de o tuviera-iese que cantar
Nosotros hubiéramos-iésemos de o tuviéramos-iésemos que cantar
Vosotros hubierais-ieseis de o tuvierais-ieseis que cantar
Ellos hubieran-iesen de o tuvieran-iesen que cantar

MODO POTENCIAL

Yo habría de o tendría que cantar
Tú habrías de o tendrías que cantar
Él habría de o tendría que cantar
Nosotros habríamos de o tendríamos que cantar
Vosotros habríais de o tendríais que cantar
Ellos habrían de o tendrían que cantar

MODO INFINITIVO

Infinitivo: haber de o tener que cantar
Gerundio: habiendo de o teniendo que cantar
Participio: habido de o tenido que cantar

VERBOS CON UN SOLO PARTICIPIO IRREGULAR

Abrir	abierto	Hacer	hecho	Resolver	resuelto
Cubrir	cubierto	Morir	muerto	Ver	visto
Decir	dicho	Poner	puesto	Volver	vuelto
Escribir	escrito				

Los compuestos de estos verbos siguen la misma irregularidad, como de *encubrir, encubierto;* de *deshacer, deshecho;* pero de *inscribir y proscribir* se dice *inscripto* y *proscripto* y también *inscrito* y *proscrito.*

VERBOS CON DOS PARTICIPIOS

Abstraer - abstraído - abstracto
Afligir - afligido - aflicto
Ahitar - ahitado - ahíto
Atender - atendido - atento
Bendecir - bendecido - bendito
Circuncidar - circuncidado - circunciso
Compeler - compelido - compulso
Comprender - comprendido - comprenso
Comprimir - comprimido - compreso
Concluir - concluido - concluso
Confesar - confesado - confeso
Confundir - confundido - confuso
Consumir - consumido - consunto
Contundir - contundido - contuso
Convencer - convencido - convicto
Convertir - convertido - converso
Corregir - corregido - correcto
Corromper - corrompido - corrupto
Despertar - despertado - despierto
Difundir - difundido - difuso
Dividir - dividido - diviso
Elegir - elegido - electo
Enjugar - enjugado - enjuto
Excluir - excluido - excluso
Eximir - eximido - exento
Expeler - expelido - expulso
Expresar - expresado - expreso
Extender - extendido - extenso
Extinguir - extinguido - extinto
Fijar - fijado - fijo
Freír - freído - frito
Hartar - hartado - harto
Imprimir - imprimido - impreso
Incluir - incluido - incluso
Incurrir - incurrido - incurso
Infundir - infundido - infuso
Ingerir - ingerido - ingerto
Injertar - injertado - injerto
Insertar - insertado - inserto
Invertir - invertido - inverso
Juntar - juntado - junto
Maldecir - maldecido - maldito
Manifestar - manifestado - manifiesto
Nacer - nacido - nato
Oprimir - oprimido - opreso
Pasar - pasado - paso
Poseer - poseído - poseso
Prender - prendido - preso
Presumir - presumido - presunto
Pretender - pretendido - pretenso
Propender - propendido - propenso
Proveer - proveído - provisto
Recluir - recluido - recluso
Romper - rompido - roto
Salpresar - salpresado - salpreso
Salvar - salvado - salvo
Sepultar - sepultado - sepulto
Soltar - soltado - suelto
Substituir - substituido - substituto
Sujetar - sujetado - sujeto
Suprimir - suprimido - supreso
Suspender - suspendido - suspenso
Teñir - teñido - tinto
Torcer - torcido - tuerto

CAMBIOS ORTOGRÁFICOS

PRIMERA CONJUGACIÓN

a) Los verbos terminados en *-car* cambian la *c* en *qu* delante de *e*. Modelo: *Aplicar**

Pretérito indefinido		*Presente imperativo*		*Presente subjuntivo*	
apliqué	aplicamos	—	apliquemos	aplique	apliquemos
aplicaste	aplicasteis	aplica	aplicad	apliques	apliquéis
aplicó	aplicaron	aplique	apliquen	aplique	apliquen

b) Los verbos terminados en *-gar* toman una *u* detrás de la *g* y delante de *e*. Modelo: *Fatigar**

Pretérito indefinido		*Presente imperativo*		*Presente subjuntivo*	
fatigué	fatigamos	—	fatiguemos	fatigue	fatiguemos
fatigaste	fatigasteis	fatiga	fatigad	fatigues	fatiguéis
fatigó	fatigaron	fatigue	fatiguen	fatigue	fatiguen

c) Los verbos terminados en -zar cambian la *z* en *c* delante de *e*. Modelo: *Trazar**

Pretérito indefinido		*Presente imperativo*		*Presente subjuntivo*	
tracé	trazamos	—	tracemos	trace	tracemos
trazaste	trazasteis	traza	trazad	traces	tracéis
trazó	trazaron	trace	tracen	trace	tracen

** Esta variación tiene lugar en el pretérito indefinido, presente de imperativo y presente de subjuntivo.*

SEGUNDA CONJUGACIÓN

a) Verbos terminados en *-cer* cambian la *c* en *z* delante de *o, a* en los tres presentes. Modelo: *Vencer.*

Presente indicativo		*Presente imperativo*		*Presente subjuntivo*	
venzo	vencemos	—	venzamos	venza	venzamos
vences	vencéis	vence	venced	venzas	venzáis
vence	vencen	venza	venzan	venza	venzan

b) Verbos terminados en *-ger* cambian la *g* en *j* delante de *o, a* en los tres presentes. Modelo: *Coger.*

Presente indicativo		*Presente imperativo*		*Presente subjuntivo*	
cojo	cogemos	—	cojamos	coja	cojamos
coges	cogéis	coge	coged	cojas	cojáis
coge	cogen	coja	cojan	coja	cojan

c) Verbos terminados en - *er.* Aconsonantan la *i* de algunos tiempos convirtiéndola en *y*. Modelo: *Leer.*

Gerundio	*Pret. indefinido*		*Pret. imperf. Subjuntivo*		*Fut. imperf. Subj.*	
leyendo	leí	leímos	leyera-leyese	leyéramos-leyésemos	leyere	leyéremos
	leíste	leisteis	leyeras-leyeses	leyerais-leyeseis	leyeres	leyereis
	leyó	leyeron	leyera-leyese	leyeran-leyesen	leyere	leyeren

TERCERA CONJUGACIÓN

a) Verbos terminados en *-cir* cambian la *c* en *z* delante de *o, a.* Modelo: *Esparcir**.

Presente indicativo		*Presente imperativo*		*Presente subjuntivo*	
esparzo	esparcimos	—	esparzamos	esparza	esparzamos
esparces	esparcís	esparce	esparcid	esparzas	esparzáis
esparce	esparcen	esparza	esparzan	esparza	esparzan

b) Verbos terminados en *-gir* cambian la *g* en *j* delante de *o, a.* Modelo: *Dirigir**.

Presente indicativo		*Presente imperativo*		*Presente subjuntivo*	
dirijo	dirigimos	—	dirijamos	dirija	dirijamos
diriges	dirigís	dirige	dirigid	dirijas	dirijáis
dirige	dirigen	dirija	dirijan	dirija	dirijan

c) Verbos terminados en *-guir* pierden la *u* delante de *o, a.* Modelo: *Distinguir**.

Presente indicativo		*Presente imperativo*		*Presente subjuntivo*	
distingo	distinguimos	—	distingamos	distinga	distingamos
distingues	distinguís	distingue	distinguid	distingas	distingáis
distingue	distinguen	distinga	distingan	distinga	distingan

d) Verbos terminados en *-quir* mudan la *qu* en *c* delante de *o, a.* Modelo: *Delinquir**.

Presente indicativo		*Presente imperativo*		*Presente subjuntivo*	
delinco	delinquimos	—	delincamos	delinca	delincamos
delinques	delinquís	delinque	delinquid	delincas	delincáis
delinque	delinquen	delinca	delincan	delinca	delincan

* *En los tres presentes.*

VERBOS IRREGULARES

CONJUGACIÓN DEL VERBO «ABOLIR»

MODO INDICATIVO

Pres.: abolimos, abolís. *Las demás personas no se usan.*
Pret. imperf.: abolía, abolías, abolía, abolíamos, abolíais, abolían.
Pret. indef.: abolí, aboliste, abolió, abolimos, abolisteis, abolieron.
Fut. imperf.: aboliré, abolirás, abolirá, aboliremos, aboliréis, abolirán.
Pot. simple: aboliría, abolirías, aboliría, aboliríamos, aboliríais, abolirían.
Pret. perfecto: he abolido..., etc.
Pret. pluscuamperfecto: había abolido..., etc.
Pret. anterior: hube abolido..., etc.
Futuro perfecto: habré abolido..., etc.
Pot. compuesto: habría abolido..., etc.

MODO SUBJUNTIVO

Pres.: No se usa.
Pret. imperfecto: aboliera o aboliese, abolieras o -ses, aboliera o -se, aboliéramos o -semos, abolierais o -seis, abolieran o -sen.
Fut. imperfecto: aboliere, abolieres, aboliere, aboliéramos, aboliereis, abolieren.
Pret. perfecto: haya abolido..., etc.
Pret. pluscuamperfecto: hubiera o hubiese abolido..., etc.
Fut. perfecto: hubiere abolido..., etc.

MODO IMPERATIVO

Pres.: abolid. *Las demás personas no se usan.*

FORMAS AUXILIARES

Inf.: abolir.
Ger.: aboliendo.
Part.: abolido.

Inf. comp.: haber abolido.
Ger. comp.: habiendo abolido.

Se conjugan como *abolir,* entre otros verbos, los siguientes:

Aguerrir, arrecir(se), aterir(se), denegrir, desvair, empedernir, guarir, manir, preterir, transgredir.

CONJUGACIÓN DEL VERBO «ACERTAR»

MODO INDICATIVO

Pres.: acierto, aciertas, acierta, acertamos, acertáis, aciertan.
Imp.: acertaba, acertabas, acertaba..., acertaban.
Pret. indef.: acerté, acertaste, acertó, acertamos, acertasteis, acertaron.
Fut. imperf.: acertaré, acertarás, acertará, acertaremos, acertaréis, acertarán.
Pot. simple: acertaría, acertarías..., acertarían.

MODO SUBJUNTIVO

Pres.: acierte, aciertes, acierte, acertemos, acertéis, acierten.
Pret. imperf.: acertara o acertase, acertaras o acertases..., acertaran o acertasen.
Fut. imperf.: acertare, acertares..., acertaren (inusual).

MODO IMPERATIVO

Pres.: acierta, acierte, acertemos, acertéis, acierten.

FORMAS AUXILIARES

Inf.: acertar.
Ger.: acertando.
Part.: acertado.

Inf. comp.: haber acertado.
Ger. comp.: Habiendo acertado.

Se conjugan como *acertar,* entre otros verbos, los siguientes:

Abnegar, acrecentar, alentar, apacentar, apretar, asentar, aserrar, atravesar, calentar, cerrar, comenzar, concertar, confesar, denegar, desalentar, desasosegar, descerrar, desconcertar, desdentar, desempedrar, desenterrar, desgobernar, deshelar, despertar, desplegar, desterrar, emparentar, empedrar, empezar, encerrar, encomendar, enmendar, ensangrentar, enterrar, escarmentar, fregar, helar, herrar, incensar, invernar, mentar, merendar, negar, pensar, plegar, quebrar, recalentar, recomendar, regar, renegar, replegar, requebrar, restregar, reventar, segar, sembrar, sentar, serrar, sosegar, soterrar, temblar, tentar, tropezar.

CONJUGACIÓN DEL VERBO «ADQUIRIR»

MODO INDICATIVO

Pres.: adquiero, adquieres, adquiere, adquirimos, adquirís, adquieren.

MODO SUBJUNTIVO

Pres.: adquiera, adquieras, adquiera, adquiramos, adquiráis, adquieran.

MODO IMPERATIVO

Pres.: adquiere, adquirid.

Se conjugan como *adquirir,* entre otros verbos, los siguientes:

Coadquirir, deferir, perquirir, proferir.

CONJUGACIÓN DEL VERBO «AGRADECER»

MODO INDICATIVO

Pres.: agradezco, agradeces, agradece, agradecemos, agradecéis, agradecen.
Pret. imperf.: agradecía, agradecías..., agradecían.
Pret. indef.: agradecí, agradeciste, agradeció, agradecimos, agradecisteis, agradecieron
Fut. imperf.: agradeceré, agradecerás..., agradecerán.
Pot. simple: agradecería, agradecerías..., agradecerían.

MODO SUBJUNTIVO

Pres.: agradezca, agradezcas, agradezca, agradezcamos, agradezcáis, agradezcan.
Pret. imperf.: agradeciera o agradeciese, agradecieras o agradecieses...
Fut. imperf.: agradeciere, agradecieres... (inusual).

MODO IMPERATIVO

Pres.: agradece, agradezca, agradezcamos, agradeced, agradezcan.

FORMAS AUXILIARES

Inf.: agradecer.
Ger.: agradeciendo.
Part.: agradecido.

Inf. comp.: haber agradecido.
Ger. comp.: habiendo agradecido.

Se conjugan como *agradecer,* entre otros verbos, los siguientes:

Abastecer, ablandecer, aborrecer, adolecer, adormecer, amanecer, amarillecer, anochecer, aparecer, apetecer, atardecer, blanquecer, carecer, compadecer, comparecer, complacer, convalecer, crecer, desabastecer, desagradecer, desaparecer, desconocer, desentumecer, desfallecer, desfavorecer, desflorecer, desguarnecer, desmerecer, desobedecer, desvanecer, embellecer, embrutecer, empequeñecer, empobrecer, enaltecer, enardecer, encanecer, encarecer, endurecer, enflaquecer, enfurecer, engrandecer, enloquecer, enmudecer, ennegrecer, ennoblecer, enorgullecer, enrojecer, entristecer, entumecer, envejecer, envilecer, esclarecer, establecer, fallecer, favorecer, fenecer, florecer, fortalecer, guarecer, humedecer, languidecer, merecer, obedecer, obscurecer, ofrecer, oscurecer, perecer, permanecer, pertenecer, prevalecer, reaparecer, reblanceder, rejuvenecer, resplandecer, restablecer, robustecer, verdecer.

CONJUGACIÓN DEL VERBO «CONDUCIR»

MODO INDICATIVO

Pres.: conduzco, conduces, conduce, conducimos, conducís, conducen.
Pret. indef.: conduje, condujiste, condujo, condujimos, condujisteis, condujeron.

MODO SUBJUNTIVO

Pres.: conduzca, conduzcas, conduzca, conduzcamos, conduzcáis, conduzcan.
Pret. imperf.: condujera o condujese, condujeras o -ses, condujera o -se, condujéramos o -semos, condujerais o -seis, condujeran o -sen.
Fut. imperf.: condujere, condujeres, condujere, condujéremos, condujereis, condujeren.

Se conjugan como *conducir,* entre otros verbos, los siguientes:

Abducir, aducir, deducir, introducir, producir, reconducir, reducir, reproducir, retraducir, seducir, traducir.

CONJUGACIÓN DEL VERBO «CONTAR»

MODO INDICATIVO

Pres.: cuento, cuentas, cuenta, contamos, contáis, cuentan.
Pret. imperf.: contaba, contabas..., contaban.
Pret. indef.: conté, contaste, contó, contamos, contasteis, contaron.
Fut. imperf.: contaré, contarás, contará, contaremos, contaréis, contarán.
Pot. simple: contaría, contarías..., contarían.

MODO SUBJUNTIVO

Pres.: cuente, cuentes, cuente, contemos, contéis, cuenten.
Pret. imperf.: contara o contase, contaras o contases..., contaran o contasen.
Fut. imperf.: contare, contares..., contaren (inusual).

MODO IMPERATIVO

Pres.: cuenta, cuente, contemos, contad, cuenten.

FORMAS AUXILIARES

Inf.: contar.
Ger.: contando.
Part.: contado.

Inf. comp.: haber contado.
Ger. comp.: habiendo contado.

Se conjugan como *contar,* entre otros verbos, los siguientes:

Acollar, acordar, acostar, almorzar, aprobar, asonar, atronar, avergonzar, colgar, comprobar, concordar, consolar, consonar, costar, degollar, demostrar, derrocar, desaprobar, descolgar, desconsolar, descontar, descornar, desolar, desollar, despoblar, disonar, encorvar, ensoñar, forzar, gobernar, poblar, probar, recordar, recostar, reforzar, renovar, repoblar, reprobar, resollar, retostar, revolcar, rodar, rogar, sobrevolar, soltar, soñar, tostar, trastocar, trocar, tronar, volar, volcar.

CONJUGACIÓN DEL VERBO «DECIR»

MODO INDICATIVO

Pres.: digo, dices, dice, decimos, decís, dicen.
Pret. imperf.: decía, decías, decía, decíamos, decíais, decían.
Pret. indef.: dije, dijiste, dijo, dijimos, dijisteis, dijeron.
Fut. imperf.: diré, dirás, dirá, diremos, diréis, dirán.
Pot. simple: diría, dirías, diría, diríamos, diríais, dirían.

MODO SUBJUNTIVO

Pres.: diga, digas, diga, digamos, digáis, digan.
Pret. imperf.: dijera o dijese, dijeras o -ses, dijera o -se, dijéramos o -semos, dijerais o -seis, dijeran o -sen.
Fut. imperf.: dijere, dijeres, dijere, dijéremos, dijereis, dijeren.

MODO IMPERATIVO

Pres.: di, decid.

FORMAS AUXILIARES

Inf.: decir.
Ger.: diciendo.
Part.: dicho.

Se conjugan como *decir,* entre otros, los verbos siguientes:

Contradecir(se), desdecir, entredecir, perseguir, predecir, proseguir.

CONJUGACIÓN DEL VERBO «ENTENDER»

MODO INDICATIVO

Pres.: entiendo, entiendes, entiende, entendemos, entendéis, entienden.
Pret. imperf.: entendía, entendías..., entendían.
Pret. indef.: entendí, entendiste, entendió, entendimos, entendisteis, entendieron.
Fut. imperf.: entenderé, entenderás, entenderá, entenderemos, entenderéis, entenderán.
Pot. simple: entendería, entenderías..., entenderían.

MODO SUBJUNTIVO

Pres.: entienda, entiendas, entienda, entendamos, entendáis, entiendan.
Pret. imperf.: entendiera o entendiese, entendieras o entendieses...
Fut. imperf.: entendiere, entendieres..., entendieren (inusual).

MODO IMPERATIVO

Pres.: entiende, entienda, entendamos, entended, entiendan.

FORMAS AUXILIARES

Inf.: entender. *Inf. comp.:* haber entendido.
Ger.: entendiendo. *Ger. comp.:* habiendo entendido.
Part.: entendido.

Se conjugan como *entender,* entre otros verbos, los siguientes:

Ascender, atender, bienquerer, cerner, condescender, defender, desatender, descender, desentender(se), distender, encender, extender, heder, malentender, perder, reverter, tender, trascender, verter.

CONJUGACIÓN DEL VERBO «HUIR»

MODO INDICATIVO

Pres.: huyo, huyes, huye, huimos, huís, huyen.
Pret. imperf.: huía, huíais, huía, huíamos, huíais, huían.
Pret. indef.: huí, huiste, huyó, huimos, huisteis, huyeron.
Fut. imperf.: huiré, huirás, huirá, etc.
Pot. simple: huiría, huirías, etc.

MODO SUBJUNTIVO

Pres.: huya, huyas, huya, huyamos, huyáis, huyan.
Pret. imperf.: huyera o huyese, huyeras o huyeses, etc.
Fut. imperf.: huyere, huyeres, etc.

MODO IMPERATIVO

Pres.: huye (tú), huid (vosotros).

FORMAS AUXILIARES

Inf.: huir.
Ger.: huyendo.
Part.: huido.

Se conjugan como *huir,* entre otros verbos, los siguientes:

Afluir, argüir, atribuir, constituir, confluir, concluir, construir, contribuir, derruir, destituir, destruir, diluir, disminuir, distribuir, excluir, fluir, imbuir, incluir, influir, instituir, instruir, obstruir, prostituir, recluir, reconstruir, reconstituir, retribuir, sustituir.

CONJUGACIÓN DEL VERBO «MOVER»

MODO INDICATIVO

Pres.: muevo, mueves, mueve, movemos, movéis, mueven.
Pret. imperf.: movía, movías..., movían.
Pret. indef.: moví, moviste, movió, movimos, movisteis, movieron.
Fut. imperf.: moveré, moverás, moverá, moveremos, moveréis, moverán.
Pot. simple: movería, moverías, movería..., moverían.

MODO SUBJUNTIVO

Pres.: mueva, muevas, mueva, movamos, mováis, muevan.
Pret. imperf.: moviera o moviese, movieras o movieses..., movieran o moviesen.
Fut. imperf.: moviere, movieres..., movieren (inusual).

MODO IMPERATIVO

Pres.: mueve, mueva, movamos, moved, muevan.

FORMAS AUXILIARES

Inf.: mover.
Ger.: moviendo.
Part.: movido.

Inf. comp.: haber movido.
Ger. comp.: habiendo movido.

Se conjugan como *mover,* entre otros verbos, los siguientes:

Absolver, cocer, condoler(se), conmover, demoler, desenvolver, devolver, doler, disolver, escocer, llover, moler, oler, promover, recocer, remoler, remorder, resolver, retorcer, resolver, soler, torcer, volver.

CONJUGACIÓN DEL VERBO «MULLIR»

MODO INDICATIVO

Pret. indef.: mullí, mulliste, mulló, mullimos, mullisteis, mulleron.

MODO SUBJUNTIVO

Pret. imperf.: mullera o mullese, mulleras o -ses, mullera o -se, mulléramos o -semos, mullerais o -seis, mulleran o -sen.
Fut. imperf.: mullere, mulleres, mullere, mulléremos, mullereis, mulleren.

FORMAS AUXILIARES

Ger.: mullendo.

Se conjugan como *mullir,* entre otros verbos, los siguientes:

Bullir, bruñir, descabullirse, engullir, escabullir(se), gruñir, plañir, rebullir, regruñir, salpullir, tullir, zambullir.

CONJUGACIÓN DEL VERBO «PEDIR»

MODO INDICATIVO

Pres.: pido, pides, pide, pedimos, pedís, piden.
Pret. imperf.: pedía, pedías..., pedían.
Pret. indef.: pedí, pediste, pidió, pedimos, pedisteis, pidieron.
Fut. imperf.: pediré, pedirás, pedirá, pediremos, pediréis, pedirán.
Pot. simple: pediría, pedirías..., pedirían.

MODO SUBJUNTIVO

Pres.: pida, pidas, pida, pidamos, pidáis, pidan.
Pret. imperf.: pidiera o pidiese, pidieras o pidieses..., pidieran o pidiesen.
Fut. imperf.: pidiere, pidieres..., pidieren (inusual).

MODO IMPERATIVO

Pres.: pide, pida, pidamos, pedid, pidan.

FORMAS AUXILIARES

Inf.: pedir.
Ger.: pidiendo.
Part.: pedido.
Inf. comp.: haber pedido.
Ger. comp.: habiendo pedido.

Se conjugan como *pedir,* entre otros verbos, los siguientes:

Colegir, comedir(se), competir, concebir, conseguir, derretir, desmedirse, despedir, desvestir, elegir, embestir, envestir, expedir, gemir, henchir, impedir, investir, medir, preconcebir, reelegir, regir, rendir, repetir, revestir, seguir, servir.

CONJUGACIÓN DEL VERBO «SENTIR»

MODO INDICATIVO

Pres.: siento, sientes, siente, sentimos, sentís, sienten.
Pret. indef.: sentí, sentiste, sintió, sentimos, sentisteis, sintieron.

MODO SUBJUNTIVO

Pres.: sienta, sientas, sienta, sintamos, sintáis, sientan.
Pret. imperf.: sintiera o sintiese, sintieras o -ses, sintiera o -se, sintiéramos o -semos, sintierais o -seis, sintieran o -sen.
Fut. imperf.: sintiere, sintieres, sintiere, sintiéremos, sintiereis, sintieren.

MODO IMPERATIVO

Pres.: siente, sentid.

FORMAS AUXILIARES

Ger.: sintiendo.

Se conjugan como *sentir,* entre otros verbos, los siguientes:

Adherir, advertir, arrepentirse, asentir, cernir, circunferir, conferir, consentir, controvertir, convertir, desconsentir, diferir, digerir, divertir, hendir, hervir, inferir, ingerir, invertir, malherir, mentir, pervertir, preferir, presentir, reconvertir, referir, requerir, resentir(se), revertir, sugerir, subvertir, transferir.

CONJUGACIÓN DEL VERBO «TENER»

MODO INDICATIVO

Pres.: tengo, tienes, tiene, tenemos, tenéis, tienen.
Pret. imperf.: tenía, tenías..., tenían.
Pret. indef.: tuve, tuviste, tuvo, tuvimos, tuvisteis, tuvieron.
Fut. imperf.: tendré, tendrás, tendrá, tendremos, tendréis, tendrán.
Pot. simple: tendría, tendrías..., tendrían.

MODO SUBJUNTIVO

Pres.: tenga, tengas, tenga, tengamos, tengáis, tengan.
Pret. imperf.: tuviera o tuviese, tuvieras o tuvieses..., tuvieran o tuviesen.
Fut imperf.: tuviere, tuvieres, tuviere..., tuvieren (inusual).

MODO IMPERATIVO

Pres.: ten, tenga, tengamos, tened, tengan.

FORMAS AUXILIARES

Inf.: tener.
Ger.: teniendo.
Part.: tenido.

Inf. comp.: haber tenido.
Ger. comp.: habiendo tenido.

Se conjugan como *tener,* entre otros verbos, los siguientes:

Abstener(se), atenerse, contener, detener, entretener, mantener, mantener, obtener, retener.

CONJUGACIÓN DEL VERBO «TRAER»

MODO INDICATIVO

Pres.: traigo, traes, trae, traemos, traéis, traen.
Pret. imperf.: traía, traías..., traían.
Fut. imperf.: traeré, traerás..., traeremos, traeréis, traerán.
Pot. simple: traería, traerías..., traerían.

MODO SUBJUNTIVO

Pres.: traiga, traigas..., traigan.
Pret. imperf.: trajera o trajese, trajeras o trajeses..., trajeran o trajesen.
Fut. imperf.: trajere, trajeres..., trajeren (inusual).

MODO IMPERATIVO

Pres.: trae, traiga, traigamos, traed, traigan.

FORMAS AUXILIARES

Inf.: traer.
Ger.: trayendo.
Part.: traído.
Inf. comp.: haber traído.
Ger. comp.: habiendo traído.

Se conjugan como *traer,* entre otros verbos, los siguientes:
Abstraer, atraer, contraer, detraer, distraer, maltraer, retrotraer, sustraer.

CONJUGACIÓN DEL VERBO «VENIR»

MODO INDICATIVO

Pres.: vengo, vienes, viene, venimos, venís, vienen.
Pret. imper.: venía, venías, venía, veníamos, veníais, venían.
Pret. indef.: vine, viniste, vino, vinimos, vinisteis, vinieron.
Fut. imperf.: vendré, vendrás, vendrá, vendremos, vendréis, vendrán.
Pot. simple: vendría, vendrías, vendríamos, vendríais, vendrían.

MODO SUBJUNTIVO

Pres.: venga, vengas, venga, vengamos, vengáis, vengan.
Pret. imperf.: viniera o viniese, vinieras o -ses, viniera o -se, viniéramos o -semos, vinierais o -seis, vinieran o -sen.
Fut. imperf.: viniere, vinieres, viniere, viniéremos, viniereis, vinieren.

MODO IMPERATIVO

Pres.: ven, venid.

FORMAS AUXILIARES

Inf.: venir.
Ger.: viniendo.
Part.: venido.

Se conjugan como *venir,* entre otros verbos, los siguientes:

Advenir, avenir(se), contravenir, convenir, desavenir, desconvenir, devenir, prevenir, provenir, reconvenir, subvenir, sobrevenir.

CONJUGACIÓN DEL VERBO «VER»

MODO INDICATIVO

Pres.: veo, ves, ve, vemos, veis, ven.
Pret. imperf.: veía, veías, veía, veíamos, veíais, veían.
Pret. indef.: vi, viste, vio, vimos, visteis, vieron.
Fut. imperf.: veré, verás, verá, veremos, veréis, verán.
Pot. simple: vería, verías, vería, veríamos, veríais, verían.

MODO SUBJUNTIVO

Pres.: vea, veas, vea, veamos, veáis, vean.
Pret. imperf.: viera o viese, vieras o -ses, viera o -se, viéramos o -semos, vierais o -seis, vieran o -sen.
Fut. imperf.: viere, vieres, viere, viéremos, viereis, vieren.

MODO IMPERATIVO

Pres.: ve, ved.

FORMAS AUXILIARES

Inf.: ver.
Ger.: viendo.
Part.: visto.

Se conjugan como *ver,* entre otros verbos, los siguientes:

Prever, rever, entrever, antever.

SHORTCUTS TO SUCCESS
History
Junior Certificate

Charles Hayes

Grace May

2nd year.

Gill & Macmillan

Gill & Macmillan Ltd
Hume Avenue
Park West
Dublin 12
with associated companies throughout the world
www.gillmacmillan.ie

ISBN-13: 978 0717 13921 7
ISBN-10: 0 7171 3921 2
Colour reproduction by Typeform Repro
Print origination in Ireland by Design Image

The paper used in this book is made from the wood pulp of managed forests. For every tree felled, at least one tree is planted, thereby renewing natural resources.

CONTENTS

Acknowledgements

The author thanks the several history teachers whose advice, encouragement and other inputs have contributed to the creation of this book. Special thanks to Una Dunne, John Gallagher, Helen Barry, John Moher, Breda Moloney, Annette Carey and other colleagues. My thanks to all who took part in the preparation, design and production of the book; especially to Hubert Mahoney, Tess Tattersall, the staff at Gill & Macmillan and the staff at Design Image, and Rachel Pierce.

Charles Hayes, M.Ed., M.A., H.D.E.
St Mary's High School
Midleton
Co. Cork

CHAPTER 1

INVESTIGATING THE PAST

Using sources

Historians search for evidence to find out about our past. Anything that provides such evidence is known as a *source*. There are two kinds of sources: *primary sources* and *secondary sources*.

- *Primary sources* are things that survive from the time being studied, so they provide us with first-hand, or 'primary', information about that time. Old diaries, photographs, or pieces of pottery are examples of primary sources.

- *Secondary sources* do not come from the time being studied, so they provide us with second-hand, or 'secondary', information about that time. This book, for example, is a secondary historical source because it provides information about ancient times, but was written only recently.

THE FENIAN GUY FAWKES.

1

This illustration is from an old English magazine. The man sitting on the barrel represents Irish rebels against English rule.
Is this a primary or a secondary source? Is the source reliable? Explain.

Good historians are very careful in their use of sources and they like to use several different sources when studying the past. They do this because some sources are unreliable.
Unreliable sources may be:

- *Biased*, if the source is unfairly one-sided;
- *Prejudiced*, if the source makes judgments without regard to the facts.

Archaeologists and their work

While historians usually study written sources, archaeologists study *artefacts* to find out about the past.

An *artefact* is anything that has been made and used by people. Houses, pottery and tools are all examples of artefacts. Artefacts are virtually the only clues to how people lived in prehistoric times. *Prehistory* is the time before writing was invented.

First, archaeologists must look for a suitable *site* in which to search for artefacts. Some sites have been found by accident, while others have been located with the help of photographs taken from the air.

Old burial chambers are usually very good archaeological sites. So too are ancient rubbish heaps where people once threw away broken tools, old clothing, or the bones of animals they had eaten.

Once a site has been identified, the archaeologists carry out a *'dig'* to excavate (dig up) and examine artefacts that have become buried beneath the earth over time.

It is very important that the archaeological dig is carried out in the proper way. This is how the archaeologists do it:

- First, they make a detailed map or *plan* of the site.
- Then the site is divided into squares or *grids*, which are marked on the plan.
- Each grid is then dug out very carefully, so that no artefact is damaged or lost. *Trowels*, *brushes* and *buckets* are used to dig up the earth. *Sieves* are also used to help find very small artefacts hidden in the soil.
- The location of each find is recorded on the plan. Each find is also carefully *labelled and described* before being taken away for further examination in a laboratory.
- At the laboratory, each artefact is *dated*. This means that an attempt is made to calculate its age.

Some ways of dating artefacts

- *Stratigraphy*: artefacts found deeper beneath the surface are older than artefacts found above them in shallower ground.
- *Carbon dating*: when a plant or animal dies, carbon begins to leak out slowly from its body. By measuring how much carbon is left in the dead plant or animal, scientists can work out approximately when the plant or animal died.

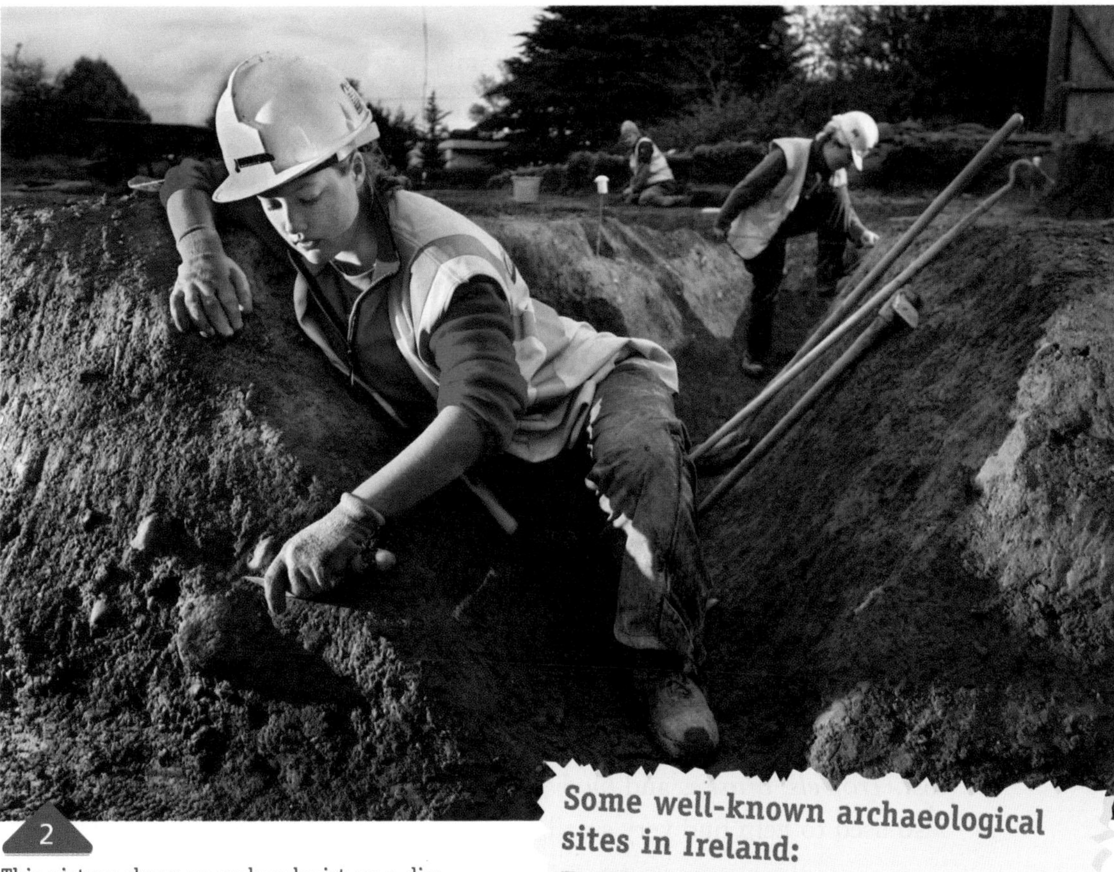

2

This picture shows an archaeologist on a dig:

(a) *Describe what you think the archaeologist is doing.*
(b) *What tools is the archaeologist using?*
(c) *The archaeologist is working very carefully. Why?*

Some well-known archaeological sites in Ireland:

- **Wood Quay** in Dublin: a Viking settlement.
- **The Ceide Fields** in Co. Mayo: a Stone Age farming site.
- **Lough Gur** in Co. Limerick: a Stone Age settlement.

Measuring time

Historians usually measure time in years and in *centuries* (which are periods of 100 years).

The year in which Jesus Christ was born is often referred to as Year One.

- The letters B.C. ('Before Christ') are used to describe years and centuries that measure back from before the birth of Christ, or before Year One.

- The letters A.D. (from the Latin *Anno Domini*, meaning 'the year of Our Lord') are used to describe years and centuries following after the birth of Christ, or after Year One.

The timeline below shows how this works. Note from the timeline that, for example, the year A.D. 150 is in the *second* century A.D. Likewise, the year A.D. 2006 is in the *twenty-first* century, and so on.

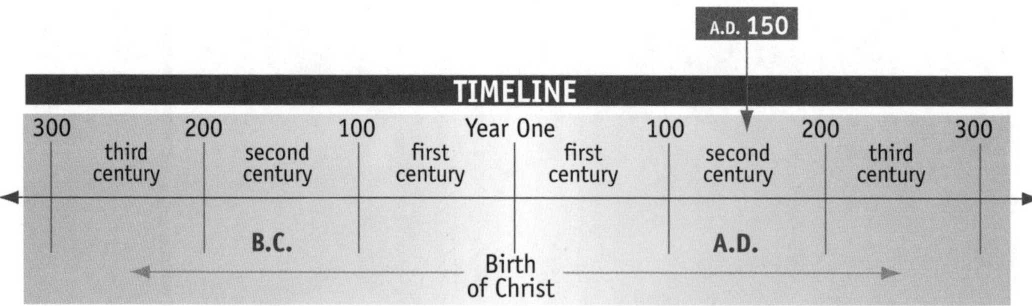

In which century is each of the following years?

A.D. 1798; A.D. 1014; A.D. 2005; 345 B.C.; 16 B.C.; A.D. 1916.

CHAPTER 2

LIFE IN THE ROMAN EMPIRE
(an ancient civilisation outside Ireland)

Between the third century B.C. and the fifth century A.D. the Roman Empire controlled much of Europe and North Africa (see the map below). In this chapter we will learn how people lived in ancient Rome.

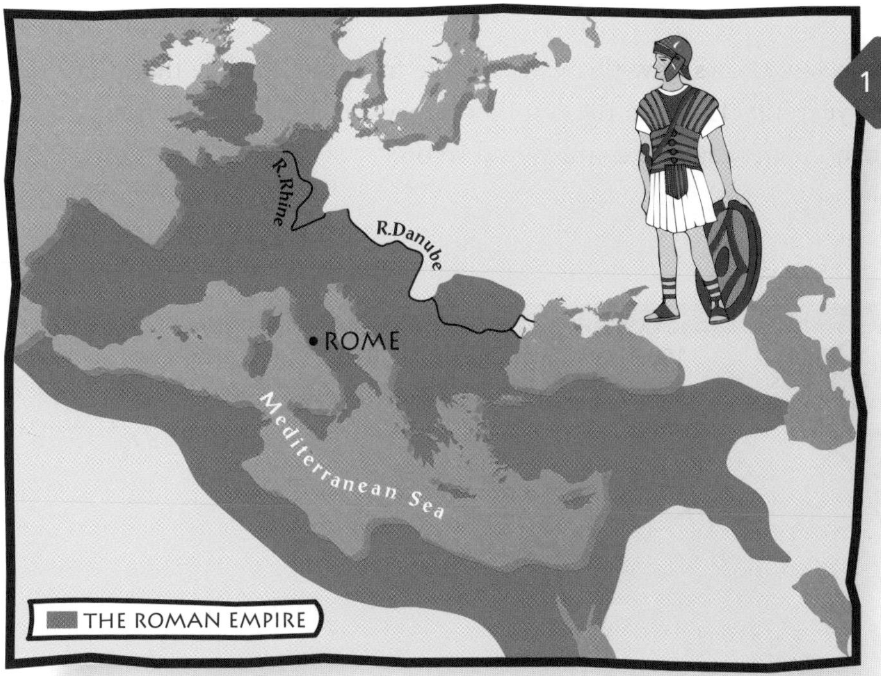

1 The Roman Empire:
(a) Name four modern European countries and two modern North African countries that were once part of the Roman Empire.
(b) In which country is the city of Rome?

How do we know about ancient Rome?

1. The ruins of many Roman *buildings*, such as the famous Colosseum, tell us about Roman architecture.
2. Old *statues* and *frescoes* (wall paintings) show us how Romans looked and dressed.
3. Roman *writers*, such as Cicero, tell us a great deal about how Romans lived.
4. Many Roman *artefacts* have been found in the ruins of Roman cities, such as at Pompeii.

What Romans wore

- Most **men** wore knee-length *tunics* (a bit like very long T-shirts), tied at the waist. Summer tunics were made of cool cotton, while warmer woollen tunics were worn in winter. On formal occasions rich Roman men wore *togas*, which looked like long, white sheets draped around their bodies.
- **Young girls** wore long, white tunics, belted at the waist. When a girl married (usually in her teens), she normally wore an ankle-length dress called a *stola*. **Women** also wore jewellery, such as necklaces and bracelets, and long hair extensions.

Food and clothing

Most Romans ate simply. Breakfast and lunch might consist of *bread with olives or dates*, washed down with *water or wine*. The evening meal, called the *cena*, might feature a kind of *porridge* or stew made of vegetables or beans.

Rich Romans often attended evening *feasts*, where they consumed huge quantities of food, varying from stuffed songbirds to snails fried in olive oil. If they ate too much, they could visit a room called a *vomitorium*. There they made themselves sick, so that they could return to the dining-room and continue eating.

Roman houses

- Most Romans lived in blocks of apartments called *insulae*. These could be up to eight storeys high. The *poorest people* lived in the top-floor apartments. The rooms had no fireplaces or toilets, so people often used night-pots for toilets. They got hot meals from fast-food stalls on the streets.

- Many *rich Roman families* lived in big country houses called *villas*. A rich family might also live in a fine townhouse called a *domus* (see opposite).

2 A Domus

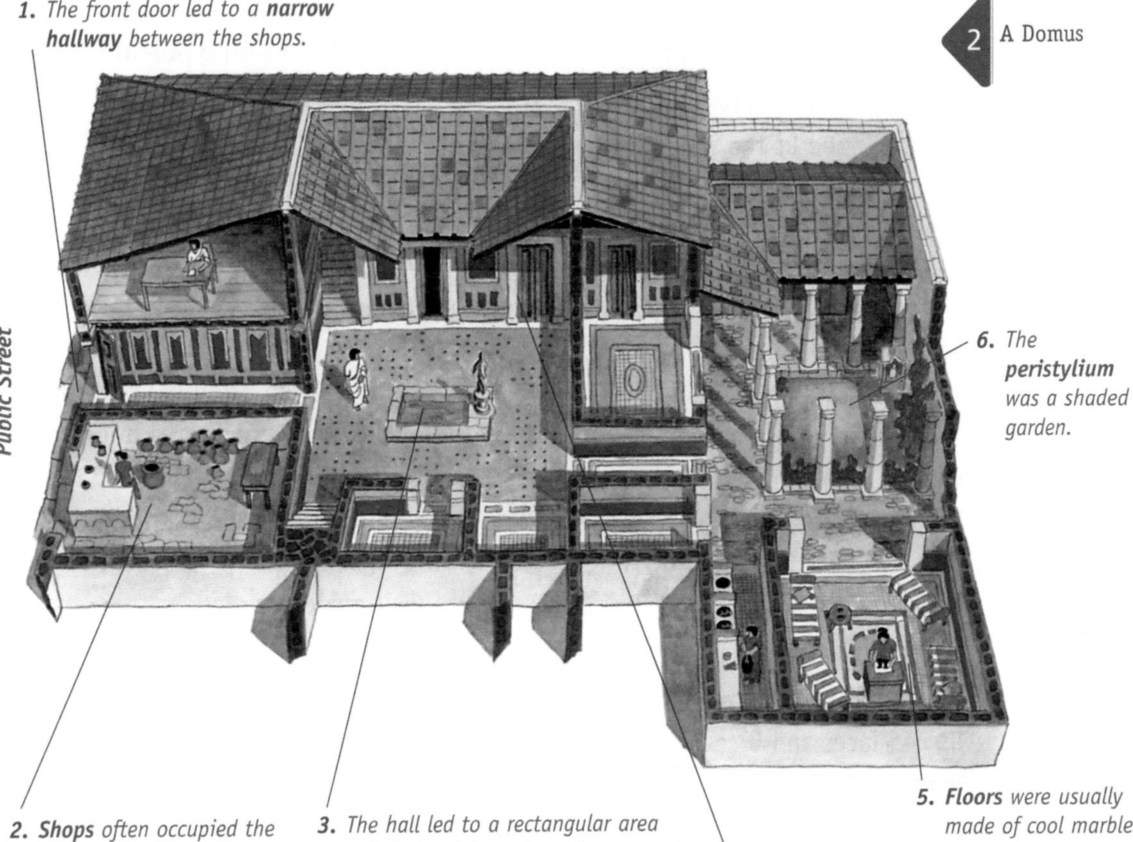

1. The front door led to a **narrow hallway** between the shops.
Public Street
6. The **peristylium** was a shaded garden.
2. **Shops** often occupied the street-front of a domus.
3. The hall led to a rectangular area called the atrium. A small opening in the roof channelled rainwater into a shallow pool called an **impluvium**.
4. Most **bedrooms** were off the atrium or the peristylium.
5. **Floors** were usually made of cool marble.

Romans at work

- **Rich Romans** were called *Patricians*. They did very little work, although some served as army generals, or in the government as senators.

- **Educated Romans** often became doctors, or architects.

Julius Caesar – a famous Roman Army general

Julius Caesar led the Roman Army that conquered Gaul (France) and invaded Britain. He became so popular and powerful that in 49 B.C. he became the ruler-for-life of Rome.

Some senators felt that Caesar had become too powerful for the good of Rome. So one day, in 44 B.C., they stabbed him to death.

- Some **poorer Romans** worked as shopkeepers. Others were carpenters, jewellers, bakers, or other craftsmen who owned workshops where they sold the things they made. Many people worked for the government as tax collectors or soldiers.

- Some Roman citizens were **unemployed**. The government helped them out with free grain, called the '*dole*'.

- **Slaves,** who were forced to work without rights or pay, did most of the work. Many slaves worked in farms or mines, where they were often treated harshly. Educated slaves were sometimes employed as doctors, or teachers.

Slaves
When the Romans conquered a country, they would kidnap, or carry off many of its people. These people and their descendants then became slaves of the Romans.

Some Roman pastimes

- **Chariot-racing** was the most popular pastime in Rome. This took place at the *Circus Maximus*, a huge arena that could hold a quarter-of-a-million people. Four teams of charioteers – the Reds, the Greens, the Blues and the Whites – raced each other seven times around the track to the wild excitement of the crowd.

- **Gladiator contests** took place at the *Colosseum*. This oval-shaped stadium could hold up to 50,000 people. Specially trained gladiators fought each other or wild animals to the death, using swords, nets, shields and three-pronged pikes called tridents.

- Many Romans enjoyed bathing in some of the 900 **public baths** that existed in Rome. Each bath had warm rooms called *tepidariums*, as well as cold rooms (*frigidariums*) and hot rooms (*caldariums*). Some baths also contained gymnasiums, and even libraries. Men and women had separate baths, or bathed at different times.

Religious beliefs

The Romans believed in several different *gods and goddesses*, each of which controlled a certain aspect of life. Soldiers going into battle, for instance, might pray or offer a sacrifice to *Mars*, the God of War. A person in love might pray to *Venus*, who was the Goddess of Love. Beautiful *temples* were built to honour the gods, especially around the *Forum,* or central market area, in Rome. Some Romans also kept small altars to their favourite gods in their houses.

In the fourth century A.D. the emperor Constantine became a Christian. From that time onwards, *Christianity* became the official religion in Rome.

The Romans and death

Most Romans believed in life after death. Some believed that when a person died his or her spirit went to Hades, or the Underworld. To reach Hades the spirit had to be rowed across the River Styx by a ghostly ferryman named Charon. A coin was placed in the mouth of the dead person to pay the mysterious ferryman.

Funerals were important, noisy affairs at which professional wailers were paid to cry loudly for the dead person. Bodies were buried outside the walls of Rome, usually along a roadside.

In the days before Christianity became the official religion of Rome, Christians often buried their dead in underground tunnels called **catacombs.**

3 What does this drawing show?

People in History

A young person in ancient Rome

My name is Marcus. I am a thirteen-year-old boy and I live in Rome, which is the centre of the mighty Roman Empire.

My father is a wealthy senator, so we live in a beautiful *domus,* or townhouse. At the back of our house is a garden, or *peristylium*, which gives wonderful shade on hot summer days. The nicest room in our house is the *atrium*, with its shallow pool, or *impluvium*.

From the age of seven I attended an elementary school called a *ludus.* This is situated near the *Forum*, or main market place of Rome. Just as well, as it means we get off classes on market days, when the noise in this street makes it impossible to study.

This year I am to be sent to a *grammar school*, where I will study Greek and Roman literature. I will also have to practise the art of *oratory,* or public speaking, if I am to have any hope of ever becoming a senator like my father.

Although school is a bore, there are plenty of pastimes in Rome. I often go to the public *baths* (children get in free!) to chat and bathe with my friends. I have also been to the *Circus Maximus* to watch the chariot-racing. I love to watch my favourite team – the Reds – race around the track to the cheers of up to a quarter-of-a-million people.

Mother will not let me go to the Colosseum to see the gladiators fight each other to the death. I think that maybe she is being influenced by this new religion called *Christianity*, which teaches that human life is sacred and that killing is wrong.

The influence of ancient Rome

1. Many of the *words* we use today come from Latin, which was the language of ancient Rome.
2. Our *calendar* is based on the ancient Roman calendar. Many months have Roman names. July, for example, is named after Julius Caesar.
3. Some Roman towns grew into great *cities*, such as London and Paris.
4. Many of our churches and other public buildings copy the Roman style of *architecture* (see Figure 4).

*This triangular feature is called a **capital** and was a feature of many Roman buildings.*

*Elegant **columns** such as these were typical of ancient Roman public buildings.*

4

The GPO in Dublin copies the style of ancient Roman architecture.

CHAPTER 3

ANCIENT IRELAND

1. The Middle Stone Age

People first arrived in Ireland about 8000 B.C., during the *Mesolithic* or **Middle Stone Age**. This period was called the Stone Age because people had not yet learned to make and use metals, so their weapons and tools were made from stone.

Mesolithic people were **hunters and gatherers**. They gathered berries and hazelnuts in the forests and used dogs to help them hunt deer, wild pigs and other animals. They also caught fish and gathered shellfish.

Archaeologists found signs of a Mesolithic settlement at **Mount Sandel**, near the River Bann at Coleraine in Northern Ireland.

1 Middle Stone Age people at Mount Sandel, in Northern Ireland.
Describe their clothes, their house and the work they are doing.

2. The New Stone Age

The **first farmers** arrived in Ireland about 4000 B.C. They were called the *Neolithic* or **New Stone Age** people. These people sometimes settled on upland areas with light soils, as such places were less forested and therefore easier to till. Neolithic people were more advanced than Mesolithic people in the following ways:

- They hunted with **polished (smoothed) axes,** which were of better quality than earlier axes.
- They built large **megalithic** ('great stone') **tombs** (which are described on page 14).
- They made **pottery** that they used for cooking, storing food and in burial ceremonies.
- They grew **wheat** and **barley** and kept **cattle, sheep** and **pigs.**
- Being farmers, they lived in permanent settlements and so they built **stronger houses** than the people before them.

TIMELINE

8000 B.C.

1. **The Middle Stone Age** (Hunters and gatherers only)

4000 B.C.

2. **The New Stone Age** (First farmers)

2000 B.C.

3. **The Bronze Age** (First metal users)

500 B.C.

4. The Iron Age (The Celts)

2

A Neolithic scene

Describe four ways in which this scene differs from the Mesolithic scene on the previous page.

Some Neolithic sites in Ireland:

- **Lough Gur,** Co. Limerick
- **The Boyne Valley,** Co. Meath
- **The Ceide Fields,** Co. Mayo

Neolithic tombs

Neolithic people believed in life after death, so they built *megalithic* ('great stone') tombs for important people who died. There are three different types of Neolithic tomb: court cairns, portal dolmens and passage graves.

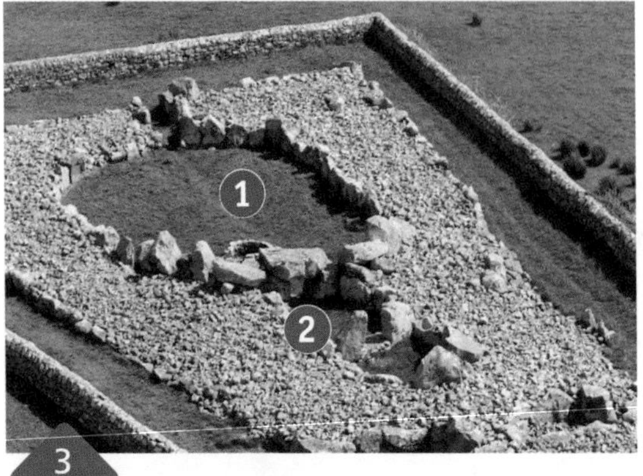

The remains of a court cairn at Creevkeel, Co. Sligo.

A portal dolmen, Poulnabrone, in the Burren, Co. Clare.

The passage grave at Newgrange, Co. Meath.

Court cairns

1. These had an open area, or '**court**', at the entrance to the burial chamber. Bodies were cremated in these courts.
2. Cremated remains were then placed in the chamber, which was built of standing stones and covered with a **cairn,** or a heap of smaller stones.

Portal dolmens

1. These tombs had two or three large, upright stones called **portals**.
2. A large **capstone** was laid on top of the portals to make a roof for the tomb.
3. **Cremated remains** were placed under the capstone and covered with a heap of smaller stones.

Passage graves

Fine examples of passage graves exist at Dowth, Knowth and Newgrange, all in Co. Meath.

The **Newgrange** grave (opposite) is covered by a huge circular mound. Through the mound runs a passage, which leads to a chamber. Each year, on Midwinter Day (21 December), the rising sun shines in through the dark passage and briefly lights up the chamber. The purpose of this remains a mystery!

3. The Bronze Age

About 2,000 years ago people came to Ireland who had discovered how to make sharp weapons and tools out of bronze. **Bronze** is a mixture of **copper** (which was mined near Killarney and at other Irish sites) and **tin** (which was probably imported from Cornwall in England). The box below shows **how bronze was made.**

Bronze Age smiths also made objects out of **gold**, which was found in Wicklow. Gold was too soft to make weapons or tools, but it made beautiful necklaces and bracelets called *torcs*. The necklace in the photograph is called a *lunula* because it looks like a crescent moon.

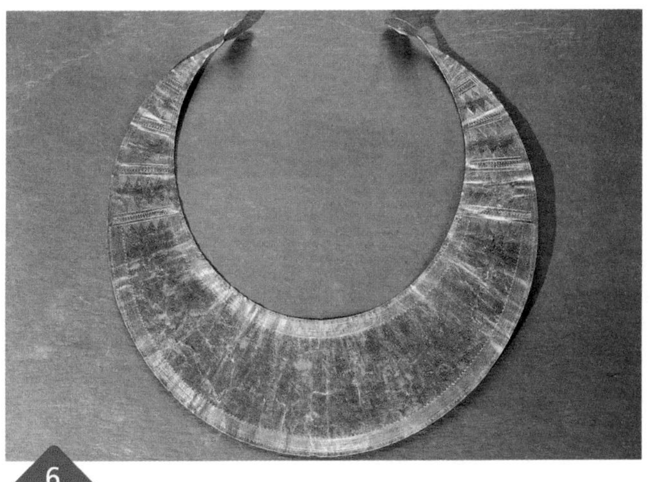

6

A gold Bronze Age *lunula*

How bronze objects were made

1. Rock containing copper (copper **ore**) was broken into small pieces.

2. The ore was then **smelted**: it was heated over a furnace until the copper melted and separated from the rock.

3. Smelted tin and copper were then poured together into **moulds** to make bronze axes, arrowheads, spearheads and swords.

Other Bronze Age features

A *fulacht fiadh* was used to cook meat. A hole was dug in the ground and filled with water. Hot stones were taken from the fire and added to the water to make it boil. The meat was then cooked in the boiling water.

Bronze Age burial sites included:

- **Wedge tombs**: they looked rather like portal dolmens, but they were wide at one end and narrow at the other.
- **Cist graves:** small, rectangular pits lined with stone slabs. They were usually single graves.

7
A stone circle at Drombeg, Co. Cork.

- **Standing stones:** Bronze Age people left behind mysterious tall stones – either in rows, in circles, or on their own. The stone circle shown here is in Drombeg, Co. Cork. It may have been used for burials, for religious rituals, or as a way of calculating the time of year.

4. The Iron Age and the Celts

The Celts began to arrive in Ireland around 500 B.C. They came from Europe and brought with them knowledge of iron, a new metal that could make stronger and sharper tools and weapons than ever before. The Iron Age had arrived.

Celtic dwellings

Ring forts

Most Celts lived in defensive, circular ring forts, or *dúns*, such as that shown in the picture below.

1. A *ditch* was dug around the ring fort and the earth from the ditch was used to build a *circular wall*. A *timber fence* was then built on top of the wall.
2. *Circular houses* were built within the ring fort. They had timber frames and thatched roofs. Their walls were made of *wattle-and-daub*. This means they contained interwoven twigs (wattle) covered by a mud plaster (daub).
3. A hidden underground tunnel called a *souterrain* ran under the outer wall. The souterrain may have been used to keep food cool, or as an escape route in times of attack.

8 A typical ring fort.

Other names for a ring fort

- *Rath, lios,* or *dún.*
- *Casheal,* or *Cathair* (a fort with a stone outer wall).
- *Hill fort* (a large ring fort built on a hill).
- *Promontory fort* (a ring fort built at the edge of a cliff).

Crannogs

Crannogs were fortified lake dwellings. Artificial islands of earth and stones were built on the lake. Then a ring fort was built on this man-made island. Building the ring fort on an island made it less vulnerable to attack.

Celtic dress

The illustration opposite shows what our Celtic ancestors looked like.

1. Some Celts made their **hair** blond by washing it in limewater.
2. Noblemen shaved their faces, but they had long **moustaches** that covered their mouths.
3. Rich men wore **knee-length, linen tunics** tied with a belt. (Poorer men wore trousers.)
4. Women wore **ankle-length linen tunics**.
5. Men and women wore **woollen cloaks**, which they also used as blankets.

Celtic styles of dress.

Farming

Farming was the most important occupation in Celtic times. **Cattle**, **sheep** and **pigs** were reared and crops of **wheat, barley** and **oats** were grown. Most farmers rented land from rich nobles.

Food

Farming provided most of the Celts' food:

- *Bread* and *porridge* were made from wheat, oats and barley. (The grain was ground in a grinding wheel called a **rotary quern**.)
- Cattle provided fresh *milk* throughout the year and *salted meat* in winter.
- *Roast pig* was a favourite dish at Celtic feasts.
- A type of *ale* was made from barley.

Arts and crafts

- *Carpenters* helped to build houses, fences and boats.
- Some **smiths** made weapons and farm tools out of iron, while others made beautiful jewellery of bronze, gold and coloured stone. Celtic artwork was often decorated with complicated spirals and imaginary creatures.
- *Stonemasons* made objects such as **ogham stones**. These are stone pillars with names carved into them in a series of lines called *ogham writing*.

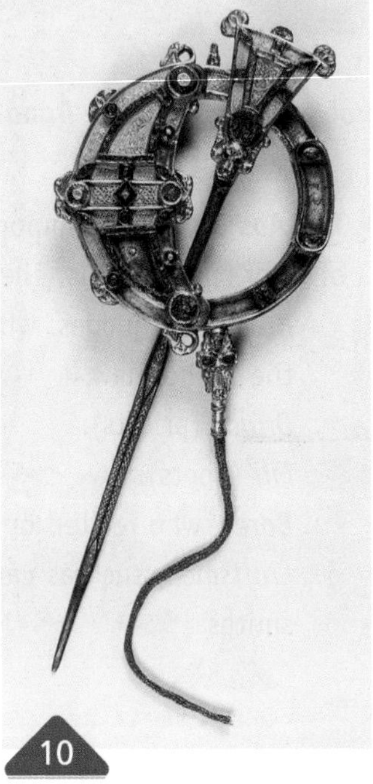

10 The Tara brooch is a famous piece of Celtic jewellery.

11 An ogham stone.
Can you see the ogham writing?

Celtic religion

The Celts believed in many gods and goddesses. *Dagda* was their chief god. Other gods included *Mannanaun*, the God of the Sea, and *Brigid*, the Goddess of Spring.

The Celts believed that their gods could not be confined in buildings, so they did not build temples to them. Instead, they worshipped them at sacred springs and woodlands. Celtic priests were called **druids**. They offered prayers and sacrifices to the gods and goddesses.

How Celtic society was organised

Celtic Ireland consisted of about 150 small kingdoms called *tuatha*. Each *tuath* was organised as follows:

The Royal Family

Each kingdom was ruled by a *rí*, or king.
The king was elected from a royal family, or *derbhfine*.

The Nobles

Below the king were the nobles, who consisted of **warriors** and ***Aos Dána***.

- The **warriors** had to fight for the tribe. They fought with iron swords, spears and axes. They considered it cowardly to wear armour and often went into battle naked. When warriors were not fighting they spent much of their time leading cattle raids, hunting and feasting.
- The ***Aos Dána*** were important because of their special skills. These included:
  - *Brehons* or judges, who understood the Brehon law.
  - *Druids* (priests).
  - *Filí* (poets).
  - *Bards,* who recited or sang poetry.
  - *Craftsmen*, such as carpenters or smiths.

The Commoners

Below the nobles were the commoners. They were farmers who rented land from the nobles. Most farmers were quite poor.

The Slaves

Most slaves had been captured in raids on other tribes. They worked without pay and were at the lowest level of Celtic society.

People in History

A young person in pre-Christian Ireland

I am Gráinne. Like most people in Celtic Ireland, my family and I make our living from farming. Life is not easy for us. We *commoners* do not own our land. We rent it from Milchu, who is a warrior and a nobleman. In return for our land, we must give Milchu part of what we produce.

Cattle are our most important farm animals and provide us with fresh milk all through the year. In autumn we might slaughter an animal to provide us with some salted meat for the winter. We also rear a few sheep and pigs.

We grow *wheat*, *barley* and *oats*. Rotary querns are used to grind the grain, which is then used for making bread and porridge – two of our most common foods.

Farming is very important in Celtic society. For example, our goddess, *Brigid*, is the patron of spring and lambs. We celebrate her feast day on 1 February, the first day of spring.

We live in a *ring fort*, which we call a *dún* or *rath*. At night the ditch and circular wall around the fort help to protect us and our cattle from attacks by wolves, or other tribes.

Within our ring fort we have a shelter for the animals and our own round *house*. Its walls are made of *wattle-and-daub* and its roof is thatched with straw.

Although we are poor, we are not as poor as Patrick, the *slave* who sometimes helps us with the harvest. He was captured when warriors raided his home and he is now considered to be Milchu's property.

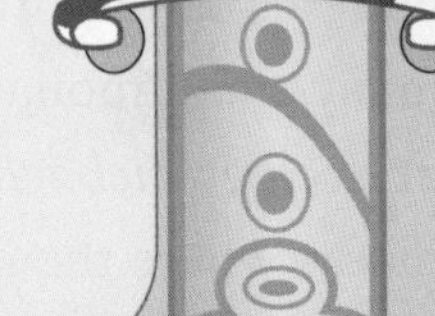

CHAPTER 4

EARLY CHRISTIAN IRELAND

Christianity reached Ireland in the fifth century, when the Pope sent missionaries, such as Palladius, to 'those Irish people who believe in Christ'. The most famous of all such missionaries was St Patrick.

St Patrick

Patrick grew up in Roman Britain. At the age of sixteen he was kidnapped by an Irish raiding party and brought to Ireland as a slave. He was then bought by a man named Milchu and forced to tend sheep on the mountains.

Patrick escaped and returned to Britain. Some time later he became a priest. He returned to Ireland around A.D. 432 to spread Christianity here. By the time Patrick died, about thirty years later, Ireland was largely Christian.

Early Christian monasteries

From the sixth century onwards many **monasteries** were set up throughout Ireland. In these monasteries holy men, or **monks**, spent long hours every day *praying*, *working* and *studying* to please God.

Large monasteries, such as that at *Clonmacnoise* on the River Shannon, were built along important routeways. But many small monasteries, such as that at *Skellig Michael*, were built in remote places where the monks could work and pray in peaceful surroundings.

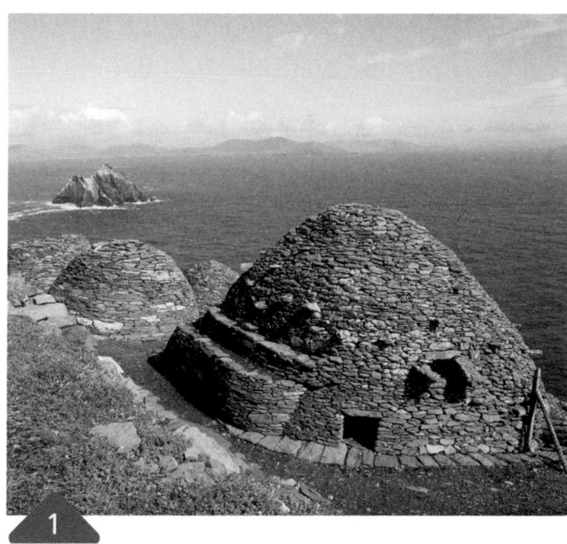

1

The monastery at **Skellig Michael** was located on a tiny, remote island off the west coast of Kerry. Monks lived in the stone 'beehive' huts that are shown here.

A typical larger monastery

*There was a small **guest house** for visitors*

*The monastery was surrounded by a **bank** or **wall**, rather like a large ring fort*

*Monks ate together in the dining room or **refectory***

*The main building was the **oratory** or church*

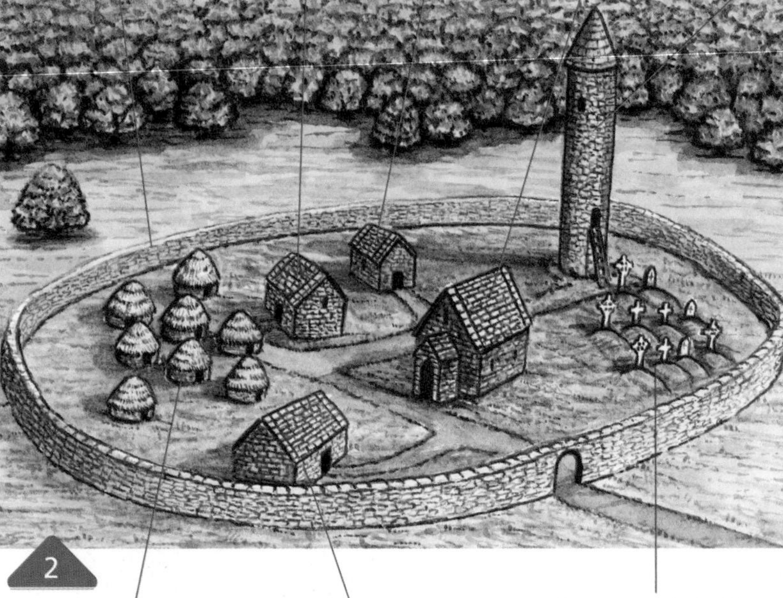

2

*Each monk lived in a small **hut**, made of timber, wattle and daub*

*Monks copied manuscripts in the **scriptorium***

*Monks were buried in cist graves in the monastery **graveyard***

3

Round tower

Monasteries such as Glendalough (Co. Wicklow) and Ardmore (Co. Waterford) had **round towers**, which could be up to 40m tall.

Round towers were used as **belfries** to house the bell that called the monks to prayer. They were also used for **storage** and as a safe hiding place when the monastery came under attack. In order to prevent attackers from gaining entry, the door to the tower was high above the ground and could be reached only by a ladder.

Art

Early Irish monasteries were famous for great works of art, which the monks produced to honour God.

4

A page from the Book of Kells: *What do the designs show?*

1. Manuscripts

Each large monastery had a *scriptorium* where scribes copied beautiful *manuscripts*. They used *quills* (goose feathers) to write on *vellum* (calfskin) or *parchment* (sheepskin). Artists *illuminated* (illustrated) the manuscripts with exquisite coloured pictures and designs.

Famous manuscripts include:

- **The Cathach,** which is Ireland's oldest manuscript.
- **The Book of Durrow,** which is a copy of the Gospels.
- **The Book of Kells,** which is also a copy of the Gospels and is Ireland's most famous manuscript. It is kept in Trinity College, Dublin, and many people travel to see it each year.

2. Stone crosses

Monks also carved high stone crosses, such as the Cross of Muiredeach (see photograph opposite).

1. Images of saints and scenes from the Bible were carved onto the cross and used to explain religion to people who could not read.
2. Stone circles joined the arms of the cross with the trunk of the cross.
3. The top of the cross was made to look like a tiny church.

5

The Cross of Muiredeach at Monasterboice monastery, Co. Louth.

6

The priceless Ardagh Chalice: *Can you see the glass studs and the filigree? For what purpose do you think the chalice was used?*

3. Metalwork

Beautiful chalices, crosiers (bishops' staffs) and other metal objects were made in monasteries. **The Ardagh Chalice** (see opposite), for example, is made of silver. It is decorated with bronze and glass studs and engraved with complicated Celtic designs in gold wiring, or *filigree*.

7

Some Irish monasteries in Europe: *Find the monasteries associated with the saints Columcille and Columbanus.*

Irish monks abroad

From the sixth to the eighth centuries many Irish monks became famous as Christian missionaries throughout Europe. For example:

- **St Columcille** founded a monastery at *Iona,* in Scotland.
- **St Columbanus** founded monasteries at *Luxeuil* (France), *St Gall* (Switzerland) and *Bobbio* (Italy).

People in History

A monk in Early Christian Ireland

I am a monk at *Clonmacnoise,* on the banks of the River Shannon. Many of my fellow Irish monks live in tiny monasteries, but our monastery is a large one.

Our monastery looks a bit like a huge *ring fort*, with a big ditch and wall surrounding it to protect us. Our main safety feature, though, is our *round tower*, the door of which is well above ground level.

Within the monastery is the *refectory* (where all the monks eat together) and a *guesthouse* for visitors. Another important building is the house of the *Abbot*, who is the elected head of the monastery.

Most of our day is spent *praying and working* in the fields. We get up before dawn and pray in the *oratory* several times each day. We are *self-sufficient*: we grow our own food and make our own furniture, clothes and buildings.

In the *scriptorium* our *scribes* use *vellum* (calfskin) and *parchment* (sheepskin) to make handwritten *manuscripts* on the Gospels and the lives of the saints. These manuscripts are beautifully *illuminated* (illustrated).

Some of our monks are *stonemasons* and are making a *high cross*. This will be inscribed with scenes from the Bible, which will help to explain Christianity to the local people, most of whom cannot read or write.

We monks are also famous for our *metalwork*. We make chalices, crosiers and other religious objects out of bronze or silver, decorated with glass studs and gold *filigree*.

We monks work for the glory of God and to save our souls. But we also help some local people by providing *education* and *medical assistance*.

CHAPTER 5

THE MIDDLE AGES

- The tract of land a vassal received from the king or lord was called a **fief**.
- The vassal received the fief at an **investiture ceremony** (shown in the drawing below).

1

This picture shows an investiture ceremony.

1. *Identify: (a) the King or lord, (b) the vassal, (c) witnesses to the ceremony.*
2. *What is the vassal doing?*

The Middle Ages, or **medieval times,** lasted from around A.D. 500 to A.D. 1500.

The Feudal System

Land was the most important form of wealth in the Middle Ages and the ownership of land was organised through **feudalism,** or **the feudal system.** Feudalism worked as follows:

The King owned all the land, but he needed help to control and defend it.

The King therefore gave huge tracts of land to powerful **barons and bishops.** These noblemen were then **vassals** to their lord, the King. They promised *fealty* (to be loyal) to the King and to provide *knights* (horse-soldiers) for his wars.

The barons and bishops then got vassals of their own by granting some of their lands to lesser nobles, called **knights.** The knights had to obey and to fight for their lords.

Most people in the Middle Ages were poor country people called **peasants.** Some peasants were **freemen** who rented small farms from the nobles. Others were **serfs** who were little better off than slaves.

Knights

The son of a nobleman had to undergo **three stages of training** in order to become a knight:

1. As a young boy he was **fostered** or placed in the care of another noble family. At the age of seven the boy became a **page**. For the next seven years he served at table, carried messages for the lady of the castle and learned good manners.
2. At the age of fourteen, the page became a **squire**. He now learned how to ride a horse in battle and how to use weapons. As he grew older, he accompanied the lord of the castle into battle.
3. At twenty-one, if he was suitable, the squire became a **knight** at a special **dubbing ceremony** in the lord's castle. The new knight promised to obey the code of **chivalry**. This meant he had to be loyal to his lord, be brave, be polite to noblewomen and be kind to the poor.

Knightly sports

- As a sport (and for military training), knights often took part in mock battles called **tournaments**, or **jousting**. The winners of tournaments might win valuable prizes, as well as the admiration of the young noblewomen who were in attendance.

- Another sport was **hawking**, in which the knight used specially trained birds of prey to hunt down other birds.

Describe the activity shown here. 2

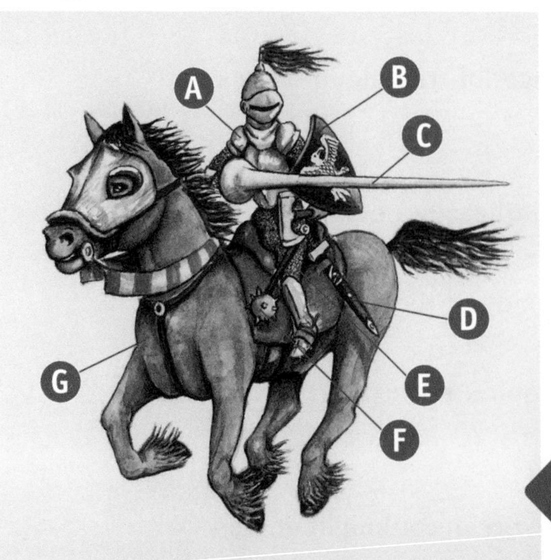

The knight's job

Knights were **horse-soldiers** and were therefore the backbone of medieval armies.

- They fought on strong horses called **steeds**, or **chargers**.
- They wore protective suits of **chain-mail**, or **plate-armour**.
- They fought with **swords, axes, maces,** or **lances**.

3 A knight on horseback
Identify each of the following by its label: lance, sword, shield, mace, chain-mail, plate-armour, charger.

Castles

The countryside was wild and lawless in the Middle Ages. So rich noblemen built and lived in castles to defend themselves and their property.

Below is a drawing of a **motte-bailey castle,** which was the earliest type of medieval castle.

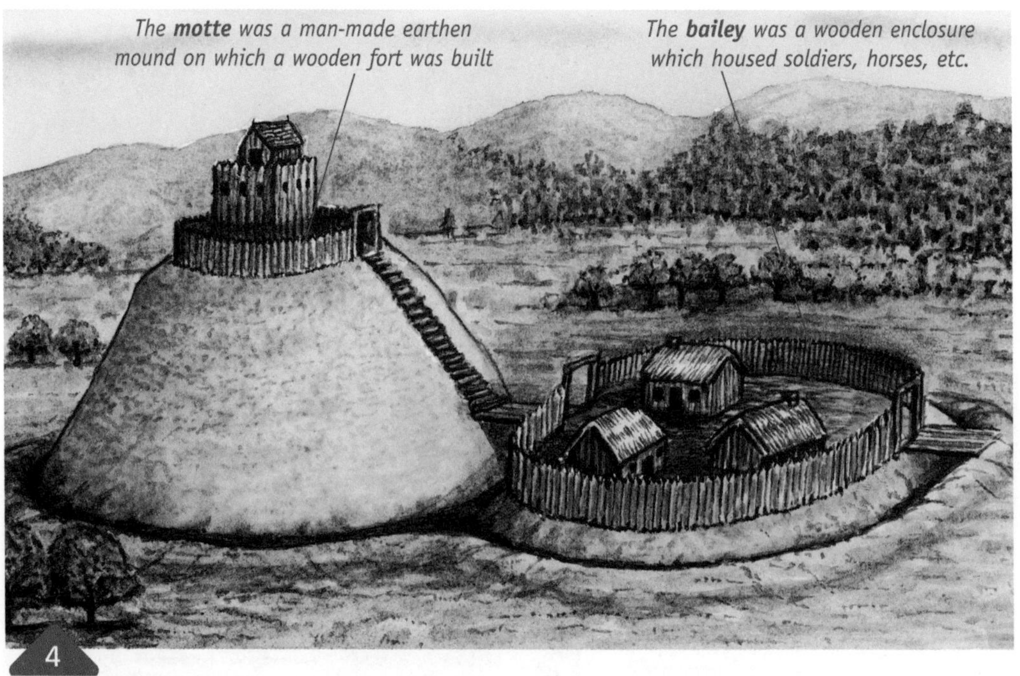

*The **motte** was a man-made earthen mound on which a wooden fort was built*
*The **bailey** was a wooden enclosure which housed soldiers, horses, etc.*

4
Can you guess:
1. *Why almost nothing remains today of motte-bailey castles?*
2. *Why motte-bailey castles were gradually replaced by stone castles?*
3. *Why the east of Ireland had more motte-bailey castles than the west?*

Stone castles

Figure 5 describes a stone castle, many of which were built by the Normans* in Britain and Ireland.

A typical stone castle

* Learn more about the **Normans** on page 36.

1. The **moat** was a deep ditch built around the castle.
2. The **drawbridge** could be raised if an enemy approached.
3. The **portcullis** was an iron grid that could be lowered to prevent the enemy from entering.
4. The **gatehouse** guarded the entrance.
5. The **battlements** ran along the top of the castle's walls. Soldiers stood guard on the battlements.
6. **Turrets** were towers built along the outer walls.
7. The **bailey,** or **bawn,** was an open courtyard inside the outer walls. It contained stables for horses.
8. The **keep** was a strong tower within the walls and was at the heart of the castle. The Lord and his family lived near the top of the keep.
9. Narrow **slit** windows were difficult to penetrate but allowed bowmen to shoot arrows at attackers.

Attacking a castle

Different types of weapon were used to help capture medieval castles. However, it was very difficult to capture a castle, so attacking armies often laid **siege** to them. They would surround the castle for a long time in the hope that hunger and thirst would persuade the defenders to surrender.

Machines used to attack a castle:

- **Battering rams** were used to break down gates and walls.
- **Scaling ladders** and **siege-towers** were used to get soldiers over the walls.
- Large **catapults** were used to hurl rocks and burning objects at the castle.

The lady of the manor

The land owned by a local lord was called a **manor** and the lord's wife was called the lady of the manor. Although she was shown great respect, she would have been considered to be weaker than men. Her main function in life was to be a good **wife and mother**.

As a girl, her mother would have taught her to spin, to weave and to make beautiful cloth tapestries. She would also have learned music, embroidery and other 'ladylike' activities. While in her teens, her father would have arranged her marriage to a 'suitable' nobleman, who was likely to be much older than herself.

The lady of the manor remained at home almost all the time. But she was kept **busy**. She supervised the servants, tended to the sick, kept the accounts and took charge of the castle or the manor house when the lord was absent.

Describe how this medieval lady is dressed. What is she doing? 6

Serfs

Every manor contained a *village* where the poor country-folk or *peasants* lived. Many peasants were **serfs**, or **villains**, and were only a little better off than slaves. They could not marry or even leave the manor without the lord's permission.

Serfs lived in small houses with wattle-and-daub walls and thatched roofs. They spent most of their time farming. They got a little land from the lord and in return they gave the lord part of what they produced. In addition, they had to work without pay for several days each year on the lord's **demesne** (private lands). Serfs also had to pay **tithes** (one-tenth of their produce) to the parish priest.

Serfs and other poor people faced **dangers** from famine and war.

- **Famines** were frequent in medieval times. When crops failed, poor people went hungry.
- **Wars** between lords were so common that the Church had to ban fighting on certain days of the year. This ban was called the *Truce of God*.

Peasants farmed narrow strips of land within large 'open fields'. This **open-field system** is described on *page 89*.

7

Serfs at work

(a) *Identify each of the following farming activities shown:*
sowing; haymaking; threshing.

(b) *Identify each of the following farm tools and say what it is used for:*
a rake; a scythe; a flail.

Crime and punishment

Crime was common, especially at night in the dark, unlit streets. Punishments were often extreme and cruel:

- A *robber* might have his (or her) arm cut off.
- *Murderers* were hanged in public.
- *Petty criminals* were brought to the Market Square and had their legs locked into **stocks,** or their head and hands locked into a **pillory**. People then mocked them, or threw rubbish at them.

8
The stocks

Medieval towns

Medieval towns were usually built **where roads met, at river-crossings, or near castles.** Towns were surrounded by high walls with big, well-guarded gates. People bringing goods for sale through the gates had to pay taxes called **tolls**.

Streets in towns were narrow, dirty and usually dark. Rubbish (including the contents of chamber pots) was thrown out of windows and onto the streets below.

A town might receive a special document from the king or queen called a **charter**, giving the town permission to hold fairs. The fairs were held in a field called the Fair Green and the people at the fair bought and sold everything from farm produce to pots and pans.

Fire and disease often threatened the lives of townspeople.

- **Fire** could spread quickly among the timber-framed, thatched houses. To prevent this, people had to obey the rule of **curfew**, which ordered all people to put out their fires at sunset.
- Filthy streets and polluted water caused frequent **disease**. Deadly plagues, such as *the Black Death*, also occurred. In the fourteenth century the Black Death – carried by fleas borne by rats – killed almost one-third of all Europeans within three years.

Craftsmen and guilds

Craftsmen were very important in medieval towns. Every craftsman had to belong to a **guild**. There was a carpenters' guild, a tailors' guild, a bakers' guild, and so on. A craftsman had to pass through three stages to become a guild-member.

1. Apprentice

At twelve, a boy could become an apprentice to a master craftsman. He went to live in the master's house. He obeyed and worked for the master. The master fed and clothed the apprentice and taught him his craft. The apprentice was not paid.

2. Journeyman

After seven years the apprentice could take a test to become a journeyman. If he passed the test, he could now travel from town to town and get paid for his work.

3. Master

If a journeyman wanted to become a master, he had to produce a special piece of work called a *masterpiece*. If the guild considered the masterpiece good enough, the journeyman became a master. He could now open his own shop and take on his own apprentices.

9

The master carpenter's workshop
Can you recognise (a) the master, (b) the journeyman and (c) the apprentice?

The main functions of a guild

- It set examinations to make sure that its **craftsmen** were skilled at their trade.
- It made sure that all the **products** sold were of a high standard.
- It gave financial **help** to sick and old members of the guild.

People in History

A Lord of the Manor

I am Sir Richard De Lacey, a Norman knight. My lands are referred to as my *manor* and on the manor I have a strong stone castle.

My main task in life is to *fight* for my lord whenever called upon and to provide an agreed number of soldiers to assist him. I myself am a horse-soldier – I go into battle on my steed, dressed in a suit of armour.

My family and I have our private chambers high within the *keep* of my castle. The keep is the safest part of the castle in time of attack.

We often hold *banquets,* or feasts, in the Great Hall of the castle. My lady wife and I sit at the top table, which is raised on a platform called a *dais*. During the feast, *minstrels* (musicians) entertain us from the minstrels' gallery high above the tables.

For sport, I like hunting and hawking on my private lands or *demesne*. The rest of my land is rented to peasants, some of whom are freemen and some of whom are serfs.

I also take part in *jousting,* or *tournaments*. This is a sport where two knights on horseback charge at each other and each one tries to topple the other from his horse. We use blunted lances when jousting, but it is still quite a dangerous activity.

My wife, the *lady of the manor*, is much younger than I. Our marriage was arranged by her father and I demanded a large sum of money, called a *dowry*, in return for taking her as my wife.

Wars are frequent in the Middle Ages, so I am often absent from home. When I am away, my wife takes charge of the manor.

People in History

A craftsman in the Middle Ages

I, Peter Lombard, am a craftsman in the city of London during this twelfth century. I am a *carpenter* by trade and I am a proud member of the carpenters' guild.

I like living in *London*, despite the fact that crime is common at night in our unlit streets and that there is a constant threat of fire engulfing our timber-framed, thatched houses.

There are many *other types of craftsman* in London. There are, for example, tailors, who make clothes, and bakers, who make bread. We are all important and respected members of medieval society.

I began to learn my trade as an *apprentice* at the age of twelve. My master fed me poorly and did not pay me for my work. But he taught me my trade. After seven years as an apprentice, I became a *journeyman*. I then could go from place to place, hiring out my services to master craftsmen. I was then paid for my work.

I was determined to become a master craftsman, so I decided to make a beautiful inlaid cabinet as a *masterpiece*. The members of the carpenters' guild judged my masterpiece to be good. I was admitted to the guild as a master craftsman.

As a *master craftsman* I own my own shop and sell the products made there at a good profit. I also train three young apprentices. We master craftsmen have many *responsibilities*. We must make sure that anybody admitted to our guild is good at his trade. We also make sure that sick or elderly members of the guild, who have fallen on hard times, receive financial help.

The Normans

Castles, knights and other features of medieval life were brought to Britain and Ireland by the Normans.

The Normans originally lived in **Normandy,** in northern France. In A.D. 1066 their king, William the Conqueror, successfully invaded and overran England. In A.D. 1189 the first Norman invasion of Ireland took place. Large parts of Ireland soon came under Norman control.

Why the Norman invasion succeeded:

- Norman armies contained many **knights**, who were well-trained and well-armed.
- Norman **castles** were very strong and almost impossible to capture.
- Norman armies were united under their **king**, whereas Irish warriors were loyal only to their own clans.

Some results of the Norman invasions:

- The **feudal system** was introduced into conquered countries. (We looked at the feudal system on page 26.)
- Medieval **towns** began to increase in number and flourish under Norman rule (examples in Ireland are Kilkenny City and Youghal in Co. Cork).
- The English **language** was brought to Ireland by the Normans.

The Bayeux Tapestry

In the town of Bayeux in northern France there is an old Norman tapestry that depicts the story of the Norman invasion of England. It was designed and made after the famous Battle of Hastings in A.D. 1066. It is a valuable *primary source* of Norman history.

10

This small fragment of the Bayeux Tapestry shows Norman knights invading England. *Describe their weapons and armour.*

CHAPTER 6

MONKS AND FRIARS

The Christian Church was very important and powerful in the Middle Ages. The country was divided into **dioceses,** each of which was ruled by a bishop. Each diocese was divided into several **parishes,** which were under the care of parish priests and other clergy. Many fine churches were built to honour God. The chief church in each diocese was called a **cathedral.**

Church Architecture

There were two styles of church building in the Middle Ages: **Romanesque** and **Gothic.**

Romanesque

The earliest medieval churches were Romanesque.

Their main features were:

1. Rounded arches over doors and windows.
2. Thick pillars or columns within the churches.
3. Thick walls.
4. Small windows.
5. Square towers.

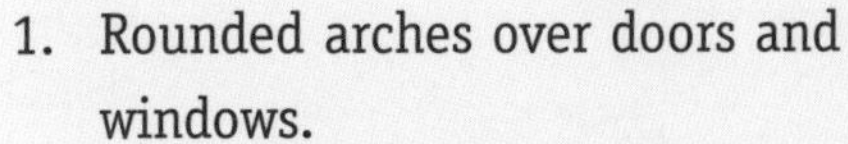

Cormac's Chapel *on the Rock of Cashel is an example.*

Gothic

Gothic architecture was introduced in the mid-twelfth century.

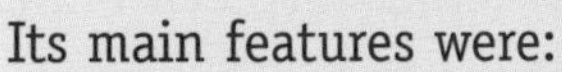

Its main features were:

1. Pointed arches.
2. More slender columns.
3. Thinner walls, which were sometimes supported by flying buttresses.
4. Larger stained-glass windows, including round 'rose windows' over main altars.
5. Tall spires.

Christchurch *in Dublin is an example.*

1

Examine the churches labelled A and B:

(a) Which church is Gothic and which church is Romanesque?

(b) Identify the architectural features labelled 1–8.

Monasteries

Many medieval clergymen were **monks** and they lived in **monasteries** or **abbeys.** There were different orders of monks, including the **Benedictines** and the **Cistercians.** Famous Irish monasteries included *Mellifont* in Co. Louth and *Holy Cross* in Co. Tipperary.

Services provided by monasteries

1. Monks **prayed** for people.
2. Monks were among the very few people in medieval society who could read and write. They often provided **education** for the young.
3. Many monks were skilled in the use of herbs as medicines. Monasteries offered **hospital** care.
4. Monasteries offered shelter and **hospitality** to travellers at a time when there were no hotels.

A Monk's Day

A monk's day was divided between prayer, physical work and reading. He would arise at about 3.00am each morning, leave the **dormitory** (where he slept) and go to the church to sing *matins*. *Matins* was the first part of the **Divine Office**, which consisted of seven different services each day. Mass would be sung at around 10·00 am. Much of the day would be spent at work in the fields, or in different parts of the monastery. The monk might spend some time walking or reading in the **cloister**, which was a covered walkway around the courtyard. Simple meals were taken in the **refectory** (dining-room). At 8·00 pm the day would end with evening prayers, or *vespers*.

Other terms about monasteries

- The **abbot** was the elected head of the monastery and it was his duty to manage the monastery properly.
- The **almoner** was in charge of the *almonry*, a room where food was given to the poor. He also looked after guests at the monastery.
- The **infirmarian** was in charge of the *infirmary*, where the sick were cared for.
- The **scriptorium** was the room where monks copied and illustrated manuscripts.
- The **bakehouse** was where bread was made.
- The **chapter house** was where monks held important meetings.
- Monks might give **sanctuary**, or protection, to people who were fleeing from violence or arrest.

Friars

In medieval society the Church was also represented by orders of friars, such as the **Dominicans, Franciscans** and **Augustinians**. While monks usually remained within their monasteries, friars moved freely among the people. The friars said Mass, preached and heard confessions in their **friaries**. They also helped the sick and the poor and sometimes opened schools for the young.

Describe this Dominican Friar. *Why do you think Dominicans were called 'black friars'?*

2

CHAPTER 7

THE RENAISSANCE

The word *renaissance* means '**rebirth**'. During the Renaissance there was a rebirth of learning and art throughout much of Europe. There was also renewed interest in the ideas and achievements of classical (ancient) Greece and Rome. The Renaissance lasted from approximately 1450 to 1650. It began in what is now Italy and later spread to some northern European countries.

Why the Renaissance began in Italy

- **Roman ruins**, such as the Colosseum, inspired some Italians to learn more about ancient Rome.
- The **Italian language** is based on Latin, which was the language of ancient Rome. This made it easier for Italians to read the manuscripts of ancient Roman writers.
- Italy was divided into several prosperous *city-states*, such as Florence and the Papal States (**Figure 1**). The wealthy rulers of these states were very interested in the arts and employed famous artists, sculptors and architects to decorate their palaces and towns. These wealthy rulers were known as **patrons of the arts**. Their support of the arts and artists was vital to the Renaissance.
- The Turks captured the old Greek city of **Constantinople** (now Istanbul) in 1453. Many Greek scholars fled from Constantinople to Italy. They brought with them old Greek manuscripts and a knowledge of ancient Greece, which they shared with Italian scholars.

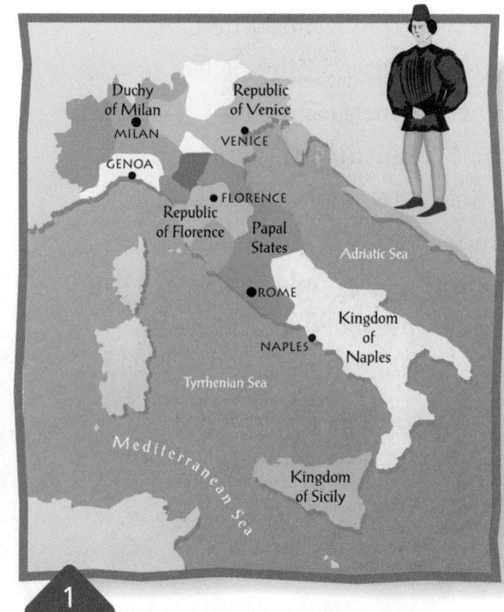

The city-states of Italy in 1500
Find the two states mentioned on this page.

How Renaissance art differed from medieval painting

1

***Medieval** paintings were usually **flat and lifeless**.*

Renaissance artists created very lifelike paintings because:

- they used **perspective** to make background objects seem far away. This gave depth to their paintings;
- they studied **anatomy** (what the human body is made of) and so could paint people with great accuracy.

2

*Medieval art usually dealt with **religious subjects only**.*

Renaissance artists depicted **secular as well as religious subjects.** They often painted ordinary people, scenes from nature, or classical themes from ancient Greece or Rome.

3

*Medieval artists used **egg-whites** to bind their paints.*

Renaissance artists used **oils** instead of egg-whites to bind their paints. Oil dries more slowly than egg-whites, which meant artists could improve their paintings by making changes to them.

2 A medieval painting

3 The *Mona Lisa*, a Renaissance painting by Leonardo da Vinci. *Contrast these two pieces of art.*

Italian patrons and artists

Florence and Rome were leading centres of the Italian Renaissance because their wealthy rulers were important patrons of the arts. Such **patrons** included the **Medici family** in *Florence* and **Pope Julius II** in *Rome*.

Among the many **artists** who flourished under such patronage were **Leonardo da Vinci** (whose works include *The Last Supper*) and **Botticelli** (who painted *The Birth of Venus*).

People in History

Lorenzo the Magnificent – a famous patron of the arts

Lorenzo de Medici was a famous patron of the arts during the Renaissance. He ruled the city-state of *Florence*. The Medicis were extremely wealthy *bankers*. Their family loaned money to many people, even to kings and popes.

Lorenzo was born in 1449 and became the ruler of Florence at the young age of twenty. He was extremely *talented* not just as a ruler and banker but also as a poet and an athlete.

He was such a great *patron of the arts* that he was known as *'Lorenzo the Magnificent'*. Lorenzo invited great painters and sculptors to his palaces and paid them to produce works of art.

One Italian artist under Lorenzo's patronage was *Michelangelo*, whose famous statue of *David* still stands in Florence. *Botticelli* was another Italian artist under Lorenzo's patronage. While in Florence, Botticelli painted several beautiful works on classical themes. The most famous of these is *The Birth of Venus*.

Lorenzo also employed learned people to purchase rare manuscripts in the East. These manuscripts were then stored in Lorenzo's library, which became *the first public library* in Europe.

Lorenzo once survived an *assassination attempt* by members of the rival Pazzi family. He finally died of natural causes in 1492, at the age of forty-three.

People in History

Michelangelo – an Italian sculptor, artist and architect

4

Michelangelo Buonarroti was born near Florence in 1475. As a young boy he showed great artistic talent and was *apprenticed* to a well-known artist named Ghirlandaio.

When Michelangelo finished his apprenticeship he got a job sculpting statues in the gardens of the Medici family in Florence. *Lorenzo de Medici*, a famous patron of the arts, recognised the young man's great talent and became his patron.

5

When Lorenzo died, in 1492, Michelangelo moved to Rome. There he sculpted *The Pieta*, a world-famous statue of the dead Christ in His mother's arms.

Michelangelo later returned to Florence and sculpted a 5-metre-high statue of the biblical character *David*. This beautiful statue is made of white marble.

6

Back in Rome, Michelangelo was hired by Pope Julius II to paint scenes from the Old Testament on the ceiling of *the Sistine Chapel*. This painting took four years to complete. It is called a **fresco** because it was painted on fresh plaster. Later, Michelangelo painted another famous fresco called *The Last Judgment* on the wall behind the altar of the Sistine Chapel.

Before his death in 1564, Michelangelo designed the great *dome of St Peter's Basilica* in Rome. This shows that he was also a gifted architect.

Michelangelo's work:
4. *the Pieta in St Peter's Basilica in Rome;*
5. *part of a Sistine Chapel fresco, Rome;*
6. *the dome of St Peter's Basilica in Rome.*

The Renaissance outside Italy

From 1500 onwards the Renaissance spread beyond Italy to countries such as England, France and Germany. The Renaissance in these northern European countries is sometimes called **'The Northern Renaissance'**.

People in History

Albrecht Dürer – a German artist

Dürer's self-portrait. *Describe the fashionable clothes shown.*

Albrecht Dürer was born in *Nüremberg* in 1471. He was the greatest German artist of his time.

Dürer's father was a goldsmith, so young Albrecht learned the craft of engraving in his father's workshop. He showed great talent at drawing and was *apprenticed* to a local artist at the age of fifteen.

At the end of his apprenticeship the young artist went to *Italy*. There he studied the work of famous artists, such as Leonardo da Vinci and Michelangelo.

Like most Renaissance artists, Dürer was very interested in *nature*. His painting, *Young Hare,* is wonderfully detailed, as is *Large Clod*, a painting of a clump of grass.

Dürer is also famous for his portraits. His *Self-portrait at the age of twenty-six* shows him dressed in fashionable Renaissance clothing.

However, Dürer is probably best known for his *engravings*. These were prints made from copper or wood, onto which pictures had been engraved or cut. His most famous engravings included *The Knight, Death and the Devil* and *St Jerome in his study*.

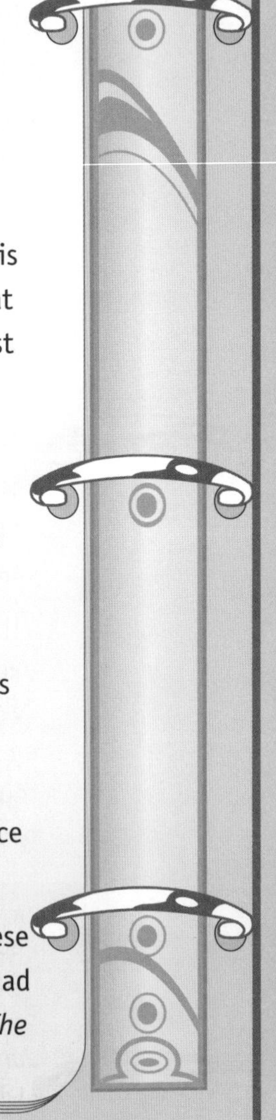

Other non-Italian artists include:

- **Rembrandt**, who painted *The Night Watch*;
- **Pieter Bruegel**, who painted *Children's Games*.

People in History

William Shakespeare – an English writer

William Shakespeare was one of the greatest playwrights and poets of all time. He wrote in the **vernacular,** that is in the spoken language of the people, which in his case was English.

William was born in *Stratford-on-Avon*, England in 1564. When he was eighteen he married *Anne Hathaway,* who was eight years older than him.

While in his mid-twenties Shakespeare went to *London*. There, he became an actor and a writer of plays with a theatre group called *The King's Men*.

The King's Men performed in the *Globe Theatre*. Shakespeare soon became so famous as a playwright that his plays were performed before Queen Elizabeth I.

His most famous plays included **tragedies**, such as *Romeo and Juliet* and *Macbeth*; **comedies**, such as *The Merchant of Venice* and *A Midsummer Night's Dream*; and **historical plays**, such as *Julius Caesar* and *Anthony and Cleopatra*.

Shakespeare also wrote more than 150 *sonnets*, which are fourteen-line poems. Many of those were love poems for a 'Dark Lady', whose identity remains unknown to this day.

Shakespeare returned to Stratford-on-Avon in 1613, where he died three years later at the age of fifty-two. He is buried in the church at Stratford.

Other vernacular writers:

- **Petrarch**, an Italian, was the first great vernacular writer. He wrote beautiful sonnets.
- **Cervantes** wrote a book called *Don Quixote* in his native Spanish.

8 William Shakespeare

Science and Inventions

The invention of printing

Johann Gütenberg , a goldsmith from the city of Mainz in Germany, made the most important invention of the Renaissance period. He invented modern printing.

Before Gütenberg's time all books were (handwritten) manuscripts, or were made by *block-printing*. This involved carving a complete page of words onto a wooden block, inking the block and then pressing it onto paper. Block-printing was very slow and costly, so books produced this way were extremely expensive and rare.

The importance of printing

- Large numbers of **cheaper books** were produced. This encouraged more people to learn to read and write.
- **New ideas** spread more quickly, which helped to spread the *Renaissance throughout Europe.* It also helped to spread the *Reformation,* which involved new ideas about religion.
- Books helped to create standard (agreed) versions of most **European languages.**

In the 1450s Gütenberg invented **movable metal type** and the **printing press**. His new system of printing worked as follows:

1. First, he made dozens of *metal casts for each individual letter* of the alphabet. The letter-casts were stored on different shelves, or in different boxes.
2. The letters needed to make all the sentences on a page were then arranged and locked onto a *frame,* rather like a Scrabble frame.
3. *Ink* was padded onto the letters on the frame.
4. A *printing press* (rather like wine-presses of that time) was then used to press the frame down on a sheet of paper, thus creating a page of print.
5. Once enough copies of the page had been printed, the frame was unlocked so that *the letters could be removed and used again* and again to compose new pages.

Gütenberg's new system made printing much *easier and cheaper* than before. Soon, other printers copied Gütenberg's methods. **William Caxton**, for example, set up a printing press near Westminster Abbey, in London.

9

A printer's shop using Gütenberg's movable metal type process.
What do you think the people labelled A, B and C are doing?

Science

The Renaissance produced several famous scientists, among them:

- **Nicolas Copernicus** was a Polish priest who discovered that the Earth turned on its own axis and moved around the sun. He published his beliefs in a book called *On The Revolutions of the Heavenly Spheres*.

- **Galileo Galilei** was Professor of Mathematics at the University of Pisa in Italy. He discovered that *objects of different weight fell at the same speed*. He also invented a *telescope* that was powerful enough for him to discover the moons of the planet Jupiter. It was thought that some of Galileo's ideas contradicted the Bible. A Church court called *the Inquisition* arrested and imprisoned him for his theories. He was later released but was placed under house-arrest until his death.

Medicine

Great discoveries in medicine were made during the Renaissance:

- **William Harvey** was an English doctor who wrote a famous book called *On the Motion of the Heart and Blood*. In this book he proved that the heart was a kind of pump that pumped blood around the body.

- **Andreas Vesalius** was the private doctor of the King of Spain. He dissected (cut up) dead bodies so that he could learn what the human skeleton looked like. His findings were published in a book called *On the Fabric of the Human Body*. The book was so famous that Vesalius became known as '*the father of modern anatomy*'.

Architecture

During the Renaissance, Gothic architecture went out of fashion and there was a return to the old Roman style of building. *Large domes, rounded arches and tall pillars* became fashionable again.

- **Filippo Brunelleschi**, an Italian, designed the largest and most famous *dome* of his time. This is the dome of the cathedral in Florence, and it still dominates the skyline of that city.

- **Andrea Palladio**, another Italian, was famous for designing large houses called *villas*. His 'Palladian style' was used throughout the world to build houses for wealthy people.

10

Emo Court is a Palladian-style villa in Ireland.
Identify the Renaissance architectural features labelled A, B and C.

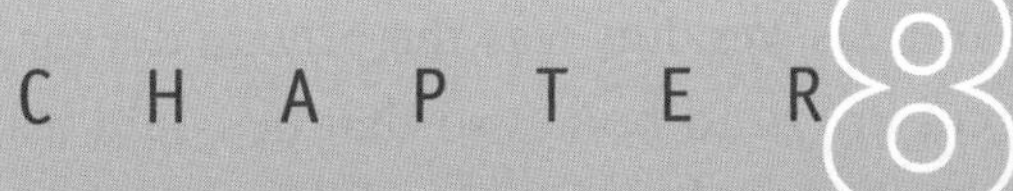

CHAPTER 8

EXPLORATION AND DISCOVERY

The period between 1450 and 1650 was an important time of exploration and discovery by Europeans.

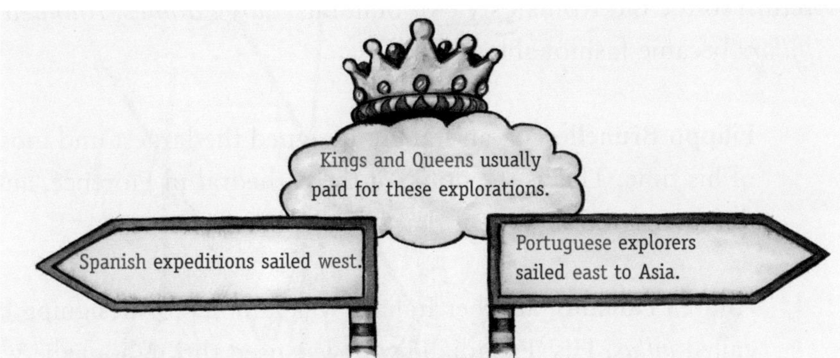
Kings and Queens usually paid for these explorations.
Spanish expeditions sailed west.
Portuguese explorers sailed east to Asia.

Why did people want to explore new sea routes?

Trade

Trade with the East could be very profitable. Silks and jewels were to be found in China. Spices, such as cloves and cinnamon, could be imported from the Spice Islands, near India. These luxury items had already been imported through land routes into Europe. But a powerful and sometimes hostile Turkish Empire now blocked these land routes. This made some Europeans anxious to find new sea routes to Asia so that trading could continue.

Power

The rulers of countries such as Spain and Portugal intended to take control of any 'new' lands their explorers might discover. These lands could then supply land, slaves, gold and spices, which would make European rulers extremely rich and powerful.

Religion

Some European rulers and explorers were anxious to find new lands so that they could convert the people there to Christianity.

A questioning spirit

The Renaissance was creating a new questioning spirit in Europe. As a result of this, many people wanted to discover more about the world they lived in.

What made such voyages possible?

New Ships

New ships called **caravels** were developed. **Figure 1** shows that caravels were faster and stronger than any ships built previously.

1
Square sails *allowed caravels to sail quickly when the wind blew from behind.*
2
Triangular ***lateen sails*** *allowed caravels to sail against the wind.*
3
Caravels were ***clinker built****. Their sides were made of overlapping boards, which made the ships strong.*
4
Large ***rudders*** *made it easier to steer caravels.*

1 A caravel

New aids to navigation

Several new instruments and other aids to navigation were invented at this time. They helped to make sea travel safer and easier than before.

- The **compass** told the direction in which a ship was travelling.
- A **log and line** measured speed. A line with regularly spaced knots on it was attached to a piece of wood, which was thrown from the ship. The speed of the ship was worked out by measuring the time it took for the knots on the line to pass through the sailor's hand.
- A **lead** weight at the end of a line was used to calculate depth of water.
- **Astrolabes** and **quadrants** were used to calculate *latitude,* which is distance in degrees north or south of the equator.
- More accurate **maps** were drawn of seas and coastal areas. These replaced the old *portolan charts,* which were reliable only while a ship was in sight of land.

The Portuguese sail east to India

Figure 2 shows that three Portuguese explorers were especially important in the discovery of an eastern sea route from Europe to India.

1. Prince Henry, son of King John of Portugal, was so interested in ships and voyages that he became known as **'Prince Henry the Navigator'**. He set up a school of navigation at Sagres, in southern Portugal. From there he sent out expeditions to explore the coast of West Africa. By the time Henry died in 1460, his expeditions had explored **beyond Cape Bojador.**
2. In 1487 **Bartholomew Diaz** reached a place he called the 'Cape of Storms' and travelled beyond **the southern tip of Africa**. There was now great hope that a future expedition could find a way to India. Accordingly, the Cape of Storms was renamed the Cape of Good Hope.
3. Ten years later **Vasco da Gama** travelled all around Africa as far as Malindi, in present-day Kenya. There he got an Arab pilot to guide his ships to **Calicut in India.** Following da Gama's return home, the Portuguese set up a regular trading route with India.

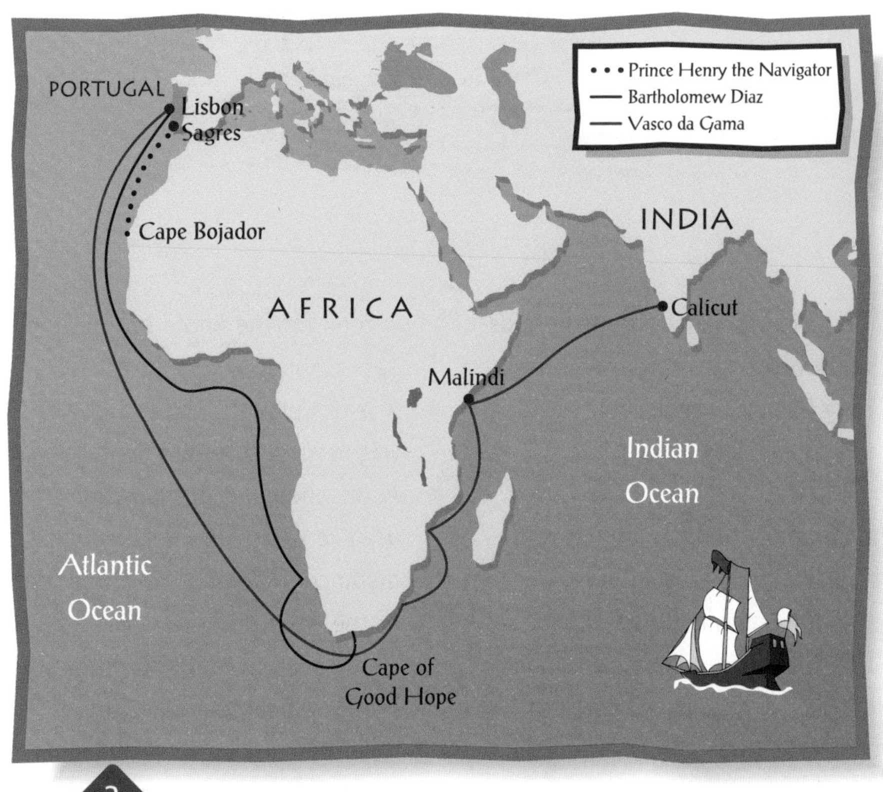

2

The routes of discovery of three Portuguese explorers

Special study:

The first voyage of Christopher Columbus

While the Portuguese were trying to sail eastwards to India, Christopher Columbus believed that he could reach India by sailing *west* across the Atlantic Ocean. He persuaded **King Ferdinand and Queen Isabela** of Spain to finance his expedition.

In August 1492, Columbus departed from Palos in southern Spain. Under his command were ninety men in three caravels – the *Santa Maria*, the *Niña* and the *Pinta*. The ships sailed first to the Canary Islands, where they took on water and supplies. Then they set out into the unknown waters of the Atlantic Ocean.

Some sailors became so afraid of the unknown that they threatened to mutiny. Then, after thirty-three days on open seas, land was spotted. Columbus and his relieved crew landed on an island that they called **San Salvador** ('Holy Saviour'). They then explored **Jamaica**, as well as parts of **Hispaniola** and **Cuba.** Columbus thought that he was in India, so he referred to the local people as **'Indians'**.

Columbus found no spices and very little gold. However, he returned to Spain a hero, bringing with him six kidnapped 'Indians' and some parrots. His voyage was important because he was the first European known to have reached the Americas.

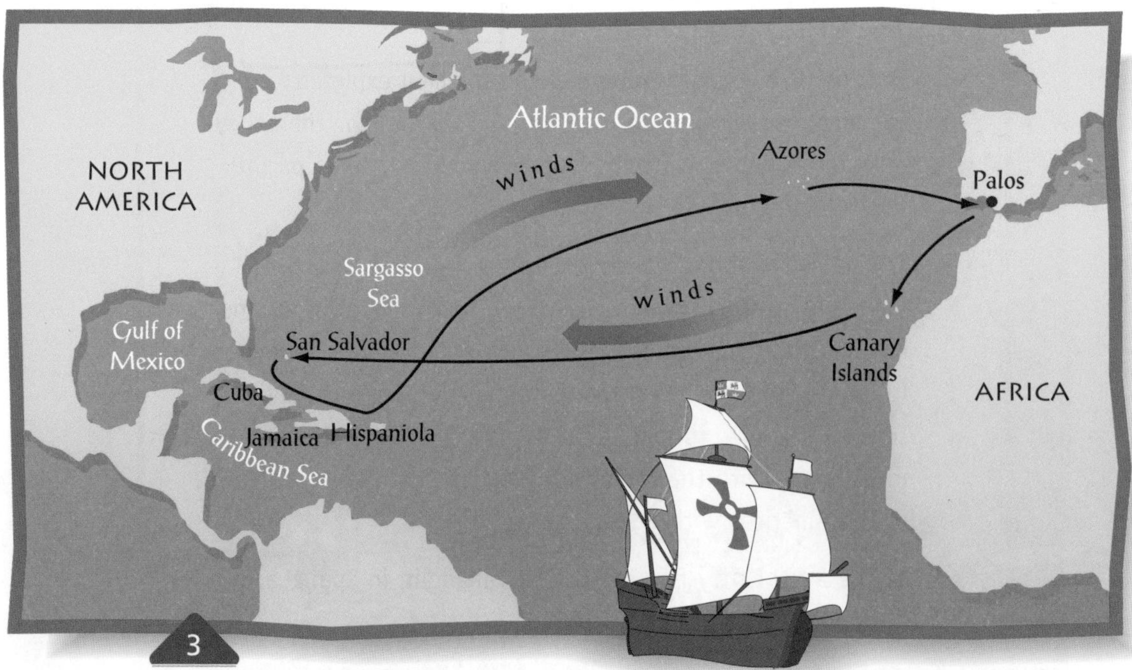

The first voyage of Columbus
Describe the route.

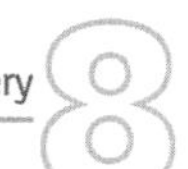

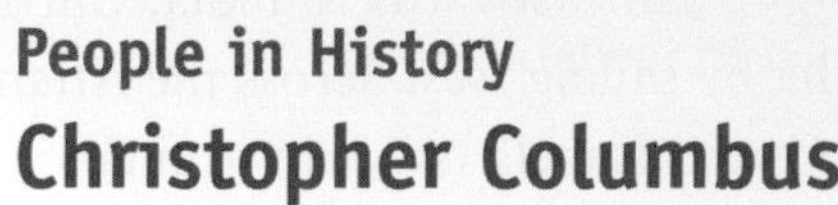

People in History
Christopher Columbus

Christopher Columbus was born in 1451 in the busy Italian port of *Genoa*. He was interested in ships and travel from an early age. He believed that the world was round and was convinced that by sailing west he could reach India. *King Ferdinand and Queen Isabela* of Spain gave him money and ships to carry out his expedition. In return, they hoped for a new sea route to the spices, silks and gold of Asia.

On 3 August 1492, Columbus left the port of Palos in southern Spain with ninety men in three caravels, the *Santa Maria,* the *Niña* and the *Pinta*. On 11 October his expedition landed on an island he called *San Salvador*. They had reached the Caribbean, but Columbus thought he was in India. Therefore he referred to the local people as 'Indians'.

On this first voyage, Columbus and his men explored Jamaica, as well as parts of *Cuba* and *Hispaniola*. Then they returned to Spain with six captured 'Indians', some parrots and a little gold.

In Spain, Columbus was greeted as a hero and was given money for further voyages. He made *four voyages* in all and reached the northern coast of South America. But Columbus found no silks or spices and many people began to realise that he had not, in fact, reached Asia at all. He also got into *trouble* with the Queen for treating the native people of the Americas with great cruelty.

At the age of fifty-five he *died* in Valladolid in Spain, a disappointed and bitter man.

Ferdinand Magellan

Magellan was a Portuguese, but he sailed for the King of Spain. His expedition was the first to go completely around the world, although he did not live to see its completion. Figure 4 describes Magellan's voyage.

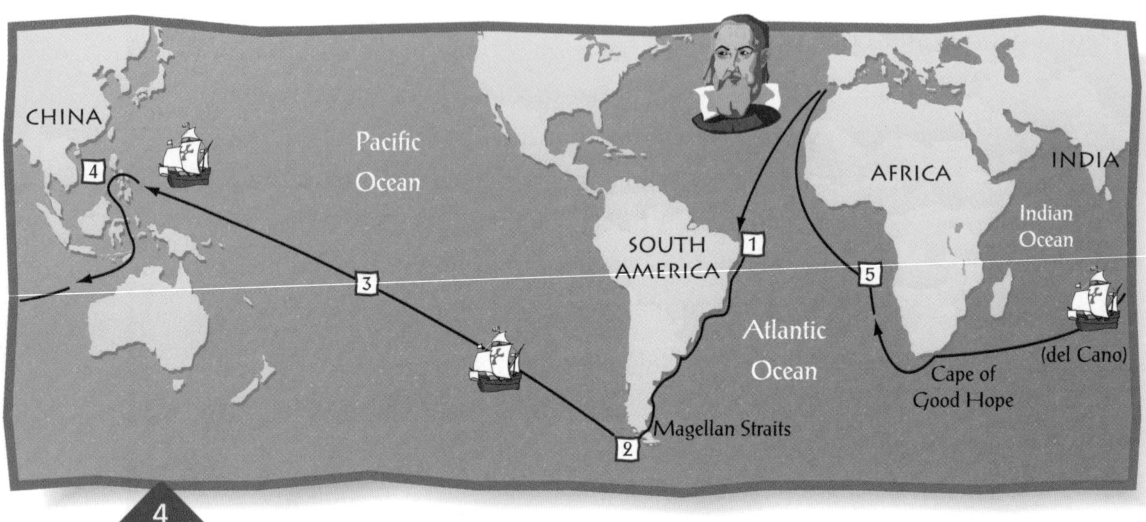

4

1. In 1519, Magellan crossed the Atlantic and sailed down the east coast of South America.
2. He crossed the stormy Magellan Straits.
3. His sailors suffered terribly as they crossed the Pacific Ocean.
4. Magellan was killed in a local war in the Philippines in 1521.
5. Captain del Cano led the expedition back to Spain in 1522.

Dangers and other problems for sailors

- Ships were quite small and could easily be **wrecked** in storms.
- **Food and water** were often scarce. Sailors who did not get enough vitamin C suffered from a horrible disease called scurvy.
- Many sailors **feared** imaginary sea-monsters. Others believed the world was flat and were afraid of sailing off the edge.
- Ships were very **cramped**. Most sailors had to sleep on deck in all kinds of weather.

Cruel Conquistadors

The Spanish and Portuguese divided South America between them at the **Treaty of Tordesillas.** Spain got all the land to the west of a line running through Brazil; Portugal got all the land to the east of that line (**Figure 5**).

Spanish '*conquistadors*' ('conquerors') led brutal expeditions to capture parts of 'the Spanish section' of South America. The most infamous *conquistadors* were Hernan Cortes and Francisco Pizarro.

Cortes and the Aztecs

The Aztec people controlled present-day **Mexico**. Their capital city was **Tenochtitlan** and their emperor was called **Montezuma**. **Hernan Cortes** invaded Mexico with 500 well-armed soldiers. With the help of neighbouring tribes, the Spanish overran the Aztec Empire. The city of Tenochtitlan was burned to the ground and Mexico City was built in its place.

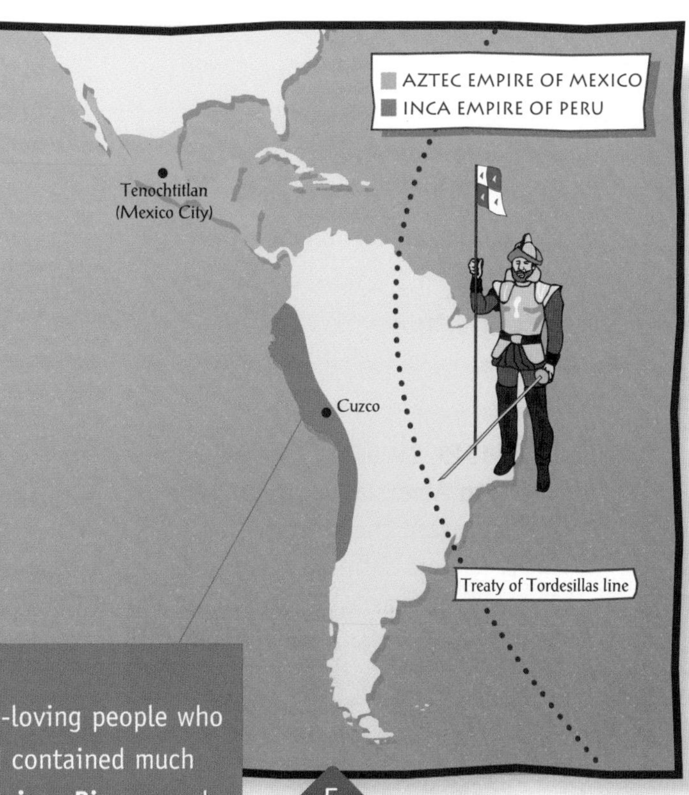

South America at the time of the *conquistadors*

Pizarro and the Incas

The Incas were a civilised and peace-loving people who lived in present-day **Peru.** Their land contained much gold and silver, which attracted **Francisco Pizarro** and his small but brutal force of Spanish adventurers. The Spanish kidnapped and murdered **Atahualpa**, the Inca god-king. The Incas, horrified at the death of their god-king, seemed to give up almost without a fight. Their capital city, **Cuzco**, was captured, their civilisation destroyed and their people enslaved.

Consequences of the Explorations

Effects on native peoples

- **Civilisations destroyed:** ancient civilisations, such as those of the Incas and the Aztecs, were destroyed. Their languages and religions were suppressed. Christianity was imposed on them and they were forced to speak the languages of the invaders.
- **Slavery:** native peoples everywhere lost their lands, which were usually divided into large estates for rich Europeans. The original landowners were then forced to work as slaves on the land, in the mines, or in the houses of their new masters.
- **Death:** many native people were massacred or were treated so badly by Europeans that they died. Many others died from diseases brought by the Europeans.

6

The descendants of the Incas now speak Spanish and live in poverty in Peru.

Effects on Europe

- **Economic wealth:** countries such as Spain and Portugal (and later England, The Netherlands and other countries) became rich on the gold, silver and other valuables they stole from conquered peoples. The economy of Europe also grew as a result of slavery and unfair trading with the new colonies (conquered lands).
- **Inflation:** so much gold flooded into Europe in the sixteenth century that the cost of living began to rise rapidly. This inflation made life very difficult for poor people in Europe.
- **New goods:** many new goods were imported to Europe, for example, chocolate, tobacco, turkeys and potatoes came from the Americas, while Asia provided tea, coffee and spices.

7

Inca gold helped to finance the building of this palace in Madrid, Spain.

CHAPTER 9

THE REFORMATION

In the sixteenth century many people were so unhappy with the Catholic Church that they left it in *protest* and helped to set up new **Protestant** Churches. This was called the **Reformation** because the new Protestants hoped to reform (improve) Christianity.

1

Pope Alexander VI
How did this pope help to cause the Reformation?

What caused the Reformation?

The Reformation was caused mainly by the following defects in the Catholic Church at that time.

- Some bishops and popes practiced **simony** when they bribed people to elect them. Pope Alexander VI, for example, bribed some of the cardinals who elected him pope.
- **Nepotism** happened when people were placed in important positions within the Church simply because they were related to powerful churchmen or nobles. Alexander VI placed his own relations in important Church positions.
- **Pluralism** happened when a bishop was given charge of several dioceses and therefore neglected some of them.
- **Absenteeism** happened when bishops neglected their dioceses because they did not live in them.
- Some Popes led **immoral lives**. Alexander VI, for example, had mistresses and fathered several children. Other popes seemed to be more interested in being patrons of Renaissance art, or leaders of their papal armies than in being Christian churchmen.

Other causes

Can you suggest how

(a) the Renaissance; and

(b) the printing press

contributed to the Reformation?

Martin Luther and the beginning of the Reformation

2

Martin Luther (1483–1546)
What is Luther burning in this picture?

In 1517 Martin Luther was a popular priest and university professor at the town of **Wittenberg** in the German state of Saxony.

One day, a friar named **John Tetzel** arrived in town. He had been sent by Pope Leo X to collect contributions for the rebuilding of St Peter's Basilica in Rome. Tetzel preached that all persons who contributed to the building fund would be granted an **indulgence** that would enable the soul of one of their dead relatives to go straight from Purgatory to Heaven.

Luther was furious at the suggestion that someone could buy a place in Heaven. He pinned **ninety-five theses** (arguments) on the church door at Wittenberg. These theses condemned indulgences and several other aspects of Church teaching.

In 1520 Leo X issued a **papal bull**, or letter, condemning Luther's ideas and warned Luther to abandon them. Luther and his followers publicly burned a copy of the papal bull.

The Emperor, Charles V, then stepped in. In 1521 he called a *diet* (meeting) of German princes at the town of Worms. Following this **Diet of Worms**, the Emperor issued the **Edict of Worms**. Luther was declared to be a *heretic*, that is, a person with false religious beliefs. He was also declared to be an *outlaw* and therefore could be legally killed by anybody.

Luther's life was now in danger. But his local prince, **Frederick of Saxony**, saved him. Luther was protected at Frederick's castle at Wartburg.

Thanks to the printing press, Luther's new religious ideas spread quickly. As his teaching gradually took hold in northern Germany and in Scandinavia, **a new Protestant Church** was born.

Many people became **Lutherans** because they believed in Luther's beliefs. However, some princes turned Lutheran simply so they could increase their wealth by taking over Church lands.

How Lutheran beliefs differ from Catholic beliefs

Lutheran

- The **Bible** is the only source of religious truth.
- Only **faith in God** can save a person's soul. (This belief is called **Justification by Faith**.)
- There are only **two sacraments**: Baptism and the Eucharist (Holy Communion).
- Holy Communion is bread and wine *and* the Body and Blood of Christ together. (This belief is called **consubstantiation**.)
- The local prince or **king** should rule the Church.
- **Priests can marry**, if they wish.

Catholic

- Religious truth comes from the **Bible** and from the **traditions of the Church**.
- **Good works as well as faith** in God will save a person's soul.
- There are **seven sacraments**.
- Holy Communion is no longer bread and wine. It is the Body and Blood of Christ. (This belief is called **transubstantiation**.)
- The **Pope** is the Head of the Church.
- **Priests must not marry**.

3

Martin Luther

People in History

Martin Luther – a religious reformer

Martin Luther (1483–1546) was born in the German state of *Saxony*. His father was a prosperous copper miner who reared Martin very strictly.

Martin became a student of law at Erfurt University. One day he was caught out in a frightening *thunderstorm*. He vowed that if his life were spared, he would become a monk. Shortly afterwards he joined the Augustinian order.

Father Luther became convinced that he (like almost everybody else) was a terrible sinner and that only Faith in God could save his soul. This idea was called *Justification by Faith.*

While Luther was a well-known professor at the University of *Wittenberg*, Friar John Tetzel came to town offering *indulgences* in return for contributions to the rebuilding fund for St Peter's Basilica in Rome. Luther was so angry that he printed his *ninety-five theses* against such practices and nailed them to the church door. Luther's theses (arguments) contradicted several Church teachings.

Pope Leo X issued a *papal bull* condemning Luther. Then Emperor Charles V called a meeting of princes, known as the *Diet of Worms*. In the *Edict of Worms*, Luther was declared to be a heretic and an outlaw.

But Fr Luther was protected by Frederick of Saxony in the prince's castle at *Wartburg*. While staying in the castle, Luther translated the Bible into German.

Luther's Protestant ideas were published in a book called the *Confessions of Augsburg*. Lutheranism spread rapidly, especially in northern Germany and in Scandinavia. Luther believed that priests should be allowed to *marry*. He himself married an ex-nun named Catherine von Bora. They had five children.

Other Religious Reformers

John Calvin (1509–1564)

Calvin was a Frenchman who was forced to flee to Switzerland because of his Protestant beliefs. He became the founder of the **Presbyterian** Church and recorded his religious ideas in a book called *The Institutes of the Christian Religion.*

Calvin's ideas were further removed from Catholic teachings than were Luther's. Calvin believed, for example, that God had chosen those who would go to Heaven and Hell before they were even born.

Calvin took control of the Swiss city of Geneva, which he called **'The City of God'**. He ran the city well but very strictly, forbidding dancing, gambling and other forms of entertainment.

4 John Calvin

King Henry VIII of England 5

John Knox (1505–1572)

Knox brought Calvin's Presbyterianism to **Scotland**, where it soon became the main religion.

King Henry VIII (1491–1547)

At the beginning of his reign, Henry VIII was opposed to Protestantism. The Pope gave him the title '*Defender of the Faith*' when he wrote a pamphlet attacking Luther.

But Henry wanted to divorce his wife and the Pope would not agree. Henry then broke with the Church and made himself **Head of the Church in England.** He used his new position to **close monasteries** in England (and Ireland) and to sell their lands.

The Counter-Reformation

Some people tried to reform the Catholic Church from *within* and thereby stop the spread of Protestantism. This movement was called the **Counter-Reformation**, or the **Catholic Reformation.**

Important features of the Counter-Reformation:
1. The Jesuits.
2. The Council of Trent.
3. The Inquisition.

The Jesuits

The Jesuits, or the *Society of Jesus,* was a religious order founded by **St Ignatius of Loyola.** Ignatius was a soldier who, while recovering from a wound, read a book on the life of Christ. This book changed his life and he decided to become a priest and set up a new religious order.

Ignatius gathered some followers around him. They took vows of poverty and chastity (not to marry). Pope Paul III approved of Loyola's plans and the **Society of Jesus** became a new religious order in 1540.

6

Pope Paul III (*seated*) blesses St Ignatius of Loyola (*kneeling*)

Ignatius ran his order with **military discipline**. He was even referred to as its General. He wrote a book, *Spiritual Exercises*, to instruct his followers on how to behave.

The Jesuits were highly trained teachers and preachers and they did much to halt the spread of Protestantism.

- Their **preachers** restored the Catholic religion in places such as Poland and southern Germany.
- They founded top-class **schools** for the sons of nobles, who would later influence society.
- They built many **churches** in a new style of architecture known as *Baroque*.

The Council of Trent

The Council of Trent (1545–1563) was a meeting of cardinals and bishops to reform the Catholic Church. For nearly twenty years they met regularly in the town of Trent, in northern Italy. The Council took steps to define the **beliefs** and improve the **discipline** of the Church (see the box).

As a result of the Council, **standards improved** greatly within the Catholic Church. However, Protestants rejected the teachings of the Council, so the Christian Churches became more divided than ever.

Some decisions of the Council of Trent

On Catholic beliefs:

- Religious truth comes from the *Bible and Church tradition.*
- There are *seven sacraments.*
- The bread and wine become the Body and Blood of Christ during the Mass (*transubstantiation*).
- The *Pope* is Head of the Church.

On Catholic discipline:

- *Simony and nepotism* were forbidden.
- A bishop could control only one diocese (*no pluralism*).
- Bishops had to live in their diocese (*no absenteeism*).
- An *index (list) of forbidden books* was to be drawn up.

The Inquisition

The Inquisition was a **special court** set up by the Catholic Church to try people who were accused of **heresy** (beliefs contrary to Catholic teaching). The court operated in many places, particularly in Spain and Italy, and it sometimes used torture to force people to confess. People who confessed to heresy might be whipped as a punishment, or might have to wear a yellow garment, called a *San Benito*, in public. Those who refused to confess but were found guilty might be burned at a stake.

The Inquisition destroyed Protestantism in Italy and Spain. But it created a climate of fear and wrongly punished many innocent people, such as Galileo (see **page 47**).

7 Galileo before the Inquisition

The Effects of the Reformation

A divided Europe

The Reformation and Counter-Reformation left Europe divided into Catholic and Protestant states. Southern Europe remained largely Catholic, while many countries in Northern Europe became Protestant (see **Figure** 8).

Many rulers thought that only people of the same religion as themselves could be loyal subjects. That is why Catholics were sometimes persecuted in Protestant countries, such as England; while Protestants were sometimes persecuted in Catholic countries, such as France.

8

A divided Europe

Name three Catholic countries in the south of Europe and three Protestant countries in the north of Europe.

Lutheranism and war in Germany

Some German princes supported Luther, while others remained Catholic. This quickly led to a religious war in Germany that lasted for almost thirty years.

The German war ended in 1555 with the **Peace of Augsburg.** Under this treaty, each prince was allowed to decide the religion of his people. As a result, most states in northern Germany became Lutheran, while most southern states remained Catholic (see **Figure 8**).

The Reformation in England

King Henry VIII broke with the Pope by making himself Head of the Church in England through the **Act of Supremacy**.

Henry's daughter, Queen Elizabeth I, introduced **Anglicanism** to England. This was a sort of compromise Protestant religion that mixed some Protestant beliefs with some Catholic ceremonies. In this way, Elizabeth hoped to avoid the religious wars that were affecting countries such as Germany. Later, when the Pope encouraged Catholics to rebel against her, *Elizabeth* began to persecute Catholics. From then on, England became a leading Protestant state.

9

Queen Elizabeth I, who introduced Anglicanism to England

The effects of the Reformation in Ireland

When England became a Protestant power, English leaders tried to make Ireland Protestant also. In the eighteenth century, **Penal Laws** were passed which discriminated severely against Catholics in Ireland.

However, attempts to bring the Reformation to Ireland **largely failed**. Most Protestant missionaries could not speak Irish and so could not communicate with the people. Protestantism also became associated with England's domination of Ireland and this made it unpopular with many Irish people.

Only in the northeast of Ireland did Protestantism become the majority religion (see **Figure 8**). **Presbyterianism** was successfully introduced there by Scots settlers after the Plantation of Ulster in 1609.

CHAPTER 10

PLANTATIONS IN IRELAND

At the beginning of the sixteenth century, **the Pale** was the only part of Ireland that was fully under England's control. The Pale was a small area around Dublin, stretching from Dundalk in the north to the Wicklow Mountains in the south (see **Figure 1**). Within the Pale, English law and customs were in force. The rest of Ireland was controlled by Irish clans, or by 'old English' families who had become Irish in their ways. Outside the Pale, the Irish language was spoken and Irish customs were practised, as was the Irish *Brehon law*.

Plantations

English monarchs (kings and queens) came up with a plan to extend English control beyond the Pale. **They would drive the Irish from their land and replace them with English and Scots settlers, who would be loyal to England.** These schemes were known as **plantations.**

There were **four main plantations:**

1. The Plantation of **Laois and Offaly**.
2. The **Munster** Plantation.
3. The Plantation of **Ulster**.
4. The **Cromwellian** Plantation.

General reasons for plantations

English monarchs were in favour of plantations for the following reasons:

- They wanted to extend their **control** beyond the Pale to other parts of Ireland.
- They did not think the Irish could be **trusted** to remain loyal to England and not side with Catholic powers such as Spain, which had become a rival of England.
- They wanted to **punish Irish rebels** and make future rebellions impossible.
- Armed English planters (settlers) would hold the land against Irish rebels. This was **cheaper** than sending armies to Ireland to put down rebellions.
- They wanted to **'civilise' Irish people**, i.e. force them to adopt English customs and laws.
- They wanted to use Irish lands to **enrich themselves** and reward their loyal friends.

1. The Plantation of Laois and Offaly (1556)

- **The Monarch:** Queen Mary Tudor (daughter of Henry VIII) ordered the Plantation of Laois and Offaly.
- **The immediate cause:** the O'Mores and the O'Connors frequently raided the neighbouring Pale. The English found it hard to control them.
- **The plantation:** two-thirds of O'More and O'Connor territories was set aside for English planters. The land was divided into two counties.
  O'Connor's territory was called Queen's County, and is now Co. Laois.
  O'More's territory was called King's County, and is now Co. Offaly.
  A town called Maryborough (now Daingean) was built in Queen's County and a town called Philipstown (Portlaoise) was built in King's County (see **Figure 1**).

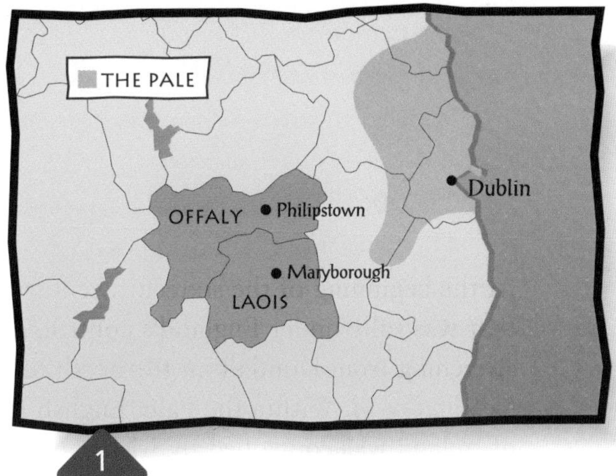

1
Laois, Offaly and the Pale

This English propaganda picture tells the story of Irish clansmen attacking the Pale:
Can you tell what is happening in parts **A, B** *and* **C** *of the picture?*

2. The Munster Plantation (1586)

- **The Monarch:** Queen Elizabeth I ordered this plantation.
- **The immediate cause:** the Fitzgeralds of Munster rebelled against the Queen in 1579 and were finally defeated in 1583. The Queen then confiscated their lands.
- **The Plantation:** half-a-million acres of Fitzgerald land in Kerry, Cork, Limerick and Waterford were given to English **undertakers**. These planters promised (undertook) to defend the land for the Queen, not to rent any land to Irish people and to follow the Protestant religion. Each undertaker received an estate of 4,000, 8,000 or 12,000 acres.
- **The result:** the plantation failed because not enough English undertakers came to Ireland. Most of those who did come broke their promise by accepting Irish tenants and labourers. But the planters did succeed in bringing English farming methods to Munster and in setting up new towns, such as Bandon and Killarney.

3

Sir Walter Raleigh, who was granted land during the Munster Plantation

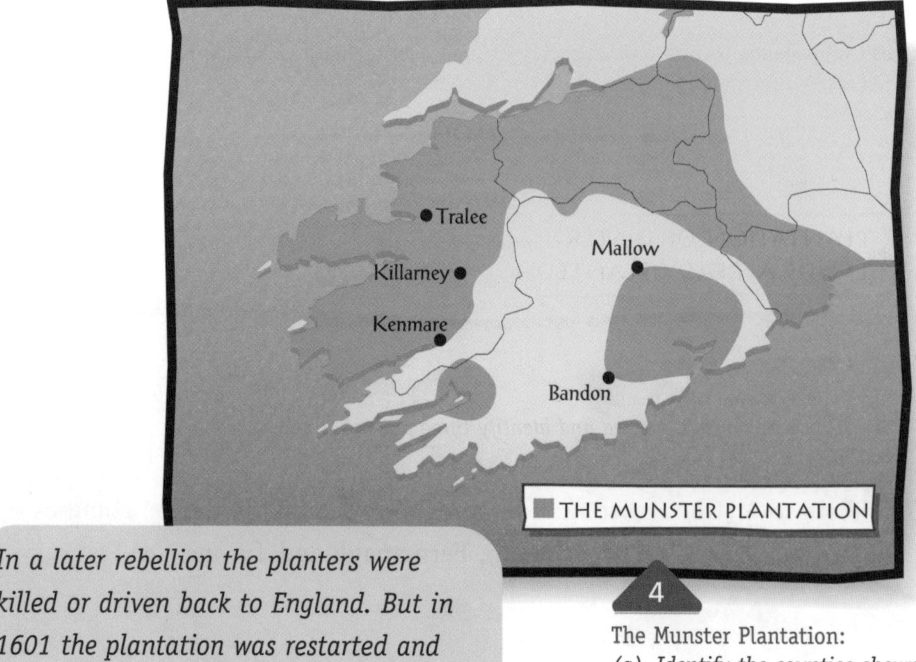

4

The Munster Plantation:
(a) Identify the counties shown.
(b) Name four plantation towns.

In a later rebellion the planters were killed or driven back to England. But in 1601 the plantation was restarted and this time it was more successful.

Special Study:

3. The Plantation of Ulster (1609)

- **The Monarch:** King James I carried out the Ulster Plantation.

- **The immediate cause:** Hugh O'Neill of Tyrone and Red Hugh O'Donnell of Donegal fought a nine-year war against English forces, but were defeated at the Battle of Kinsale in 1601. Following this, they were so harassed by English officials that in 1609 they finally fled from Ireland. King James then declared O'Neill and O'Donnell to be 'traitors' and prepared to plant their lands with loyal subjects.

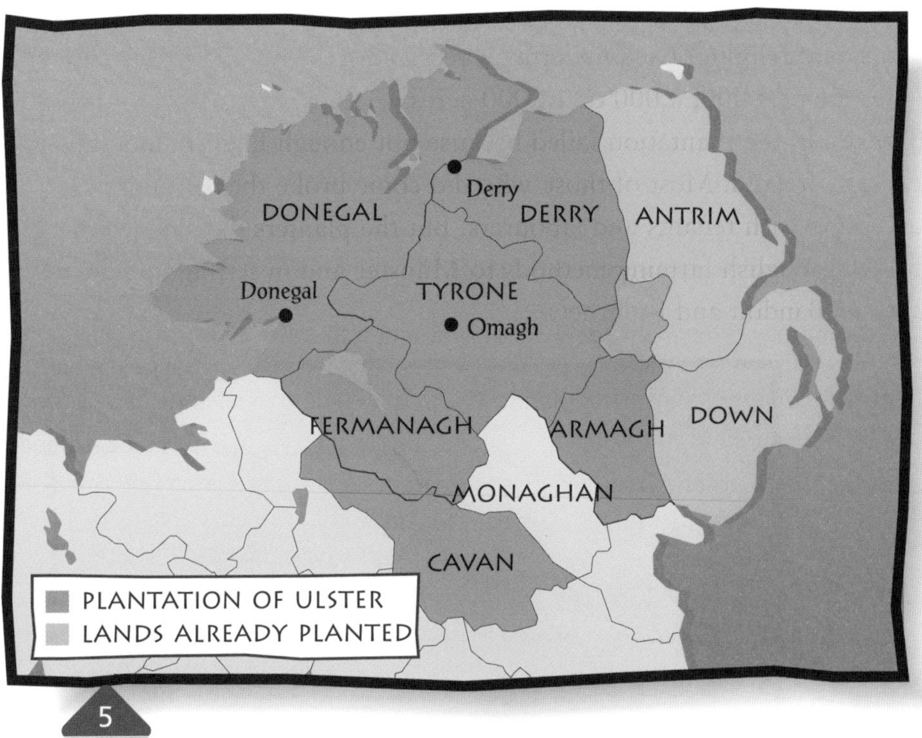

5

The Ulster Plantation

Name the six counties planted and identify three plantation towns.

- **The Plantation:** about five million acres were planted in the six counties of Donegal, Derry, Armagh, Cavan, Fermanagh and Tyrone (see **Figure** 5).

Types of people who got land in the Ulster Plantation

- **Undertakers** were English or Scottish gentlemen who were each given estates of 2,000, 1,500 or 1,000 acres at a small annual rent. They were not allowed to take Irish tenants. In order to defend their estates they were obliged to build castles or stone houses, surrounded by walled enclosures called *bawns*.

- **Servitors** had *served* the king as officials or as soldiers. They received estates of similar sizes as those of the undertakers. They paid higher rents, but in return were allowed to take Irish tenants. They too had to build stone houses and *bawns* for protection.

- **Irish gentlemen** who had been loyal to England were each given estates of 1,000 acres at a rent twice that of undertakers. They had to build *bawns* for protection.

Results of the Plantation of Ulster

The Plantation of Ulster was largely successful and had the following consequences.

- **Politics:** Ulster changed from being the most Gaelic part of the country to being a stronghold of loyalty to England. Bitter political divisions developed between the Catholic Irish and the Protestant settlers. Some of these divisions remain today between republicans and loyalists in Northern Ireland.

- **Culture:** Gaelic culture was largely replaced by English culture. The Gaelic language was replaced by English. Cattle-farming gave way to crop-growing. More than twenty towns were set up as centres of English 'civilisation'.

- **Religion:** by 1640 up to 40,000 Protestant settlers had come to Ulster. English settlers were mainly Anglican, while Scottish settlers were mostly Presbyterian. Protestants soon outnumbered Catholics in many areas. Deep divisions between Catholics and Protestants began to take root.

4. The Cromwellian Plantation (1652)

- **The Ruler:** Oliver Cromwell oversaw this plantation.
- **The immediate cause:** Cromwell and his army conquered Ireland in a brutal campaign in 1649–1650. Cromwell disliked Catholics and thought it a good idea to plant most of Ireland with Protestant landlords. He also needed Irish land to pay some of his soldiers and to pay '**adventurers**' who had loaned him money for his military campaigns.
- **The Plantation:** under the *Act of Settlement (1701)*, Catholic landowners who could not prove that they had been loyal to Cromwell had to leave their lands. They had to move west of the River Shannon, where they were given new, poorer estates. Their original lands were given to Protestant soldiers and to 'adventurers' who had supported Cromwell.
- **Results:** the plantation did not work out as Cromwell had hoped. Many English 'adventurers' never came to Ireland and simply sold their estates. Some soldier-settlers married Irish Catholic women and their children were brought up as Catholics. Nonetheless, much of the land of Ireland passed into Protestant hands. Some Protestant landlords were **absentees**, which meant they lived in England rather than on their Irish estates.

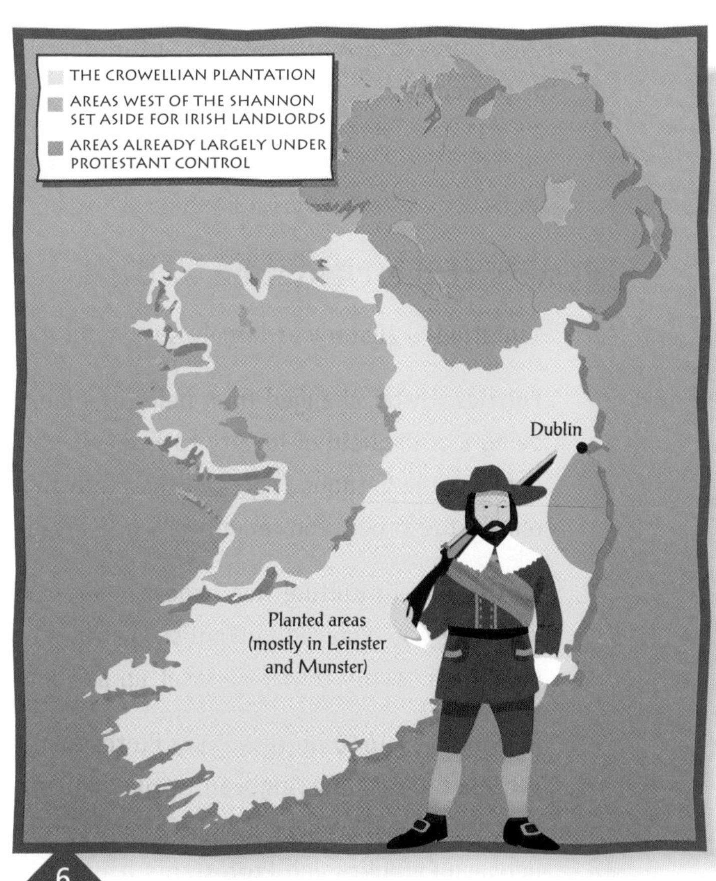

6

The Cromwellian Plantation

People in History

A settler in a named plantation

I am John Smyth, a settler who received land in the *Plantation* of *Ulster* in 1609. I received land in the County of *Tyrone* – one of the six counties that were planted.

This plantation was made possible by *'the Flight of the Earls'*, when Hugh O'Neill and his ally, Red Hugh O'Donnell, fled from Ireland. The lands of these traitors were then confiscated for plantation.

I am an *'undertaker'* – an English gentleman who promises (undertakes) to hold my estate in loyalty to the king and to the Protestant religion. I am an English Anglican, but most of the Scots settlers seem to be Presbyterians.

I received 2,000 acres at the annual *rent* of £5.33 per 1,000 acres. This rent is very low. However, I am not allowed to rent land to Irish tenants, so I must bear the expense of bringing English tenants over to Ulster. I also have to build a stone castle enclosed by a walled area called a *bawn*. This is to protect us from *tories*. These tories are Irish clansmen who lost their land and now attack and terrorise us from the woods where they hide.

The government is building many plantation towns, including *Omagh* in Tyrone. Omagh will be well-defended by a wall and will be a place of English civilisation and order. We hope that Omagh will be granted a **charter** by the King. This will allow the townspeople to elect a corporation to run the town. A charter might also allow the town to elect a member to the Parliament in London.

People in History

A native Irish landowner who lost land in a plantation

I am Seán O'Neill of Tír Eoghain, a clansman of the great Hugh O'Neill. In 1609 I was driven from my land because of the *Plantation of Ulster.*

Before the English interfered we raised cattle on our land. Hugh O'Neill was the leader of our clan, but it was *the clan,* not Hugh, that actually owned the land. A planter named John Smyth now grows crops on 2,000 acres of our land. He has been 'granted' the land by King James I. According to *English law,* he now personally owns the land and will leave it to his eldest son when he dies.

In 1607, Hugh was forced by the English to leave Ireland. This '*Flight of the Earls*' gave King James the excuse to declare Hugh a traitor and so to plant all O'Neill land. The land was given to three *types of planter*: undertakers, servitors (who had served the King as civil servants or soldiers) and 'loyal' Irishmen who betrayed their own people.

Smyth is an *undertaker.* This means he has undertaken (promised) to keep the land safe for the King and to practice the Protestant religion. He is not allowed to take Irish tenants.

Smyth has built a stone castle and a walled enclosure called a *bawn* for his protection. He will need them! My clansmen and I have now retreated to the woods and mountains from where we attack the foreigners. The English and Scots settlers live in fear of us. They call us *tories*.

CHAPTER 11

REVOLUTION IN AMERICA: 1775–1881

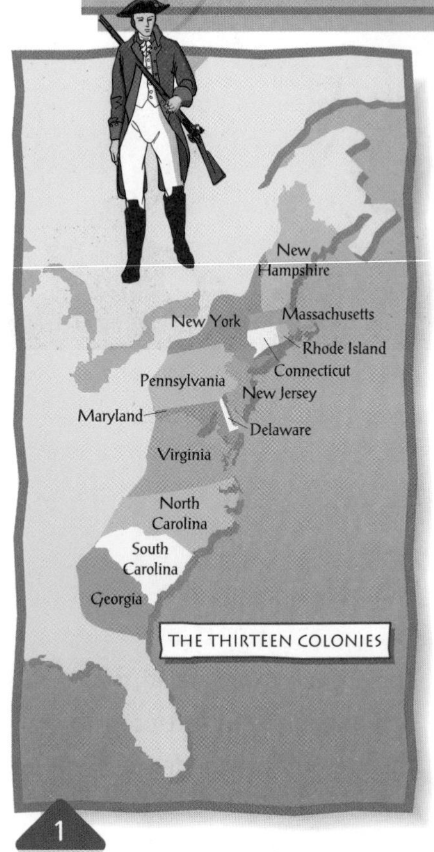

1

What does this drawing show?

There were thirteen states on the east coast of North America (see **Figure 1**). These states were part of the British Empire and were known as '**the colonies**'.

Reasons for the American Revolution

1. Britain wanted to tax the colonists to help pay for the military support it gave them. The colonists objected to this tax. They claimed that the British Parliament should not tax them because they had no representatives in that parliament. Their slogan was: '**No taxation without representation.**'
2. In 1770 British troops in Boston killed five locals who had jeered at them. This was called **The Boston Massacre**. It created anti-British feeling throughout the colonies.
3. Colonists smuggled tea into America to avoid a British tax on tea. Some colonists got rich through smuggling. In November 1773, English ships arrived at Boston port. They carried tea, which was taxed but still cheap enough to make smuggling unprofitable. A group of colonists, disguised as Indians, dumped the tea into the harbour. This became known as '**The Boston tea party**'.

   The British were angry. They closed Boston harbour and replaced locally elected councils with officials appointed in London.
4. In 1774 delegates from the colonies met in Philadelphia for a meeting called the **First Continental Congress**. They demanded an end to British taxation and the return of elected councils. Some even called for independence for the colonies.

The War of Independence (1775–1781)

The main events of the American War of Independence were as follows:

1. The war began in April 1775 when the Americans ambushed British troops at **Lexington** and **Concord.**
2. Shortly afterwards the British suffered heavy casualties as they drove the Americans from **Bunker Hill.**
3. On 4 July 1776 the Americans made their **Declaration of Independence.** It stated that 'the United States of America' was independent of Britain.
4. The British first captured **New York** and then **Philadelphia** – the biggest city of the colonies. The British were now winning the war.
5. The American soldiers, led by George Washington, retreated to a remote place called **Valley Forge.** There they spent the winter of 1777–1778 in terrible conditions. Many died of disease. The colonists were now facing defeat.

But ...

6. Following an American victory at **Saratoga,** France entered the war on the side of the colonists. **France's intervention** swung the war in the Americans' favour.
7. In October 1781 the Americans and the French combined to force the surrender of a British army at **Yorktown.** This was the decisive battle. The Americans had won the war.

2

George Washington, Commander-in-Chief of the American Army

Why French intervention was important

- The **French Army** added fresh and properly trained troops to the war. These experienced soldiers greatly helped the largely part-time colonist soldiers.
- The **French Navy** played an even more important role: it made it very difficult for the British to send troops or equipment to America to aid the war effort.

Why the Americans won the War of Independence

1. The **intervention of France** played a vital role in the war (see the box on page 75).
2. **George Washington** was a capable Commander-in-Chief of the American Army. He was able to discipline and motivate his men, who often employed successful guerrilla (hit-and-run) tactics against the British.

After the war

At the end of the war, the **Treaty of Versailles (1783)** recognised the United States of America as an independent country. George Washington later became the first president of the new country, serving as president from 1789 to 1797.

Impact of the war

The American Revolution **helped to cause a revolution in France.**

1. Up to now, almost everybody assumed that the King had a God-given right to rule France. Some French soldiers who fought in America admired the American idea that **the people should rule** the country. They returned to France with this idea and it soon gained popularity.
2. France's intervention in the American war cost so much money that the King's government went into serious **debt.** This debt, and the hardship it caused for the French people, helped to spark the events that eventually led to the French Revolution in 1789.

3 King Louis XVI of France: his support for the Americans helped to cause his own downfall and death in the French Revolution.

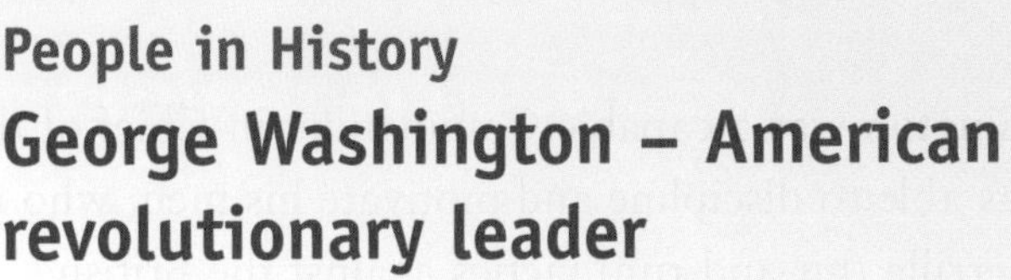

People in History

George Washington – American revolutionary leader

George Washington was born in the State of *Virginia* in 1732. At the age of twenty he inherited his father's large *estate,* which consisted of 8,000 acres and nearly fifty black slaves.

George joined the British Army in Virginia and served as an *officer* in wars against the French and the Native Americans ('Indians'). At the age of twenty-six he left the Army and *married* a rich widow named Martha Dandridge.

He was an outspoken critic of British rule in the colonies and was chosen as a Virginian *deputy* to the First Continental Congress in 1774. Two years later the Congress appointed him *Commander-in-Chief* of the American Army.

Washington's soldiers forced British troops out of *Boston,* but they later lost *New York* and *Philadelphia* to the British. In late 1777 Washington's troops retreated to the *Valley Forge.* They wintered in terrible conditions in this remote place and many died of disease. Washington seemed to face certain defeat.

In 1778, following an American victory at *Saratoga*, *France joined* in the war against Britain. Spain and The Netherlands then followed France's example. The war began to go in Washington's favour.

In 1781 the Americans and the French forced a British army under Lord Cornwallis to surrender at *Yorktown*. This effectively ended the American War of Independence.

Washington was appointed the *first president* of the newly independent United States of America. He served as president for eight years. He then *retired* to Mount Vernon, in Washington DC, where he died in 1799.

C H A P T E R 12

THE FRENCH REVOLUTION: 1789–1799

Causes of the Revolution

In 1789 the French people revolted against their government. This revolt resulted in such dramatic changes that it is called the **French Revolution.**

1. An unfairly divided society

Before the Revolution, France was divided into three 'Estates', or social classes.

- *The First Estate* consisted of the *clergy*.
- *The Second Estate* was made up of rich and powerful nobility.
- *The Third Estate* consisted of everybody else. They ranged from well-off, middle-class people (*bourgeoisie*) to the peasants (country people), who made up 80 per cent of the population.

Only members of the Third Estate had to pay taxes. This unfair situation caused a lot of hardship and resentment.

2. The Enlightenment

Up to now, most people assumed that the King had a God-given right to rule France and that noble people ought to have special privileges. But writers such as **Rousseau** and **Voltaire** put forward new, 'enlightened' ideas. They proposed that power should rest with the people and that all people should be treated equally. These ideas impressed many.

3. The American Revolution

The American Revolution showed that ordinary people could revolt and take power for themselves. French soldiers who had fought on the side of the Americans brought back this idea of '**people-power**' to France.

French involvement in the American Revolution had cost so much that King Louis' government was almost bankrupt (broke). Louis desperately needed to raise taxes in order to generate revenue for the government. To help him do so, he called together the Estates-General – an elected assembly of representatives from the three Estates.

1

This cartoon comments on life in France before the Revolution:

(a) The person labelled A represents the clergy. Who/what do the people labelled B and C represent?

(b) Why is one person shown carrying the other two on his back?

The King and Queen

The King and Queen of France also contributed to the revolution.

- **King Louis XVI** was a kind and religious man. However, he was a weak and indecisive ruler and was greatly influenced by corrupt nobles and by his wife, Queen Marie Antoinette. He was a weak leader in a time of crisis.
- **Queen Marie Antoinette** was extremely unpopular. She led a very extravagant lifestyle at a time when France was bankrupt and this angered the people. She was also an Austrian by birth and many French people hated Austrians.

2

Queen Marie Antoinette

Main events of the Revolution

The Revolution begins in 1789

- In May 1789 **the Estates-General** met in the royal Palace of Versailles, outside Paris. Representatives of the Third Estate were angry at the inequalities in French society. They called themselves '**the National Assembly**' and swore that they would not disband until France had a constitution that would set down fair rules by which the country would be governed.

- The King sent for the Army to disband the National Assembly. When the people of Paris heard that soldiers were coming, they took to the streets in search of arms to defend the Assembly. On 14 July 1789 the people **stormed the Bastille**, which was a grim prison-fortress in Paris. They also set up a sort of private army called the **National Guard** to defend Paris and the National Assembly against the King. Louis XVI gave in and called off the Army.

3

The storming of the Bastille: 14 July (Bastille Day) is now a public holiday in France.

- On 26 August 1789 the National Assembly issued **the Declaration of the Rights of Man**. This document declared that all people are born free and equal and that the law must be the same for all.

- On 6 October 1789 thousands of poor Parisian women **marched to the Palace of Versailles** and forced the royal family to return with them to Paris. The King and Queen were made to live at the Tuileries Palace in the city and were now under the control of the people.

France becomes a Republic (1790–1792)

- In 1791 the **King and his family tried to escape** to Austria, where Marie Antoinette's brother was Emperor. They got almost as far as the border, but were spotted at the town of Varennes and brought back to Paris. Many people now saw Louis as a traitor and felt that France should be a Republic without a monarch.

- In 1792 the National Assembly declared **war** on Austria. Louis was delighted because he believed the Austrians would win the war, overthrow the Revolution and restore him to the throne. At first the war went as Louis expected. Austria and its ally, Prussia, invaded France and threatened Paris itself. The Austrian and Prussian leaders declared that they would destroy Paris if the King were injured in any way. This threat infuriated the people of Paris. **The King was arrested.** Later, the French Army pushed back the Austrians and Prussians.

- The National Assembly (now called the *Convention*) declared France a **Republic** and put the King on trial for treason. Louis was found guilty and **executed** by guillotine on 23 January 1793. Later Marie Antoinette was also executed by guillotine.

- The execution of the King horrified and angered other monarchs in Europe. So Britain, Spain and Holland joined Austria and Prussia in their war against France. The Revolution was now in **terrible danger**.

4

The execution of King Louis XVI:
(a) *Describe the scene.*
(b) *Do you think this picture is a primary or secondary historical source?*

5 Queen Marie Antoinette before a Revolutionary tribunal. During the Reign of Terror these tribunals tried suspects, many of whom were sent to the guillotine.

The Reign of Terror (1793–1794)

In the spring of 1793 the Convention set up a twelve-member **Committee of Public Safety** to deal with the threats to the Revolution. The Committee, under the leadership of **Maximilien Robespierre**, raised a large army and successfully defended France against attack. However, the committee also pursued a '**Reign of Terror**', executing about 40,000 French people suspected of being enemies of the Revolution. Even when the danger of invasion had passed, Robespierre continued the Terror. So his critics, fearing for their own lives, had Robespierre arrested and executed by guillotine in July 1794.

The End of the Revolution

France continued to wage war and by 1799 it was the strongest country in Europe. An army general named **Napoleon Bonaparte** made himself ruler of France. In 1804, Napoleon was crowned Emperor, with powers similar to the kings of old. The French Revolution was over.

Some consequences of the French Revolution

- The Revolution showed that ordinary people could and should take part in government. It spread the idea of '**democracy**', or '*rule by the people*'.
- In *Ireland*, people such as Wolfe Tone admired and were inspired by the French Revolution. Tone and others formed **The United Irishmen** and, with French help, led an uprising to win greater freedom for the oppressed Irish people. The uprising failed, but Tone is remembered as Ireland's first great Republican. The French Revolution therefore influenced the birth of **Republicanism** in Ireland.

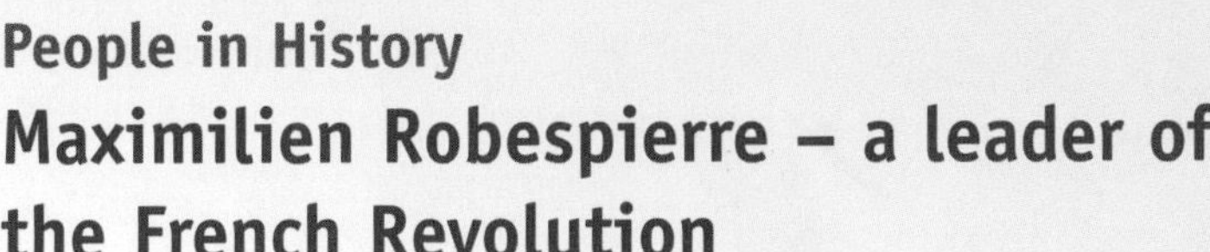

People in History

Maximilien Robespierre – a leader of the French Revolution

Robespierre was born in the town of *Arras,* in northern France in 1758. A small, neatly dressed man, he trained and worked as a *lawyer*.

When King Louis XVI called together the *Estates-General* in 1789, Robespierre was elected as a representative of the Third Estate. He later founded *The Jacobin Club*, a group that had great influence during the Revolution.

Robespierre wanted France to become a *Republic* and called for the *execution* of the King. The King was executed by guillotine on 21 January 1793.

When France was threatened by *invasion*, the *Committee of Public Safety* was set up to protect the country. Robespierre was head of this twelve-member Committee.

The Committee commenced *The Reign of Terror*, during which about 40,000 French people were executed on the suspicion that they were enemies of the Revolution. One victim of the Terror was *Marie Antoinette*, the former Queen of France.

Robespierre was greatly admired by the poor people of Paris, who were known as '*sans-culottes*'. In the first place, he raised a large army and saved France from invasion. Secondly, he kept down the price of bread at a time when many people were hungry.

Robespierre was called '*the incorruptible*' because no amount of pressure or money could make him change his views. But he was also a rather cold person who had few close friends.

When Robespierre refused to end the Terror, he was arrested and *executed* by guillotine in 1794. He was only thirty-six years old when he died.

CHAPTER 13

REVOLUTION IN IRELAND: 1798

Causes of the 1798 rebellion

1. Religious discrimination

Anglican members of the **Protestant Ascendancy** controlled Ireland. Up to 1770 the **Penal Laws** had cruelly oppressed the *Catholic* majority. Even after that, Catholics still could not sit in Parliament and had to pay tithes (one-tenth of their incomes) to support the Anglican clergy. Protestant *dissenters* (Presbyterians) were in a similar position to Catholics. Many Catholics and Presbyterians felt angry at this religious discrimination.

2. Rural poverty

Most Irish people lived in the countryside and were either landless labourers or poor tenant farmers. Many felt **discontented** because they had to pay high rents to their landlords and tithes to the Anglican Church.

1

These ideals of the French Revolution inspired Irish revolutionaries: *Can you understand what this French revolutionary placard says?*

3. The effects of the American and French Revolutions

The American War of Independence and the French Revolution showed that armed revolution could bring about freedom and democracy (rule by the people). Irish people like Wolfe Tone were inspired by France's revolutionary principles of *liberty*, *equality* and *fraternity* (brotherhood). Furthermore, French revolutionary leaders promised to send military aid to any people who rose up against oppression.

Events leading up to the 1798 rebellion

- In 1791, Wolfe Tone, Thomas Russell and others founded the **Society of the United Irishmen** in Belfast. This society aimed to unite Irish people of all religious beliefs in a movement to end English control over Ireland.

- **The United Irishmen spread** to Dublin and other centres. Many of its followers were educated, middle-class people who, like Tone, admired the aims of the Revolution then going on in France.

- In 1794 the government **banned the United Irishmen**. Tone fled to the United States. The United Irishmen now became a secret society, which aimed to establish an Irish Republic through armed revolution.

- Tone went to France, where he persuaded the French to invade Ireland. On 21 December 1796 a large French force, under General Hoche, arrived in **Bantry Bay**. But terrible weather prevented a landing and Hoche's fleet returned to France.

- Alarmed by the attempted French invasion, the government started a **reign of terror** to crush the United Irishmen:
  - the army brutally *disarmed* the people of Ulster and Leinster;
  - *spies* kept the government well-informed;
  - many of the Society's leaders, including Lord Edward FitzGerald, were *arrested*.

2

Government terror tactics:
Describe the activities shown here.

The Rebellion

Rebellion in Leinster

Although now short of leaders and arms, the United Irishmen attempted a rebellion on 23 May 1798. The rebels were brutally defeated at the *Curragh*, Co. Kildare, *Carlow* and *Tara*, Co. Meath.

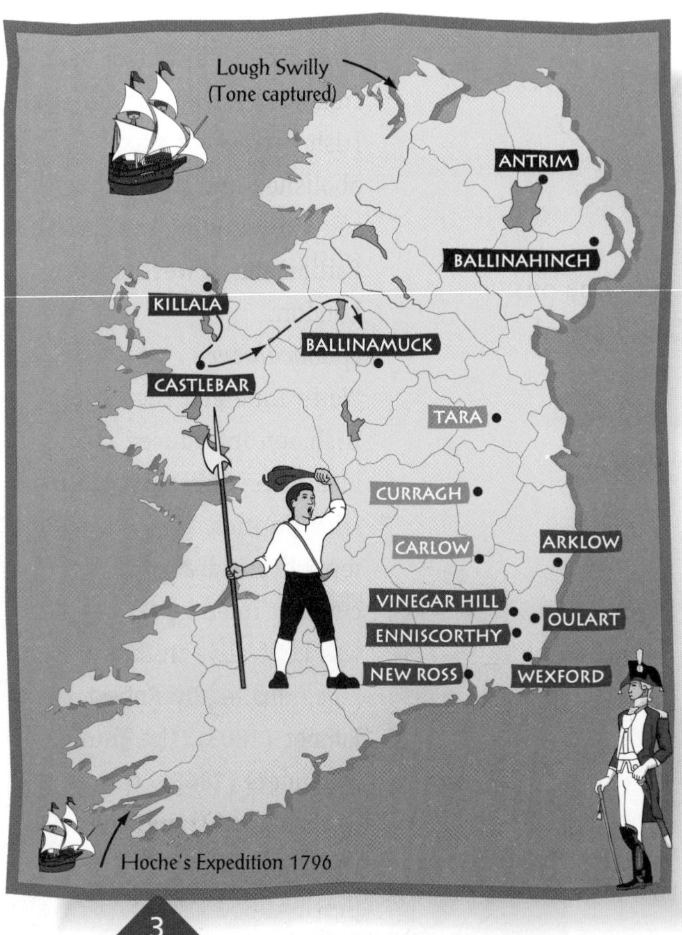

3
The rebellion of 1798

Rebellion in Wexford

The Society of the United Irishmen was not strong in Wexford, but the brutality of government troops caused a serious rebellion there. In late May, Wexford rebels defeated government forces at *Oulart Hill*, *Enniscorthy* and *Wexford town*. But they were then defeated at *New Ross* and *Arklow*. The final battle took place at *Vinegar Hill* on 21 June, where well-armed government forces completely defeated the Wexfordmen. After the battle thousands of rebels were executed, including Fr John Murphy and other key leaders.

Rebellion in Ulster

Henry Joy McCracken and *Henry Monroe* led revolts at *Antrim* and *Ballinahinch*, Co. Down. They were defeated and sentenced to be hanged, along with many of their followers.

Rebellion in Connaught

Tone persuaded the French to send more troops to Ireland. A small French force arrived in Killala, Co. Mayo, in August 1798. Local people joined them and they easily defeated government forces at '*the Races of Castlebar*' (so-called because the government forces ran away). But government forces defeated the rebels at Ballinamuck in September, slaughtering every Irish rebel who surrendered.

The death of Wolfe Tone

Another small French expedition, with Tone on board, arrived at *Lough Swilly* in Co. Donegal. The French ships were captured by a larger British fleet. Tone was recognised, arrested, brought to Dublin and sentenced to death. He committed suicide in his prison cell on 19 September 1798.

4 Wolfe Tone, based on a drawing by his wife, Matilda Witherington.

Effects of the 1798 rising

- *The Act of Union (1800)*
  Following the rising, the British government passed the Act of Union to strengthen its control over Ireland. Under this Act, the Irish Parliament was abolished and Ireland was ruled directly by the British Parliament in Westminster, London.
- *Republicanism*
  Wolfe Tone and the United Irishmen introduced the idea of republicanism into Irish politics. The republican ideal of a country ruled by its people was kept alive in *later rebellions* led by Robert Emmet (1803), the Young Irelanders (1848), the Fenians (1867) and the Irish Republican Brotherhood (1916). Following independence from Britain, Ireland eventually became a Republic in 1937.

People in History

Wolfe Tone – an Irish revolutionary leader

Theobald Wolfe Tone (1763–1798) was born in *Dublin*. He was the son of a Protestant coachmaker. While a student at Trinity College, young Tone became very interested in *politics*. He was also interested in a young girl called *Matilda Witherington*. They ran away together and married.

Tone supported the *French Revolution*, which began in 1789. Now a barrister, he began to write pamphlets in which he demanded freedom for Ireland. Tone wanted Irishmen of all religions to unite and end England's control over Ireland. He believed that this should be achieved by *force,* if necessary. To achieve these aims, Tone and others set up *the Society of The United Irishmen* in Belfast in October 1791.

In the beginning, most members of the United Irishmen were Protestants. But Catholics soon began to join and the Society opened *branches* in Dublin and other centres.

When the United Irishmen was banned by the government, Tone went first to the *United States* and then to *France*. He persuaded French revolutionary leaders to send an invasion force of 15,000 troops, under General Hoche, to Ireland. Tone travelled with this force to *Bantry Bay* in December 1796, but bad weather blew most of the ships off course and prevented the rest from landing.

Shortly after the 1798 rising, Tone travelled with a small French expedition to *Lough Swilly*, Co. Donegal. The English seized the French ships and Tone was captured and sentenced to death. He committed *suicide* before he could be executed.

Wolfe Tone was the first to state that Ireland should be an independent republic. He is therefore known as *'The father of Irish Republicanism'*.

CHAPTER 14

THE AGRICULTURAL REVOLUTION

From about 1750 onwards, great changes took place in farming in Britain. These changes are known collectively as the Agricultural Revolution.

Farming before the Agricultural Revolution

Up to 1750, farming in Britain was dominated by the **open-field system**, which began in the Middle Ages. The land around all villages consisted of three huge, *open fields* and an area called *the Commons*. Farmers grew crops on narrow, scattered strips in the open fields, while cattle were grazed on the Commons. This open-field system had some **disadvantages**:

- Farmers wasted a lot of time **travelling** between their various, scattered strips of land.
- There were no fences between the strips of land, so **weeds** were difficult to control.
- **Disease** spread quickly among the animals because they all grazed together on the Commons.
- To rest the land, one open field had to be left **fallow** (idle/unplanted) each year.

Changes during the Agricultural Revolution

Land enclosures

The big open fields and the Commons were divided up into compact farms, each of which was *enclosed* by fences. This resulted in more productive agriculture for the following reasons:

- It was **easier to farm** a compact block of land, as opposed to several scattered strips.
- Weeds and diseases were more easily **controlled** in the enclosed farms.

However, this new system was not good for everyone. Many **poor peasants suffered** because they were not allocated farms and, because the Commons were now enclosed, they had nowhere to graze their animals. They were ultimately forced off the land.

Crop Rotation

Charles 'Turnip' Townshend invented a *new system of crop rotation*. Instead of leaving a field idle each year, the 'fallow' field was planted with turnips or clover. This meant that all the land could now be used every year. The turnips and clover could be used to feed cattle in winter, which meant that cattle became bigger and healthier.

Seed drill

Jethro Tull invented a *seed drill* in 1701. Up to then, seeds had been scattered unevenly by hand, which meant that not all the seeds would take root. Tull's seed drill sowed seed in uniform rows, covering each one with soil as it was planted. This was a far more productive method.

Cattle-breeding

Robert Bakewell improved the **breeding** of cattle and sheep. Instead of putting male and female animals in the one field and allowing them to breed at random, Bakewell realised the advantages of separating the herd and only allowing breeding at specific times. This allowed him to deliberately breed stronger, heavier, healthier animals.

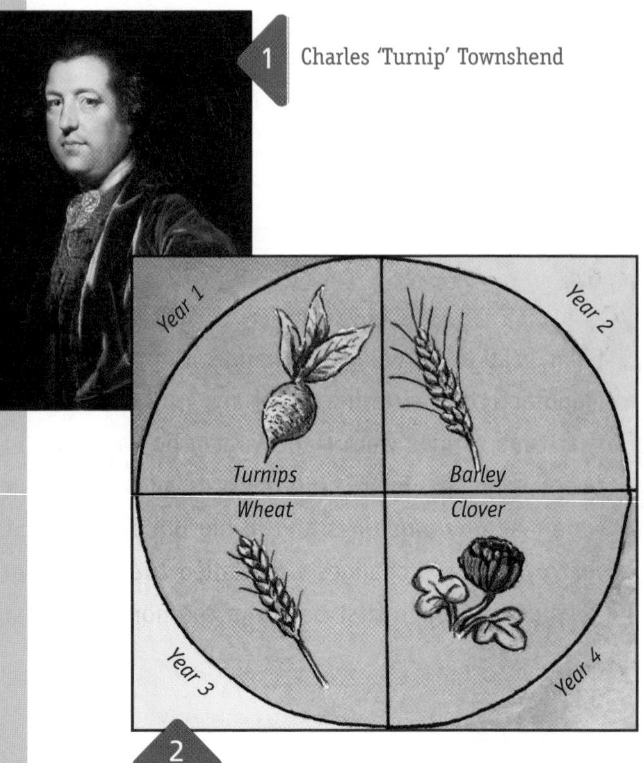

1 Charles 'Turnip' Townshend

2 Charles Townshend's system of crop rotation: *Describe this system and outline two advantages of it.*

Consequences of the Agricultural Revolution

1. Enclosed farms, a new crop rotation and improved cattle-breeding meant that more crops and heavier cattle were produced. Farming therefore became **more profitable and more productive.**
2. With more food available, people now lived longer. This contributed to **population growth.**
3. Enclosures forced many poor people off the land and into industrial cities in search of work. This contributed to the **Industrial Revolution** in the cities.

CHAPTER 15

THE INDUSTRIAL REVOLUTION

From 1750 onwards, great changes took place in the manufacture of clothing, steel and iron implements. Up to that time, things were made largely by hand and in people's homes. From 1750 onwards, more and more items were made by ***machines*** and in big buildings called ***factories***. These changes were called ***the Industrial Revolution***, which first began in the north of England.

Why the Industrial Revolution began in Britain

1. Improved agricultural methods provided more and better food supplies. Therefore the **population** of Britain grew from 6.5 million to 10 million in the eighteenth century. This growth provided more *workers* and created a greater *demand* for industrial goods.
2. Several **new machines** were invented in Britain at this time, which speeded up the manufacture of industrial goods. These machines included the *steam engine* and the *Bessemer method* of steel-making.
3. Britain ruled over many countries, called **colonies**. The colonies provided Britain with cheap cotton and other *raw materials*. They also provided a *market* for British goods. *Profits* from colonial trade almost all ended up in Britain and were partly used to build more factories.
4. **Transport** improved greatly in Britain due to the construction of better *roads*, *canals* and *railways*. This allowed *raw materials* and *finished products* to be transported quickly and easily to and from the new factories.

Changes in textile-making

The two main processes in the making of textiles were the **spinning** of wool, or cotton, into thread and the **weaving** of thread into cloth. Up to 1750 this work was done in people's homes.

1 Before 1750 women spun thread in their homes. Men then wove cloth from the thread.

After 1750 **machines were invented** that greatly speeded up the spinning and weaving processes (see the box on the right). These machines were large and very expensive. As a result of this:

- Textile-making moved into large buildings called **factories.**
- Textile-making came to be controlled by **rich factory-owners.**
- Former craftsmen had to seek work in **growing cities**, where the factories were situated. There, they were cruelly exploited by the factory-owners.

New inventions in textile-making

For spinning:

- **James Hargreaves** invented the **Spinning Jenny**, which could spin eight threads at a time.
- **Richard Arkwright** invented the **water frame**, which could spin hundreds of threads.

For weaving:

- **John Kay** invented the **Flying Shuttle**, which doubled the speed of weaving.
- **Edmund Cartwright** invented the **power loom**, which used steam power to weave cloth very quickly.

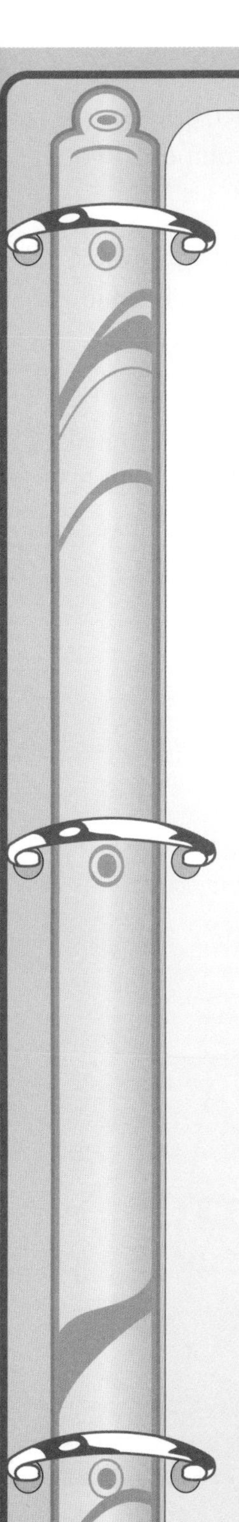

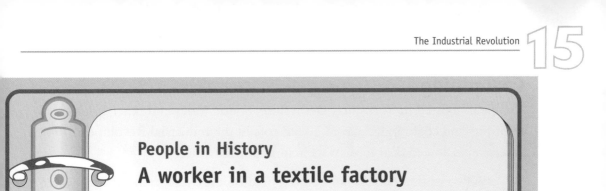

People in History

A worker in a textile factory

My name is Sarah Smith and I work in a cotton mill in *Lancashire,* England. I operate a *water frame* that can spin hundreds of threads at a time. I am told that a man named Richard Arkwright invented this machine.

We mill-workers are exploited unfairly. Men who work the *power looms* upstairs are paid a mere sixteen shillings (*€1*) *a week.* A woman gets only half the pay of a man. *The mill* is five storeys high and is hot and humid. However, workers are forbidden to open the windows as this might lower the *moisture level* in the room and cause the cotton threads to snap.

Mill work can also be very *dangerous.* Last week a woman got her hair caught in a machine. It ripped off part of her scalp and she is lucky to be still alive.

I work from *6·00 am to 8·00 pm,* with only a half-hour break for breakfast and an hour for dinner. I have to get up at 5·00 am each morning and I always feel exhausted.

Even children as young as six work in the mill. They are made to crawl under the machines to gather up pieces of cotton. They get paid the equivalent of 2 cent an hour for this dangerous work.

If only we workers could form a trade union, then we might be able to force the mill-owners to pay and treat us more fairly. But most people in government support the rich factory-owners, so the law forbids workers' trades unions.

Coalmining

Coalfields existed in Yorkshire, Derbyshire, South Wales and other British locations and coalmining played a vital role in the Industrial Revolution. Two inventions allowed coal to play such an important role.

- Many coalmines could not be used because they were flooded with water. But in 1705 *Thomas Newcomen* invented the **steam engine**, which could pump water out from the mines. Coal then became much more widely available.
- Burning coal did not generate enough heat to smelt (melt) iron ore to make iron and steel. But in 1709 *Abraham Darby* discovered that coal could be converted into **coke**, which could be used in the smelting process. Coke soon became the main source of power for smelting iron ore.

The steam engine

The steam engine (which used steam to power machines) was the greatest invention of the Industrial Revolution.

- In 1705 **Thomas Newcomen** invented a steam engine that was used for pumping water out of coalmines. This machine broke down often, but it helped greatly the mining industry.
- In 1763 **James Watt** invented the 'rotary steam engine' by connecting Newcomen's engine to a wheel. When used in conjunction with belts, Watt's machine could be used to turn other machines in factories, so it mechanised and speeded up *manufacturing*. The rotary engine was later used to power *trains*, which changed transport completely in the nineteenth century.

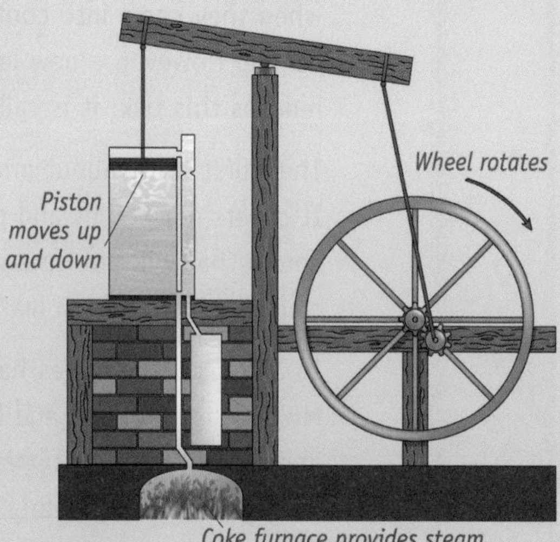

2

Watt's steam engine

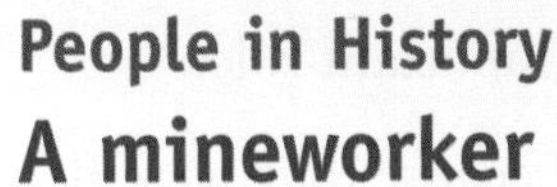

People in History
A mineworker

I am Jimmy Jones, a miner in a Yorkshire coalmine. My father was a miner before me, and I began work as a **trapper** at the age of five. My job was to open and close the *trapdoors* that allowed miners to pass along through the mine tunnels.

At the age of eight I became a **hurrier**. My job then was to drag large *baskets of coal* from the coalface to the bottom of the shaft that led to the surface.

Now that I am an adult, I am a **hewer**. I use my pickaxe to break ('hew') coal from the coalface. I am paid according to the amount of coal that I hew.

The roofs of the mines are held up with strong lengths of timber called *pit props*. But we sometimes hear of mine roofs *collapsing* and miners being buried alive. *Explosions* are another terrible danger. Some mine gases can explode when they come into contact with the naked flame of a candle. However, a new lamp has been invented that reduces this risk; it is called *'the Davy lamp'*.

The worst thing about mining is the *coal dust* in the air. It covers our bodies and damages our lungs. I now have a cough that will not go away. I fear it may be the *'miners' cough'*, which kills so many miners.

In any case, the mines have seriously damaged my health. My *back* is deformed and bent from a lifetime of crouching and bending. My *eyesight*, too, is damaged from years of working in a dark, poorly lit environment.

Iron and steel

During the industrial revolution iron and steel were made in this way:

Rock containing iron is called **iron ore**. This was the *raw material* for making iron and steel.

Coke, made from **coal**, was the main *source of power*.

A coke-fuelled 'blast-furnace' was used to smelt (melt) the iron ore. In this way the **'pig iron'** was extracted from it.

Pig iron was impure and brittle. It was made into **wrought iron**, which could be used to make some iron products, such as nails, shovels, etc.

Pig iron could also be made into high-quality steel. This was used to make precision products, such as cutlery, guns, etc.

Three inventions were responsible for the huge growth in iron- and steel-making during the Industrial Revolution.

1. In 1709 **Abraham Darby** discovered how to convert coal into **coke**, which became the chief source of power for smelting iron ore. Coal was in abundant supply and its use increased tenfold between 1750 and 1850.
2. In 1794 **Henry Cort** discovered **'puddling and rolling'**, which was a better way of making **wrought iron**. Liquid pig iron was stirred ('puddled') and then run through rollers ('rolled') to make sheets of wrought iron.
3. In 1856 **Henry Bessemer** invented a **'converter'**. This involved blowing hot air through melted pig iron to burn off its impurities. The result was better and cheaper **steel**.

Effects of the Industrial Revolution

The growth of cities

Poor people crowded into urban areas in search of work. Cities such as *Birmingham* and *Manchester* grew rapidly. Conditions were poor in these new urban areas. Workers lived in run-down, overcrowded areas called **slums**. Some lived in tiny *tenement flats*, while others lived in *terraced houses*.

City problems

- Slum dwellings had no toilets or running water.
- Rubbish was thrown onto the streets, which were often rat-infested as a result.
- Water was collected from public pumps, but it was often **polluted** by toilet waste.
- Filthy living conditions and polluted drinking water caused terrible **diseases,** such as *Tuberculosis (TB)*, *cholera* and *typhus*. Most people who got cholera died quickly and painfully.

Trade

Britain became rich through increased overseas trade. British *colonies* provided raw materials for Britain's growing factories, as well as markets for Britain's manufactured goods.

Clothing

Cotton began to replace wool as the most popular clothing fabric. Big machines made cloth more *cheaply* than before, so the cost of clothing decreased. However, workers were so poorly paid that they themselves could afford few clothes.

Working conditions

People working in factories and mines were *exploited* cruelly (see pages 93 and 95).

Efforts to improve working conditions

1. Workers fought to establish **trades unions**, so that they could negotiate fairer working conditions. But unions were banned until 1825 and strikes were banned for many years after that. The first successful trade union, the *Amalgamated Society of Engineers*, was founded in 1851.
2. Many people became **socialists.** They believed that *society* should be changed so that working people had more power. Other people were **communists** and supported *Karl Marx's call* for a workers' revolution.

CHAPTER 16

THE TRANSPORT REVOLUTION

While the Agricultural and Industrial Revolutions were going on, great changes were also taking place in transport in Britain and Ireland.

Roads

Up to about 1750, roads were of very poor quality. Horse-drawn coaches had to trundle over rough, pot-holed roads that were like muddy swamps in winter. However, from about 1750 onwards two factors improved the quality of roads.

1. Turnpike trusts

Private companies called turnpike trusts were allowed to maintain and improve the roads. In return, they charged tolls (fees) to people who used these roads. The tolls were collected at barriers called *turnpikes*.

2. Engineers

Talented engineers, such as **John Macadam** and **Thomas Telford**, improved road-building in the way shown in **Figure 1**.

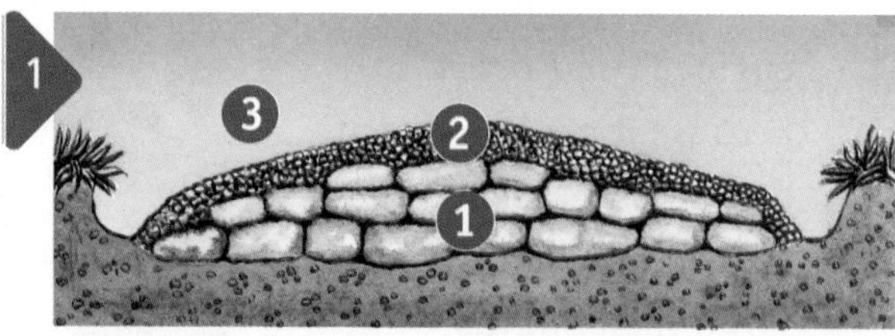

❶ *Strong foundation of large rocks.*
❷ *Tightly packed surface of small stones.*
❸ *Slope away from centre leading to drainage ditches for surface water.*

Canals

Water transport was the best way of moving heavy goods, such as coal and iron ore. To make this transportation easier, canals were created to link large rivers and important industrial cities.

In 1761 the Duke of Bridgewater hired an engineer called **James Brindley** to build a canal linking Manchester with the Duke's nearby coalfields. This was called **the Bridgewater Canal**. It was so profitable that 'canal fever' gripped Britain and many more canals were built. Labourers called '*navvies*' did much of the back-breaking building work.

Railways

- We have seen (**page 94**) that James Watt invented a rotary steam engine that was used to pull the first '**steam carriage**'. This ran not on tracks but on roads. It was noisy, uncomfortable and damaged the road surface.

- In 1804 a man named **Richard Trevithick** was the first to run a steam locomotive on *tracks*.

- In 1825 the *world's first goods train* ran on tracks between the towns of **Stockton** and **Darlington** in England. A famous engineer named **George Stephenson** had built this engine.

- Five years later, Britain's first passenger train, running between **Manchester** and **Liverpool**, was pulled by another engine designed by Stephenson. He named this engine '*The Rocket*' because it could move at the incredible speed of sixteen kilometres an hour! From then on, more and more railways were built.

2
Stephenson's 'Rocket'

Effects of the railways

1. Rapid and comfortable transport became available to many people.
2. Heavy materials could be transported quickly over long distances. This contributed to the Industrial Revolution.

CHAPTER 17

IRELAND IN THE MID-NINETEENTH CENTURY

1

A landlord's mansion (above) and a cottier's cabin (below):
What do these pictures reveal about mid-nineteenth-century Ireland?

2

Most Irish people lived in the countryside. Country people were divided into three broad classes:

1. **Landlords** owned almost all of the land. They were mostly Protestant descendants of English planters who had been granted land during the plantations. Landlords and their families lived in great luxury in big houses. They rented most of their estates to tenant farmers. Some landlords were **absentees**. They lived abroad and hired **middlemen**, or agents, to run their estates for them.
2. **Tenant farmers** could be quite well-off, but most were poor, small farmers. They lived in single-storey houses and relied mainly on potatoes and milk for food. Rents had to be paid to the landlord twice yearly, on '**gale days**'. A tenant who could not pay his rent might be evicted (driven out) from his farm.
3. **Labourers** (also called **cottiers**) were the poorest of all. They worked for tenant farmers for miserably small wages. A cottier might take an acre of land in **conacre** (an eleven-month lease) from a farmer. He would live in a tiny, one-roomed cottage on his acre. Potatoes, grown on broad ridges called **'lazy beds'**, provided his primary – and sometimes only – source of food.

The Great Famine

Between 1845 and 1849 a terrible famine swept through Ireland.

Causes of the famine

1. Subdivision of land

Most people married young and had large families, so the population grew rapidly. By 1845 more than eight million people lived in Ireland and most of those depended on the land for their livelihoods. Farmers responded to this situation by subdividing their farms among their sons. This system, called **gavelling**, resulted in farm-holdings becoming smaller and smaller over time.

2. Dependence on potatoes

Poor people had to sell most of their cattle and crops to pay the rent. They were almost totally reliant on potatoes to feed themselves. Between 1845 and 1849 a new disease called **blight** destroyed the potato crops. Millions of people went hungry.

Helping famine victims

- Sir Robert Peel, the British Prime Minister, imported **'Indian corn'** (maize) from America for the people of Ireland. This was sold cheaply to feed the hungry.
- **Workhouses** provided emergency aid to people who could not support themselves. The workhouses – though grim and harshly managed – soon became overcrowded.
- **Outdoor relief** schemes were provided for people who could work. Men were paid small wages for working in road-building and other *'public works'* projects. Many people could not avail of outdoor relief because they were too weak to work.
- **Soup kitchens** provided soup and bread to hungry people. Charitable organisations, such as **The Quakers**, operated most soup kitchens.

3 A workhouse during the Famine
Describe the scene

Consequences of the Famine

1. About one million **people died** during the four years of the Famine. Most of those, weakened by hunger, died from diseases such as typhus, dropsy and other fevers.
2. About one million **people emigrated**, mainly to Britain and America. Many people left Ireland in dangerous, overcrowded ships called '*coffin ships*'. The Great Famine began a tradition of emigration that was to last for well over a century.
3. The tradition of subdividing land (**gavelling**) **stopped**. Farmers now left their land to their eldest son, which often forced other sons and daughters to emigrate.
4. Irish-speaking areas in the west of Ireland were worst affected by the Famine. This contributed to the **decline of the Irish language**.

Emigrants during the Famine

4

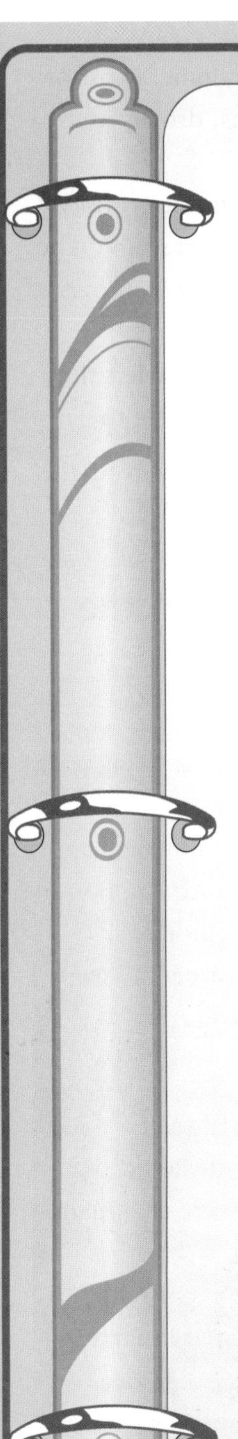

People in History

A person who left a farm in Ireland in 1850 to work in England

I was once a poor *tenant farmer* in Co. Cork. Now I work in a *cotton mill* in Lancashire, England. Although my life has changed, I am still poor and exploited.

In Ireland, almost everyone worked on the land. Here in England, many people live in great cities and work in nearby *factories or mines*. This is because England is having an *industrial revolution*.

Here we eat bread, as well as potatoes. In Ireland we depended almost entirely on *potatoes* for our food. Potatoes were nourishing, plentiful and easy to grow. In 1845 the potato *blight* destroyed most of our potato crop. A great famine swept the country and we had to *emigrate*.

In Ireland, the *landlords* ruled us. Here, it is the *factory-owners* who control our lives. They get rich, while we work long hours in dangerous conditions for very little pay.

We now live in a rented room in a horrible *tenement* building that is dirty and overcrowded. It is in a slum area of the city and is not as good as the single-storey farmhouse we had in Ireland.

I miss the *fairs and hurling matches* that entertained us in Co. Cork. Working people here seem to go in for bloody sports, such as *cock-fighting and prize-fighting*, in which bare-fisted boxers fight for money.

Some workers here plan to group together and form a *trade union*. Although strikes are illegal, I think I will join these workers so that we can press for better pay and fairer working conditions.

CHAPTER 18

THE HOME RULE CRISIS IN IRELAND: 1910–1914

Nationalist organisations

- **The Gaelic Athletic Association** (GAA) was founded in 1884 to promote Irish games, such as hurling and Gaelic football. It drew up rules for these games and organised competitions.
- **The Gaelic League** was founded in 1893 to revive the Irish language. Its first president was *Douglas Hyde* and its first secretary was *Eoin MacNeill*.
- **Sinn Féin** was founded in 1905 by *Arthur Griffith*. He believed that Ireland should have its own parliament, but that the King of England should continue to be King of Ireland.

At the beginning of the nineteenth century, Ireland was joined politically to Britain by the Act of Union (1800). For over a century, Ireland was ruled by the British Parliament at Westminster in London.

Political groups in Ireland in the early twentieth century

• Unionists

The unionists wanted Ireland to **continue being part of Britain**. About one-quarter of Irish people supported **the Unionist party.** Rich landowners and business people in all parts of the country supported unionism. However, the majority of unionist support came from Ulster, where most people were Protestants.

• Nationalists

The majority of Irish people supported the nationalists, who believed that Ireland should be more independent of Britain. There were two main types of nationalist.

- **Constitutional nationalists** were represented by **the Home Rule party**. They wanted Ireland to have its own parliament, which would deal only with internal affairs (education, roads, etc.). Westminster could continue to rule Ireland in matters of foreign affairs (war, etc.). This **partial independence** would be achieved by **peaceful means only**.

- **Republicans** supported the ideas of the **Irish Republican Brotherhood** (or Fenians). They wanted a **Republic** that was completely independent of Britain. The believed that this could be achieved only through **armed rebellion.**

1

A hurling match in 1950. The GAA promoted Irish games throughout the country. Many of its early leading members also supported the Gaelic League, Sinn Féin, or the IRB.

The Home Rule party

- *1870*: **Isaac Butt** founded **the Irish Parliamentary party** (Home Rule party). **Charles Stewart Parnell** became its most influential leader.
- *1890*: Parnell lost power after it was revealed that he was having an affair with a married woman. The Irish Parliamentary party then split into two groups: pro-Parnell and anti-Parnell.
- *1900*: The Party was reunited again under the leadership of **John Redmond.**

The Home Rule Crisis 1912–1914

After the 1910 general election, the *Liberal party* in England needed the support of the Irish Home Rule party to gain power. **John Redmond,** the Home Rule party leader, made a deal: he would support the Liberals if they introduced a Home Rule Bill in Parliament.

The Liberals agreed and the **Home Rule Bill** passed in the House of Commons in 1912. The House of Lords rejected the Bill, but could only delay it for a maximum of two years. It looked certain that Ireland would get its own parliament by 1914. Most nationalists were delighted with this.

Unionist opposition to Home Rule

In Ulster, **Edward Carson** and **James Craig** led unionist opposition to Home Rule. They were supported by *the British Conservative party*, which believed that Home Rule would cause the break-up of the United Kingdom.

- Carson and Craig drew up **the Solemn League and Covenant**, which promised to oppose Home Rule by force, if necessary. One million people signed the covenant on 'Ulster Day', 28 September 1912.
- They organised **the Ulster Defence Force** (UVF) to fight Home Rule. Up to 100,000 people joined this private army.
- On 24 April 1914 the UVF smuggled 24,000 guns into Larne, near Belfast. The soldiers and police did nothing to stop **'the Larne gun-running'**. Unionists were now well-armed to fight Home Rule.

2

Edward Carson (*left*) in Belfast on 28 September 1912:
What do you think Carson is doing?

Why unionists opposed Home Rule

1. Unionists wanted to maintain **the Union** between Britain and Ireland. Home Rule might weaken or end the Union.
2. Protestant unionists feared that they would be discriminated against in an Irish Parliament dominated by Catholics. They thought that 'Home Rule would be **Rome Rule**'.
3. Ulster had prospered under the Union. Northern Unionists feared that a change to Home Rule would damage that **prosperity**.

The nationalists' response

Nationalists were alarmed by the unionists' actions.

- Eoin MacNeill and others set up **the Irish Volunteers** to defend Home Rule by force.
- The Irish Volunteers smuggled guns into Howth (near Dublin) on board a yacht called *The Asgard*. British soldiers tried to stop '**the Howth gun-running**', but failed.

Home Rule postponed

As the deadline for Home Rule in 1914 approached, civil war seemed likely between nationalists and unionists. Then, in August 1914, **World War I** broke out. The British government decided to postpone Home Rule until after the war.

- The *Ulster Volunteers*, delighted at the delay, showed their loyalty to Britain by joining the British Army in the war.
- The *Irish Volunteers* split: most volunteers supported the call of John Redmond to fight for Britain in the war; Eoin MacNeill and others refused to do so.

Larkin, Connolly and workers' rights

Many Irish workers were exploited by their employers. In 1908, **Jim Larkin** founded **The Irish Transport and General Workers' Union (ITGWU)** to achieve better pay and working conditions for unskilled workers.

The employers (backed by the government and the police) tried to destroy the ITGWU. In **the Dublin Lockout** of 1913, they suspended workers and would not let them return to work until they agreed not to join the union.

Police frequently attacked protesting workers during the Lockout. **James Connolly** founded the **Irish Citizen Army (ICA)** to protect workers from the police.

3

Members of the Irish Citizen Army outside their headquarters in Liberty Hall, Dublin.

CHAPTER 19

THE EASTER RISING AND AFTER: 1916–1918

Plans for a Rising

When Britain went to war with Germany in 1914, the Irish Republican Brotherhood (IRB) felt that '*England's difficulty was Ireland's opportunity*'. To exploit that opportunity, members of the **IRB's Military Council** made plans for a countrywide rising (rebellion) to take place on Easter Sunday 1916.

- **They persuaded James Connolly** and his Irish Citizen Army to join the rebellion.
- **They sent Roger Casement** to Germany for help. The Germans gave Casement a large quantity of arms, which was loaded onto a boat called the *Aud*, which immediately set sail for Ireland.
- They needed the Irish Volunteers to provide men for the rising, so **they tricked Eoin MacNeill** into believing that the government was going to arrest the leaders of the Volunteers.

The plans go wrong

- Two days before the planned rising, the *Aud* and its cargo were seized and Roger Casement was arrested by the British.
- On the same day, MacNeill discovered that he had been tricked by the IRB and he withdrew Volunteer support from the rising.
- The IRB Military Council then decided to begin the rising on *Easter Monday, 21 April*, and in Dublin only.

1 James Connolly was a leader of the Easter Rising. He was a **socialist** who wanted society to be run in a way that gave more power to workers and to poor people (see page 111).

The Rising

On Easter Monday morning 1916, about 1,500 members of the IRB and Irish Citizen Army began the Rising by taking over several important buildings in Dublin. The General Post Office (GPO) was taken by **Pádraig Pearse** and **James Connolly** and became the rebels' headquarters. From the steps of the GPO, Pearse read out a **Proclamation** of the Irish Republic.

The British poured soldiers and heavy artillery into Dublin; while a gunship, the *Helga*, pounded rebel positions from the River Liffey. The rebels, hopelessly outnumbered, held out for five days before surrendering. By then, the centre of Dublin was in smoking ruins.

Why the rising failed militarily

1. British forces had heavily armed, professional soldiers who ***outnumbered*** the rebels by 20 to 1.
2. The Rising was limited to ***Dublin only***, so it was easy for the British to surround and overcome the rebels.

2

Dublin after the Rising

Effects of the rising

- About 500 people were **killed** and 2,500 injured. **Damage** to property amounted to about £3 million.

- At first, most Irish people were angry with the rebels. Then the British executed fifteen leaders of the Rising and imprisoned almost 2,000 people without trial. **Public opinion** quickly turned against the British and in favour of the Rising.

The rise of Sinn Féin

Sinn Féin did not take part in the Easter Rising. Yet its popularity grew rapidly in the aftermath. In the general election of 1918, Sinn Féin won a massive 70 per cent of the parliamentary seats in Ireland. Now Sinn Féin, not the Home Rule party, represented the will of the Irish people.

- Sinn Féin demanded a **Republic** and full independence from Britain.
- Sinn Féin MPs refused to go to the Parliament in London. Instead they set up their own parliament (**Dáil Éireann**) in Dublin.
- Sinn Féin also announced that **violence** might be used to win Irish independence.

The British government responded by **banning** Sinn Féin and the Dáil. The stage was set for a war between Sinn Féin and the British.

3

The first meeting of Dáil Éireann, 21 January 1919: Sinn Féin declared itself to be the real government of Ireland and appointed government ministers.

Why Sinn Féin won the 1918 election

1. The British government insisted in (wrongly) calling the Easter Rising a **'Sinn Féin rebellion'**. This made Sinn Féin very popular in Ireland.
2. **Éamon de Valera** (a key leader of the Rising) replaced Arthur Griffith as leader of Sinn Féin. De Valera was very popular, especially among young people.
3. The British planned to force Irish people to join the British Army (**conscription**). Sinn Féin successfully opposed this very unpopular plan.

❋❋❋

Why the Home Rule party lost the 1918 election

1. Following the Rising, more Irish people wanted a **Republic** and not just Home Rule.
2. By not opposing **conscription,** the Home Rule party lost support.

People in History

James Connolly – a leader in the struggle for Irish Independence

James Connolly was born in *Edinburgh*, Scotland, in 1868. His parents were poor Irish immigrants. He was a self-educated man. He believed that only *socialism* could bring equality and better conditions for poor working people.

At the age of twenty-eight Connolly moved to *Dublin*, where the working-class slums were among the poorest in Europe. He published a newspaper called *The Irish Worker*. In it he urged exploited workers to rise up together and force their employers to give them fair wages.

Connolly founded the *Irish Socialist Republican party*. He hoped that a free Irish Republic might allow a *socialist society* to develop in which poor people would be better off. Connolly founded the *Irish Citizen Army* in 1913. It was founded to protect striking or protesting workers because they had been savagely attacked by the police in Dublin during the 1913 Lockout.

Connolly and the Irish Citizen Army joined the *Easter Rising* in 1916. He was one of the seven leaders who signed the *Proclamation of an Irish Republic*.

On Easter Monday morning, Connolly and Pádraig Pearse took control of Dublin's *General Post Office* (GPO). The GPO became the rebels' *headquarters* during the rising. After five days of resistance, the rebels had to *surrender* to the more numerous and better-armed British forces. By that time central Dublin lay in *ruins*.

Connolly was condemned to death for his leading role in the Easter Rising. The British *executed* him on 12 May 1916. He had been so badly wounded during the Rising that he was shot while strapped to a chair.

CHAPTER 20

WAR OF INDEPENDENCE AND CIVIL WAR: 1919–1923

* The IRB had by then changed its name to the Irish Republican Army (IRA).

1

Black and Tans using a prisoner as a human shield against attack

The War of Independence

On 21 January 1919 – the day that the First Dáil met in Dublin – the IRA* attacked a police barracks in **Soloheadbeg**, Co. Tipperary. The War of Independence had begun.

The British sent two separate regiments of soldiers to Ireland: one group was called the '**Black and Tans**'; the other was the '**Auxiliaries**'.

The IRA used 'hit-and-run' **guerrilla tactics** against the British. Leaders such as **Tom Barry** organised '**flying columns**', which would attack British troops without warning in well-organised ambushes and then melt into the local countryside, where they had widespread support.

Michael Collins directed IRA activities. He organised a spy network that penetrated the British forces. He also controlled a group called **'the Squad'**, which assassinated British spies.

The British found it difficult to deal with the IRA's guerrilla warfare. So the Black and Tans and the Auxiliaries often responded to IRA attacks with acts of **terror** against civilians. Such terror attacks included the following:

- On the morning of 2l November 1920, Collins' 'Squad' assassinated eleven British spies in Dublin. That evening, the Black and Tans opened fire on a football match at Croke Park, killing twelve and injuring sixty people. That day was called '**Bloody Sunday**'.

- On the night of 10 December 1920, Black and Tans and Auxiliaries burned the centre of **Cork City**. This was in reprisal for an IRA 'flying column' ambush at Kilmichael, Co. Cork.

By 1921 the war had reached a stalemate: neither side could completely defeat the other. Both sides were anxious for a ceasefire and a peace treaty (final settlement).

Cork City centre after British soldiers burned it

2

The Government of Ireland Act

In 1920 the British government passed the Government of Ireland Act. This provided for the setting up of two parliaments, one for the Six Counties in the North of Ireland and another for the other twenty-six counties.

This Act was important because it **partitioned** (divided) Ireland.

The Anglo-Irish Treaty

In November 1921 negotiations began in London to draw up a treaty between Sinn Féin and the British government. In January 1922, Collins, Griffith and other members of the Irish negotiating team signed the **Anglo-Irish Treaty**.

Terms of the Anglo-Irish Treaty

1. The twenty-six counties were to be called the **Irish Free State**.
2. The Free State, although independent, would be part of the **British Commonwealth**. Therefore TDs would have to take an **oath of allegiance** (loyalty) to the British monarch.
3. The British Navy would be given **bases** at Lough Swilly in Co. Donegal, Berehaven (now Bere Island) in Co. Cork and Spike Island, near Cóbh in Co. Cork.
4. A **Boundary Commission** would settle the final border between the Free State and Northern Ireland.

When **the First Dáil** debated the Treaty, it was deeply divided on whether or not to accept it. *De Valera* and *Cathal Brugha* led those who argued against the Treaty; *Griffith* and *Collins* led those who were in favour of it.

Michael Collins

Éamon de Valera

Principal pro-Treaty arguments

- The Treaty gave Ireland much more than Home Rule.
- The Treaty would be a 'stepping-stone' to full independence, which could be achieved later.

Principal anti-Treaty arguments

- The Treaty did not give Ireland the Republic for which Irish people had fought and died.
- No Irish TD should take an oath of allegiance to a British monarch.

When the vote went in favour of the Treaty by a small majority, de Valera and his followers left the Dáil. The country was now close to civil war.

Events leading up to the Civil War

- As the British withdrew from **barracks** throughout the country, pro-Treaty and anti-Treaty IRA members scrambled to take over these barracks. Pro-Treaty soldiers were called **the Free State Army**, or **'Regulars'**. Anti-Treaty soldiers were called **Republicans**, or **'Irregulars'**.
- In April 1922 a group of Irregulars took over **the Four Courts** in Dublin.

The Civil War

The Civil War began when the Free State Army, under Michael Collins, borrowed large guns from the British and **bombarded the Four Courts.** After days of fierce fighting the Republicans finally surrendered the Four Courts and were defeated in Dublin. **Cathal Brugha** and many other Republicans were killed in the fighting.

5

The Civil War began when the Free State Army shelled the Four Courts in Dublin.

The Republicans gradually retreated to Munster, where they had a lot of support. They adopted **guerrilla tactics** against the Free State Army, which was now 60,000 strong.

The Civil War was very bitter and both sides carried out brutal killings. **Michael Collins** was ambushed and killed by Irregulars at Béal na mBláth, Co. Cork. Meanwhile, the Free State government, under W. T. Cosgrave*, executed many **Republican prisoners** and imprisoned 12,000 people without trial.

* W. T. Cosgrave became leader of the Free State when Arthur Griffith died suddenly in August 1922.

By the spring of 1923 the Free State Army controlled almost all of the country. Republican leaders **Éamon de Valera** and **Frank Aiken** saw the situation was hopeless and declared a **ceasefire**. The civil war was over.

Effects of the Civil War

- More than 900 people were **killed** and £30 million worth of **damage** was caused to property.
- The Civil War left great and lasting **bitterness** between Irish people.
- Ireland's two largest **political parties** grew out of Civil War politics: *Cumann na nGaedheal* (later *Fine Gael*) came from the pro-Treaty side; *Fianna Fáil* was from the anti-Treaty side.

CHAPTER 21

CUMANN NA nGAEDHEAL IN POWER: 1923–1932

1

W. T. Cosgrave

Failures of the Cumann na nGaedheal government

- It failed to stimulate industry, so levels of **unemployment and emigration** remained very high.
- It cut the **wages** of gardaí and teachers and reduced old-age pensions.
- It seemed satisfied with the **British connection** and made no moves to bring about a Republic.

Following the Civil War, W. T. Cosgrave and his pro-Treaty **Cumann na nGaedheal** party was in government. The Labour party led the opposition. De Valera and other anti-Treaty TDs refused to enter the Dáil because to do so required taking the oath of allegiance to the British monarch.

Achievements of the Cumann na nGaedheal government

1. It set up an unarmed police force – the **Garda Síochána** – to replace the Royal Irish Constabulary.
2. It set up **semi-state companies**, such as the Irish Sugar Company.
3. It set up the **Shannon Scheme** and the Electricity Supply Board (**ESB**) to provide electricity for the country.
4. It helped to persuade the British government to pass the **Statute of Westminster**, allowing Ireland to change any laws that had been imposed on it by Britain.

Fianna Fáil is founded

Éamon de Valera proposed that anti-Treaty TDs should enter the Dáil and simply ignore the oath of allegiance. When Sinn Féin refused to change its policy on this, de Valera formed a new political party called **Fianna Fáil** (Soldiers of Destiny). In 1927, de Valera and his Fianna Fáil TDs entered the Dáil as the main opposition. They were forced to take the oath of allegiance, but described it as 'an empty formula' that meant nothing.

CHAPTER 22

FIANNA FÁIL IN GOVERNMENT: 1932–1948

In the general election of 1932, Fianna Fáil won seventy-two seats in the Dáil and went into government. Under the leadership of Éamon de Valera, Fianna Fáil remained in power for the next sixteen years.

The Blueshirts

Some Cumann na nGaedheal meetings were disrupted by Sinn Féin supporters. A group of former Free State soldiers set up the **Army Comrades Association** (ACA) to protect such meetings. In 1933, **Eoin O'Duffy** became leader of the ACA and began to organise it like a Fascist group. ACA members held military-style parades, were extremely anti-communist, gave Fascist salutes and became known as '**the Blueshirts**' because of their blue-shirted uniform.

In August 1933 O'Duffy announced a huge **Blueshirt march** on the Dáil. Many people feared that O'Duffy would use this march to overthrow the government, just as the Fascist leader Benito Mussolini had done in Italy. But de Valera faced down the Blueshirts by banning their march.

1

Blueshirts

Why might people think that these Blueshirts were Fascists? (See Figure 1 on page 134.) *Learn about Fascism on* pages 133–136.

In September 1933 the Blueshirts joined with Cumann na nGaedheal to form the **Fine Gael** party. O'Duffy was the first leader of Fine Gael, but was soon replaced by W. T. Cosgrave.

In 1936, O'Duffy led 600 Blueshirts into the **Spanish Civil War** to fight for General Franco against the Spanish government. By that time, the Blueshirt movement was in decline.

The Economic War, 1932–1938

Irish farmers had to pay **land annuities** to the British government. These were in repayment of loans which the farmers had once received to buy their land from landlords. When de Valera came to power, he stopped the payment of land annuities. The British government reacted by taxing Irish exports to Britain. De Valera then taxed British exports to Ireland. This dispute was called the **Economic War**. It had a bad effect on Irish farmers, who could no longer sell their cattle for export.

The **Anglo-Irish Agreement** of 1938 ended the Economic War. Ireland paid a once-off sum of £10 million to cover all land annuity debts. In return, Britain gave up its naval bases at the 'treaty ports' of Lough Swilly, Berehaven and Spike Island.

Achievements of the Fianna Fáil government, 1932–1939

1. **Industry was stimulated:** Seán Lemass, the Minister for Industry and Commerce, set up semi-state companies, gave grants to new Irish factories and taxed foreign imports.
2. **Social services were improved:** social benefits, such as old-age pensions, were increased. Houses were built for people on low incomes.
3. **Ireland moved towards being a republic:** the oath of allegiance was abolished and the post of Governor General (the King's representative in Ireland) was scrapped. In 1937 de Valera drew up a new constitution called **Bunreacht na hÉireann**, which made Ireland 'a republic all but in name'. Ireland did, however, remain in the British Commonwealth for the time being.

Some declarations of Bunreacht na hÉireann, 1937

- Ireland is a sovereign, **independent**, democratic state.
- Ireland lays claim to all **32 counties.**
- Irish and English are both the official languages of Ireland.
- All **citizens** are equal before the law.
- The **family** is the foundation of society. Divorce is forbidden.

'The Emergency' – Ireland during World War II

When World War II broke out in 1939, Ireland remained neutral (took no side). This annoyed the British and the Americans, but de Valera insisted that Ireland could not fight for a country that still 'occupied' six of its counties. The government took the following steps to protect Ireland during the wartime '**Emergency**'.

- Newspapers and radio broadcasts were **censored,** so as not to support either side in the war.
- The Irish **Army** was expanded to 250,000 men.
- Many members of the IRA were **interned** (imprisoned without trial). The government feared that the IRA might actively support Germany and thereby draw Ireland into war with Britain.
- A state shipping line called **Irish Shipping** was set up to import supplies. Food and other items were rationed.

2

Irish soldiers in training during the Emergency

The helmets shown here were later changed because they resembled those of the German Army.

Life during the Emergency

The war disrupted trade so that food, clothes and fuel were restricted and in short supply. People were given **ration books** that allowed them to buy small amounts each week. Inspectors, called **'glimmer men'**, visited houses to ensure that people were not using gas or electricity illegally. **Trains** ran (very slowly) on Irish turf. **Bread** was made of Irish wheat only. Tea was so precious that **tea** leaves were reused again and again.

Meanwhile, factories laid-off workers and unemployed Irish people flocked to England in search of work. Some joined the British Army or Navy.

Despite these hardships, neutral southern Ireland suffered little bombing or other destruction during the war.

Life in Northern Ireland during the Emergency

Northern Ireland was heavily involved in the war. Many northerners fought in the British Army and Derry was an important naval base. Northern factories provided plenty of employment making ships, tanks and other war supplies. But German aircraft repeatedly bombed Belfast, causing a great deal of death and destruction.

Fianna Fáil becomes unpopular, 1945–1948

From 1945 onwards, the Fianna Fáil government became unpopular because:

1. **Unemployment** and emigration were very high.
2. **Rationing** continued even after World War II had ended.
3. A new political party called **Clann na Poblachta** was founded under the leadership of *Seán MacBride*. This republican party won many supporters over from Fianna Fáil.

3 Seán MacBride, leader of Clann na Poblachta.

CHAPTER 23

THE INTER-PARTY GOVERNMENT: 1948–1951

In the general election of 1948, Fianna Fáil lost power to an **inter-party** or **coalition government.** The main parties in this inter-party government were *Fine Gael*, *Labour* and *Clann na Poblachta*. The new Taoiseach was **John A. Costello** of Fine Gael. Dr Noël Browne of Clann na Poblachta was Minister for Health.

Achievements of the inter-party government

- In 1949 Ireland was declared a **republic** and broke its final links with the British Commonwealth.
- By 1950 up to 1,000 **local authority houses** were being built every year for people on low incomes.
- An **Anglo-Irish Trade Agreement** was signed. It secured better prices for agricultural exports to Britain.
- Dr Noël Browne directed a successful campaign to **eradicate** (wipe out) **Tuberculosis** (TB). Until then, this highly contagious disease had killed up to 4,000 young people every year.

The Mother and Child Scheme

In 1951 Dr Noël Browne introduced a scheme to provide free medical and hospital care for all mothers and their children. However, powerful people opposed his **'Mother and Child Scheme'**. Some government ministers objected to the cost, while doctors were against it because they feared it might reduce their incomes. The Catholic Church opposed it on the grounds that it was 'socialist'.

The government gave in to this opposition and abandoned the Mother and Child Scheme. Dr Browne resigned from the government in disgust and other members of Clann na Poblachta followed him. As a result of this, the government lost its majority in the Dáil. Following a general election in May 1951, **Fianna Fáil returned to power**.

1 Dr Noël Browne, Minister for Health

CHAPTER 24

FROM 1950 ONWARDS

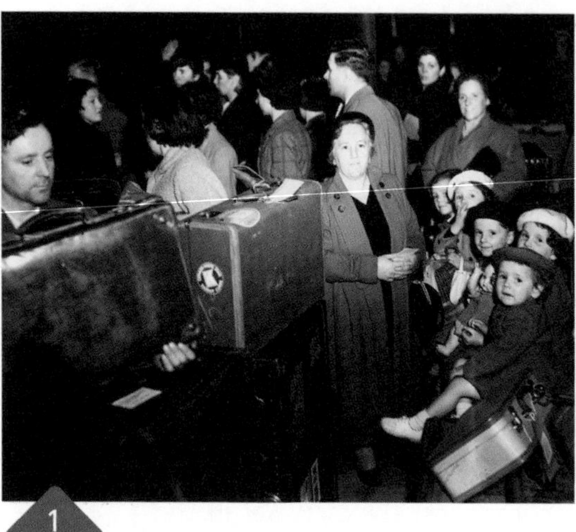

1

Many Irish people emigrated to Britain and America during the 1950s.

The depressed 1950s

Fianna Fáil and inter-party governments ruled the Republic at different times in the 1950s. This was generally a **bad time** for the country.

- Industries closed, the economy stagnated and **unemployment** was widespread.
- More than 400,000 Irish people **emigrated** in search of work.
- The **population** of the country declined.
- There was little improvement in the **living conditions** of most people.

In 1959, Éamon de Valera became President and **Seán Lemass** became Taoiseach and leader of Fianna Fáil.

The more prosperous Lemass years, 1959–1966

Seán Lemass wanted to create jobs by improving **industry.** To do this, he launched the **First Economic Programme for Economic Expansion.**

- Grants were given to **farmers and businessmen** to produce more goods.
- Grants and tax breaks were used to attract **foreign industries** to Ireland.
- A **new town** and the country's first **industrial estate** were built at Shannon, Co. Clare.

The plan worked. **Employment levels** improved, emigration figures fell and Ireland's population grew for the first time since the Great Famine.

Relations with **Northern Ireland** also improved. Lemass and the Northern Prime Minister, Terence O'Neill, paid official visits to each other.

In **1966,** Seán Lemass was replaced by **Jack Lynch** as Taoiseach and leader of Fianna Fáil.

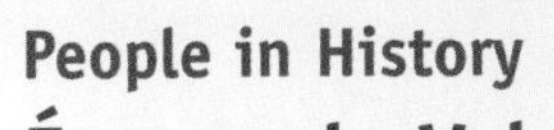

People in History

Éamon de Valera – Irish leader from 1916 to 1973

Born in New York in 1882, Éamon de Valera was reared in Bruree, Co. Limerick. As a young man he joined the *Gaelic League* and later the *Irish Volunteers*.

A committed republican, he took over Boland's Mills during the 1916 *Easter Rising*. After the Rising, he was arrested and *imprisoned* in Britain. While in prison, de Valera became *leader of Sinn Féin* and of the Volunteers. In 1918, he *escaped* from prison.

The War of Independence ended with the Anglo-Irish Treaty of 1921. De Valera led those who opposed the Treaty. He also led the republican or 'Irregular' side in the *Civil War* that followed the signing of the Treaty. The republicans lost the Civil War in 1923.

De Valera's republican party – now renamed Fianna Fáil – finally came to power following a general election in 1932. As *Taoiseach*, he immediately abolished the oath of allegiance to the British monarch that TDs had been required to take. He introduced *Bunreacht na hÉireann* in 1937. This *new constitution* made Ireland a republic 'in all but name'.

Throughout the 1940s and 1950s, de Valera continued to lead Fianna Fáil. The party held *power* for most of that period, in spite of losing two general elections to inter-party coalitions.

The 1950s was *a difficult time* in de Valera's leadership. The economy stagnated. The population decreased. More than 400,000 people emigrated in search of work.

In 1959, a seventy-seven-year-old de Valera resigned as Taoiseach and was elected *President of Ireland*. He served as President for fourteen years.

2
a Éamon de Valera
b Seán Lemass
c Jack Lynch

Jack Lynch takes power

In 1966, Jack Lynch became Taoiseach and leader of Fianna Fáil. The Lynch years were marked by three important events.

1. Free Education

In 1967 Minister for Education Donough O'Malley **abolished fees** for second-level schools. He also introduced **free transport** for students who lived more than five kilometres from school. **University grants** were later awarded to students who got at least four Honours in their Leaving Certificates.

2. The Arms Crisis

Serious **unrest** broke out in Northern Ireland in 1969. Unionist mobs, supported by the police, attacked Catholic areas in Belfast. As violence increased, some Fianna Fáil ministers thought that the Republic should intervene on the side of northern nationalists. Two such ministers – **Charles Haughey** and **Neil Blaney** – were sacked by Lynch. A third minister, **Kevin Boland,** resigned in sympathy. Haughey and Boland were later tried and found not guilty of gun-running.

3. Ireland joins the EEC

In January 1973, Ireland joined the **European Economic Community** (EEC), which is now called the European Union (EU). **Agriculture** expanded greatly as a result and economic aid poured into the country from Europe.

In 1979, Jack Lynch resigned from office and was replaced by **Charles Haughey**.

Some taoisigh following de Valera:

- *Seán Lemass (Fianna Fáil).*
- *Jack Lynch (Fianna Fáil).*
- *Charles Haughey (Fianna Fáil).*

The depressed 1980s

A series of Fianna Fáil and Fine Gael-led coalition governments ruled Ireland for most of the 1980s. They made little headway in solving the economic problems that beset the country at the time. **Unemployment, emigration and inflation** (rising prices) were all very high and the country was in the grip of an economic depression.

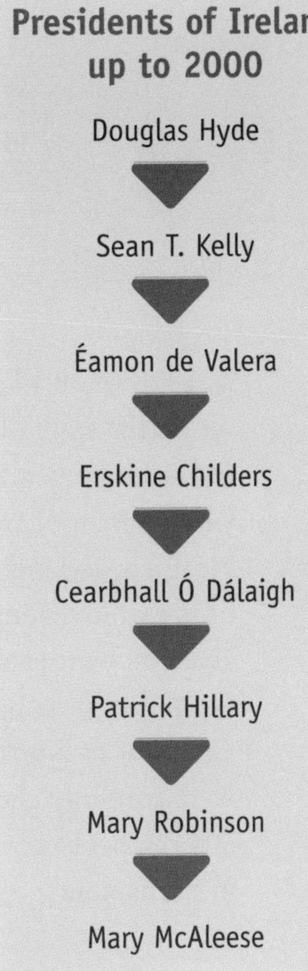

Presidents of Ireland up to 2000
Douglas Hyde
Sean T. Kelly
Éamon de Valera
Erskine Childers
Cearbhall Ó Dálaigh
Patrick Hillary
Mary Robinson
Mary McAleese

The Celtic Tiger of the 1990s

In the mid-1990s the Irish economy began to **boom.** Foreign multi-national companies were attracted to Ireland by its well-educated workforce and by the big tax concessions being offered to them by the government. Employment increased dramatically and emigration was replaced by immigration.

But this **Celtic Tiger** economy also had its **downside.** Prices rose so much that Ireland became one of the most expensive countries in Europe. The gap between rich and poor widened alarmingly. As a result, crime, suicide and alcohol-abuse increased rapidly. By the end of the twentieth century, young Irish people had become the worst 'binge-drinkers' in Europe.

3 Poverty and wealth – the two faces of the Celtic Tiger

CHAPTER 25

NORTHERN IRELAND: 1920–2000

In 1920 the British government set up the state of Northern Ireland by passing the **Government of Ireland Act**. Northern Ireland, though part of the United Kingdom, was given its own parliament at **Stormont**, near Belfast. The **Six Counties** of Northern Ireland were carefully chosen to ensure a permanent unionist majority in parliament.

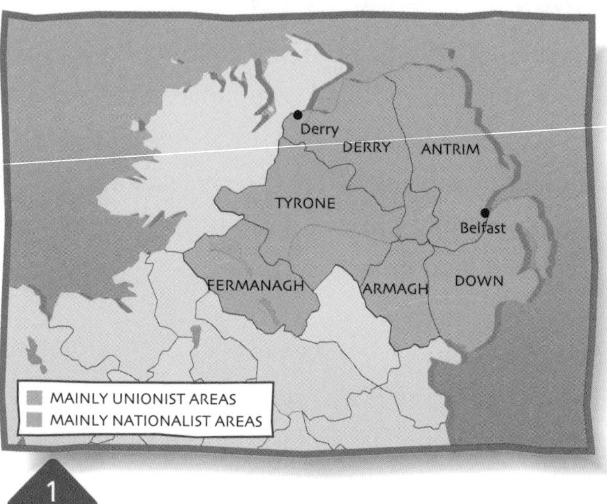

1

The Six Counties showing the predominantly unionist and predominantly nationalist areas.

The **Ulster Unionist party** controlled the new state. This party was comprised almost entirely of Protestants and was closely linked to the **Orange Order**, an extreme unionist organisation. **James Craig**, the first Prime Minister, declared that the Stormont parliament would be '*a Protestant Parliament for a Protestant People*'.

Revise:
Unionism on pages 104 and 106

2

James Craig (Lord Craigavon), who was Prime Minister of Northern Ireland from 1921 to 1940.

Most Catholics supported the **Nationalist party**. With no hope of ever sharing power, they felt hostile towards the new state.

Unionists, on the other hand, saw Catholics as a threat to the state. They set up a largely Protestant police force, called the **Royal Ulster Constabulary** (RUC), and a back-up force called the **B Specials**. Some nationalists saw these as forces of oppression.

The depressed 1930s

The Great Depression of the 1930s brought severe hardship to working people. Catholic and Protestant workers began to unite in protest. The government became alarmed by this unity and promised jobs to Protestants only. Workers' unity soon gave way to sectarian (religious) divisions. Riots broke out in which Catholic and Protestant workers fought each other.

The War Years (1939–1945)

Northern Ireland entered World War II on the side of Britain and many Northerners fought in the war. The German airforce bombed Belfast and Derry with great **loss of life and property**.

The **economy improved.** Northern Ireland exported food to Britain. It manufactured war supplies such as ships and tanks and became a base for thousands of American and other 'Allied' troops.

More jobs were now available for all. But discrimination against Catholics continued under **Sir Basil Brooke,** who became Prime Minister in 1943.

Discrimination

Catholics in Northern Ireland suffered discrimination in the following ways:

- **Housing:** Catholics found it difficult to get local authority housing because the local authorities were controlled by unionists.
- **Jobs:** Catholics found it difficult to get good jobs either in the public services or in private companies.
- **Politics:** political areas (constituencies) were **gerrymandered** (rigged) to ensure that unionists controlled every constituency, even those with nationalist majorities.

The Welfare State

The **British Labour party** introduced the **Welfare State** to Northern Ireland in 1945:

- **Social welfare** benefits increased.
- A free **health service** was provided.
- Free secondary **education** was provided.
- Many local authority **houses** were built.

Everybody was now better-off than before, although Catholics continued to suffer discrimination.

3

Sir Basil Brooke (later Lord Brookeborough) was Prime Minister from 1943 to 1963. Although an able leader in wartime, Brooke was an anti-Catholic bigot. He openly advised unionist employers not to give jobs to Catholics, '99 per cent of whom' he described as 'disloyal'.

Terence O'Neill, Prime Minister of Northern Ireland, 1963–1969

In 1963 Terence O'Neill became Prime Minister of Northern Ireland. Unlike previous unionist leaders, O'Neill worked to **improve relations** with Catholics and with the Irish Republic. He visited Catholic schools and met Catholic leaders in Northern Ireland. He also held two historic meetings with the then *Taoiseach*, Seán Lemass. Hardline unionists, such as Rev. Ian Paisley, condemned O'Neill's initiatives as a 'betrayal of Ulster'.

O'Neill also tried to **develop the economy,** which had gone into decline in the 1950s. New industries were set up, although most of them were in unionist areas.

In October 1968 police brutally attacked Catholic civil rights demonstrators in Derry. An embarrassed O'Neill promised reforms that would give more civil rights to Catholics and nationalists. These promises enraged hardline members of his Unionist party. O'Neill was **forced to resign** as Prime Minister in April 1969.

4 Terence O'Neill (*left*) meets An Taoiseach Seán Lemass in 1965.

The Civil Rights Movement

In 1967 the Northern Ireland Civil Rights Association (NICRA) was set up to end discrimination and secure equality for all. Most of its members were Catholic nationalists and its leaders included **John Hume** and **Bernadette Devlin.** NICRA intended to use **peaceful protests** to pursue its aims. But extreme unionists held **counter-demonstrations** at civil rights events and fighting sometimes broke out between the two sides.

In October 1969 the RUC violently attacked a civil rights demonstration in Derry. Peaceful protest was now becoming increasingly difficult. Northern Ireland began to slide towards violent confrontation.

The Troubles

The Crisis of 1969

Long-term violence first erupted in Northern Ireland in August 1969.

- Fierce rioting broke out during an annual unionist ('Apprentice Boys') march through the Catholic Bogside area of Derry City. This developed into the two-day **'Battle of the Bogside'** between police and residents.
- Catholic youths then began rioting in **Belfast.** Catholic areas were attacked by unionist mobs, backed by members of the police. Homes were burnt out and six people were killed.
- With Northern Ireland on the brink of civil war, the British government sent in the **British Army** to restore order and to protect Catholic areas.

5 British soldiers stand guard outside burnt-out houses in Belfast.

6
The aftermath of an IRA bomb attack in Belfast.

Paramilitary violence

The 1970s saw the beginning of many years of violent **paramilitary activity**.

- Extreme loyalists set up movements such as the **Ulster Volunteer Force** (UVF), which shot Catholics and bombed Catholic-owned businesses. Loyalists also set up a public organisation called the **Ulster Defence Association** (UDA), which had links to loyalist paramilitaries.
- The IRA split into two groups. One group, the **Provisional IRA,** embarked on a violent campaign to destroy British and unionist control over Northern Ireland. The Provisional IRA shot soldiers and policemen and bombed premises in Northern Ireland and in England.

Internment

In 1971 Northern Ireland's Prime Minister, **Brian Faulkner,** introduced internment (imprisonment without trial) in an effort to put an end to paramilitary violence. Almost all the people interned were nationalists and many were completely innocent. This led to a sense of outrage among Catholics and increased support for the Provisional IRA.

7
Bloody Sunday victim: the body of a man shot dead by British soldiers.

Bloody Sunday

On Sunday 30 January 1972, British soldiers opened fire on an anti-internment march in Derry and killed thirteen unarmed civilians. A wave of fury swept nationalist areas in the North, where some people now looked to the IRA for protection against loyalist paramilitaries, the police and the British Army.

Direct Rule

The Unionist government had no answer to the violence that gripped Northern Ireland. The British Prime Minister, **Edward Heath**, stepped in and closed down the Stormont Parliament. Northern Ireland was now to be ruled directly from London, with the help of **William Whitelaw**, a British-appointed **Secretary of State**.

Unionists were horrified by the suspension of the parliament they had controlled for so long. Nonetheless, the British government made it clear that unionists would get power back only if they agreed to some kind of power-sharing with nationalists.

Attempts at Peace

1. The Sunningdale Agreement

In December 1973 an agreement was signed which, it was hoped, would bring power-sharing and peace to Northern Ireland.

- The Ulster Unionist party and the mainly Catholic *Social, Democratic and Labour party* (SDLP) agreed to form a **power-sharing** government in Northern Ireland.
- A **Council of Ireland** was set up. This was a body on which politicians from North and South could consult and advise on Northern policies.

8

The Social, Democratic and Labour party (SDLP) emerged as the leading nationalist party in Northern Ireland throughout the 1970s and 1980s. Prominent leaders of the SDLP included **Gerry Fitt** and **John Hume** (above).

Many unionists opposed power-sharing and feared that the Council of Ireland might be a first step towards Irish unity. They helped the **Ulster Workers' Council** to organise a massive **strike** in May 1974. This strike brought Northern Ireland to a standstill, wrecked the Sunningdale Agreement and led to the collapse of the power-sharing government.

The North was soon back under direct rule from Westminster.

2. The Anglo-Irish (Hillsborough) Agreement

In November 1985 the British and Irish governments signed an Anglo-Irish Agreement at Hillsborough Castle. They agreed that:

- North and South would co-operate on **security matters.**
- An **Inter-Governmental Conference** would be set up, allowing members of the British and Irish governments to discuss Northern problems on a regular basis.

9 An Taoiseach Garret FitzGerald signs the Anglo-Irish Agreement with British Prime Minister Margaret Thatcher in 1985.

Unionists were furious that the Irish government would have a say in Northern Ireland affairs. Ian Paisley's **Democratic Unionist party** (DUP) organised massive 'Ulster says No' demonstrations against the Agreement. But this time the British government refused to back down.

3. The Good Friday Agreement

By 1997 almost thirty years of violence were coming to a close. The IRA announced a ceasefire. The British and Irish leaders, Tony Blair and Bertie Ahern, agreed a peace settlement with the principal unionist and nationalist parties. This agreement was made on **Good Friday, 1998.** It proposed the following arrangements:

- An elected **Assembly** (parliament) in Northern Ireland.
- An **Executive** (government) in which power would be shared between the Ulster Unionists, Democratic Unionists, Sinn Féin and the SDLP.
- **Cross-border bodies** to encourage co-operation between North and South.

By the end of the century the power-sharing Executive remained stalled. This was mainly because of unionist refusals to share power with Sinn Féin, which was by then becoming increasingly popular among Northern nationalists.

CHAPTER 26

DICTATORSHIPS – AN INTRODUCTION

In the 1920s and 1930s new forms of government emerged in some Western European countries. A **Fascist** dictator named *Benito Mussolini* took over *Italy*, while *Adolf Hitler*, a **Nazi** dictator, took over *Germany*.

Main characteristics of Fascism and Nazism

- They **abolished democracy,** which had allowed the people to control the government. They **introduced dictatorship,** which meant all political power rested in one man.
- They **hated communism** and tried to destroy all communist influences in their countries.
- They were **extreme nationalists.** They encouraged all citizens to support and love their country without question.
- They expected citizens to show unquestioning **personal loyalty** to the dictator.

1 Two dictators: Germany's **Adolf Hitler** (*right*) with Italy's **Benito Mussolini**.

Why Fascists and Nazis came to power

- A worldwide **economic depression** had caused great hardship and unemployment. Existing democratic governments seemed to have no solutions to these problems.
- Many rich people and Church leaders feared the spread of **communism.** They therefore supported Fascists and Nazis, who violently broke up strikes and communist meetings.
- Germans had been unfairly treated and humiliated by the **Treaty of Versailles**, which followed World War I. Italians were disappointed that the Treaty had not given them more territory. The Nazis and Fascists exploited this sense of humiliation and disappointment to gain political support.
- Fascists and Nazis made clever use of **propaganda** to portray themselves as mighty leaders of great nations.

CHAPTER 27

FASCIST ITALY

Although Italy was on the winning side in World War I, it emerged from the war in chaos.

- The Italian **Army** had suffered terrible losses in the war.
- Italians were unhappy with the **Treaty of Versailles**, which they thought should have given them more territory.
- **Unemployment** was widespread.
- **Inflation** and living costs were high.
- The **government** was weak and corrupt.

Revise: page 133.

This situation enabled **Benito Mussolini** to set up a **Fascist dictatorship** in Italy.

The Fascists

Benito Mussolini set up the Fascist party – the *Fascio di Combattimento* – in Milan on 23 March 1919.

1

Who are these people and what are they doing?

1. This party stood for strict **law and order** and for complete **loyalty** to Mussolini.
2. The Fascists aimed to build up an Italian **empire**, like that of ancient Rome. The emblem of the party – a '*fasces*', which depicted a bundle of rods with an axe – was an ancient Roman emblem. The 'Fascist salute' was also based on that of ancient Rome.
3. Armed Fascists called Blackshirts beat and terrorised communists, socialists and anybody else who opposed them.

The Fascists come to power

Between 1919 and 1922 the Fascists grew from strength to strength. In October 1922 they organised a big **march on Rome** in an effort to seize control of Italy. Their plan worked. King Victor Emmanuel invited Mussolini to form a government. The Fascists were in power!

2

The Fascist march on Rome in October 1922:
(a) Why was this event important?
(b) Can you identify Mussolini?

Mussolini, the dictator

Once Mussolini gained power, he became a dictator.

- All **political parties** (except the Fascist party) were banned.
- Free **trade unions** were banned.
- Parliament lost its power. All power now rested in Mussolini, who became known as '*Il Duce*' ('The Leader').
- Italy became a **police state**. Many critics of Fascism, such as the socialist leader *Matteotti*, were murdered.

Early popularity

In the beginning, Mussolini seemed to have the support of most Italians.

- He controlled the media, which he used as a **propaganda** tool to portray him as a strong, brave and caring leader.
- He introduced **public works**, such as the building of motorways and the draining of marshes. These projects provided employment to a people in need.
- Some powerful **businessmen** supported his banning of trades unions and his persecution of communists.

Describe how Mussolini is portrayed in this Fascist propaganda picture.

3

4 Mussolini signs the Lateran Treaty with Pope Pius XI.

- In 1929 Mussolini won the support of many Catholics by signing the **Lateran Treaty** with the Pope. This *concordat* (agreement) set up an *independent Vatican State* within Rome and ended a long disagreement between the Pope and the Italian government.

Wars and downfall

Mussolini wanted to build an empire like that of ancient Rome. To achieve this he led Italy into several wars.

- In 1935 he **invaded Abyssinia** (now Ethiopia) – a poor country in East Africa. The Abyssinians appealed to the *League of Nations* for help, but the world stood by as Mussolini's forces used war planes, poison gas and other modern weapons to smash Abyssinian resistance.
- He sent 50,000 troops to assist dictator Francisco Franco in the **Spanish Civil War**.
- In 1936 he made an alliance, called the **'Rome–Berlin Axis'**, with Adolf Hitler. Four years later he entered **World War II** on the German side. This was a fatal decision. Italy was defeated and invaded. In 1945, Mussolini was captured and executed by anti-Fascist fighters. His body was displayed, hanging upside-down, before a huge crowd in a square in Milan, Italy.

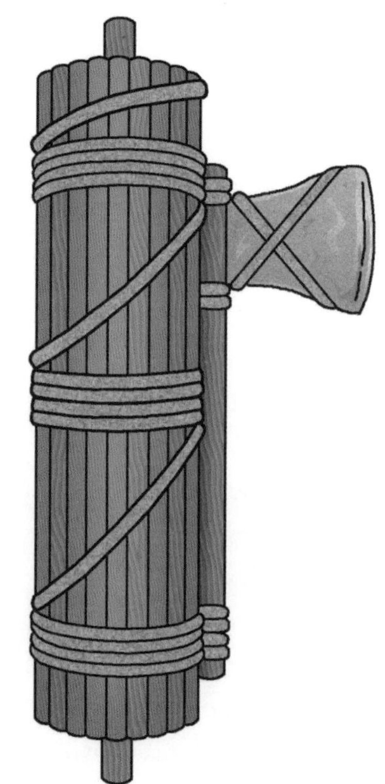

Can you remember the name of this Fascist emblem? 5

CHAPTER 28

THE NAZIS TAKE POWER IN GERMANY

The early life of Adolf Hitler

Hitler was **born in Austria** in 1889. His parents died while he was still at school. At the age of fifteen he moved to **Vienna.** He lived there for eight years, often as a down-and-out.

Hitler joined the German Army **in World War I.** He was decorated three times for bravery. He was shocked by Germany's defeat and bitterly resented the unfair terms of the **Treaty of Versailles,** which followed the war.

In 1919 Hitler joined a small political party in Munich and soon became its leader. This was the National Socialist German Workers' party (**Nazi party** for short).

He created his own private army of **stormtroopers,** or **'Brownshirts'**. In 1923 they tried to stage a ***putsch*** (revolution) in Munich. They were easily defeated and Hitler was imprisoned. While in prison he wrote a book called *Mein Kampf* (My Struggle), which contained the following ideas:

- The Germans were a *master race* and should rule the world.
- Germany should take over Eastern Europe and Western Russia to create the 'living space' (*lebensraum*) required by the 'master race'.
- All German-speaking people (such as those in Austria and Czechoslovakia) should unite to form a *Greater Germany.*
- *Communists* and *Jews* were Germany's enemies and should be destroyed.

1

Adolf Hitler (1889–1945). Note the Nazi emblem – the *swastika* – on his armband.

Hitler received little support throughout the 1920s. But in 1932 **the Nazi party came to power** as Germany's largest political party.

Why the Nazis came to power

- The German people had been humiliated by the **Treaty of Versailles**. Germany was forced to 'admit' that it was the sole cause of World War I and even had to pay for damage caused during the war. Ruling politicians of the **Weimar Republic** (see box) became unpopular for agreeing to this Treaty.
- In 1929 the American stock exchange collapsed in what was known as the **Wall Street Crash**. This led to a worldwide economic recession, which affected Germany very badly. Millions of people became unemployed, inflation and the cost of living soared and German money became almost worthless. The Weimar Republic had no solutions to these problems.
- Many rich Germans were alarmed by the growing popularity of **communism**. They supported Hitler's Brownshirts, who violently attacked communist meetings.

Revise: **'Why Fascists and Nazis came to power'** on **page 133.**

The Weimar Republic

Following World War I, the German Emperor resigned and German politicians met at the town of **Weimar** to set up an elected form of government. This democratic form of government, called the **Weimar Republic**, ruled Germany until 1933.

2

Armed Nazis, known as 'Stormtroopers', 'Brownshirts' or 'SA', round up and terrorise German communists.
Why did some Germans support such activities?

Hitler in power

Once in power, Hitler quickly established a dictatorship.

1. In February 1933 the *Reichstag* (German parliament building) was burned down. Hitler used this incident as an excuse to weaken the **German Communist party** by arresting 4,000 of its officials.
2. In March 1933 he passed the **Enabling Act**. This allowed him to rule without the aid of parliament.
3. **All political parties**, except the Nazi party, were banned.
4. All newspapers, radio and cinema were placed under Nazi control and used as powerful Nazi **propaganda** tools.

Hitler was now in complete control. He was referred to as *Der Führer* (the Leader) and Germany was referred to as the **Third Reich** (Third Empire).

All Germans had to show loyalty to the *Reich* and the *Führer*. Young people were encouraged to join the **Hitler Youth Movement**, which trained them from an early age to be loyal and active Nazis.

3

Nazi propaganda boosted Hitler's popularity within Germany: the picture *above* shows a poster in praise of the **Hitler Youth Movement**; the picture *below* shows a well-organised **Nazi rally**.

4

5

Ernst Röhm (*left*), leader of the SA or 'Brownshirts', with **Heinrich Himmler**, leader of the SS. Röhm was among those murdered by the Gestapo on the Night of the Long Knives.

Secret police, called the **SS** or **Gestapo**, dealt ruthlessly with 'undesirables' and possible enemies of the *Reich*. Jews, communists, gypsies and others were rounded up and sent to **concentration camps**, where millions of people were murdered. Even members of the Nazi party were not safe. On **the Night of the Long Knives** (30 June 1934), the Gestapo slaughtered many leading 'Brownshirts' who were considered to be a threat to Hitler's power.

Hitler and the Jews

Hitler considered all Jews to be enemies of Germany and Jewish people suffered terribly under Nazi rule.

- In November 1935 the **Nuremberg Laws** deprived Jews of German citizenship and forbade marriage between Jews and Germans. Jews were also forced to identify themselves by wearing 'Star of David' badges in public.
- In November 1938 Jewish homes, businesses and synagogues (churches) were savagely attacked in what was known as '*Kristallnacht*' or **'The Night of the Broken Glass'**.
- In a plan called **'The Final Solution'** nearly six million Jews were murdered in Nazi **concentration camps**, such as Dachau and Auschwitz.

6

Victims of Auschwitz

CHAPTER 29

HITLER'S FIVE STEPS TO WAR

Between 1936 and 1939 Hitler took five steps that led eventually to World War II.

Preparations

- From 1935, Hitler built up the German armed forces until they far exceeded the 100,000 men permitted by the Treaty of Versailles.
- He made an alliance (friendly agreement) with Mussolini of Italy by signing the **Rome–Berlin Axis** in 1936. Japan soon joined the alliance to form the **Rome–Berlin–Tokyo Axis**.

The Five Steps

1. The Rhineland

The Treaty of Versailles forbade Germany to have troops in the German Rhineland. Hitler's army occupied the Rhineland in March 1936 (see **Figure 1**). Germans were delighted. France and Britain took no action. This lack of response encouraged Hitler in his ambitions.

2. Austria

Hitler believed that all German-speaking people should be united in a Greater Germany. The people of Austria spoke German and many of them supported the Nazis. Hitler created **Anschluss** (unity) with Austria by invading it in March 1938.

3. The Sudetenland

Hitler then demanded control over the Sudetenland, which was the German-speaking, western part of Czechoslovakia. The leader of Czechoslovakia appealed to Britain and France for help. The British and French Prime Ministers met Hitler at a **conference in Munich.** There, they decided to *appease* Hitler. They allowed him to take over the Sudetenland. In return, he promised not to invade any other territories.

The League of Nations

The League of Nations was set up at the end of World War I to create 'collective security' for all nations and to ensure that strong countries would not invade weaker ones. But the League did nothing when Mussolini invaded Ethiopia, nor when Hitler and others interfered in the Spanish Civil War. Hitler knew, therefore, that the League of Nations would not try to stop his planned invasions of other countries.

4. The rest of Czechoslovakia

Within months, Hitler invaded the rest of Czechoslovakia to make **'living space'** ('*lebensraum*') for his 'master race'. Britain and France now promised that if Germany invaded Poland – which seemed to be next on Hitler's 'living space' list – they would declare war on Germany.

5. Poland

The USSR (Russia) also believed that Hitler would invade Poland. But Russia was not yet strong enough to fight Germany. So Stalin (Russia's leader) and Hitler made an agreement called the **Nazi–Soviet Pact**. They divided Poland between them and agreed not to attack each other for the time being. Hitler was now free to invade Poland, which he did on 1 September 1939.

Two days later, Britain and France declared war on Germany. World War II had begun.

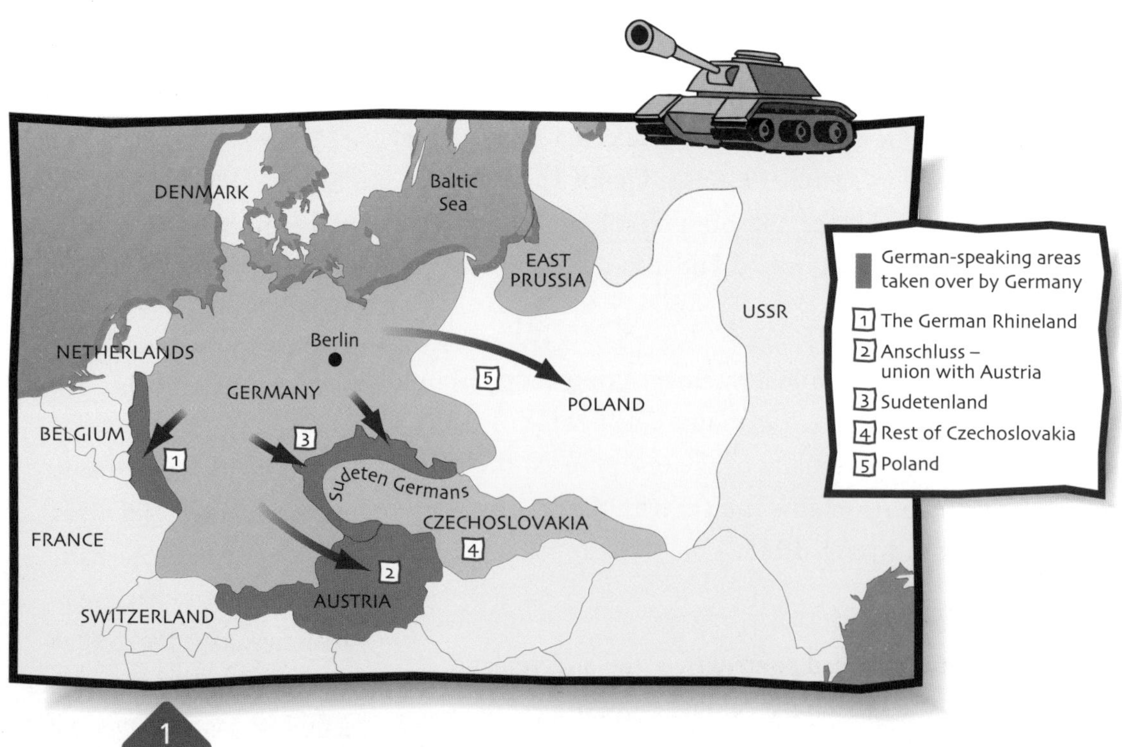

1

Hitler's five steps to World War II

CHAPTER 30

WORLD WAR II

World War II lasted from 1939 to 1945. It was often fought in different parts of the world at the same time.

Early German victories

World War II began when Nazi forces invaded Poland on 1 September 1939. The Germans employed a new type of warfare called *blitzkrieg* (lightning war).

The *blitzkrieg* tactic was very successful and secured Germany several early victories.

- Western **Poland** was conquered within six weeks.

  A lull in the fighting then took place throughout the winter of 1939–1940. This period was called **'the Phoney War'**.
- In April 1940 the Nazis overran **Denmark** in a single day. They then conquered **Norway** and set up a 'puppet' Norwegian government, which would obey German wishes.
- In May 1940 the Germans swept through **Holland** and **Belgium** and then attacked France.

How *blitzkrieg*, or 'lightning war', worked:

1. The German airforce (*Luftwaffe*) would first destroy enemy aircraft, roads and railways.
2. Fast-moving tanks (*Panzers*) would overrun enemy territory.
3. Motorised **infantry** troops then destroyed any remaining resistance.

1 *Luftwaffe Stuka*-bombers played a vital role in Germany's *blitzkrieg* tactics.

- The British had sent an army (called the British Expeditionary Force) to **France** to help the French fight the Germans. Both the French and the British were swept aside by German *blitzkrieg* attacks. The defeated British Expeditionary Force retreated to the beaches at **Dunkirk** in northern France. A huge fleet of boats – varying from warships to yachts – sailed from Britain in a dramatic rescue operation to save more than 300,000 stranded British soldiers. Most of their military equipment was abandoned.

  France surrendered on 22 June 1940. The Germans then set up a 'puppet' French government (called the **Vichy** government) in southern France and occupied the rest of the country directly. France was now firmly under German control, although some French fighters, called **'the Resistance'**, kept up guerrilla (hit-and-run) attacks on the Germans and on Vichy officials.

Some of the countries involved in World War II

The Allies:

- The Soviet Union;
- the USA;
- Britain;
- France.

The Axis Powers:

- Germany;
- Italy;
- Japan.

Some neutral countries (those that did not openly take sides):

- Ireland;
- Switzerland;
- Sweden;
- Spain.

Defeated British troops waiting to be rescued at Dunkirk.

2

The Battle of Britain

With France defeated, Hitler planned an invasion of Britain that was code-named **'Operation Sealion'**. But first he needed to control the skies over Britain. This led to the **Battle of Britain** between the *Luftwaffe* and the British **Royal Air Force (RAF)**. Between July and September 1940, German *Stuka* and *Messerschmitt* aircraft fought British *Spitfires* and *Hurricanes*. With the help of a new device called radar, the British inflicted huge losses on the *Luftwaffe*.

The Germans then changed tactics and began to bomb British cities. This was called the **Blitz**. It cost more than 40,000 British lives, but failed to break the people's determination to resist Hitler.

Hitler was forced to postpone the planned invasion of Britain. Instead he began a much bigger invasion of the Soviet Union.

London during the Blitz

3

4

5

British Prime Ministers:
Neville Chamberlain (picture 4) was replaced by Winston Churchill (picture 5) as Prime Minister of Britain. Chamberlain had become unpopular for 'appeasing' Hitler at Munich in 1938 (see page 141).

The invasion of the Soviet Union

On Midsummer Day 1941, Germany broke the Nazi–Soviet Pact and invaded the Soviet Union. This invasion was code-named **'Operation Barbarossa'**. It was meant to destroy Russian communism and grab western Russia as *lebensraum* ('living space') for Germany. But it turned out to be Hitler's greatest mistake.

In the beginning, the Russians retreated and the Germans advanced as far as the outskirts of Leningrad, Moscow and Stalingrad. Then things began to go wrong for the Nazis. German soldiers began to freeze and die in the Russian winter, while the Soviets fought to the death in what they called '**the Great Patriotic War**' against the invaders.

Leningrad refused to surrender to the Germans, while Marshal Zhukov forced the Germans to retreat from **Moscow**.

The German Sixth Army, under General von Paulus, attacked the city of **Stalingrad** in September 1942. The Russians, although outnumbered, defended their city fiercely. A huge Soviet Army, under Marshal Zhukov, finally encircled and crushed the invaders. Nearly a quarter-of-a-million Germans had died or surrendered by January 1943. Stalingrad was a huge turning-point in the course of World War II. It was the biggest battle of the war. It was also Germany's greatest single defeat and it ended the idea that Hitler's armies were unbeatable in battle.

Following Stalingrad, the Red (Soviet) Army drove the Germans out of Russia and across Eastern Europe. By the end of the war the Red Army had entered Germany.

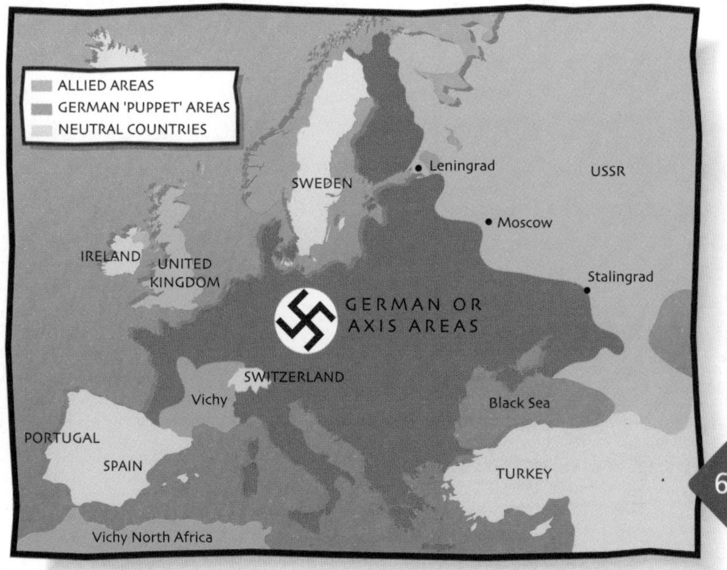

6 German power at its height in late 1942. *Note the positions of Leningrad, Moscow and Stalingrad.*

War in the Pacific

The United States, France and Britain controlled many colonies in East Asia and the Pacific Ocean. Japan, which was allied to Germany and Italy, wanted to capture those colonies and create its own empire in the region.

On 7 December 1941, the Japanese carried out a sudden, unexpected air attack on the US Pacific fleet in **Pearl Harbour**, Hawaii. This led America to enter the war against Japan, Germany and Italy. This intervention was crucial to the final outcome of the war because the US contributed powerful armies, war industries and great wealth to the 'Allied' side.

The Americans defeated the Japanese at the **Battle of Midway Island**. Then they slowly drove Japanese forces out of the Pacific and back towards Japan.

War in North Africa

- British troops easily defeated the Italians in North Africa. Germany's General **Rommel** then arrived and pushed the British towards Egypt.
- In 1942 Britain's General **Montgomery** defeated Rommel and his '*Afrika Corps*' troops at the decisive **Battle of El Alamein**.
- Rommel's retreating army was then trapped between Montgomery's British forces and an American army led by General **Eisenhower**. Rommel was forced to abandon North Africa and retreat across the Mediterranean Sea to Italy.

The Battle of the Atlantic

German **U-boats (submarines)** attacked Allied cargo ships in the Atlantic. To protect themselves, the cargo ships travelled in large groups called **convoys**, flanked by warships. This ongoing struggle between the convoys and the U-boats was called the **'Battle of the Atlantic'**.

7

A convoy in the Atlantic

The Allies push to victory

From 1943 onwards the Allies advanced on Germany from the south, the east and the west.

- Following Rommel's defeat in North Africa, British and American armies **invaded Italy from the south**. In 1943 the Italians overthrew Mussolini and surrendered to the Allies. But the Germans then rescued Mussolini and set up a pro-Nazi government in northern Italy. That government was finally overthrown by the Allies in April 1945. Mussolini was recaptured and killed by Italian *partisans* (anti-Fascist fighters).
- The Soviet Army advanced steadily **from the east**. It defeated the Germans at the **Battle of Kursk**, which was the largest tank battle of the war. By early 1945 the Soviet Army had entered Germany.
- The British, Americans and Canadians invaded France to free it from the Nazis. This invasion was code-named **'Operation Overlord'**. It began on 6 June 1944, which was called D-Day (**'Deliverance Day'**). On that day, Allied forces began to land on the beaches of Normandy in northern France. The invasion succeeded and the Allies liberated Paris in August. Following a brief setback at the **Battle of the Bulge**, the Allies pushed on towards Germany **from the west**.

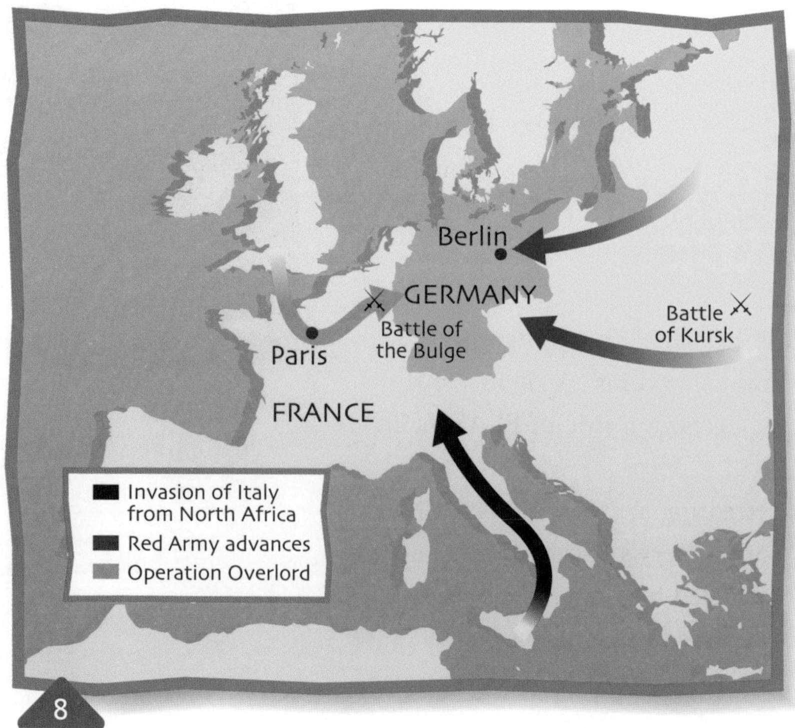

8

The Allies push to victory

The end

- By April 1945 the German Army had been defeated on all fronts. The Red Army had entered Berlin, where Hitler was trapped in a deep bunker. Not wanting to be captured alive, **Hitler committed suicide** on 30 April. A week later, **Germany surrendered.**

- **Japan,** too, had been defeated and was bombed by the American Air Force. But the Japanese refused to surrender. In August 1945 the Americans dropped two newly invented **atomic bombs** on the Japanese cities of **Hiroshima** and **Nagasaki.** The terrible death, destruction and terror caused by these bombs meant Japan had no choice but to surrender. World War II was over.

Hiroshima, 6 August 1945

The atomic bomb that fell on Hiroshima remains one of the worst single acts of terror ever committed by humankind.
On that terrible day the city was flattened and some 80,000 people were burnt to death. Tens of thousands more died in agony during the following months. For decades after, survivors suffered and died and children were born with deformities as a result of radiation poisoning from the bomb.

9

Allied leaders meet during the war. *From left to right*: **Churchill** (Britain), **Roosevelt** (USA) and **Stalin** (USSR).

Some effects of World War II

1. More than 55 million people were **killed**. Numerous cities, industries, roads, etc. were destroyed.
2. European supremacy in world affairs was ended. The USA and the USSR became the new '**super-powers**' of the world.
3. **Germany was divided** in two: East Germany was controlled by the Soviet Union; West Germany was controlled by America, Britain and France.
4. European leaders emerged from the war **determined to unite** together so that they would never again declare war on each other. This led to the gradual development of the European Union (EU).

Why the Allies won the war

- The Allied countries had more people and bigger armies than those of the Axis countries.
- American and Russian war-industries produced more than those of Germany, Japan and Italy. America alone produced 300,000 aircraft and nearly 100,000 tanks.
- Allied air forces were superior to the *Luftwaffe*, as was shown in the Battle of Britain.
- Soviet determination in their 'Great Patriotic War' against the Germans proved a major turning-point in the war.

10

Dresden – an example of the destruction of World War II. British and American forces burned this German city to the ground, killing 35,000 people.

People in History

A member of the Allied invasion of Normandy on 'D-Day', 6 June 1944

This is 'D-Day', or '*Deliverance Day*' – the day we American and British forces begin our invasion of France to free the country from Nazi control.

The code-name for our invasion is '*Operation Overlord*'. Our supreme commander is *General Eisenhower*, an American who already fought successfully against the Germans in North Africa.

We chose the *Normandy coast* for our invasion because it is close to our bases in southern England and because the beaches here are shallow and easy to land on.

We *prepared* carefully for this day. We gathered up to 5,000 ships in the ports of southern England. Starting today, these will carry one million men to Normandy. Our forces even built an underwater pipeline (nicknamed '*Pluto*') to carry oil from southern England to Normandy. We also built two floating harbours (called '*mulberries*') to help us land safely.

The Germans have built strong defences (called '*the Atlantic Wall*') along the French coast. But they did not know exactly when, or where we would attack.

Our attack began early this morning when 1,000 of our *aircraft* bombarded the German positions. Then our huge fleet headed for *five beaches* in Normandy.

I was landed at a beach nicknamed '*Utah*'. (The other beaches were called *Omaha*, *Juno*, *Gold* and *Sword*.)

It has been a terrifying day at 'Utah', where we have lost 1,000 men. But we have now gained a small *foothold* in France. From here, we hope to push eastwards to liberate Paris and eventually to invade Germany.

CHAPTER 31

THE SUPER-POWERS AND THE COLD WAR: 1945–1991

1

Cold War leaders: at the beginning of the Cold War, the USSR was ruled by **Josef Stalin** (*above*), while **Harry Truman** was President of the USA. Their hostility towards each other contributed to the Cold War.

2

Following World War II, the USA and the USSR became known as the world's '**super-powers**' because they were by far the world's most powerful countries. These two super-powers soon became bitter enemies. However, their serious disagreements, threats and counter-threats never led to actual fighting between them, so these disagreements are referred to as the **Cold War.**

What caused the Cold War?

- **Political differences**
  The United States favoured a private enterprise, capitalist economy and a political system that allowed several parties to take part in elections. The Soviet Union, on the other hand, believed in a State-controlled economy and the existence of only one political party: the Communist party.
- **World ambitions**
  Both countries wanted to increase their power by interfering in other parts of the world. The USSR, for example, imposed communist governments on several Eastern European countries. The United States set up military bases and 'friendly' governments in many parts of the world.
- **Fear**
  Each country feared that the other was trying to destroy it and thereby dominate the world.

The 'Iron Curtain'

When the Russians drove the Nazis out of Eastern Europe, they imposed pro-Russian, communist governments on **Eastern European countries.** The Russians believed that this was necessary to ensure that the USSR would never again be invaded from the west. Western leaders, however, interpreted the move as Soviet aggression. They accused Stalin of erecting an 'iron curtain' between the communist East and the 'free' West.

Europe after 1945 3

The Truman Doctrine and the Marshall Plan

- In 1947, President Truman declared that the USA would help any country that was trying to 'contain' (prevent the spread of) communism within or on its borders. This was known as '**the Truman Doctrine**'. Under the Truman Doctrine, military help was given to the governments of countries such as Turkey and Greece, which were fighting civil wars against communist rebels.
- The USA also offered **economic aid** to European countries, in the hope that this would help to reduce the popularity of communism there. George Marshall, the US Secretary of State, announced this aid. It was therefore called '**the Marshall Plan**'.

The following pages describe three important events in the Cold War:

- The Berlin Blockade;
- The Korean War;
- The Cuban Missile Crisis.

The Berlin Blockade (1948–1949)

After World War II, the victorious Allied powers **divided Germany** into four separate zones, which were occupied by Soviet, American, French and British armed forces (see **Figure 4**). The city of **Berlin,** though deep in the Soviet zone, was subdivided into four separate sectors. These divisions were meant to be temporary.

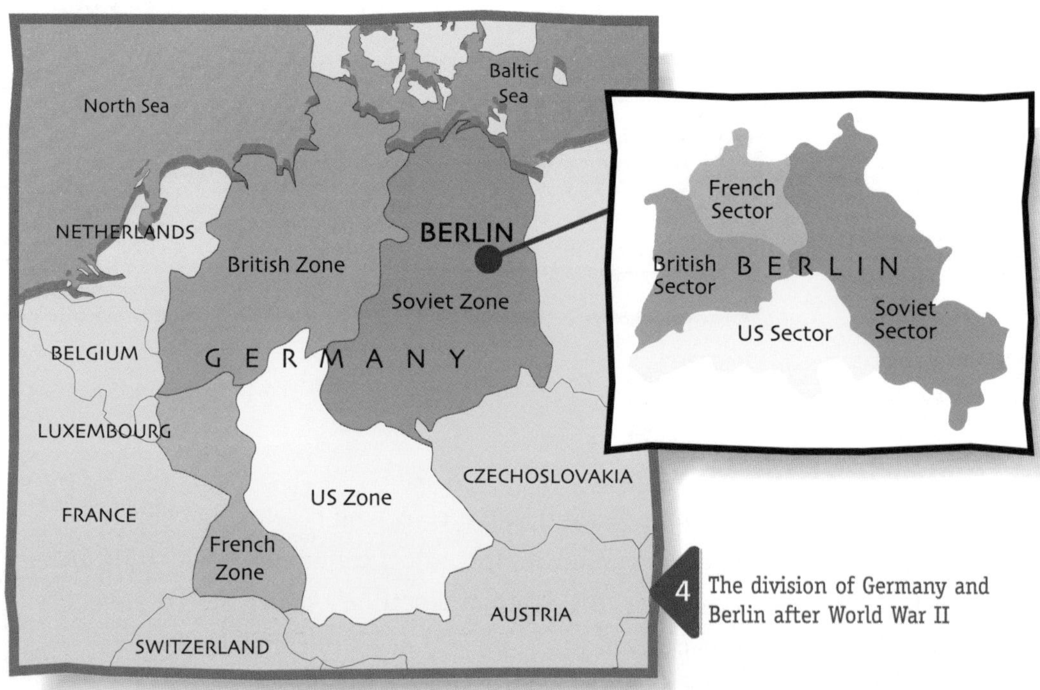

4 The division of Germany and Berlin after World War II

Serious differences and **tensions** soon developed between the USSR and the other Allies.

- **The 'Western Allies'** (Americans, British and French) planned to revive the shattered German economy with Marshall Aid. They felt that an economically strong Germany would prevent the rebirth of Nazism.

- **The Soviets** strongly opposed this 'Western' plan. The USSR had suffered terribly during the German invasion in World War II, so the Russians greatly feared the rebirth of a strong Germany.

The plan to revive Germany's economy included the launch of a new German currency: the *Deutschmark*. When the Western Allies launched this new currency in their zones of Germany, Stalin (the Soviet leader) reacted immediately. On 24 June 1948 the Soviet Union cut off all road, rail and canal links to the western sectors of Berlin occupied by the Western Allies. This action was called the **Berlin Blockade**. Stalin hoped that the blockade would force the Western Allies to change their currency plans, or to leave Berlin.

The Western Allies did neither. Instead, the Americans organised what was called **'The Berlin Airlift'**. A fleet of huge cargo planes continually carried food, medicines, oil and even coal from West Germany into West Berlin.

Stalin's blockade brought hardship to people in West Berlin, but the Berlin Airlift enabled the people to survive. Stalin saw that he could not win, so he lifted the blockade on 12 May 1949.

Effects of the Berlin Blockade

1. The Western Allies formed a military alliance called the **North Atlantic Treaty Organisation** (NATO). The USSR and the communist countries of Eastern Europe then formed a military alliance called the **Warsaw Pact**. These opposing alliances increased the danger of war.
2. The Western Allies formed the **Federal Republic of Germany** out of their zones of the country. The Russians established the **German Democratic Republic** in East Germany and East Berlin. Germany was now divided in two.
3. Berlin was also divided. The USA pumped Marshall Aid into West Berlin, enticing many East Berliners to move into the West for better living conditions. To stop this movement, the East German government built the **Berlin Wall** in 1961. This wall divided East and West Berlin for twenty-eight years.

5

The Berlin Wall

The Korean War (1950–1953)

At the end of World War II, the Far East country of Korea was also divided into two. Communist **North Korea** was under the influence of the Soviet Union, while **South Korea** was under the influence of the United States. The **38th Parallel** (38 degrees north) divided the two territories.

- Frequent military incidents occurred along the 38th Parallel. In 1950 the **North Korean Army invaded** the South. The North Koreans captured Seoul, the southern capital, and pushed the southern army into the south-eastern corner of the country (see **map A**).

- **America** then got the support of the United Nations to intervene in the war. A large army, under US General Douglas McArthur, invaded the South and pushed back the North Koreans. They then **invaded North Korea** and headed for its Yalu River border with China (see **map B**).

- Mao Tse-tung, the communist leader of China, feared that the Americans would invade his country. The **Chinese entered the war** and forced the Americans well back into South Korea (see **map C**).

- McArthur wanted to counter-attack China with nuclear weapons, but America's President, Harold Truman, knew that this might lead to a disastrous nuclear war with the Soviet Union. So **Truman sacked McArthur**.

- In July 1953 the **Korean War ended** when both sides agreed to return to their pre-war positions (see **map D**).

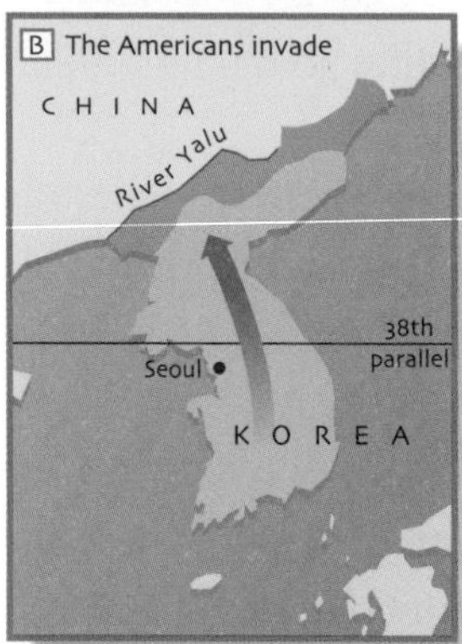

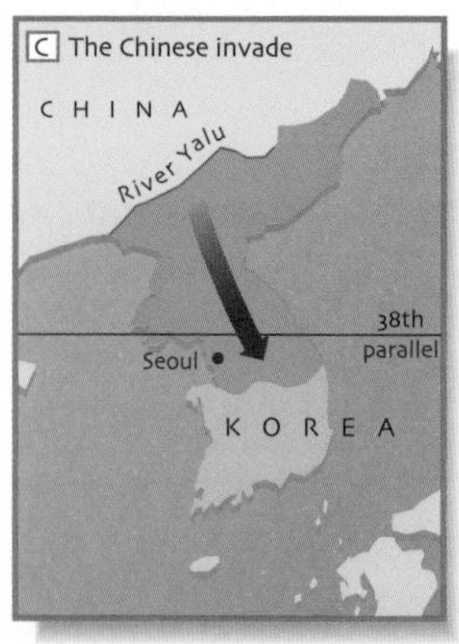

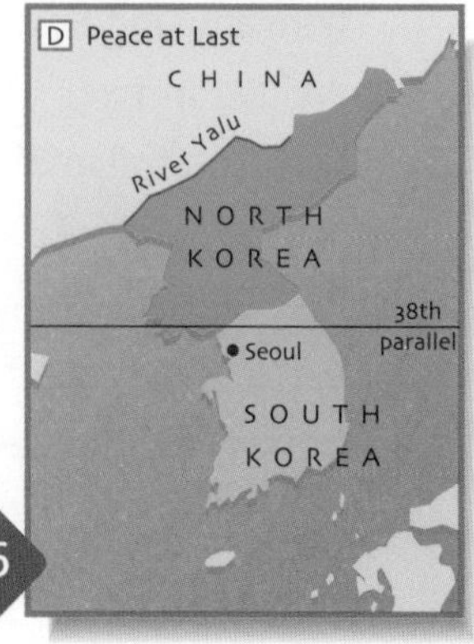

Progress of the Korean War 6

Effects of the Korean War

1. More than one million **soldiers** died in the war. Civilians on both sides also suffered terribly.
2. During the war, **Japan** became a new anti-communist ally of America. Japan made big profits by supplying war materials to the Americans.
3. The Korean struggle deepened the Cold War tensions between the United States and the Soviet Union. Both sides took part in an **'arms race'**, meaning they rushed to develop new weapons, such as devastating Hydrogen (nuclear) bombs.

7

The dreaded 'mushroom cloud' emitted from a Hydrogen bomb being tested in the 1950s. This nuclear weapon was much more deadly than those dropped on Hiroshima and Nagasaki (see page 149).

8

What did you learn about Eisenhower on page 147?

More moderate leaders:
The Korean War ended partly because both the US and the USSR had new leaders who were anxious to avoid conflict. Dwight **Eisenhower** (*above*) was the new President of the United States, while Nikita **Khrushchev** (*below*) was the new ruler of the Soviet Union.

9

The Cuban Missile Crisis (1962)

Background

- Cuba is an island nation close to the coast of the United States (see **Figure 13**).
- In the 1950s a brutal dictator named General **Batista** ruled Cuba. Batista was a 'puppet' of the USA. Americans controlled much of Cuba's trade and industry and owned a big military base at Guantanamo Bay.
- In 1959 **Fidel Castro** led a band of guerrilla fighters that forced Batista and his followers out of Cuba. Castro then set up a one-party socialist state. He also nationalised (put into government ownership) sugar plantations and other businesses owned by big American companies.
- When the Americans placed a trade embargo (ban) on Cuban sugar exports, Castro turned to the USSR leader, *Nikita Khrushchev*, for economic assistance. Cuba was now coming under the influence of the Soviet Union.
- *President J.F. Kennedy* of the United States supported an armed invasion of Cuba. The invaders landed at the Bay of Pigs, but were easily defeated by the Cubans. This invasion drove Castro even closer to the USSR.

10 Fidel Castro, who became leader of Cuba in 1959.

11 John Fitzgerald Kennedy, President of the United States during the Cuban Missile Crisis.

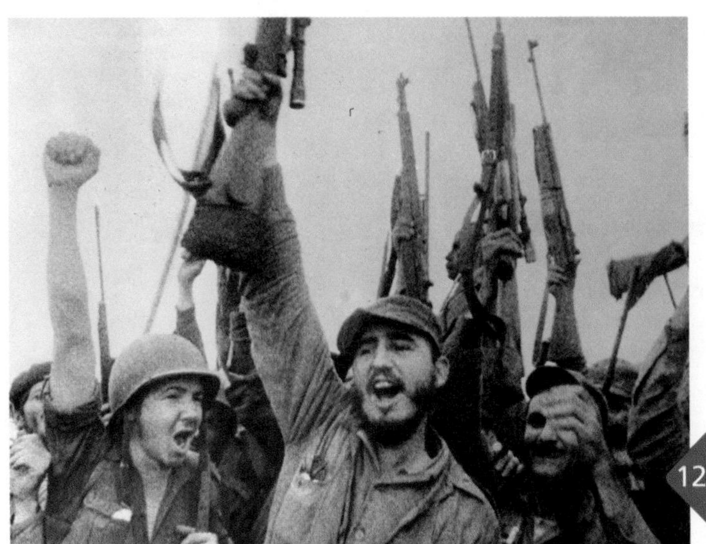

12 Cuban fighters who helped defeat the American-backed invasion at the Bay of Pigs.

The Missile Crisis

In October 1962 an American U-2 spy plane discovered that Soviet missile bases were being built in Cuba. This would put many American cities within range of Soviet missiles (see **Figure 13**).

Kennedy ordered a complete **American naval blockade** of Cuba. Meanwhile, Soviet ships were heading for the island. If the Americans sank the Soviet ships, a nuclear war would probably result. The world was in **terrible danger** of destruction.

On 24 October the danger passed when Khrushchev ordered the Soviet ships to return home. Two days later, the USSR agreed to remove its missile bases from Cuba and the Americans agreed never to invade the island. Kennedy also secretly agreed to remove American missiles from near the Soviet border in Turkey. The **crisis was over**.

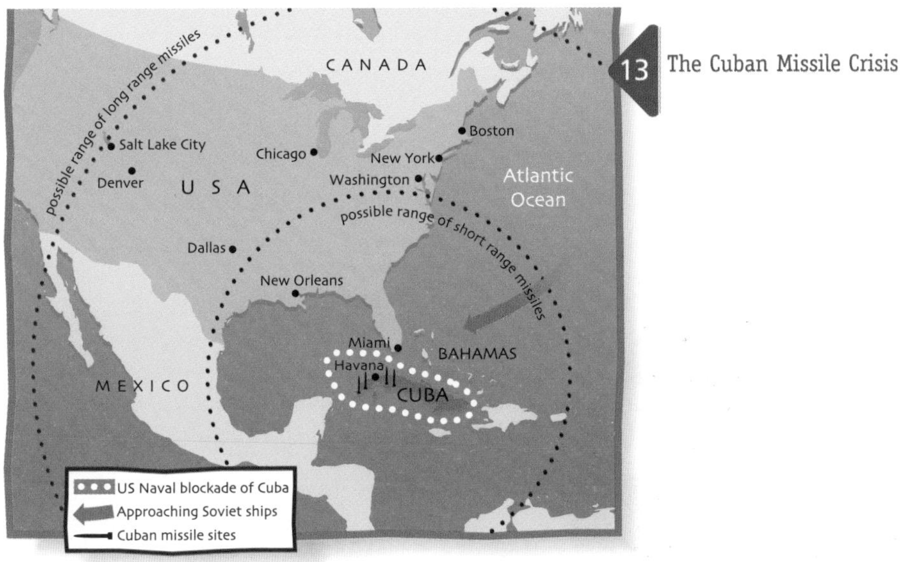

13 The Cuban Missile Crisis

Effects of the Cuban Missile Crisis

1. Both Kennedy and Khrushchev were **shocked** at how close their countries had come to a nuclear war. They resolved that this should not happen again.
2. The American and Soviet leaders set up a **telephone 'hotline'** between them, so that they could talk directly to each other during any future crisis.
3. The USA, USSR and other countries signed a **Nuclear Test Ban Treaty** in an effort to reduce the production of nuclear weapons.
4. The USA **never again** sponsored an **invasion** of Cuba, though it still continues to boycott trade with the island.

The end of the Cold War

The Cold War ended in the early 1990s with the **collapse of the communist governments** in Eastern Europe and the **break-up of the Soviet Union.**

In 1985 **Mikhail Gorbachev** became the leader of the Soviet Union. He brought new policies and a new way of thinking about world politics.

- The new leader wanted more open discussion on how the USSR and Eastern European countries were organised and governed. This policy of 'openness' was called **'glasnost'**.
- He also announced that the Soviet Army would not be used to support unpopular communist governments in Eastern Europe.

These two policies encouraged Eastern Europeans to demand an end to communist rule. Communist governments began to collapse all over Eastern Europe. In 1989 the Berlin Wall was torn down and in the following year East and West Germany united under a single, democratic government.

In 1991 the communist government of the Soviet Union was overthrown. This led to the break-up of the USSR into several independent republics. It also led to the end of the USSR's role as a super-power and therefore the end of the Cold War.

After the Cold War

1. The **USA dominates** world politics. The US Army has invaded or intervened in several countries, including Somalia, Afghanistan and Iraq.
2. The **European Union has become larger.** Eastern European countries, such as Poland and Hungary, have joined the EU. Others, such as Bulgaria and Romania, are waiting to join.

14 American troops in Iraq, 2004. Since the end of the Cold War, the US has become the dominant world military power.

CHAPTER 32

SOCIAL CHANGE IN TWENTIETH-CENTURY IRELAND

Entertainment and Leisure

- In the early twentieth century, most entertainment was **home-based**. People visited each other's homes to chat, sing, play cards, or attend weddings or wakes. Cities also had **music halls and theatres**, such as Dublin's *Abbey* and *Gaiety* theatres. Sport was popular, especially Gaelic football and hurling. Soccer was popular in working-class Dublin areas, while some middle-class people played rugby or cricket.
- From the 1920s onwards **cinemas** became very popular in towns.
- In 1926 Ireland's first **radio** station was launched. This was known as *2RN*. It brought news, music, Sunday GAA matches and other programmes to the people.
- From the 1920s **dance halls** became popular. They became even more popular in the 1960s with the arrival of showbands, such as *The Dixies* and the *Royal Showband*. From the 1970s **discothéques** replaced dance halls.
- In 1961 Ireland got its first national TV station, *Telefís Éireann*. Television became so dominant that cinemas began to close throughout the country.
- From the 1980s the use of **videos**, DVDs and 'Play Stations' began to rival the popularity of television.
- By the end of the century, increased wealth resulted in more people going on foreign **holidays**, especially to 'sun destinations'.

1

A hurling match between Cork and Kilkenny. During the twentieth century, the Gaelic Athletic Association (GAA) became one of the world's leading amateur sports bodies.

Transport and Communications

- **Transport** refers to the movement of *people* and *goods*.
- **Communications** refer to the exchange of *ideas* and *information*, as well as the movement of people and goods.

2 Road transport in 1900

Transport

1. In the **early twentieth century** people seldom travelled far. Most people *walked,* or travelled by *donkey and cart* or *pony and trap*. Very rich people might own a horse-drawn *carriage*. The use of *bicycles* was also increasing.
2. Steam **trains** were used for long land journeys, while electric *trams* carried people around the cities of Dublin and Cork. In 1944 a semi-state company, *Coras Iompar Éireann* (*CIÉ*), took charge of rail and bus services throughout the country. Diesel engines replaced the old steam trains.
3. **Ships** carried people and goods overseas. These varied from small cargo ships that travelled between Irish ports to great transatlantic liners that steamed between America and Queenstown (Cóbh), Co. Cork.
4. From 1920 the use of **cars and lorries** began to increase. They became so popular that, by the 1960s, some railway lines and all tramlines had closed down. By the end of the century, the overuse of road transport had given rise to massive traffic jams and air pollution in our cities. To combat these problems people were encouraged to use urban, public transport systems, such as Dublin's DART train service. Meanwhile, road traffic was diverted away from some urban areas by the use of *bypasses* and *ring-roads*.

Road transport in 1999 3

5. Aer Lingus was founded in 1936 and by the 1960s Ireland had three busy airports at Dublin, Cork and Shannon. As **air transport** steadily grew cheaper, it easily surpassed sea transport as the primary means of carrying passengers. But **car ferries** continued to operate successfully out of ports such as Dublin, Rosslare (Co. Wexford) and Cork.

4

Dublin Airport, 1999

Communications

- **In 1900** *letters* were the principal means of communication, while *telegrams* were used for occasional, urgent messages. *Telephones* were expensive and quite rare. *Newspapers*, such as *The Freeman's Journal*, were the only form of mass media and were the main source of news.
- In 1926 Ireland's first **radio** station was launched. This was known first as 2RN and later as *Radio Éireann*. It played a big role in bringing news and other programmes to the public. Irish radio later expanded to include four national and numerous local stations.
- In 1961 Ireland got its first national television station, *Telefís Éireann*. Programmes such as *'The Late Late Show'* (which started in 1962) greatly influenced Irish public opinion. By 2000 there were four national TV channels. Many homes also received foreign channels by means of cable and satellite television.
- **Newspapers** continued to be important means of communication. Irish newspapers, such as *The Irish Times* and *Irish Press* (no longer published), were joined by imported British 'quality' newspapers, such as *The Guardian*, and 'tabloids', such as *The Sun*.
- By the end of the century communications had become much faster and more accessible. This was largely due to the use of **newer technologies**, such as *mobile telephone*, *e-mail* and *internet*.

Rural life

In 1900 farming employed 60 per cent of all Irish workers. **Farm work**, such as milking and feeding animals, was done by hand; while horse-drawn machines were used to plough the land and to sow and harvest crops. But as time passed, great changes occurred in rural life.

- **Motorised machinery**, such as tractors and combine-harvesters, gradually replaced horse-drawn machinery. This saved time and reduced the need for labourers on farms.
- In the 1940s and 1950s rural electrification changed country life forever. The 'electric light' made houses brighter. People began to buy electric irons, kettles and cookers; while farmers invested in milking machines. All this saved labour and made life easier, especially for farmers' wives.
- Electricity also enabled **running water** to be pumped into houses. This saved people the daily trip to wells and pumps to collect water supplies. It also allowed people to install flush toilets and proper bathrooms in their homes.
- The method of buying and selling cattle also changed from the 1950s. Fairs, which were once held in most Irish market towns, were replaced by **co-operative marts**.
- Ireland joined **the EEC** (EU) in 1973. The EEC's **Common Agricultural Policy (CAP)** provided Irish farmers with grants to improve their farms.
- New **factories** in local towns gave employment outside of agriculture and contributed greatly to rural prosperity.

5

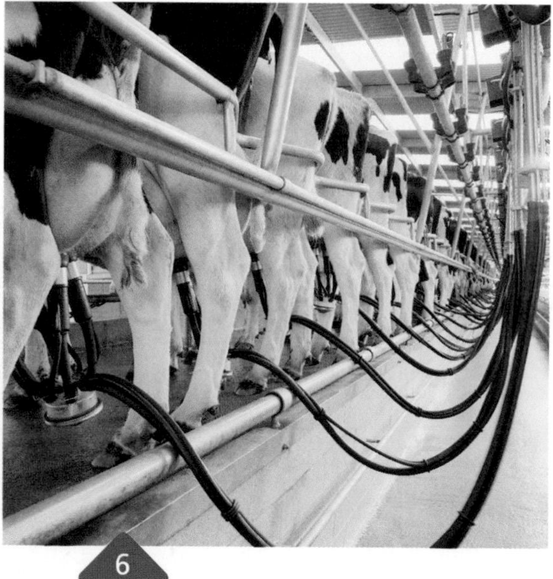

6

Describe and explain the change in farm work illustrated by the two pictures above.

Changes in rural housing

- In 1900 most country people were small farmers or farm labourers. They lived in **thatched houses**. These houses were built of stone and clay and usually had two to four rooms with small windows. The kitchen was the most important room in the house. It was usually the only heated room and food was cooked on the kitchen fire. Toilets (where they existed at all) were dry, outdoor toilets.
- Throughout the early twentieth century '**County Council cottages**' were built for farm labourers and their families. These stone, four-roomed cottages had slated roofs, cement floors and were usually sited on an acre of land. Many were later modernised and are still in use.
- From the 1960s onwards many people were prosperous enough to build modern, more spacious houses with running water and central heating. Most of these new houses were three- or four-bedroom **bungalows**, with bathrooms, sitting-rooms and sometimes separate dining-rooms.
- Towards the end of the twentieth century Ireland's 'Celtic Tiger' economy brought new levels of prosperity. This led to the building of many **large**, **elaborate**, **two-storey houses** throughout the countryside.

7

Describe the changes over time in Irish houses, as illustrated by the pictures on this page.

8

Some changes in urban services since 1960

- Large lounge bars (often with ugly plastic fittings) began to replace small, traditional public houses.
- **Chain stores**, supermarkets and large shopping centres began to replace local, family-owned corner shops.
- **Public transport** facilities were replaced by the increased use of private cars. But traffic congestion resulted in new public transport services, such as Dublin's *DART* system.
- Some **suburbs lacked urban services**, especially in the early years of their existence.

Urban Life

Work in an urban setting

At the beginning of the twentieth century most urban workers were '**unskilled**'. They included dockers and labourers. These men usually worked on a day-to-day ('casual') basis and were paid as little as €2 per week. Unskilled women workers, such as housemaids, were paid as little as 30 cent a week. **Skilled** workers, such as carpenters and painters, were paid about twice the unskilled male wage and usually had regular employment.

In 1913 **James Connolly** and **Jim Larkin** tried to help Dublin workers to win better pay and conditions by organising them in a trade union. This effort failed when the employers 'locked out' their workers and threatened them with the loss of their jobs if they joined the union.

9

Jim Larkin, workers' leader and founder of the Dublin-based **Irish Transport and General Workers' Union** (ITGWU).

As time passed, wages increased as more and more workers joined **trades unions**. By 1970, most people worked a forty-hour, five-day week.

Throughout the 1960s and 1990s many **new factories** were built in Irish cities and towns. Many of the more recent factories were 'branch plants' of foreign, multinational companies.

By the end of the century, most urban employees worked in offices, shops and other **service activities**.

Urban housing

- **In 1900, people of different social 'classes' lived quite segregated lives in Irish cities.**
  1. Most unskilled workers lived in filthy **tenement** buildings. These were big old houses where a family could rent a single room and share a single tap and outside toilet with several other families.
  2. Many tradesmen lived in terraced, four-roomed **'artisan' houses.**
  3. Rich people lived in pleasant **suburbs**, such as Dublin's Kingstown (*Dún Laoghaire*). Trains and trams allowed these people to travel to and from their businesses in the city each day.

- **Housing conditions changed as time passed.**
  1. From the 1930s, local authorities began to move poor people from tenements to large **corporation housing estates**. These estates were in places such as Cabra (Dublin) and Gurranabraher (Cork).
  2. From the 1960s, the rapid growth of large suburbs caused cities to **'sprawl'** outwards into the countryside.
  3. By 2000, ever-increasing house prices in Dublin and other cities caused many urban people to move out of the cities and to **commute** long distances to and from work.

From tenement (Figure 10) to modern housing estate (Figure 11): urban housing changed greatly over the course of the twentieth century.

11

10

Women in Society

- In the **early twentieth century**, Irishwomen **worked hard** within their homes as housewives and childminders. Many also worked outside their homes, assisting with farm work or working as domestic servants. But women had **few rights**. They could not vote and were expected to marry, have children and obey their husbands. Some women, such as Countess Markievicz, played important roles in the struggle for Irish **Independence**. By 1922, when the Irish Free State was founded, women over eighteen years of age were allowed to vote. But they still did not have equality with men.

12

Some women played active roles in the War of Independence. Countess Markievicz was a socialist, a member of the Irish Citizen Army and a leader of the 1916 Rising.

13

Most women in the early twentieth century were expected to marry and raise large families.

- **From 1922 to 1960** the role of women was severely restricted in a conservative (old-fashioned) Ireland.
  1. Women were not allowed to sit on juries.
  2. A 'marriage ban' prevented married women from holding jobs in the civil service, or as teachers.
  3. Contraception was banned and married women were expected to raise large families.
  4. Most Irish people believed that 'a woman's place is in the home'.

- **From 1960 onwards** women gradually began to achieve equality with men.
  1. Girls received **more education** and became more aware of their rights.
  2. **Television** introduced Irish society to new ideas from abroad.
  3. The **Women's Movement** demanded an end to discrimination against women.
  4. In 1972 the **Commission for the Status of Women** issued a report that brought an end to the 'marriage ban' and led to laws requiring equal pay for equal work.
  5. In 1977 the **Employment Equality Act** forbade discrimination on the basis of gender or marital status.

14 *What point is this cartoon making? Do you think its message is a fair one?*

- **By the end of the century** women had achieved **equality with men before the law**. More women worked outside the home and most new university graduates were female. Women held some of the highest public positions in the land. These included presidents Mary Robinson and Mary McAleese.

But women still did most work within the home, so that business and politics continued to be dominated by men. By 2000 only a small proportion of TDs were women. In industry, women did mostly low-paid and part-time work, while only 18 per cent of managers were female.

15 Mary Robinson became Ireland's first woman President in 1990.

Religious beliefs and practices

- **Religion played an important role** in the everyday lives of Irish people, especially **throughout the first half of the twentieth century.**
  1. Almost everybody believed in God and went to **church on Sundays.**
  2. Most Catholics went to **Confession and Holy Communion** at least once a month.
  3. Many Catholic families would recite the **rosary** together at night.
  4. Children learned religion in **schools**, which were mostly Church-controlled.

- **Some religious practices were uniquely Irish.**
  1. Some people held '**station Masses**' in their houses. This custom originated in Penal Law times, when Mass had to be celebrated secretly.
  2. People also visited and prayed at '**holy wells**', the origins of which date back to pre-Christian Celtic times.

- **In the 1960s Catholic practices changed** somewhat. Following the teachings of the **Second Vatican Council,** Mass was celebrated in the language of the people rather than in Latin. The custom of fasting during Lent (the period before Easter) was also modified.

- **Towards the end of the century,** Ireland became wealthier and more influenced by outside ideas. As a result, religious belief and practice began to decline.

16 Church influence: a million people attend a Mass celebrated by the late Pope John Paul II at the Phoenix Park, Dublin, in 1979.

Photo Credits

For permission to reproduce photographs and other material the author and publisher gratefully acknowledge the following:

ALAMY IMAGES: 43T © Robert Harding Picture Library, 56R © John Warburton-Lee Photography.

THE ART ARCHIVE: 57 © Museo Diocesano Orta/Dagli Orti, 62 © Chiesa del Gesu Rome/Dagli Orti, 79L, 81 © Musée Carnavalet Paris/Marc Charmet, 92 © Culver Pictures, 134 © Domenica del Corriere/Dagli Orti, 135B, 136 © Dagli Orti (A), 144 © Imperial War Museum.

BRIDGEMAN ART LIBRARY: 23T © The Board of Trinity College, Dublin, Ireland; 26 © Private Collection, Ken Welsh; 32 © The Barnes Foundation, Merion, Pennsylvania, USA; 41L © Duomo, Fiesole, Italy; 41R © Louvre, Paris, France, Giraudon; 44 © Prado, Madrid, Spain, Giraudon; 58 © Private Collection, Archives Charmet; 82 © Wallace Collection, London, UK; 90 © Private Collection, Philip Mould, Historical Portraits Ltd, London, UK.

CORBIS: 14C © Gianni Dagli Orti, 16T © Richard Cummins, 21 © Tom Bean, 79R © Ali Meyer, 114R, 120, 152B, 157BR, 158B, 162T © Bettmann, 147 © Hulton-Deutsch Collection, 155 © Roy Smith/Cordaiy Photo Library.

GETTY IMAGES: 45, 61T, 75, 105, 116, 117, 119, 124T, 129, 130T, 133, 145C, 165T © Hulton Archive, 56L © National Geographic, 150 © AFP/Walter Hahn, 158T, 158C © TLP, 164R © Stone, 170 © Anwar Hussein.

MARY EVANS PICTURE LIBRARY: 1, 27, 30, 63, 84, 87, 99, 109, 135T, 137, 139T, 164L.

TOPFOTO: 36, 43C, 43B, 47, 61B, 65, 76, 80, 101, 102, 106, 107, 110, 113, 121, 124C, 126, 128T, 130B, 132, 138, 139B, 140B, 143, 145B, 145T, 149, 152T, 157TR, 160, 167L, 168B.

OTHER PHOTOGRAPHS: 163 courtesy of Aer Rianta; 115 © The Allen Library; 128B © The Belfast Telegraph; 124B, 125 © Camera Press Ireland; 14T, 48 © Department of the Environment, Heritage and Local Government; 161 © Inpho; 122 courtesy of the Irish Examiner; 11, 14B, 18R, 22, 23B, 100T, 162B, 165B, 167R © Irish Image Collection; 3 © The Irish Times; 108, 168T courtesy of Kilmainham Gaol and Museum; 169T © Martyn Turner; 68 Sir Walter Raleigh (detail) courtesy of the National Gallery of Ireland; 15, 18L, 24 © National Museum of Ireland; 131 © Pacemaker Press; 169B © Photocall Ireland; 140T © Popperfoto.com; 166 © RTÉ Stills Library; 157L © Science Photo Library/US Department of Energy.

The author and publisher have made every effort to trace all copyright holders, but if any has been inadvertently overlooked we would be pleased to make the necessary arrangement at the first opportunity.